按照2019《普通高等学校军事课教学大纲》编写
高等院校通识课教育精品教材
“互联网+”新形态一体化精品教材

扫一扫
学习资源库

◆微课视频
◆教学课件
◆电子教案
◆考试题库

新时代 大视野
——大学军事教程

（微课版）

主编◎李国强

航空工业出版社
北京

内 容 提 要

根据最新的国防教育与军事训练的文件，结合目前我国普通高校国防教育实际与最新教研成果编写本书。本书在整体结构上为章节式，注重前后逻辑关系，便于授课的军事教师根据需要选择讲授内容和备课，也便于学生根据教程复习考试；在内容上，根据国际国内最新形势进行内容编排，提供了知识链接与延伸阅读，有效地补充和扩展了正文内容。本书既可作为高等院校军事教育和国防教育方面公共课和选修课的教材，也可作为高校学生和军事爱好者的参考书。

图书在版编目（CIP）数据

新时代大视野：大学军事教程 / 李国强主编. —北京：航空工业出版社，2019.6（2022.7 重印）

ISBN 978-7-5165-1915-8

Ⅰ. ①新…　Ⅱ. ①李…　Ⅲ. ①军事科学—高等学校—教材　Ⅳ. ① E0

中国版本图书馆 CIP 数据核字（2019）第 093645 号

新时代大视野
——大学军事教程
Xin Shidai Da Shiye
—— Daxue Junshi Jiaocheng

航空工业出版社出版发行
（北京市朝阳区京顺路 5 号曙光大厦 C 座四层　100028）
发行部电话：010-85672663　010-85672683

北京荣玉印刷有限公司印刷　　全国各地新华书店经售
2019 年 6 月第 1 版　　2022 年 7 月第 5 次印刷
开本：787 毫米 ×1092 毫米　1/16　　字数：347 千字
印张：19.5　　定价：42.00 元

编委会

前言

国防意识和军事素养是青少年健康成长、报效国家和服务社会的基本素质，事关民族凝聚力和国家竞争力。加强学生军事训练，按规定有计划地让普通高等学校学生掌握必备的军事知识、军事理论和军事技能，增强国防观念、国家安全意识以及提高综合素质，是实现立德树人根本任务、培养高素质后备兵员和提高教育质量的重要途径，对于加快推进国防现代化建设、人力资源强国建设和实现中华民族伟大复兴具有重要意义。

为进一步深化学生军事训练改革，增强学生的综合国防素质。国务院办公厅、中央军委办公厅专门出台了《关于深化学生军事训练改革的意见》（国办发〔2017〕76号），教育部、中央军委国防动员部出台了新修订的《普通高等学校军事课教学大纲》（教体艺〔2019〕1号），为推动高校军事课教学的创新发展提供了根本依据。

为落实中央和教育部文件要求，我们及时组织力量编写了新的《大学军事教程》。本教程根据普通高校军事课教学实际需要编写。在编写过程中，严格落实76号文件和《普通高等学校军事课教学大纲》的要求，并广泛征求了一线军事教师的意见，本着严谨、科学、实用、新颖的原则，进行认真的构思和设计，力求达到“教师好教、学生好学”的目的。本教程在整体结构上为章节式，注重前后逻辑关系，从而便于授课的军事教师根据需要选择讲授内容和进行备课，也便于学生根据教程复习考试。为使学生学到的教学内容更为充实广泛，并且能为每年举行的全国军事课教学检验竞赛培养队伍，本教程增加了格斗基础、识图用图、电磁频谱管控等内容。本教程在版面设计上形式活泼、色彩鲜明，读起来令人赏心悦目。为增强教程的可读性和知识容量，我们在教程中穿插了许多小版块，提供了知识链接与延伸阅读内容。这些知识有效地补充和扩展了正文的内容。教程更为创新的亮点是与网络教学密切联系，学生只要扫描一下页面穿插的二维码，就可以从手机中链接到本页所讲内容的相关视频，通过观看视频，进一步加深对教师讲课内容的理解。因此，本教程不仅是一本文字书，还是一本与网络链接的网络化教材，顺应了当前由于信息化快速发展而形成的网络化教学的新形势。

本教材符合新闻出版署关于印发《图书、期刊、音像制品、电子出版物重大选题备案办法》（国新出发〔2019〕35号）的文件要求并备案通过，出版流程严格按照国家标准执行。此教材具有一定的社会价值、实用价值，书中无民族、历史、宗教、政治、国家安全等问题。

本教程既可作为高等院校军事教育和国防教育方面公共课和选修课的教材，也可作为高校学生和军事爱好者的参考书。

本书参考学时安排如下。

章名称	节名称	建议学时	理论/技能
第一章　中国国防 ——国之大事 公民之责	第一节　存亡之道——国防概述 *	2	理论
	第二节　师出以律——国防法规 *	2	
	第三节　铜墙铁壁——国防建设 *	2	
	第四节　钢铁长城——武装力量 *	2	
	第五节　平战结合——国防动员 *	2	
第二章　国家安全 ——居安思危 有备无患	第一节　安不忘危——国家安全概述	2	
	第二节　未雨绸缪——国家安全形势 *	2	
	第三节　环顾全球——国际战略形势 *	2	
第三章　军事思想 ——攻守之道 伐谋伐交	第一节　战争结晶——军事思想概述	1	
	第二节　他山之石——外国军事思想	2	
	第三节　古老智慧——中国古代军事思想 *	2	
	第四节　时代强音——当代中国军事思想 *	2	
第四章　现代战争 ——兵无常势 百变战争	第一节　战争迷雾——战争概述	1	
	第二节　战争动力——新军事革命 *	2	
	第三节　工业力量——机械化战争	2	
	第四节　战争宠儿——信息化战争 *	2	
第五章　信息化装备 ——弹无虚发 无坚不摧	第一节　战力杠杆——信息化装备概述	1	
	第二节　胜战基石——信息化作战平台 *	2	
	第三节　较量无声——综合电子信息系统	1	
	第四节　精确打击——信息化杀伤武器	2	

章名称	节名称	建议学时	理论/技能
合计	36 学时		
第六章　共同条令教育与训练——军人本色 令行禁止	第一节　军令如山——共同条令教育*	40~56	技能
	第二节　整齐划一——队列动作训练*		
	第三节　身临其境——现地教学		
第七章　射击与战术——克敌制胜 百步穿杨	第一节　百发百中——轻武器射击*	20~28	
	第二节　灵活运用——战术基础*		
第八章　防卫与救护——生存之道 自救秘籍	第一节　一招制敌——格斗基础*	32~48	
	第二节　救死扶伤——战场医疗救护*		
	第三节　终极防护——核化生防护*		
第九章　战备基础与应用训练——枕戈待旦 千锤百炼	第一节　枕戈待旦——战备规定与紧急集合*	20~36	
	第二节　磨炼意志——行军拉练*		
	第三节　熟知地形——野外生存与识图用图		
	第四节　无声对抗——电磁频谱管控		
合计	不少于 14 天		

此外，在编写过程中，我们还参阅并吸收了国内外大量研究文献，在此对这些文献的作者表示衷心的感谢！由于国际政治、军事形势变幻莫测，军事技术日新月异，且由于编者水平有限，书中难免有某些滞后或不当之处，恳请读者和同人提出宝贵意见。联系电话：13810412048。

编　者

目 录

第一章

中国国防——国之大事 公民之责 /1

◆第一节 存亡之道——国防概述 /2

[汉代名将陈汤：犯我强汉者，虽远必诛] /10

◆第二节 师出以律——国防法规 /13

[为了不能忘却的纪念] /20

◆第三节 铜墙铁壁——国防建设 /21

[军民融合发展战略] /27

◆第四节 钢铁长城——武装力量 /28

[中国抗战史上的经典战例——平型关大捷] /33

◆第五节 平战结合——国防动员 /34

[1953 年东山岛战役中的交通运输动员] /40

第二章

国家安全——居安思危 有备无患 /43

◆第一节 安不忘危——国家安全概述 /44

[地缘环境中的“安全困境”] /51

◆第二节 未雨绸缪——国家安全形势 /52

[祖国必须统一，也必然统一] /60

◆第三节 环顾全球——国际战略形势 /61

[中国的“一带一路”倡议] /68

第三章
军事思想——攻守之道　伐谋伐交 /71

◆第一节　战争结晶——军事思想概述 /72
[马克思、恩格斯的军事思想] /77
◆第二节　他山之石——外国军事思想 /79
[制海权] /85
◆第三节　古老智慧——中国古代军事思想 /86
[古代军事百科全书——《武经总要》] /92
◆第四节　时代强音——当代中国军事思想 /92
[毛泽东“十大军事原则”] /108

第四章
现代战争——兵无常势　百变战争 /111

◆第一节　战争迷雾——战争概述 /112
[“奇怪的战争”] /120
◆第二节　战争动力——新军事革命 /121
[人工智能的发展趋势] /127
◆第三节　工业力量——机械化战争 /130
[人类历史上最大规模的坦克会战——库尔斯克战役] /135
◆第四节　战争宠儿——信息化战争 /136
[经典战例——俄军机器人连对阵“伊斯兰国”] /145

第五章
信息化装备——弹无虚发　无坚不摧 /147

◆第一节　战力杠杆——信息化装备概述 /148
[高超音速武器：改变未来战争模式的利器] /155
◆第二节　胜战基石——信息化作战平台 /156
[美军第七舰队“蓝岭”号作战指挥舰] /167

◆第三节　较量无声——综合电子信息系统 /168

[俄军击毙车臣匪首杜达耶夫] /177

◆第四节　精确打击——信息化杀伤武器 /178

[扬名科索沃的精确制导武器] /183

第六章

共同条令教育与训练——军人本色　令行禁止 /187

◆第一节　军令如山——共同条令教育 /188

[中国人民解放军三军仪仗队] /192

◆第二节　整齐划一——队列动作训练 /193

[卡塔尔阅兵采用中国式操典] /206

◆第三节　身临其境——现地教学 /207

[《中国人民解放军军营开放办法》(节选)] /210

第七章

射击与战术——克敌制胜　百步穿杨 /211

◆第一节　百发百中——轻武器射击 /212

[实弹射击] /227

◆第二节　灵活运用——战术基础 /230

[解放军经典的“三三制”战术] /235

第八章

防卫与救护——生存之道　自救秘诀 /237

◆第一节　一招制敌——格斗基础 /238

[志愿军经典捕俘行动] /247

◆第二节　救死扶伤——战场医疗救护 /249

[白求恩] /259

◆第三节　终极防护——核化生防护 /260
[震惊世界的切尔诺贝利核事故] /266

第九章
战备基础与应用训练——枕戈待旦　千锤百炼 /269

◆第一节　枕戈待旦——战备规定与紧急集合 /270
[云中哨所——西藏詹娘舍] /274
◆第二节　磨炼意志——行军拉练 /275
[志愿军 38 军长途奔袭三所里] /279
◆第三节　熟知地形——野外生存与识图用图 /280
[校园识图用图竞赛活动方案] /287
◆第四节　无声对抗——电磁频谱管控 /291
[制电磁权，未来战争入场券？] /298

参考文献 /300

第一章　中国国防

——国之大事　公民之责

知识目标

1. 掌握国防的概念、类型及特征，了解我国的国防历史。
2. 熟悉国防法规和国防政策的基本内容。
3. 明确我军的性质、宗旨，了解我国军事力量的构成。
4. 掌握国防建设和国防动员的主要内容。

思政目标

1. 增强依法建设国防的观念。
2. 培育大学生爱军、知军、拥军的情感。
3. 引导大学生学习专业知识，投身国防事业建设。

内容结构

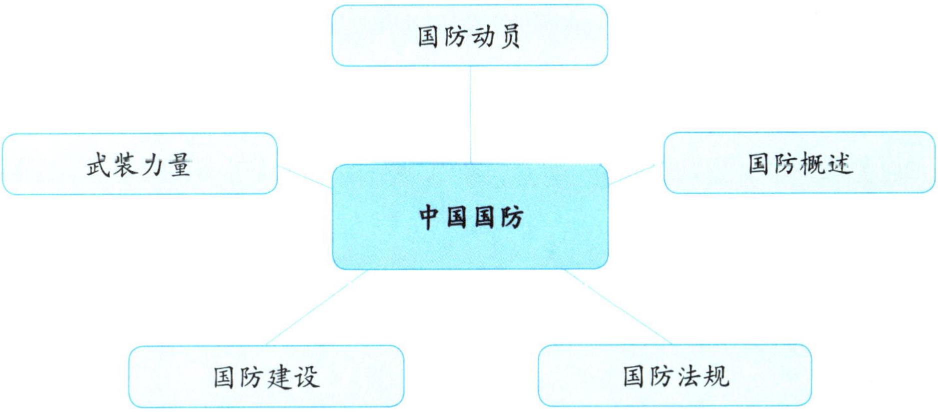

本章引言

"国无防不立，民无兵不安。"一个国家、一个民族，最重要的大事无非两件：一是生存与安全，一是发展与富强。国防是人类社会发展与安全需要的产物，是国家生存和发展的安全保障，关系到国家和民族的生死存亡、兴衰荣辱。建立巩固的国防是我国现代化建设的战略任务，是实现中华民族伟大复兴的重要保障。关注国防、了解国防、建设国防，是每一位公民义不容辞的责任。那么，国防到底是什么呢？

第一节 存亡之道——国防概述

军事箴言

兵者，国之大事，死生之地，存亡之道，不可不察也。

——孙武

一、国防的内涵

《中国军事百科全书》中描述，国防是"为捍卫国家主权、领土完整和安全而采取的防卫措施的统称。包括国防建设和国防斗争"。《中华人民共和国国防法》第二条规定："国家为防备和抵抗侵略，制止武装颠覆和分裂，保卫国家主权、统一、领土完整、安全和发展利益所进行的军事活动，以及与军事有关的政治、经济、外交、科技、教育等方面的活动，适用本法。"由此可见，国防，即国家的防务，是指国家为防备和抵抗侵略，制止武装颠覆和分裂，保卫国家主权、统一、领土完整、安全和发展利益所进行的军事及与军事有关的政治、经济、外交、科技、教育等方面的活动，是国家生存与发展的安全保障。

知识链接

国防是个历史概念，是阶级斗争的产物，伴随着阶级和国家的形成而产生。不同历史时期、不同社会制度、奉行不同政策的国家，其国防具有不同的含义和特性。"国防"一词在我国最早见于《后汉书·孔融传》。孔融针对当时国内可能发生动乱的征候，向汉献帝进谏说："臣愚以为宜隐郊祀之事，以崇国防。"意即国家要减少祭祀等大规模的集会活动，以维护安定，巩固政权。可见这里所言的“国防”，意指为维护团体、严明礼义而应采取的防禁措施。

我们可以从国防的基本要素中更好地理解国防的概念。国防的基本要素包括国防的主体、国防的对象、国防的目的和国防的手段四个方面。

（一）国防的主体

国防的主体是国家。国防是国家的防务，是全体公民的共同责任，这就要求一切国家机关和武装力量、各政党和各人民团体、企业事业组织、社会组织和其他组织，都应当支持和依法参与国防建设，履行国防职责，完成国防任务。

（二）国防的对象

国防的对象是外敌侵略、武装颠覆和分裂。“外敌侵略”包括武装侵略和非武装侵略，武装侵略是战争状态的战争行为，非武装侵略是运用各种经济、外交等方式进行的侵略行为。“武装颠覆”，主要指国内企图分裂国家、颠覆国家政权、推翻社会主义制度的叛乱或暴乱。“分裂”主要指国内外反动势力破坏国家主权、统一、领土完整等方面的行为。这就要求国防必须做好应付各种诱因引发的突发事件的准备。

（三）国防的目的

国防的目的就是捍卫国家最根本的利益，即国家主权、统一、领土完整、安全和发展利益。国家主权是指国家独立自主地处理对内对外事务的权力，不容他国干涉；国家统一是实现中华民族伟大复兴的重要前提；国家领土完整是指我国主权下的领土、领海和领空不被侵犯、分割和占有；国家安全是指确保国家根本和重大利益处于没有危险和不受内外威胁的状态，以及保障持续安全状态的能力；国家发展利益特别是海外利益和太空、深海、电磁、网络空间等安全利益的维护，是我国国防内容的重要拓展。

（四）国防的手段

国防的手段是军事活动，以及与军事有关的政治、经济、外交、科技、教育等方面的活动。军事活动是国防的主要手段，但不是唯一手段。现代国防强大与否，要看国家的综合实力，国防的斗争已扩展到政治、经济、外交、科技、教育等多种领域。因此，巩固国防、抵抗侵略，必须树立大国防的观念，实行全民国防。

二、现代国防的类型

根据不同社会制度国家国防政策及国防目标的不同，目前世界上的国防类型主要有以下四种。

（一）扩张型（如美国）

扩张型国家奉行霸权主义侵略扩张政策，为了维护本国在世界多个地区的利益，以国家安全和防务需要为幌子，将其疆域以外的国家和地区纳入本国的势力范围，对别国进行侵略、颠覆和渗透。

（二）自卫型（如中国）

自卫型国家以防止外敌侵略为目的，在国防建设上主要依靠本国力量，在对外关系上，实行和平共处，广泛争取国际同情和支持，以达到维护本国安全、周边地区和世界和平与稳定的目的。

（三）联盟型（如欧盟）

联盟型国家为弥补自身力量的不足，以结盟的形式联合相关国家进行防卫。从联盟国之间的关系来看，联盟型国防可分为一元体联盟和多元体联盟两种。所谓一元体联盟，就是有一个大国处于盟主地位，其他国家从属于他。所谓多元体联盟，就是各国基本为伙伴关系，共同协商防卫大计。

（四）中立型（如瑞士）

中立型国家为保障本国的安全、发展和繁荣，实行和平中立的国防政策，实施总体防御战略和寓兵于民的防御体系。

中国是社会主义国家，奉行独立自主的外交政策，实行积极防御的国防战略，国家的战略边疆与地理边疆相一致，将保卫国家主权和领土完整、维护世界和平与发展作为国防目标，属于全民自卫型国防。因此，中国的发展与强大不会对任何国家和民族构成威胁，而只会促进世界和平、稳定与发展。

三、中国国防的历史与启示

中国国防的历史极其悠久，随着人类社会的发展，经历了屈辱和荣耀、衰败与昌盛，呈现出强弱交替的波浪式演进轨迹。它不仅给我们留下了宝贵的国防遗产，也留下了深刻的历史教训。

（一）中国古代国防

中国古代国防，是指从公元前 21 世纪我国第一个奴隶制王朝——夏朝的建立开始，到 1840 年第一次鸦片战争爆发为止这段时期的国防。

夏朝没有常备军，实行的是兵民合一的民军制；商朝军队已有固定的编制和训练方法，普遍使用青铜兵器；周王朝建立了比较完备的国防及军事制度，通过分封诸侯和不断对外征伐来维持统治。生产力的不断发展导致了生产关系的变革，奴隶制度开始崩溃，频繁的兼并战争孕育出新的历史时代。

春秋战国时期是华夏民族以内战为主的阶段，也是融合周边各族形成汉民族的时期。在诸侯国长年割据并相互攻伐的背景下，一些国家或王朝因放松和忽视国防最终饱尝了国破家亡的惨痛后果；一些国家由于重视国防建设，崇尚武备，富国强兵，走上了称霸之路。当时的中国虽不可能有统一的国防建设，但丰富的战争实践和空前活跃的军事思想却成为一笔宝贵的军事遗产。

秦朝奠定了中国统一国家的国防体系基础：建立起中央集权的国防管理体制和统一的兵役制度，采取主动出击的积极防御政策，建设长城、直道和运河等国防工程，完备的国防军事体系初步建立。通过综合治理，秦朝的国防逐渐强大起来，为其巩固政权、抗击外族入侵奠定了基础。

汉朝的兴衰也与国防建设的好坏密切相关。西汉初期，统治者对内发展生产、整军习武，对外北和匈奴、南抚南越、富国强兵，出现了“文景之治”的繁荣景象，封建社会的发展到了第一个高峰。到了西汉末期，王朝日渐衰微，东汉虽有短暂繁荣，国防还是在内忧外患中瓦解。

从公元 2 世纪末至公元 6 世纪末，即从东汉末年至三国、西晋、东晋和南北朝，直至隋朝统一的近 400 年间，社会发展因为战乱和分裂出现了大倒退，国防建设也经常处于被忽视或废弛的状态。战争频繁造成了经济破坏，人口剧减，军事制度也有大的变化，征兵制和募兵制难以实行，世兵制和府兵制开始盛行。战争的需求使得军事学获得发展，铁兵器大量生产并普遍应用。

隋唐重新统一后，中华古代文明发展到了封建社会的鼎盛时期。尤其是唐开国之初的百年，统治者发奋进取、以史为鉴、革新政治、发展经济、强化国防军事、抚内睦邻，开创了大唐盛世的繁荣局面。之后由于“文治天下”“偃武修文”，唐朝出现了“士大夫讳言兵事”的局面，终酿“安史之乱”，后由盛转衰。

混战中的五代十国因为内部征战和民族冲突难以形成统一的国防，直到宋朝建立，才逐步统一了汉族地区。宋朝国内农业经济发展到较高水平，统治区人口超过 1 亿，经济和文化都颇为繁荣，但宋太祖鉴于唐代藩镇之祸，开国之初就确立了重文抑武的国策，忽视国防和军队建设，造成了两宋之世的积弱局面，在与辽、夏、金、元的对抗中，屡战屡败，只能屈辱求和，最终仍难逃覆亡的命运。

元朝在中央设立了枢密院掌管全国军务，在地方推行行省制度，并使历来由少数民族地方政权统治的一些地区如云南、西藏等统归于中央政府，重建了幅员辽阔的国家。但是，元王朝恃强凌弱，征伐不已，很快走向衰败。

明朝建立后，统治者在注重恢复生产、发展经济以富国强民的同时，坚持不懈地加强国防建设。比如，分别在西藏东北地区设立乌斯藏都指挥司和奴儿干都司，加强对边疆的管理；修建了东起山海关西到嘉峪关的长城；在澎湖设立巡检司，管理台湾和澎湖军务；在漫长的海岸线设置卫所，建立水军抵御倭寇骚扰等，有效地维护了元代以来统一的辽阔版图。但是，明朝后期腐朽的政治、激烈的党争、外敌的频扰，最终导致明王朝在内忧外患的压力下、于农民战争的风暴中灭亡。

清王朝前期重视武备、革新兵制，先后平定“三藩”、统一台湾、收复雅克萨、征服准噶尔，制止了分裂，打击了割据势力，抵御了沙俄的东犯和西方殖民者在沿海的侵犯，捍卫了国家的领土主权，建立起疆土辽阔的多民族封建专制国家。然而清朝后期，因其采取重内轻外的策略，致使国防废弛，军队腐败，内乱外患不息。

在封建社会2000多年的历史上，治乱相依，兴衰相替。盛世的形成、发展和繁荣都离不开强大的军队和巩固的国防，没有强大国防的盛世从来就不存在。盛世末期往往都是因为不重视武备导致国力衰落、国破家亡。

（二）中国近代国防

中国近代国防是指自1840年鸦片战争到1919年五四运动这一时期的国防。由于统治阶级的腐败衰落，中华民族屡遭外敌侵略欺辱，中国有国无防。

1840年，英国以清王朝禁烟为由对中国发动了鸦片战争，中国逐步沦为半封建半殖民地国家。1842年，战败的清王朝在英国军舰上与之签订了中国历史上第一个不平等条约——《中英南京条约》。1856年至1860年，英国不满足于既得利益，纠合法国，分别以“亚罗号事件”和“马神甫事件”为借口，对中国发动了第二次鸦片战争。战败的清王朝被迫与英法两国签订了中英、中法《天津条约》和《北京条约》，与趁火打劫的沙俄签订了《瑷珲条约》，领土主权进一步遭到破坏，半殖民化程度加深。19世纪80年代初，法国殖民主义者在完成了对越南的占领后，进而入侵中国西南地区，1884年至1885年中法开战，清军在黑旗军的配合下痛击法军，取得了镇南关大捷，导致了法国茹费里内阁的倒台。但是，腐败的清政府却一味偷安，认为法国船坚炮利，强大无敌，中国即便一时取胜也难保终久不败，不如趁胜求和。于是和法国签订了《中法新约》，把广西和云南两省的部分权益出卖给了法国，使中国不败而败，法国不胜而胜，政府的腐败无能暴露无遗。1894年，日本以清朝出兵朝鲜为由发动了甲午战争，清朝战败，被迫与日本签订了《马关条约》，台湾被割让，领土被进一步肢解，加深了中国半殖民地化和民族危机。1900年，英、美、德、法、俄、日、意、奥8国，以保护在华侨民“利益”为借口，组成联军，发动侵华战争。战败的清政府被迫与以上8国及比利时、荷兰和西班牙共11国签订了《辛丑条约》（图1-1）。这个条约从政治、经济、军事各方面都扩大和加深了西方列强对中国的统治，并表明清政府已完全成为其统治中国的工具，中国完全沦为半殖民地半封建社会。

从 1840 年鸦片战争到 1911 年辛亥革命的 70 多年间，清政府与外国列强签订了上百个不平等条约，割让领土近 160 万平方千米。当时中国 1.8 万多千米的海岸线上，竟找不到一个中国自己享有主权的港口。国家有海无防，有边不固，绝大部分中国领土成了西方列强的势力范围。俄国在长城以北，英国在长江流域，日本在台湾、福建，德国在山东，法国在云南。中华民族美丽富饶的国土被西方列强撕扯得支离破碎。

图 1-1　《辛丑条约》签订现场

（三）中国现代国防

1919 年的五四运动是中国新民主主义革命的开端，它不仅是一个彻底反帝反封建的爱国运动，同时也是一个彻底反帝反封建的思想运动。1912 年清朝崩裂和中华民国建立后，出现了军阀割据和混战不休的局面。民国政府从建立至 1928 年结束，16 年间换了 9 个元首和 47 届内阁，军阀们的精力都用于内战而无心顾及国防。例如，袁世凯建立的北洋军虽一直打着“御外侮”的旗号，却在它存在的历史时期未向外国侵略者开过一枪，从来只是镇压人民，并为维护帝国主义在华利益服务。振兴中国国防的重任，只能留给新的先进阶级。1921 年 7 月中国共产党成立，1927 年 8 月中国共产党建立了人民的军队，开始独立领导武装斗争，从而把中国人民救亡图存的斗争推向新的阶段。1931 年 9 月 18 日，日本发动了“九一八”事变，开始大举侵略东北。面对日寇的进攻，蒋介石不思积极抵抗，而是奉行“攘外必先安内”的方针，一味妥协退让，使东北大片国土迅速沦陷。1937 年 7 月 7 日，日本发动“卢沟桥事变”，企图全面侵占中国，中华民族到了生死存亡的紧要关头。中国共产党领导全国人民建立统一的民族战线，进行了艰苦卓绝的抗日战争，终于取得了我国近代历史上第一次抗击外敌侵略的完全胜利。抗日战争胜利后，中国人民在中国共产党领导下，为推翻帝国主义、封建主义和官僚资本主义在中国的反动统治，进行了伟大的解放战争。经过 3 年多的英勇作战，消灭了由美帝国主义支持和武装的800多万蒋军，解放了除台湾地区和沿海若干岛屿以外的全部国土。1949年10月1日中华人民共和国成立，从此开始谱写中国国防史的崭新篇章。

（四）中国国防历史的主要启示

中国4000余年国防史，既有文明古国的声威远播，也有不堪回首的血泪屈辱，给我们留下了丰富的国防遗产和宝贵的历史经验。

1. 政治昌明是国防兴盛的前提

国防服从于政治、服务于政治。统治阶级政治修明，国防就强盛；统治阶级政治腐败，国防就削弱。例如，秦国本是西陲小国，商鞅变法后，修政治、明法度，发展生产，国力日渐强大，为吞并六国奠定了坚实的国防基础。与之相反，近代中国由于清政府政治日趋腐朽，国防日益虚弱，面对列强入侵屡战屡败、乞降求和、割地赔款，使国家遭受了前所未有的奇耻大辱，将中国人民带进了苦难的深渊。历史证明，政治昌明是国防巩固的基础，是国家得以长治久安的根本保证。

2. 国富民强是国防兴盛的基础

经济是国防的物质基础，只有国富民强，才能为国防建设提供雄厚财力、物力和人力资源。齐国的政治家管仲就提出“富国强兵”的思想，孙子则更指出，兵不强不可以摧敌，国不富不可以养兵，富国是强兵之本。历史上汉、唐、明、清各代前期，都特别注意劝课农桑，开垦荒地，兴修水利，减免赋税，大力发展经济，建立了巩固的国防，从而造就一代盛世王朝。与之相反，各个朝代的衰落、灭亡，遭受外敌的入侵而不能自保，几乎毫不例外地是与这个王朝后期政治腐败，经济落后，动摇了国防的根基有关。历史证明，只有经济强盛，才能有强大的国防，才能有政权的稳固和国家的安全。

3. 高质量常备军是国防兴盛的支柱

强大的国防需要强大的军队来支撑，军事实力的高低决定了国防实力的强弱。强大的国家必然拥有一支高质量的军队。唐太宗李世民深通武学，常亲率将卒在野外进行近似实战的教战，把诸卫府兵训练成将强兵勇、能征善战的精锐，开创“贞观之治”。与之相反，两宋和晚清也都有一支常备军，但宋军平时疏于训练，导致战场上骑兵不能披甲上马、落败而逃；清军比宋军的情况更糟，兵士抽大烟、走私贩私，甚至行军时都雇人抬轿。衰兵弱防，两宋和晚清时期虽分别有军队120万和80万，但由于战斗力不强，无法对国防形成有力的支撑。历史证明，一支数量足、质量高的常备军队是强大的国防的有力支柱。

4. 国家统一和民族团结是国防兴盛的关键

在面临外敌入侵、国家危亡的关头，只有国家统一和民族团结才能筑起一道坚强的国防长城，取得战争的胜利。抗日战争时期，中国共产党通过建立广泛的抗日民族统一战线，团结一切可以团结的力量共同抗击敌人，坚持人民战争的军事战略方针，最终取得了抗日战争的全面胜利。与之相反，近代清朝统治者由于害怕人民，采取与人民对立的立场，没有形成一致对外的合力，招致了节节战败。历史证明，国家的统一和民族团结是国防强大的关键和民族自强的根本。

四、现代国防的特征

现代国防是对传统国防的继承和发展，是一种全新的国防观念和新的国防实践活动。现代国防绝非单纯的武力较量，而是在综合国力的基础上，以军事手段为主，在政治、经济、科技、外交、文化等多种手段配合下进行的总体较量。它具有以下基本特征。

（一）现代国防是国家综合国力的体现

现代国防已成为综合国力的对抗。综合国力主要由人力、自然力、政治力、经济力、科技力、精神力和国防力等组成。其中经济实力、国防实力和民族凝聚力是综合国力的基本要素，经济实力是基础，国防实力是支柱，民族凝聚力是灵魂。现代国防与国家的综合国力有着密切的联系，国家的发展水平制约着武器装备发展水平和国防力量的总规模。没有强大的综合国力，国防建设只能是空中楼阁。

（二）战争潜力能否转化为战争实力是现代国防强弱的一个重要标志

现代国防虽然是以军事力量为主体，但它还要靠国家潜力转化为作战的实力。国家潜力包含国土面积、地理位置、自然资源、人口数量和质量、地形气候、生产能力、科技和文化水平、交通运输、通信状况、社会制度、国家政策、管理能力、国际关系和国际地位等诸多方面。例如，南联盟战争的中后期，以美国为首的北约从打击军事目标到向民用基础设施开火，以主要力量轰炸南联盟的制造工厂、炼油厂、发电厂、道路和桥梁等，其目的就是摧毁南联盟的战争潜力。

（三）现代国防既是一种国家行为又是一种国际行为

现代国际政治、经济的发展，把世界各国和地区的安全与发展利益同国际社会的整体利益日趋紧密地联系在一起，世界的和平与稳定已成为整个人类的共同奋斗目标。国家的安全与发展不仅与其本国利益相关，而且与国际的安全、发展和稳定息息相关。国家的发展离不开安全有利的国际环境，国际政治、经济的有序发展也有赖于各国国防的巩固。现代国防已不再仅仅是国家行为，而且日益成为一种国际行为。

（四）现代国防具有多层次的目标体系

政治、经济对现代国防影响程度的不断加深，使现代国防呈现出多层次的目标体系。从范围上，可分为自卫目标、区域目标和全球目标。从内涵上，可分为不同的层次目标：在国家面临严重威胁时，国防目标要首先解决存亡问题；在和平与发展的情况下，要致力于保障国家的安全利益和发展利益，同时还应努力营造有利于本国发展的国际环境。

延展视界

汉代名将陈汤：犯我强汉者，虽远必诛[①]

陈汤（？—约公元前6年），汉族，字子公，山阳瑕丘（今山东兖州北）人，西汉大将。西汉元帝时，他任西域副校尉，曾和西域都护甘延寿一起出奇兵攻杀与西汉王朝相对抗的匈奴郅支单于，为安定边疆做出了很大贡献。

陈汤少年时喜欢读书，头脑机灵，思路开阔，但因家庭贫困，有时靠乞讨度日，所以不为乡里看重。后来他流浪到长安，认识了富平侯张勃，张勃觉得他很有才能。初元二年（公元前47年），汉元帝下诏，要求公侯大臣推荐年轻的人才，张勃便向朝廷推荐了陈汤。在等待分配期间，陈汤的父亲去世，陈汤收到了死讯，但没有回家奔丧。那个时代对奔丧、守孝十分看重。陈汤就因为这件事被人检举为缺乏起码的孝道，不遵守常规行事，于是朝廷谴责张勃，以他举荐不当而削减了他的食邑200户，同时将陈汤拘捕下狱。

后来又有人大力举荐，陈汤终于被任为郎官。陈汤主动请求出使外国，几年后被任为西域都护府副校尉，与校尉甘延寿奉命出使西域。当时西域的情况较为复杂。宣帝时期匈奴内乱，五个单于争夺王位，其中郅支单于以武力兼并呼偈、坚昆、丁令三国，日益强盛，先囚禁汉朝的使者江乃始，后又杀死使者谷吉。郅支单于自知有负于汉朝，害怕汉朝出兵报复，就向西跑到康居。康居王尊敬郅支，将女儿给他做妻子。郅支便借兵多次袭击邻国乌孙，杀掠人口，抢夺牲畜财物。乌孙不敢还击，而是远远地逃避，于是郅支拥有千里之远的势力范围，自以为大国之主，很不尊重康居王，竟至一怒之下杀死了康居王的女儿与康居国贵人等数百人。同时他又派出使者到阖苏、大宛等国，胁迫他们年年向他进贡，那些小国不敢不给。汉朝曾三次派出使者到康居，索要使者谷吉等人的尸体，郅支非但不给，而且还侮辱汉使，甚至还有取代皇帝的野心，真是狂妄至极。

陈汤与甘延寿了解到郅支单于的情况后，于建昭三年（公元前36年）出兵西域。

① 吴文质，江清秀，等. 中国历代军事将领成才故事[M]. 北京：金盾出版社，2013：110-114.

每当陈汤路过城镇或高山大川时，他都登高远望，认真观察、记忆。这次出使西域，他们只带着一支几十人的护卫军队，而不是征讨大军。当他们走出国境时，陈汤便向甘延寿分析了形势，甘延寿认为他的分析很有道理，便说要奏请朝廷同意后行动。这时甘延寿生病了。陈汤等了一天又一天，焦急之中便果断地采取了假传圣旨的措施，调集汉朝屯田之兵及车师国的兵员。甘延寿在病榻上听到这一消息时大吃一惊，想立即制止，陈汤愤怒地手握剑柄，以威胁的口气呵斥道："大军已经汇集而来，你还想阻挡大军吗？不抓住战机出击，还算什么将领？"甘延寿只好依从他带领各路军兵4万多人，规定了统一的号令，编组了分支队伍序列，大张旗鼓地向西进发。

甘延寿与陈汤将大军分为六校，三校走南道，过葱岭（喀喇昆仑山脉西部）经大宛（今中亚地区）；另三校走北道，入赤谷过乌孙与康居境。陈汤沿路捕获康居副王的亲属及一些贵族，经过解释，他们愿做向导，并将郅支的情况做了详细介绍。而后大军便直抵郅支城都赖水（今哈萨克斯坦共和国东部塔拉斯河）边，在距城三里远的地方安营布阵。

只见城头上彩旗飘展，数百兵士披甲登高守备，有的向汉军招手挑逗，甘延寿与陈汤观察之后便令军士四面包围其城，以箭杀伤守城兵士，于是展开了一场对射。郅支单于得到汉军进攻的消息时，先打算逃跑，因为他怀疑康居人对他怀恨在心，有做汉军内应的人。可是又听说乌孙等国也发兵参战，他便有走投无路之感，带了一些人走出去又返回来，说："不如坚守。汉兵远来，不能久攻。"（《汉书·傅常郑甘陈段传》）当汉兵猛烈攻城时，郅支单于身穿甲衣带领他的妻妾数十人一齐登上城楼，他的妻妾也都拉弓射箭。攻城的飞箭射死他几个妻妾，又射中了郅支的鼻子，他走下城楼骑马跑回了他的宫室。

第二天，陈汤命令将士四面齐用火攻，又击鼓助威，汉军冒着烟火突破外围的木栅，并且趁机冲进土城。郅支单于身边只有男女数百人及一些吏士，毫无抵御能力。汉兵勇猛击杀，将郅支刺死。军侯杜助割下郅支单于的首级，又从狱中解救出两名汉朝的使者，从宫中搜出已故使者谷吉所带的文书信件。入城将士搜捕敌军，诛杀了郅支单于的妻妾、太子以及得封的王公等共1518人，生擒官吏145人。另外俘虏敌兵1000余人，都交给了参与打击郅支的小国军队。

大胜之后，甘延寿、陈汤给汉元帝发去那封流传千古、扬眉吐气的疏奏："臣闻天下之大义，当混为一，昔有唐虞，今有强汉。匈奴呼韩邪单于已称北藩，唯郅支单于叛逆，未伏其辜，大夏之西，以为强汉不能臣也。郅支单于惨毒行于民，大恶通于天。臣延寿、臣汤将义兵，行天诛，赖陛下神灵，阴阳并应，天气精明，陷阵克敌，斩郅支首及名王以下。宜县头槁街蛮夷邸间，以示万里，明犯强汉者，虽远必诛！"

正当甘延寿与陈汤带领将士凯旋时，朝中的司隶校尉（执法官员）也从长安出发了，他们于大路之上拦住陈汤，对他进行检查。攻克郅支城后，大军缴获了大量财物，陈汤私自藏起来不少金银财宝，知情者在西域时便向朝廷举报了此事，所以司隶校卫拦路搜查，准备拘捕。陈汤立即上书皇帝说："我与将士们不远万里诛杀郅支单于，按理说，朝廷应派出使者来慰劳军队，并表示欢迎，如今却是司隶来检查审问，还要拘捕我，这不是为郅支报仇吗？"皇帝便下令撤回司隶，并令沿路县城摆设酒食夹道欢迎得胜之军过境。

回朝之后，论功行赏时，中书令石显、匡衡认为甘延寿和陈汤假传圣旨，犯有大罪，以功相抵，不予诛杀就可以了，如果再予封爵赏赐，那么今后的出国使者争先效仿，必然无事生非，为国招难。元帝听了觉得也有道理，但他内心还是想嘉奖有功之将，于是此事便议而不决，拖延下去。

宗正刘向认为，对待甘延寿和陈汤仅以功过相抵是不公平的。他又上书皇帝，专门评析了扫除郅支的艰难以及意义，他认为甘、陈"总百蛮之君，揽城郭之兵，出百死，入绝域，遂蹈康居，屠五重城，搴歙侯之旗，斩郅支之首，县旌万里之外，扬威昆山之西，扫谷吉之耻，立昭明之功，万夷慑伏，莫不惧震。呼韩邪单于见郅支已诛，且喜且惧，乡风驰义，稽首来宾，愿守北藩，累世称臣。立千载之功，建万代之安，群臣之勋莫大焉"(《汉书·傅常郑甘陈段传》)。他引经据典加以论证，又与前朝和当代的功臣名将进行类比，阐明自己的观点。于是元帝下诏赦免了甘延寿、陈汤的假传圣旨之罪，然后又让大臣讨论封赏事宜。石显、匡衡仍然坚持他们的主张，但元帝最终还是封了甘延寿为义成侯，赐陈汤关内侯爵位，各赏食邑300户、黄金百斤，并拜延寿为长水校尉，陈汤为射声校尉。

点评：

陈汤与甘延寿征战西域，结束了匈奴南北分裂的局面，稳定了汉朝的西北边疆，为汉王朝立下一大奇功。陈汤攻杀郅支单于之后，原来就归降的呼韩邪单于更加臣服，表示愿守北藩，累世称臣。在汉朝的帮助下，呼韩邪单于重新统一了匈奴，此后汉元帝又将王昭君嫁给了呼韩邪，结束了百余年来汉匈之间的武装冲突，恢复了旧日的和亲关系，这种和平局面一直持续了半个世纪。

第二节 师出以律——国防法规

军事箴言

故令之以文，齐之以武，是谓必取。令素行以教其民，则民服；令不素行以教其民，则民不服。令素行者，与众相得也。

——《孙子兵法》

国防法规是调整国防和武装力量建设领域各种社会关系、法律规范的总和，是国家法律体系的重要组成部分，是加强国防和武装力量建设的基本依据。在依法治国、社会主义市场经济体制不断完善的新形势下，国防法规对于保障国防和军队建设的顺利进行，做好军事斗争准备，具有十分重要的意义。

一、国防法规的特征

国防法规是国家法律的组成部分，由国家制定或认可，并由国家强制力保证其实施的行为规范，它具有法律的一般特性，即鲜明的阶级性、高度的权威性、严格的强制性、普遍的适用性和相对的稳定性。同时，国防法规还有着区别于其他法规的特殊性，主要表现在以下四个方面。

（一）调整对象的军事性

法律是调整社会关系的行为规范，不同的法律规范用来调整不同领域的社会关系。国防法规就是专门用来调整国防和武装力量建设领域的各种社会关系的。这些带有军事性的社会关系是国防法规特有的调整对象，是其他任何法律规范所不能代替的，这是国防法规特性的一个基本表现。

知识链接

调整对象的军事性，是指国防和武装力量建设领域的社会关系是军事性的，但这些社会关系所涉及的行为主体并不都是军队和军人。因为国防和武装力量建设领域的社会关系不仅包括武装力量内部的社会关系，还包括武装力量与外部的社会关系。国防不是军防，不只是军队的事。国防是国家行为，是整个国家的事，是全民族的事。无论是行政部门、经济部门、科技部门、文化部门、教育部门等，还是社会各阶层人士，都与国防有密切的关系。因此，调整对象的军事性绝不意味着国防法规只管军队，不管地方。一切社会团体和个人都必须按照国防法规的要求，履行自己的国防义务。

（二）公开程度的有限性

公开性是法律固有的特性，因为法律只有公开才能使人们普遍了解和遵守。但国防法规有些不同，公开程度是有限的。大部分国防法规，特别是一些基本的、主要的国防法规是公开的，如国防法、兵役法、军事设施保护法等。但有一少部分国防法规，如在作战、训练、军队编制和国防科研等方面的法规，因其具有保密性而不予公开，以免国家利益受到损害。

（三）司法适用的优先性

国防法规优先适用，是指在解决与国防利益、军事利益有关的法律问题时，如果国防法规和其他法规都有相关的规定，这时要以国防法规的规定作为司法依据，以国防法规作为评判是非的标准和采取行动的准则，其他法规要服从国防法规。同时要注意，优先适用指的不是先后顺序，而是一种排他性的单项选择。在解决与国防利益、军事利益有关的法律问题时，只有国防法规起作用，其他法规不起作用。

（四）处罚措施的严厉性

国防法规对危害国防利益的犯罪，规定了比较严厉的处罚措施。如我国《刑法》规定，一般抢劫罪通常处三年以上十年以下有期徒刑；而冒充军警人员抢劫的，抢劫军用物资的，处十年以上有期徒刑、无期徒刑或者死刑。

二、国防法规体系及主要国防法规

（一）国防法规体系

国防法规以国家宪法为基础，由各类法律规范组成，其范围十分广泛，内容也十分丰富。从纵向来看，国防法规体系可以根据制定机关和法律效力等级的不同，基本划分为以下五个层次。

1. 宪法中的国防条款

《中华人民共和国宪法》是我国的根本大法，具有最高的法律效力和权威。宪法中的国防条款在国防法规体系中居于最高地位。

2. 基本国防法律

基本国防法律由全国人民代表大会制定，是制定其他国防法规的基本依据。包括以下内容：专门的基本国防法律，即《中华人民共和国国防法》《中华人民共和国兵役法》；其他基本法律中的国防条款，如《中华人民共和国刑法》分则中的第七章和第十章，《中华人民共和国民法典》第一千零八十一条等；基本国防法律解释。

3. 国防法律

国防法律由全国人民代表大会常务委员会制定，包括以下内容：专门的国防法律和法律性决定，如《中华人民共和国国防教育法》《中华人民共和国军事设施保护法》《中华人民共和国人民防空法》《中华人民共和国香港特别行政区驻军法》《中华人民共和国现役军官法》《中国人民解放军军官军衔条例》《中华人民共和国预备役军官法》《中国人民解放军选举全国人民代表大会和县级以上地方各级人民代表大会代表的办法》《全国人民代表大会常务委员会关于设立全民国防教育日的决定》等；其他法律中的国防条款，如《中华人民共和国行政诉讼法》第十三条关于人民法院不受理公民、法人或者其他组织对国防行为提起诉讼的规定等；国防法律解释。

4. 国防法规

国防法规是指由中华人民共和国国务院和中央军事委员会单独或共同制定和颁布的具有在全国一定范围内和在军队中遵行的有法律效力的法规。包括：由中央军委制定的军事法规，如《中国人民解放军内务条令》《中国人民解放军纪律条令》《中国人民解放军警备条令》等；国务院单独制定或与中央军委联合制定的国防行政法规，如《中华人民共和国出境入境边防检查条例》《中国人民解放军现役士兵服役条例》《中华人民共和国飞行基本规则》等；其他法规中的国防条款；国防法规解释、国防法规性文件。

5. 国防规章

国防规章是指由国家职能机关和军队职能机关为了贯彻执行国防法律和国防法规的有关条款在自己的职权范围内制定和颁布的细则和章程等。包括：中央军委各总部、各军兵种、各军区制定的军事规章，如《中国人民解放军院校学历证书管理暂行规定》等；国务院各部委单独制定或与军委有关总部联合制定的国防行政规章，如《关于民兵事业费开支范围和管理办法的规定》《关于企业民兵、预备役工作的规定》等；其他规章中的国防条款；国防规章解释、国防规章性文件；地方性国防法规和规章。

按照法治建设的要求，国防法规体系层次中，下一层次的法必须以宪法或上一层次的法为依据，不得与其相抵触。只有形成等级分明的层次，才能确保各种国防法律规范做到层层节制，一级服从一级，从而避免重叠和矛盾，保证国防法规体系的协调统一。

（二）主要国防法规

1.《中华人民共和国国防法》

图 1-2 《中华人民共和国国防法》

《中华人民共和国国防法》（图 1-2，以下简称《国防法》）于 1997 年 3 月 14 日第八届全国人民代表大会第五次会议通过，当日颁布施行，于 2020 年 12 月 26 日第十三届全国人民代表大会常务委员会第二十四次会议修订，2021 年 1 月 1 日起施行，总共 12 章 73 条，对涉及国防领域各方面的关系进行调整。其主要内容如下：一是规范了国家防务建设的基本方针和基本原则，如抵御外敌入侵，防止颠覆和分裂，维护国家安全和发展利益，捍卫国家主权，保证国家领土、领海、领空不受侵犯，坚持全民自卫，坚持国防建设与经济建设协调发展及独立自主处理国防事务等原则；二是规范国防建设的基本制度，如兵役、军事人事、军事经济、国防科技、国防动员、国防协调会议、国防教育等若干基本制度；三是规定了党对武装力量和国防活动的领导及国家机构的国防职权等；四是规范了公民、国家机关、社会组织的国防义务和权利，如依法征兵，保证兵员质量，公民依法服兵役，自觉接受国防教育，相关企事业单位要保质保量地完成国防科研生产、接受国家军事订货等。

《国防法》是根据《宪法》制定的一部综合性的调整和规范国防与武装力量建设的基本法律，是用来调整和指导国防领域中各种社会关系的基本法律规范，它在国防法规体系中占有统帅地位并起着核心作用，是其他军事立法的基本法律依据。《国防法》的颁布实施是我国国防史上一件具有划时代意义的大事，也是国防和军事法制建设的一个重要里程碑。

2.《中华人民共和国兵役法》

图 1-3 《中华人民共和国兵役法》

《中华人民共和国兵役法》（图 1-3，以下简称《兵役法》）是规定国家兵役制度的法律规范，是公民依法服兵役的法律依据。1955 年 7 月 30 日，第一届全国人民代表大会第二次会议审议通过新中国的第一部《兵役法》。1984 年 5 月 31 日，第六届全国人民代表大会第二次会议审议通过了第二部《兵役法》，后经 1998 年 12 月 29 日第九届全国人民代表大会常务委员会第六次会议、2009 年 8 月 27 日第十一届全国人民代表大会常务委员会第十次会议和 2011 年 10 月 29 日第十一届全国人民代表大会常务委员会第二十三次会议，对其进行了三次修正。2021 年 8 月 20 日第十三届全国人民代表大会常务委员会第三十次会议进行了修订。

现行《兵役法》共 11 章 65 条，主要规定了总则、兵役登记、平时征集、士兵的现役和预备役、军官的现役和预备役、军队院校从青年学生中招收的学员、战时兵员动员、服役待遇和抚恤优待、退役军人的安置、法律责任、附则等。

3.《中华人民共和国国防教育法》

《中华人民共和国国防教育法》(图 1-4，以下简称《国防教育法》）是为了普及和加强国防教育，发扬爱国主义精神，促进国防建设和社会主义精神文明建设，根据《中华人民共和国国防法》和《中华人民共和国教育法》而制定，于 2001 年 4 月 28 日第九届全国人民代表大会常务委员会第二十一次会议通过。2018 年 4 月 27 日第十三届全国人民代表大会常务委员会第二次会议对其进行了修改。

图 1-4 《中华人民共和国国防教育法》

现行《国防教育法》共 6 章 38 条，主要规定了总则、学校国防教育、社会国防教育、国防教育的保障、法律责任、附则等。《国防教育法》规定，国家设立全民国防教育日，但没有规定具体日期。2001 年 8 月 31 日，第九届全国人民代表大会常务委员会第二十三次会议通过《全国人大常委会关于设立全民国防教育日的决定》，规定每年 9 月的第三个星期六为全民国防教育日。《国防教育法》还规定，学校的国防教育是全民国防教育的基础，是实施素质教育的重要内容。高等学校、高级中学和相当于高级中学的学校应当将课堂教学与军事训练相结合，对学生进行国防教育。高等学校应当设置适当的国防教育课程，高级中学和相当于高级中学的学校应当在有关课程中安排专门的国防教育内容，并可以在学生中开展形式多样的国防教育活动。

4.《反分裂国家法》

《反分裂国家法》于 2005 年 3 月 14 日第十届全国人民代表大会第三次会议表决通过。该法分为 10 条，仅适用于中国台湾问题，旨在反对和遏制“台独”分裂势力分裂国家，促进国家和平统一，维护台湾海峡地区和平稳定，维护国家主权和领土完整，维护中华民族的根本利益，具有重大而深远的意义。该法律的主要内容是鼓励两岸继续交流合作，但同时也首次明确提出在三种情况下中国大陆可用“非和平手段”处理中国台湾问题的底线，即第八条规定，“台独”分裂势力以任何名义、任何方式造成台湾从中国分裂出去的事实，或者发生将会导致台湾从中国分裂出去的重大事变，或者和平统一的可能性完全丧失，国家得采取非和平方式及其他必要措施，捍卫国家主权和领土完整。

制定《反分裂国家法》，体现了党和国家以最大的诚意、尽最大的努力争取实现和平统一的一贯立场，表明了全中国人民捍卫国家主权和领土完整，绝不允许“台独”

分裂势力以任何名义、任何方式把台湾从中国分裂出去的共同意志和坚定决心。它有利于团结包括台湾同胞在内的全中国人民共同推动祖国的和平统一大业，有利于遏制“台独”分裂势力的分裂活动，有利于维护台湾海峡地区乃至亚太地区的和平稳定。

阅读卡片

《反分裂国家法》之定名

图 1-5 《反分裂国家法》

《反分裂国家法》（图 1-5）由第十届全国人民代表大会第三次会议在没有一张反对票的情况下通过并公布施行。由于首次明确提出在三种情况下大陆可用“非和平手段”处理中国台湾问题，该法一经公布即在世界范围内引发高度关注。在走过的十余年岁月里，两岸关系从民进党执政时期的动荡不安，步入和平发展的正确道路，为两岸百姓带来了许多实实在在的民生福祉。这部只有短短千字的法律却是我国最重要的大法之一，是党和国家成功运用依法治国方略的生动典范，定名为《反分裂国家法》，而不采用“统一法”，更是思路严密、界定精确的表现。

5. 其他法规

除以上法律法规外，中华人民共和国立法机关、军事机关、行政机关，还先后制定了一系列国防和军事法规。如全国人大常委会颁布了《中国人民解放军军官军衔条例》《中国人民解放军现役军官服役条例》等多个法律法规；国务院和中央军委联合颁发了《征兵工作条例》等多个单行法规；中央军委制定颁布了《中国人民解放军纪律条令（试行）》《中国人民解放军内务条令（试行）》和《中国人民解放军队列条令（试行）》等；各总部、各军兵种也相应制定和颁发了有关条令条例。总之，经过几十年的发展，我国的国防法治化建设已经取得了巨大的成绩，初步形成了有中国特色的国防法律体系。这对我国国防的巩固，军队的革命化、现代化、正规化建设都起到了巨大的作用。

三、公民的国防权利和义务

公民的国防权利和义务，是我国公民的基本权利和义务的重要内容。我国宪法和各种国防法规都对公民的有关国防权利和义务做出了明确规定。正确行使有关国防权利，自觉地履行国防义务，是每一位公民应当具备的品德和责任。

（一）公民的国防权利

公民的国防权利，是指由国家宪法、法律赋予的公民在国防活动中的权利或权益。需要指出的是，义务与权利是一致的，公民的国防义务，同时也是公民的国防权利。除此之外，公民还有以下三种相对独立的国防权利：①国防建设的建议权和对危害国防行为的制止和检举权；②国防活动中经济损失补偿的权利；③军人的优待、抚恤权和退役后的安置权。

（二）公民的国防义务

公民的国防义务，是指由宪法和法律法规规定的公民在国防活动中对国家必须履行的某种责任。这种责任根据国家和人民的根本利益确定，并由国家运用法律的强制力来保证它的实现，它要求负有国防义务的公民，在国防活动中必须依法做出或不做出某种行为。公民的国防义务主要包括履行兵役的义务、接受国防教育的义务、保护国防设施的义务、保守国防秘密的义务、协助国防活动的义务。

阅读卡片

案例：贵州铜仁对拒服兵役新兵张某处理的通报

在2018年征兵过程中，贵州铜仁青年张某自愿在全国征兵网报名应征，通过了体格检查和政治考核，并审批定兵。但入伍后不久，张某以怕苦怕累为由拒服兵役，所在部队及时组织新兵连干部、班长、骨干进行教育引导。区人武部领导会同其家长多次到部队与张某本人沟通，宣讲兵役政策，鼓励其积极适应新训期间部队管理要求，安心部队生活、立志岗位成才。同时将拒服兵役有关处罚规定，向张某晓以利害，但均无济于事，最终被部队依据《中国人民解放军纪律条令（试行）》予以除名。

张某拒服兵役问题，干扰了兵役机关的工作精力，给所在部队的管理带来了负担，其行为严重违反了《中华人民共和国兵役法》及《贵州省征兵工作条例》。为切实维护兵役制度的严肃性，警示教育全社会适龄青年，决定对张某进行以下处罚。

1. 对张某本人因思想原因拒绝服兵役，对其进行1周以上的封闭式兵役法规教育和军事训练。

2. 责成其家庭承担体格检查、政治考核费用1600元，到广西部队驻地做思想工作费用8000元，共9600元；对张某按照相关文件规定处以3.2万元罚款。

3. 不得将其录用为公务员或参照公务员法管理单位人员和事业单位人员。

图 1-6 拒服兵役的处罚

4. 两年内不得出国（境）或者升学。

5. 三年内不予办理经商手续。

6. 三年内不得给予信贷优惠政策支持和利率优惠支持，纳入履行国防义务严重失信主体名单（图 1-6）。

7. 其本人和家庭成员不得纳入困难补助及保障性安居工程保障范围。

（资料来源：中华人民共和国国防部网站，有改动。）

延展视界

为了不能忘却的纪念

中国人民抗日战争胜利纪念日：1945 年 9 月 2 日，日本代表在投降书上签字，宣布无条件投降，中、美、英、苏等 9 国代表相继签字。2014 年 2 月 27 日，第十二届全国人大常委会第七次会议经表决通过，确定每年 9 月 3 日为中国人民抗日战争胜利纪念日。

南京大屠杀死难者国家公祭日：1937 年 12 月 13 日，侵华日军在中国南京开始对中国同胞实施长达 40 多天的惨绝人寰的大屠杀，30 多万人惨遭杀戮，制造了震惊中外的南京大屠杀惨案。南京大屠杀是日本军国主义在南京犯下的大规模屠杀、强奸以及纵火、抢劫等战争罪行与反人类罪行。2014 年 2 月 25 日，第十二届全国人大常委会第七次会议审议全国人大常委会关于设立南京大屠杀死难者国家公祭日的决定草案。2014 年 2 月 27 日，第十二届全国人大常委会第七次会议通过决定，正式设立每年 12 月 13 日为南京大屠杀死难者国家公祭日。2014 年 12 月 13 日，首个南京大屠杀死难者国家公祭日在南京举行。

图 1-7 南京大屠杀死难者国家公祭仪式

烈士纪念日：在烈士纪念日当天举行隆重的公祭仪式（图 1-7），是为了纪念我国“近代以来，为了反对内外敌人，争取民族独立和人民自由幸福，为了国家繁荣富强”而献出自己宝贵生命的英雄们的。2018 年 4 月 27 日，第十三届全国人民代表大会第二次会议通过的《中华人民共和国英雄烈士保护法》规定，每年 9 月 30 日为烈士纪念日，国家在首都北京天安门广场人民英雄纪念碑前举行纪念仪式，缅怀英雄烈士。

第三节 铜墙铁壁——国防建设

军事箴言

若无国防，则国难屡起，民将不得安其业。

——梁启超《新民说》

国防建设指的是出于国家安全利益需要，为提高国防能力而进行的各方面的建设，是国家建设的重要组成部分。国防建设的内容主要包括：武装力量建设，边防、海防、空防、人防及战场建设，国防科技与工业建设，国防法治建设，国防动员建设，国防教育建设，以及与国防相关的铁路、公路、水运、民航、邮电、能源、水利、造林、气象、卫生、航天等方面的建设。其中，国防建设的重点是武装力量建设。中华人民共和国成立后，经过70多年的艰苦努力，国防建设取得了举世瞩目的成就。

一、国防领导体制

国防领导体制是国家谋划、决策、指挥、协调国防建设和军事斗争的组织体系及相应制度，包括国防领导机构的设置、职权划分、相互关系及相关制度等，是国防体制和国家体制的重要组成部分。国防领导体制对发挥综合国力、实现国防目的具有至关重要的作用。一般设有最高统帅、最高国防决策机构、国家行政机关中管理国防事务的部门和武装力量领导指挥系统等。根据《中华人民共和国宪法》和《中华人民共和国国防法》，中华人民共和国的国防领导权由中共中央、全国人民代表大会及其常务委员会、国家主席、国务院、中央军事委员会来行使。

（一）中共中央的国防领导职权

中国共产党是我国社会主义事业的领导核心，《中华人民共和国宪法》和《中华人民共和国国防法》都规定了中共中央在包括国防事务在内的国家生活中发挥着决定性的领导作用。《中华人民共和国国防法》规定：“中华人民共和国的武装力量受中国共产党领导。”在中国，有关国防、战争和军队建设的重大问题，都由中共中央、中央军委、中央政治局及其常委会做出决策，通过必要的法定程序使之上升为党和国家的意志并在全国范围内统一贯彻执行。

（二）全国人民代表大会及其常务委员会的国防领导职权

全国人民代表大会是中华人民共和国最高权力机关，它在国防方面的职权主要有：决定战争与和平问题；制定有关国防方面的基本法律；选举中央军事委员会主席；根据中央军事委员会主席的提名，决定中央军事委员会其他组成人员，并有权罢免以上人员；审查和批准包括国防经费预算在内的国家预算和预算执行情况的报告；改变或者撤销全国人民代表大会常务委员会在国防方面的不适当决定以及应由全国人民代表大会行使的国防方面的其他职权。作为全国人民代表大会的常设机构，全国人民代表大会常务委员会在国防方面的职权主要有：在全国人民代表大会闭会期间，决定战争状态的宣布；决定全国总动员或局部动员；制定有关国防方面的法律；审查和批准包括国防建设计划在内的国民经济和社会发展计划；监督中央军事委员会的工作；决定中央军事委员会其他组成人员的人选；任免军事法院院长和军事检察院检察长；决定同外国缔结的有关国防方面的条约和重要协定的批准和废除；规定军人的衔级制度；规定和决定授予在国防方面国家的勋章和荣誉称号；全国人民代表大会授予的国防方面的其他职权。

（三）国家主席的国防领导职权

中华人民共和国主席的国防领导职权主要包括：根据全国人民代表大会的决定和全国人民代表大会常务委员会的决定，宣布战争状态，发布动员令；颁布全国人民代表大会及其常务委员会制定的有关国防方面的法律；根据全国人民代表大会常务委员会的决定，授予在国防方面国家的勋章和荣誉称号，批准和废除同外国缔结的有关国防方面的条约和重要协定。

（四）国务院的国防领导职权

国务院是最高国家权力机关的执行机关和最高国家行政机关。它在国防方面的职权是领导和管理国防建设事业，包括：编制国防建设发展规划和计划；制定国防建设方面的方针、政策和行政法规；领导和管理国防科研生产；管理国防经费和国防资产；领导和管理国民经济动员工作和人民武装动员、人民防空、国防交通等方面的有关工作；领导和管理拥军优属工作和退出现役军人的安置工作；领导国防教育工作；与中央军事委员会共同领导中国人民武装警察部队、民兵的建设和征兵、预备役工作以及边防、海防、空防的管理工作；法律规定的与国防建设事业有关的其他职权。

（五）中央军事委员会的国防领导职权

中央军事委员会是党和国家的最高军事机关，统领全国武装力量，负责党和国家的最高军事决策和军事指挥，根据党的路线、方针、政策和国家的安全与发展的需要，确定军事战略，领导军事建设。其职权主要包括：统一指挥全国武装力量；决定军事战略和武装力量的作战方针；领导和管理中国人民解放军和中国人民武装警察部队的建设，制订规划、计划并组织实施；向全国人民代表大会或全国人民代表大会常务委员会提出议案；根据《宪法》和法律，制定军事法规，发布决定和命令；决定中国人民解放军和中国人民武装警察部队的体制和编制，规定中央军事委员会相关部门、战区、军兵种和中国武装警察部队等单位的任务和职责。依照法律、军事法规和规定，任免、培训、考核和奖惩武装力量成员；批准武装力量的武器装备体制和武器装备发展规划、计划，协同国务院领导和管理国防科研生产；会同国务院管理国防经费和国防资产；领导和管理人民武装动员，预备役工作；组织开展国际军事交流与合作；法律规定的其他职权。

知识链接

中央军委即中国共产党中央军事委员会和中华人民共和国中央军事委员会的简称，它是“中国共产党的最高军事指挥和军事决策机构”，它领导着全国的武装力量。中央军事委员会由主席、副主席、若干委员组成，实行主席负责制。现由15个职能部门（图1-8）组成，其中有7个部（厅）：中央军委办公厅、中央军委联合参谋部、中央军委政治工作部、中央军委后勤保障部、中央军委装备发展部、中央军委训练管理部、中央军委国防动员部；3个委员会：中央军委纪律检查委员会、中央军委政法委员会、中央军委科学技术委员会。5个直属机构：中央军委战略规划办公室、中央军委改革和编制办公室、中央军委国际军事合作办公室、中央军委审计署、中央军委机关事务管理总局。

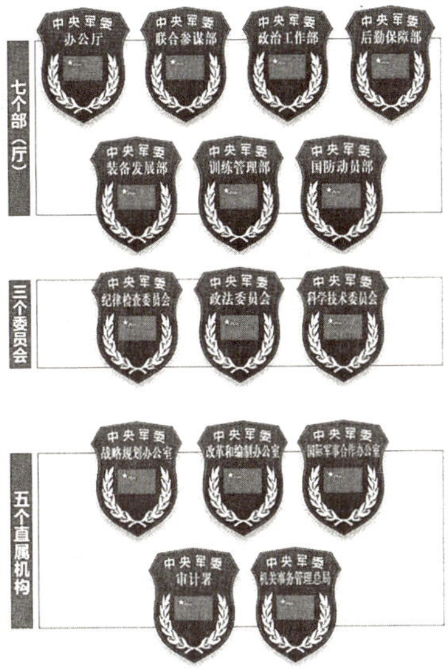

图1-8 中央军事委员会机关部门

中央军事委员会实行中国共产党中央军军事委员会和中华人民共和国中央军事委员会“两块牌子、一套班子”的领导体制。它们实际上是一个机构，组成人员对军队的领导职能完全一致，只是在党内和国家机构内同时有两个地位。这样的领导体制是为了保证党对军队的绝对领导，便于运用国家机器，加强军队各方面的工作，加强军队的革命化、现代化、正规化的建设。中国国防领导体制的突出特点，就是国防领导权集中在中共中央，国防建设和国防斗争的大政方针由中共中央制定，武装力量的最高领导权属于中共中央。

中央军事委员会实行主席负责制，中央军委主席实际上为全国武装力量的统帅。中央军委组成人员为中央军委主席、副主席若干人、委员若干人。

二、新时代中国防御性国防政策

中国的社会主义国家性质，走和平发展道路的战略抉择，独立自主的和平外交政策，“和为贵”的中华文化传统，决定了中国始终不渝奉行防御性国防政策。

（一）坚决捍卫国家主权、安全、发展利益

这是新时代中国国防的根本目标。

慑止和抵抗侵略，保卫国家政治安全、人民安全和社会稳定，反对和遏制“台独”，打击“藏独”“东突”等分裂势力，保卫国家主权、统一、领土完整和安全。维护国家海洋权益，维护国家在太空、电磁、网络空间等安全利益，维护国家海外利益，支撑国家可持续发展。

中国坚定维护国家主权和领土完整。南海诸岛、钓鱼岛及其附属岛屿是中国固有领土。中国在南海岛礁进行基础设施建设，部署必要的防御性力量，在东海钓鱼岛海域进行巡航，是依法行使国家主权。中国致力于同直接有关的当事国在尊重历史事实和国际法的基础上，通过谈判协商解决有关争议。中国坚持同地区国家一道维护和平稳定，坚定维护各国依据国际法所享有的航行和飞越自由，维护海上通道安全。

解决台湾问题，实现国家完全统一，是中华民族的根本利益，是实现中华民族伟大复兴的必然要求。中国坚持“和平统一、一国两制”方针，推动两岸关系和平发展，推进中国和平统一进程，坚决反对一切分裂中国的图谋和行径，坚决反对任何外国势力干涉。中国必须统一，也必然统一。中国有坚定决心和强大能力维护国家主权和领土完整，决不允许任何人、任何组织、任何政党、在任何时候、以任何形式、把任何一块中国领土从中国分裂出去。我们不承诺放弃使用武力，保留采取一切必要措施的选项，针对的是外部势力干涉和极少数“台独”分裂分子及其分裂活动，绝非针对台湾同胞。如果有人要把台湾从中国分裂出去，中国军队将不惜一切代价，坚决予以挫败，捍卫国家统一。

（二）坚持永不称霸、永不扩张、永不谋求势力范围

这是新时代中国国防的鲜明特征。

国虽大，好战必亡。中华民族历来爱好和平。近代以来，中国人民饱受侵略和战乱之苦，深感和平之珍贵、发展之迫切，决不会把自己经受过的悲惨遭遇强加于人。新中国成立70多年来，中国没有主动挑起过任何一场战争和冲突。改革开放以来，中国致力于促进世界和平，主动裁减军队员额400余万。中国由积贫积弱发展成为世界第二大经济体，靠的不是别人的施舍，更不是军事扩张和殖民掠夺，而是人民勤劳、维护和平。中国既通过维护世界和平为自身发展创造有利条件，又通过自身发展促进世界和平，真诚希望所有国家都选择和平发展道路，共同防范冲突和战争。

中国坚持在和平共处五项原则基础上发展同各国的友好合作，尊重各国人民自主选择发展道路的权利，主张通过平等对话和谈判协商解决国际争端，反对干涉别国内政，反对恃强凌弱，反对把自己的意志强加于人。中国坚持结伴不结盟，不参加任何军事集团，反对侵略扩张，反对动辄使用武力或以武力相威胁。中国的国防建设和发展，始终着眼于满足自身安全的正当需要，始终是世界和平力量的增长。历史已经并将继续证明，中国决不走追逐霸权、“国强必霸”的老路。无论将来发展到哪一步，中国都不会威胁谁，都不会谋求建立势力范围。

（三）贯彻落实新时代军事战略方针

这是新时代中国国防的战略指导。

新时代军事战略方针，坚持防御、自卫、后发制人原则，实行积极防御，坚持“人不犯我、我不犯人，人若犯我、我必犯人”，强调遏制战争与打赢战争相统一，强调战略上防御与战役战斗上进攻相统一。

贯彻落实新时代军事战略方针，服从服务党和国家战略全局，落实总体国家安全观，强化忧患意识、危机意识、打仗意识，积极适应战略竞争新格局、国家安全新需求、现代战争新形态，有效履行新时代军队使命任务。根据国家面临的安全威胁，扎实做好军事斗争准备，全面提高新时代备战打仗能力，构建立足防御、多域统筹、均衡稳定的新时代军事战略布局。坚持全民国防，创新人民战争的战略战术和内容方法，充分发挥人民战争整体威力。

中国始终奉行在任何时候和任何情况下都不首先使用核武器、无条件不对无核武器国家和无核武器区使用或威胁使用核武器的核政策，主张最终全面禁止和彻底销毁核武器，不会与任何国家进行核军备竞赛，始终把自身核力量维持在国家安全需要的最低水平。中国坚持自卫防御核战略，目的是遏制他国对中国使用或威胁使用核武器，确保国家战略安全。

（四）坚持走中国特色强军之路

这是新时代中国国防的发展路径。

建设同国际地位相称、同国家安全和发展利益相适应的巩固国防和强大军队，是中国社会主义现代化建设的战略任务，是坚持走和平发展道路的安全保障，是总结历史经验的必然选择。

新时代中国国防和军队建设，深入贯彻习近平强军思想，深入贯彻习近平军事战略思想，坚持政治建军、改革强军、科技兴军、依法治军，聚焦能打仗、打胜仗，推动机械化信息化融合发展，加快军事智能化发展，构建中国特色现代军事力量体系，完善和发展中国特色社会主义军事制度，不断提高履行新时代使命任务的能力。

新时代中国国防和军队建设的战略目标是，到2020年基本实现机械化，信息化建设取得重大进展，战略能力有大的提升。同国家现代化进程相一致，全面推进军事理论现代化、军队组织形态现代化、军事人员现代化、武器装备现代化，力争到 2035 年基本实现国防和军队现代化，到本世纪中叶把人民军队全面建成世界一流军队。

（五）服务构建人类命运共同体

这是新时代中国国防的世界意义。

中国人民的梦想与世界人民的梦想息息相通。一个和平稳定繁荣的中国，是世界的机遇和福祉。一支强大的中国军队，是维护世界和平稳定、服务构建人类命运共同体的坚定力量。

中国军队坚持共同、综合、合作、可持续的安全观，秉持正确义利观，积极参与全球安全治理体系改革，深化双边和多边安全合作，促进不同安全机制间协调包容、互补合作，营造平等互信、公平正义、共建共享的安全格局。

中国军队坚持履行国际责任和义务，始终高举合作共赢的旗帜，在力所能及的范围内向国际社会提供更多公共安全产品，积极参加国际维和、海上护航、人道主义救援等行动，加强国际军控和防扩散合作，建设性参与热点问题的政治解决，共同维护国际通道安全，合力应对恐怖主义、网络安全、重大自然灾害等全球性挑战，积极为构建人类命运共同体贡献力量。

三、国防建设成就

旧中国有国无防，经历了 100 多年丧权辱国的屈辱历史，受尽了帝国主义列强的侵略欺凌，中国人民为此付出了惨重的代价。新中国成立后，经过 70 多年的努力，国防建设取得了举世瞩目的巨大成就。

（一）中国人民解放军的现代化、正规化和革命化建设有了突破性的进展

新中国成立后，人民解放军在毛泽东关于建设现代化革命武装力量的战略思想和邓小平新时期军队建设思想的指引下，不断向现代化、正规化和革命化迈进。特别是改革开放以来，我国国防实力得到进一步加强，国防现代化建设，尤其是军队的建设，有了突破性的进展，取得了一系列重大成就。经过 70 多年的艰苦努力，人民解放军实现了由单一陆军向诸军兵种合成军队的发展。不仅掌握着种类比较齐全的常规武器装备，而且拥有了具有一定威慑力的原子弹、氢弹等尖端武器装备。人民解放军将以新的面貌勇敢地面对任何挑战而不辱使命。

（二）形成了门类齐全、综合配套的国防科技工业体系

国防科技是衡量一个国家综合国力的重要标志之一，也是国防现代化建设的一个重要方面。新中国成立以来，在党中央、国务院、中央军委的关怀和领导下，经过 70

多年的建设和发展，我国的国防科技工业从无到有，从小到大，从落后到先进，建立起了包括电子、船舶、兵器、航空、航天和核能等门类齐全、综合配套的科研实验生产体系，取得了一大批具有国内或国际先进水平的科研成果，为我军现代化建设和切实增强我国的综合国力做出了重要贡献。

（三）国防后备力量建设取得了长足的发展

我们党和国家历来十分重视国防后备力量建设。我国国防后备力量建设，经过几代人的努力，形成了一整套制度和优良作风，打下了坚实的基础，各项工作均取得了明显的成绩。一是实现了指导思想的战略性转变，走上了相对和平时期稳步发展的轨道。二是确立并实行了民兵与预备役相结合的制度，初步形成了具有中国特色的国防后备力量体系。三是注重宏观指导，合理布局，边海防、大中城市和重点地区的民兵工作得到加强。四是民兵、预备役部队在参战支前、保卫边疆、发展生产、扶贫帮困、抢险救灾、维护社会治安等方面发挥了重要作用，为国家的改革、发展和稳定做出了巨大的贡献。五是健全了国防动员机构，为了保证国家在一旦发生战争的情况下，能很快由平时状态转入战时状态，调动足够的人力、财力、物力应付战争的需要。六是加强了国防教育，恢复并加强了对大学、高中（含相当于高中）在校学生的军训工作，使国防教育逐步纳入整个国民教育体系，走上了法治化、规范化的轨道。

延展视界

军民融合发展战略

习近平总书记指出：“把军民融合发展上升为国家战略，是我们长期探索经济建设和国防建设协调发展规律的重大成果，是从国家安全和发展战略全局出发做出的重大决策。”“今后一个时期军民融合发展，总的是要加快形成全要素、多领域、高效益的军民融合深度发展格局。”① 军民融合发展的这一战略目标，既描绘了军民融合深度发展的美好蓝图，也明确了军民融合深度发展的奋斗目标。

军民融合发展成为国家意志。国家战略是战略体系中的最高层次战略，是国家意志的重要体现。军民融合发展的国家战略，就是站在国家安全和发展战略全局高度，按照国家安全和发展利益相适应要求，对推动军民融合深度发展所进行的长远和全局的筹划与指导。军民融合发展的国家战略定位是实现强国梦、强军梦的必然要求，是有效维护国家安全利益和发展利益的必然抉择，充分彰显了国家意志。

军民融合发展成为国家行为。军民融合发展作为一项国家战略，其统筹实施具有统一性、整体性特点，事关国家全局，必须由国家来主导、统筹和引领。军民融合发

① 深入实施军民融合发展战略 努力开创强军兴军新局面 [N]. 人民日报，2015-03-13（1）.

展上升为国家战略，意味着必须把军民融合发展置于国家发展全局，避免把军民融合发展局限于某些具体业务领域。坚持军民融合发展的国家战略定位，就是要把军民融合发展作为国家行为，对国防建设和经济建设进行全面筹划和指导，并且通过全面深化改革不断强化军民融合发展战略的指导作用。

多领域军民融合深度发展。多领域军民融合，是指以军事需求为牵引，在军民两大系统中有交集的多个领域尽可能地实现深度融合。军民融合涉及的领域主要包括武器装备科研生产体系、军队人才培养体系、军队保障体系和国防动员体系四个重点领域，海洋、太空、网络和信息四个新兴领域，以及军事能力建设、国家创新体系、经济建设、文化建设、社会建设等延伸领域。每个军民融合领域又包含许多具体领域。比如，武器装备科研生产体系军民融合，从产品角度理解，包括武器装备总体科研生产、分系统科研生产、专用配套件科研生产等军民融合；从科研生产主体角度理解，包括企业、科研院所、服务中介等军民融合。另外，为有效维护和捍卫我国海外利益提供重要支撑，必然要求推动海洋资源管理、战略通道安全和海外军事行动等领域军民融合。需要指出的是，不是所有领域都适合军民融合，也不是所有领域都必须要推动和实现军民融合发展。比如某些军事专用性极强保密性要求极高的技术、产品和场地等，就不适宜对民间开放，不适合军民共享共有。

第四节 钢铁长城——武装力量

军事箴言

以铜为鉴，可正衣冠；以古为鉴，可知兴替；以人为鉴，可明得失。

——《新唐书》

武装力量是国家或者政治集团拥有的各种武装组织的总称。武装力量具有鲜明的国家性、排他的武装性和高度的组织性。它在国家安全和发展战略全局中具有重要地位和作用，肩负着维护国家主权、统一、领土完整、安全和发展利益的光荣使命和神圣职责。

一、中国武装力量的性质和宗旨

中华人民共和国的武装力量属于人民。它坚持中国共产党的绝对领导，保持无产阶级性质，坚持全心全意为人民服务的唯一宗旨。它的任务是巩固国防，抵抗侵略，保卫祖国，保卫人民的和平劳动，参加国家建设事业。人民解放军是中国武装力量的主体，担负着抵抗外敌侵略的任务；人民武装警察部队，是武装力量的重要组成部分，担负着国内安全保卫任务；民兵是不脱离生产的群众武装组织，是中国人民解放军的助手和后备力量。

二、人民军队的发展历程

中国人民解放军自诞生至今，已有90多年的光辉历史。90多年来，这支具有光荣革命传统和辉煌战斗历史的人民军队在中国共产党的领导下，始终与中华民族命运共系，与中国人民血肉相连，历经硝烟战火，一路披荆斩棘，为民族独立、国家富强，进行了不屈不挠、艰苦卓绝的斗争，付出了巨大牺牲，取得了一个又一个辉煌的胜利，为党和人民建立了伟大的历史功勋。

（一）诞生成长于土地革命战争

1927年8月1日，在以周恩来为书记的中共中央前敌委员会（简称前委）的领导下，贺龙、叶挺、朱德、刘伯承等人率领党所掌握和影响下的军队2万多人，在南昌城头打响了武装反抗国民党反动派的第一枪。1927—1937年间的10年是艰苦卓绝的土地革命战争时期，也是人民军队从无到有，逐渐成长并开始走向成熟的重要时期。在这期间，中国共产党把马克思主义的普遍原理与中国革命战争的具体实践相结合，开创了建立农村根据地，农村包围城市，武装夺取政权的中国革命道路；确立了人民军队的建军原则，形成了人民战争思想及其战略战术；在王明“左”倾错误占据党内统治地位、反“围剿”失利后，进行了举世闻名的长征。在艰险曲折的斗争中，在以毛泽东同志为代表的党中央正确领导下，在广大红军指战员的英勇奋战下，终于取得了红军长征的伟大胜利，并由此孕育了伟大的长征精神，开创了中国革命新局面。

（二）抗日战争的中流砥柱

从1931年日本侵略者侵占东北到1945年签字投降的14年，是中国共产党及其领导的人民武装坚持抗日斗争并最终夺取伟大胜利的历史时期。这一时期，中华民族与日本帝国主义侵略者的民族矛盾上升为社会主要矛盾。中国共产党及其领导的人民军队，以卓越的政治智慧与军事才能主动应对和推动中国抗日战争的发展，并在坚持和夺取抗战胜利的艰苦卓绝斗争中发展成长为抗战的中坚力量，为世界反法西斯战争的胜利做出了不可磨灭的历史贡献。中国人民抗日战争胜利是近代以来中国抗击外敌入侵第一次取得完全胜利的民族解放战争，是中华民族走向复兴的伟大历史转折点。

（三）胜利进行全国解放战争

解放战争，亦称“第三次国内革命战争”，是1945年8月至1949年9月中国人民解放军在中国共产党的领导下，为推翻国民党统治、解放全中国而进行的战争，是国共内战的第二阶段。

1947 年 7 月，解放军由战略防御转入战略进攻，接着连续进行了辽沈、淮海、平津三大战役，基本上消灭了国民党军主力。1949 年 4 月，解放军横渡长江，解放南京，基本宣告了国民党统治的覆灭。1949 年 10 月 1 日，在解放军向全国进军途中，中华人民共和国在北京宣告成立。到 1950 年 6 月，残存在东北、华东、中南、西南、西北战场上的国民党军被全部歼灭，仅有少量逃往中国台湾。1951 年，西藏和平解放。至此，解放军完成了解放全国大陆和近海岛屿的任务，中国人民解放军取得第二次国共内战的胜利，统一了中国大陆。

（四）抗美援朝，保家卫国

1950 年 6 月 25 日，朝鲜内战爆发。美国随即派兵进行武装干涉，发动对朝鲜的全面战争，同时派遣第七舰队入侵台湾海峡，对新中国的国家安全造成严重威胁，给刚刚执政的中国共产党带来严峻考验。当时，我国物资极度匮乏，财政状况甚为困难，新区土改尚未进行，人民政权没有完全巩固，海、空军处于初创阶段，中共中央应朝鲜民主主义人民共和国政府的请求，在反复权衡利弊之后，最终决定组成中国人民志愿军，支援朝鲜。从 1950 年 10 月至 1953 年 7 月，中国人民志愿军进行了两年零九个月的抗美援朝、保家卫国的战争。

三、中国武装力量的构成

中华人民共和国的武装力量，由中国人民解放军、中国人民武装警察部队、民兵组成。

（一）中国人民解放军

中国人民解放军由现役部队和预备役部队组成，现役部队是国家的常备军，主要担负防卫作战任务，按照规定执行非战争军事行动任务。预备役部队按照规定进行军事训练、执行防卫作战任务和非战争军事行动任务；根据国家发布的动员令，由中央军事委员会下达命令转为现役部队。

1. 现役部队

中国人民解放军是我国武装力量的主体，现已发展成为陆军、海军、空军、火箭军、战略支援部队、联勤保障部队六大军种。

（1）陆军。陆军是在陆地上作战的军种，它既能独立作战，又能和海军、空军协同作战。我国陆军已发展成为一支具有强大火力、突击力和高度机动能力的诸兵种合成军种，编有步兵、炮兵、装甲兵、工程兵、通信兵、防化兵等专业兵种，还编有电子对抗、测绘和航空兵部队。

目前，陆军将按照机动作战、立体攻防的战略要求，加强顶层设计和领导管理，优化力量结构和部队编成，加快实现区域防卫型向全域作战型转变，努力建设一支强大的现代化新型陆军。

（2）海军。海军是以水面舰队为主体，具有在水面、水下和空中作战的能力，既能单独在海上作战，又能协同陆军、空军作战的军种。1949 年 4 月 23 日，中国人民解放军海军诞生于江苏泰州白马庙，现已成为一支由水面舰艇部队、岸防部队、潜艇部队、海军陆战队和海军航空兵组成的初具现代化作战能力的海上作战力量。

目前，海军将按近海防御、远海护卫的战略要求，逐步实现由近海防御型向近海防御与远海护卫型结合转变，实现由黄水海军向蓝水海军跨越发展。

（3）空军。空军是以航空兵为主体，空防合一，以航空空间为主战场的军种。中国人民解放军空军成立于 1949 年 11 月 11 日，现已成为一支由航空兵、地空导弹兵、高射炮兵、雷达兵、空降兵、电子对抗兵、气象兵等多兵种合成，由歼击机、强击机、轰炸机、运输机、预警机等多机种组成的现代化高技术军种。

目前，空军将按照空天一体、攻防兼备的战略要求，实现国土防空型向攻防兼备转变，构建适应信息化作战需要的空天防御力量体系，提高空军作战能力，努力建设一支强大的人民空军。

（4）火箭军。中国人民解放军火箭军是中国人民解放军新的军种，2015 年 12 月 31 日正式命名成立。由原来的战略性独立兵种（第二炮兵），上升为独立军种（火箭军）。火箭军是我国战略威慑的核心力量，是我国大国地位的战略支撑，是维护国家安全的重要基石。

目前，火箭军将按照核常兼备、全域慑战的战略要求，增强可信可靠的核威慑和核反击能力，增强战略制衡能力，努力建设一支强大的现代化火箭军。

（5）战略支援部队。中国人民解放军战略支援部队是我国陆、海、空、火箭之后的第五大军种，2015 年 12 月 31 日正式命名成立。中国人民解放军战略支援部队是维护国家安全的新型作战力量，是我军新质作战能力的重要增长点，主要是将战略性、基础性、支撑性都很强的各类保障力量进行功能整合后组建而成的。成立战略支援部队，有利于优化军事力量结构、提高综合保障能力。战略支援部队包括情报、技术侦察、电子对抗、网络攻防、心理战五大领域。

（6）联勤保障部队。中央军委联勤保障部队于 2016 年 9 月 13 日成立，基地位于武汉，是实施联勤保障和战略战役支援保障的主体力量，是中国特色现代军事力量体系的重要组成部分。联勤保障部队主要包括武汉联勤保障基地和无锡、桂林、西宁、沈阳、郑州五个联勤保障中心。五个联勤保障中心分别位于东、南、西、北、中五大战区，可为各战区提供后勤保障。

2. 预备役部队

预备役部队，就是以现役军人为骨干，以预备役军官和士兵为基础，按统一编制为战时实施成建制快速动员而组建起来的部队，是我军后备力量的重要组成部分，是战时实施快速动员的重要组织形式。1983 年，我国开始组建预备役部队，1986 年，将其列入中国人民解放军编制序列，授予番号和军旗。随着国防和军队改革不断深入，预备役部队将进一步调整规模、结构和编成，推进由陆军为主向各军兵种协调发展、由作战类部队为主向保障类部队为主、按地域编组向地域编组与依托行业编组相结合转变，以适应信息化战争需要。

（二）中国人民武装警察部队

中国人民武装警察部队组建于 1982 年 6 月 19 日。2018 年 3 月军改之前由内卫部队、黄金、森林、水电、交通、边防、消防、警卫部队组成。改革后的武警部队，直属党中央、中央军委集中统一领导，归中央军委建制，不再列入国务院序列，实行中央军委—武警部队—部队领导指挥体制。设总部、总队（师）、支队（团）三级领导机关。主要由内卫部队、机动部队、海警部队和院校、科研机构等组成。中国人民武装警察部队担负执勤、处置突发社会安全事件、防范和处置恐怖活动、海上维权执法、抢险救援和防卫作战以及中央军事委员会赋予的其他任务。

（三）民兵

民兵是中国共产党领导下的不脱离生产的群众武装，是中华人民共和国武装力量的组成部分，是中国人民解放军的助手和后备力量。中国民兵始建于第一次国内革命战争时期，主要任务：一是积极参加社会主义现代化建设，带头完成生产和各项任务；二是担负战备勤务、执行非战争军事行动任务和防卫作战任务；三是随时准备参军参战，抵抗侵略，保卫祖国。

中国民兵由基干民兵和普通民兵组成。28 周岁以下退出现役的士兵和经过一定军事训练的人员都可编入基干民兵，女性民兵只编入基干民兵，人数控制在适当的比例内；其余 18~35 周岁、符合兵役条件的男性公民，可编入普通民兵组织。由于我国人口基数十分庞大，加入民兵组织的人数相对有限，因此，对于未编入民兵组织但符合民兵条件的公民，需由地方政府兵役机关进行预备役登记。全国民兵工作在国务院、中央军委领导下，由中央军委国防动员部主管。各省军区、军分区和县（市、区）人民武装部负责本辖区内的民兵工作。乡镇（街道）和企、事业单位人民武装部，具体负责民兵和兵役工作。

延展视界

中国抗战史上的经典战例——平型关大捷

平型关大捷（图 1-9）是八路军出师抗日前线打的第一个大胜仗，是全国抗战以来取得的第一个大胜利。

图 1-9　《平型关大捷》油画

1937 年，侵华日军占领平、津后，即以速战速决的战略方针，分三路向华北各省进犯。沿平绥路向山西进攻之敌第 5 师团和关东军独立混成第 1、2、15 旅团，于 9 月 20 日前到涞源、灵丘、浑源、怀仁、左云一线。此时，第二战区司令长官阎锡山为确保晋北要地，将由平绥线后撤之国民党军在平型关、雁门关、神池一线沿内长城布防阻敌前进。向华北挺进的八路军先头部队 115 师于 9 月 19 日抵上寨、下关地区集结。当时，第二战区要求我军增援灵丘正面作战。但是，在灵丘正面担任防御的国民党军已于 9 月 21 日退至平型关地区。接着日军向平型关发动攻击，并占领了东、西跑池等地。于是，我军决定隐蔽集结于平型关以东山地，从侧面伏击向平型关正面进攻之敌军后续部队，以配合友军作战。

9 月 23 日夜晚，115 师由上寨、下关地区进至距平型关东南 15 千米之冉庄地区隐蔽集结。24 日夜，部队按计划冒雨向战地开进，25 日拂晓前到达平型关东北之公路右侧山地设伏。其部署如下：343 旅 685 团隐蔽集结于白崖台以西一带，消灭关沟、老爷庙之敌；686 团埋伏于公路右侧地区，消灭老爷庙至蔡家峪一线敌军；344 旅 687 团在蔡家峪至韩家湾一带担任阻援任务；688 团为师预备队（尚在开进途中）。

图 1-10　八路军机枪阵地

25 日晨，日军第 5 师团第 21 旅团后续部队一部沿公路向平型关前进。我军待敌完全进入伏击地区时突然开火（图 1-10），并迅速冲到公路上与敌展开白刃格斗。敌人企图利用汽车、水沟和老爷庙有利地形进行抵抗。我军各团第二梯队迅速越过公路夺占老爷庙等地，将敌分割包围。激战至午后，辛庄、老爷庙、小寨村一线山谷中的敌人全部被我军歼灭。26 日，由于日军增援部队陆续抵拟达平型关附近，为避免与敌胶着，徒增消耗，我军遂主动撤出战斗。我军主力在平型关与敌作战期间，115 师独立团和骑兵营在灵丘以东及涞源地区积极活动，配合了主力的作战行动。

此次战斗，我军充分发挥了近战和山地战的特点，保持了战斗的突然性，消灭日军精锐第5师团第21旅团1000余人，击毁敌汽车80余辆，缴获九二式步兵炮1门、步枪300余支、机枪20余挺、山炮弹3000余发和大批军用品。

平型关战斗的胜利具有重大意义。政治上，八路军首战告捷，威名天下扬，使全国人民看到了中华民族的希望所在，极大地鼓舞了全国军民斗志，增强了抗战胜利的信念，提高了共产党和八路军的声望。军事上，有力地打击了日本侵略者的嚣张气焰，有效地钳制了日军第5师团的行动，有力地支援了平汉路和同蒲路上友军的作战。舆论上，平型关的捷报立时传遍全国，在国内外造成重大影响，各界贺信、贺电达百余件之多。蒋介石于9月26日致朱德、彭德怀贺电中说："二十五日一战，歼寇如麻。足证官兵用命，深堪嘉慰。尚希益励所部，继续努力，是所至盼。"第二战区战地动员委员会主任续范亭著文称赞：谨按平型关战役，八路军的大捷，其估价不仅在于双方死亡的惨重，而在打破了"皇军"不可战胜的神话，提高我们的士气。使日寇知道中国大有人在，锐气挫折，不敢如以前那样的长驱直进。忻口战役敌人未敢贸然深入，我军士气高涨，未尝不是平型关歼灭战的影响。

（资料来源：《中国人民解放军战史图集》《中国人民解放军简史》）

第五节 平战结合——国防动员

军事箴言

军无辎重则亡，无粮食则亡，无委积则亡。

——孙武

一、国防动员的含义

图1-11 国防动员标志

国防动员是指国家为应对战争和突发事件的需要，合理地调动国家可以利用的各种资源，并建立相应的国家动员体制和机制的一系列活动。国防动员标志如图1-11所示。加强国防动员建设，平时可以增强国防动员潜力，提高国防动员能力；战时可以有效地弥补国防力量的消耗，不断增强战争实力，为最终赢得战争胜利奠定基础。不仅如此，和平时期加强国防动员建设，对于增强国家的战略威慑能力，提高国家遏制战争发生和控制战争升级的能力，以及应付重大突发事件对国民经济与社会发展的冲击和影响，也有着重要的意义。

阅读卡片

英阿马岛战争中的国防动员

英阿马岛战争中，英国特混舰队远涉重洋作战，就是依靠其较完善的动员体制，充分利用民用运输力量，弥补了军事运力不足的缺陷。为迅速将部队和作战物资运往装载港口，英国动员了铁路部门及大量民用车辆，协助军队在80小时内把1个陆战旅30天用的5000吨作战物资全部装车发运，保证舰队按时启航。与此同时，又征用了56艘客轮、货轮和油轮，总吨位达66.7万吨，约占特混舰队总吨位的2/3，占后勤辅助船只总数的77%，有力地保障了军队的作战行动。

二、国防动员的主要内容

根据动员的规模，一般分为总动员和局部动员，总动员是指在全国范围内实施的国防动员，局部动员是指在局部地区实施的国防动员。国防动员通常包括武装动员、政治动员、经济动员、交通动员、人民防空等领域。

（一）武装动员

武装动员是指国家将军队及其他武装组织由平时体制转为战时体制所采取的措施，通常包括解放军现役部队、武装警察部队、预备役部队、民兵及相应的武器装备和物资等动员。它是战争动员的核心，对战争的进程和结局，特别是对战争初期军队的迅速扩编和战略展开，掩护国家转入战时体制，争取战略主动，具有重要意义。

（二）政治动员

政治动员是指国家从政治上、组织上、思想上发动人民和军队参加战争所采取的措施。旨在激发全体军民的爱国热情，动员军队英勇作战；动员人民踊跃参军参战，努力增加生产、厉行节约，全力支援战争。国家通过各种外交活动和对外宣传，揭露敌人的阴谋和罪行，团结盟友、瓦解敌人，争取国际支援，也属于政治动员的内容。

（三）经济动员

经济动员是指国家将经济部门、经济活动和相应的体制从平时状态转入战时状态所采取的措施。经济动员是战争动员的基础，目的是充分调动国家的经济能力，保障战争的需要，通常包括工业、农业、财政金融、邮电通信、医疗卫生力量等方面的动员。

（四）交通动员

交通动员（图1-12）是指在全国或部分地区调集交通力量，全力保障战争需要的紧急行动的措施。交通动员通常是在国家动员领导机构的统一领导下，由国防交通主管机构组织，协同政府、军队有关部门共同实施。交通动员准备包括：在平时制定完备的交通动员的法规和计划，健全国防交通机构和机制，建立国防交通保障队伍，储备必要的国防交通物资和器材等。

图 1-12　交通战备动员演练

（五）人民防空

人民防空是指国家战时发动和组织人民群众防备敌人空袭所采取的措施，也可简称为“人防动员”。其主要任务是，依据国家有关法律、法令动员社会力量进行防空设施建设，组建防空专业队伍，普及防空知识教育，组织隐蔽疏散，配合防空作战，消除空袭后果，以保护居民、经济设施及其他重要目标的安全，减少国家及人民群众生命财产的损失，保存战争潜力。

阅读卡片

淮海战役——小推车推出来的胜利

图 1-13　淮海战役中的支前民工

一场巨大的战役，除了指挥得当，三军用命，还有一个关键要素是后勤保障。在解放战争中，共产党方面并没有现代化手段保障战役后勤，但把人力保障发挥到了极致。如果说刘陈邓粟谭组成的总前委在战役组织指挥方面起到了重要作用，那么担负主要后勤保障工作的华东局、华东军区和华东野战军后勤部在组织后勤工作方面的成绩也不容抹杀（图 1-13）。这里面华东局书记、华东军区政委饶漱石和华野副参谋长兼后勤司令部司令员、华东野战军前委委员、豫皖苏财经办事处主任刘瑞龙是后勤工作的主要指挥者。在战役期间，江苏、山东、安徽、河南等地的人民用极大的物力、人力支援了战争。这4省共出动民工543万人，其中随军常备民工22万人，二线民工130万人，后方临时民工391万人；担架20.6万副，大小车辆88万辆，59式100万辆，挑子30.5万副，牲畜76.7万头，船只8539艘；筹集粮食9.6亿斤，运送到前线的粮食4.34亿斤。

陈毅在1951年2月11日会见苏联驻华大使尤金时，介绍淮海战役情况，特别强调，五百万支前民工，遍地都是运粮食、运弹药、抬伤员的群众，这才是我们真正的优势。淮海战役的胜利是人民群众用小车推出来的。

三、国防动员的基本原则

国防动员的基本原则是组织动员准备、实施战时动员的基本准则，也是动员工作规律的反映。从适应现代战争的客观需要出发，结合我国的国情、军情，现代条件下动员应遵循以下基本指导原则。

（一）服从大局，长期准备

当前加强经济建设是党和国家压倒一切的中心任务，动员建设和整个国防建设必须在发展经济的基础上逐步加强。应当看到，建立雄厚的经济基础，本身就是加强国家战争潜力的根本措施，是最根本的动员准备。同时，全国上下也必须树立居安思危的思想，把动员准备寓于国民经济和社会发展之中，不断提高动员能力。

（二）全面规划，统筹兼顾

为了做好动员准备，提高动员工作的整体效益，必须从国家和国防的全局出发，统一规划动员准备的目标和措施，要加强动员工作的计划性，建立并不断改进动员的组织体制。

（三）军民结合，平战结合

军民结合主要是指在经济部门实行军用和民用兼营。例如，在工业生产、交通运输、邮电通信、物资技术、工艺储备等方面的动员准备，尽量“寓军于民”，搞好军民通用，不搞重复建设；军用工业除了集中力量搞好专用军工生产外，也尽量适合民用。平战结合是指要把平时的动员准备与战时的动员实施结合起来。平时国家的各项经济活动、管理体制，要适应或准备适应战时的需要，为战时动员创造条件；战时的动员活动要以平时的准备为基础，并为适应以后战争进程的需要，以及为战后的恢复和发展创造条件。

（四）严密组织，快速高效

严密组织就是要求运用科学先进的动员方式和手段，努力实现快速高效的动员目的。快速高效主要是指动员要在战争所允许的时间内，快速有效地完成动员任务，提高动员的速度和效率。同时，要增加动员的技术含量，善于将新材料、新技术、新工艺运用于动员领域，做到优先组织最新技术成果投入军工生产，优先征用先进的民用技术设备和交通运输工具等，以满足战争的需要。

（五）因故因势，协调灵活

我国未来面临的反侵略战争，规模和样式都可能是多样的，发生战争的地域也有不确定性，有可能与强敌作战，也有可能与我国实力相当或实力不如我们的敌人作战。因此，必须根据不同的作战对象、作战规模、作战样式、作战地域，灵活地采用不同的动员方式和措施，有的放矢地做好动员工作。

四、国防动员的组织实施

国防动员的组织实施，通常按照动员决策、发布动员令、充实动员机构、修订和落实动员计划等步骤进行。

（一）动员决策

动员决策，是战争动员实施过程中首先需要解决的问题。只有实施了动员决策，整个国家的政治、军事、经济、文化和外交等部门或领域才能相应地转入战时体制，进行动员的各项活动。进行战争动员决策的关键是正确分析判断敌情，必须充分利用各种手段，广泛收集各国尤其是敌国的政治、经济、军事等各方面的情况，并对这些情况进行综合分析，尽早洞察敌国的战争企图，从而视情确定动员实施的时机、规模和方式等。

（二）发布动员令

动员令是宣布全国或部分地区、某些部门转入战时状态的命令。动员令的发布关系战争的胜负和国家的命运，各国大都由最高权力机关或国家元首、政府首脑发布。《国防法》第十二条规定，全国人民代表大会依照宪法规定，决定战争和和平的问题，并行使宪法规定的国防方面的其他职权。全国人民代表大会常务委员会依照宪法规定，决定战争状态的宣布，决定全国总动员或者局部动员，并行使宪法规定的国防方面的其他职权。第十三条规定，中华人民共和国主席根据全国人民代表大会的决定和全国人民代表大会常务委员会的决定，宣布战争状态，发布动员令，并行使宪法规定的国防方面的其他职权。 发布动员令的方式，分为公开发布和秘密发布两种。公开发布动员令一般是在战争即将或已经爆发的情况下，运用一切宣传工具和通信手段，把爆发战争的真实情况和战略态势告诉全体军民。秘密发布动员令，一般是在战争已不可避免，但尚未爆发的情况下施行，通常执行严格的保密限制，只秘密通知政府有关部门和军事机构等。

知识链接

《中华人民共和国国防动员法》（图 1-14）由中华人民共和国第十一届全国人民代表大会常务委员会第十三次会议于 2010 年 2 月 26 日通过，自 2010 年 7 月 1 日起施行。这是中国首次出台国防动员法。这部法律的出台，对依法加强中国国防动员建设，增强国防潜力，进而维护国家安全和发展具有重要意义。国防动员法共十四章七十二条，分别对国防动员的组织领导机构及其职权，国防动员计划、实施预案与潜力统计调查，与国防密切相关的建设项目和重要产品，预备役人员的储备与征召，战略物资储备与调用，军品科研、生产与维修保障等方面做出了明确规定。

图 1-14　《中华人民共和国国防动员法》

（三）充实动员机构

动员机构是指平时负责动员准备、战时负责动员实施的组织领导机构。一旦实施战争动员，和平时期的动员机构，无论在人力上还是物力上，都难以适应需要，必须及时调整和加强。一是要扩大组织，增加人员。二是要增加支出，保障需要。与此同时，还要赋予其应有的职权，使其具有较高的权威性。战争动员事关国家安危，责任重大，如果权力有限，指挥无力，处处受制，就难以完成繁重的动员任务，影响战争的顺利进行。

（四）修订动员计划

战争动员计划是实施战争动员的依据，在面临战争的情况下，由于国际战略环境和国内条件不断变化，事先制订的动员计划难免与战争的实际情况不完全吻合，所以要及时予以修订。修订战争动员计划，一般是与充实动员机构同时进行。

（五）落实动员计划

落实动员计划是使计划见之于行动、实施战争动员的关键环节。动员令发布之后，负有动员任务的地区和部门，应根据动员计划迅速转入战时体制。各行业以及社会生活的各个方面，都应以保障战争胜利为轴心迅速进行调整。其中，武装力量要迅速转入战时状态。现役军人一律停止转业和退伍，停止探亲和休假，外出人员立即归队。预备役部队应迅速集结，发放武器装备，并抓紧时间进行训练，准备承担作战任务。民兵应做好应征准备，同时启封武器装备，成建制进行训练，并准备承担各项任务。地方政府要根据上级下达的动员任务，积极实施动员行动。各行业、各阶层都要动员起来，落实战争动员任务，为赢得战争胜利贡献自己的力量。

延展视界

1953 年东山岛战役中的交通运输动员

1953 年 7 月 15 日，国民党军对东山岛发动了一次大规模袭击。东山岛战役是沿海战事中重要的一役。

东山岛为福建第二大岛，位于闽粤交界的外海，福建军区派公安第 80 团主力及一个水兵连共 1200 人驻守该岛，福建军区和广东军区事先还制订了东山岛遭到攻击时的增援计划。

东山袭击行动的指挥官是国民党金门防卫司令胡琏。因解放军主力位于泉州，于是国民党先出动空军炸毁了泉州通往东山岛的必经之路九龙江桥，力图使泉州增援部队 3 天时间赶不过来，以实现快打快跑的策略。7 月 15 日，金门国民党第 19 军第 45 师等部 1 万多人搭乘数艘驱逐舰与登陆艇南驶。次日拂晓，国民党军登陆东山岛，解放军第 31 军即令机动部队第 272 团火速增援。

16 日凌晨 2 时，福建省交通厅接军区通知："限 17 日晨 3 时前，集中汽车 200 辆于福州、泉州两地待命。"各地运输部门闻风而动，一面电告各汽车站就地集中车辆，并将木炭车全部改燃汽油，限时赶赴指定地点；一面派出干部分赴沿线督促检查，协助调配车辆，组织油、胎供应和负责临时修车任务。漳州地区接令后立即集中 93 辆汽车，并将其中车辆技术状况较好的 69 辆，迅速于 16 日下午 1 时驶抵指定地点泉州，其余 24 辆留供当地调遣。同日上午 10 时，漳浦县也集中了 68 辆汽车，由当地驻军调用。原定集中于福州的车辆，16 日下午按新的部署，改驶泉州、旧镇两地集中。至 17 日凌晨 3 时，实际集中于泉州、旧镇两地的汽车已达 222 辆；延至上午 7 时 30 分，集中车辆又增至 268 辆，超过预定集中车辆数。

16 日晚 10 时 30 分，福建省交通厅发出命令："限两天内，集中闽北 200 辆汽车抵福州待命。"散驻在闽北各地的车辆深夜就地卸货，应召而发，日夜兼程，翻越海拔 1260 米的筹岭，于限期内赶抵福州的汽车达 208 辆；尚有应调集中于建瓯的汽车 122 辆。此外，浙江、江西等兄弟省汽车运输部门，亦纷纷派车前来支援。

在东山岛战斗中，除军车外，先后从各地赶抵前沿集中地的汽车共达 489 辆，其中国营车176辆、民营车313辆，总行驶40万千米，运送物资1912吨，运送人员1.14万人。当时全省计有一半以上的车辆，在24小时之内赶赴前线，其余没有应调的车辆也全部进入战备状态，为全力支援东山岛战斗，组成一支坚强的钢铁运输队伍。

担负前方运输任务的行车人员，英勇顽强战斗。客车驾驶员杜标16日晨从漳州开车到漳浦，接到紧急支前命令后，不顾敌机扫射，以最快速度运送漳浦独立团的部分指战员赶到陈岱（该团抢渡八尺门，先登上东山岛，飞奔后林村，配合当地民兵歼灭国民党空降伞兵487人）；为保卫八尺门渡口，使增援部队顺利渡海，杜标驾驶的这辆客车又连续三天三夜运送部队、弹药20多趟，行程达2000多千米。货车驾驶员王惠，为运送部队战士和枪支、弹药，整整跑了7天，两眼布满血丝，仍坚持不下火线。福厦沿线的福州、泉州等汽车保修工人，夜以继日抢修车辆，支援前线；特别是靠近前方的漳州保养场，任务更为艰巨，工人们在1天之内就把全部停场车辆赶修出去；紧接着又投入抢修过往车辆的战斗。从东山战斗开始至结束，前后7天共抢修部队等过往各类汽车133辆，保证了前方战斗的需要。

历时一天一夜的东山岛战役，国民党死伤被俘者多达3379人。东山岛战役证明了解放军沿海的机动能力已大为提高，这意味着过去三年国民党军利用海空军优势在闽浙沿海岛屿肆意进出的优势结束了。东山岛战斗胜利结束后，龙溪地委、军分区奖给漳州公司支前模范锦旗1面，杜标、王惠被授予“支前模范”光荣称号。

战斗期间，毛泽东亦十分关注，曾到总参作战室询问战况。战斗结束后，毛泽东对东山岛战役的胜利给予高度评价。

学练合一

长津湖战役

1950年11月27日—12月13日，紧急奉命入朝的中国人民志愿军第9兵团第20军、第26军和第27军与美国海军陆战队第1师在长津湖狭路相逢，展开了一场历时17天的血腥对决。在这个朝鲜50年间气温最低的冬天，零下40度的酷寒像鬼魅一样无处不在，作战残酷程度超出了所有参战人员的想象，长津湖战役成为“中美两国都不愿提及的血战”。

长津湖战役无疑是一场力量悬殊极大的非对称的特殊作战，是一场“叫花子与龙王爷比宝”的战役。

武器装备方面，美陆战1师有坦克、榴弹炮、迫击炮、战防炮等重型武器273辆（门），美军一个营的火力基本相当于志愿军一个师。第9兵团只有少量小炮，多是火箭筒、无坐力炮、迫击炮，对单兵而言，手榴弹就是重武器。志愿军没有空军，而朝鲜上空的美军飞机几百架上千架盘旋轰炸；志愿军没有坦克也没有大炮，仅有的中小口径的迫击炮由于受不了零下几十度的严寒，作战时打出去的炮弹三分之二成了哑弹。

被服装具方面，美军士兵均配发羊毛内衣、毛衣、毛裤、带帽防寒服、防雨登山服以及鸭绒睡袋，外衣以特殊的防寒防雨材料为面料，战斗靴里为适应高寒地区还特意配有多层毛毡垫。而志愿军第 9 兵团每个班 10 多人只有一两床棉被，夜间，10 多个人挤在一起，互相搂抱取暖以抵御极寒。入朝第一天，就冻伤 800 人。

后勤保障方面，美军随身携带可以不经加热即可食用的野餐，花样搭配多达几十种，此外还配有口香糖、巧克力、火柴、香烟、餐巾纸等附属物品。当志愿军连吃个土豆都必须用腋窝暖化之后一层层地硬啃之时，美军却可以在感恩节大口地吃火鸡大餐。

战场修救方面，美军拥有超强战争支援后盾和战场修复能力。仅以争夺水门桥为例：水门桥是美军撤退的必经之路，大桥一旦被炸，就断了美军后路。宋时轮下令：即便有天大的困难，也要不惜一切代价把桥炸掉。此后两次将大桥炸断，但很快又被美军修复。第三次炸桥时，志愿军第 27 军组成两个连队的“敢死队”，人人背负 50 余公斤炸药，用血肉之躯，把大桥连同基座全部炸毁。

与绝对优势的武器装备，完全的制空权，无穷无尽的空中支援，战舰舰炮掩护，十几万后勤人员日夜不停的支援，世界上最强工业国、产值超过全球一半的超级大国武装训练出来的精锐师团相比，志愿军第 9 兵团的最大优势就是钢铁般的意志。

此役，第 9 兵团收复了三八线以北的东部广大地区，将美军彻底赶出了朝鲜东部元山平原地区，一举扭转了朝鲜战争的大局，成为彻底改变整个朝鲜战局的重要拐点。

据战后统计，美军在长津湖地区受到了重创，美陆战 1 师编制人数 2.5 万人，战斗伤亡约 7000 人，另有冻伤减员 7300 人；志愿军第 9 兵团伤亡 1.4 万人，超过美军一倍，冻伤减员占总人数的 32%，严重冻伤人数占总人数的 22%，付出了难以想象的代价。1952 年 9 月，第 9 兵团从朝鲜回国，行至鸭绿江边时，司令员宋时轮面向长津湖方向深深鞠躬，泪流满面。

【思考与讨论】

请同学们结合所学知识和网上资料，分组讨论如下主题：

1. 本次战役中志愿军涌现出哪些英雄人物和英雄部队？
2. 本次战役对我国武装力量的建设有哪些启示？

第二章　国家安全

——居安思危　有备无患

知识目标

1. 了解我国地缘环境的基本特征、地缘安全环境的现状及发展趋势。
2. 认识我国面临的传统领域和新兴领域国家安全形势。
3. 了解国际战略格局和国际战略环境的现状及发展趋势。
4. 了解当前世界军事形势的主要特点。

思政目标

1. 培养大学生的爱国主义情感。
2. 增强大学生的国家安全责任和意识。
3. 提升大学生的防间保密意识。

内容结构

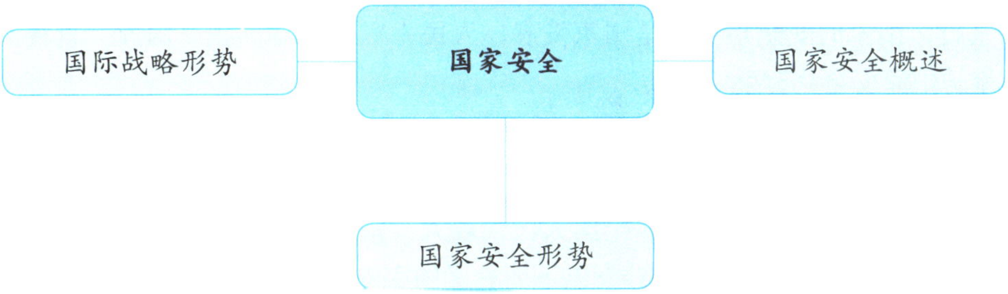

本章引言

国家安全是对国家的生存与发展没有或很少受到重大威胁的状态的一种界定。任何国家的生存与发展都不可能不受到来自内部或外部的威胁，所以国家安全就是对国家生存和发展利益的保障。当今世界，全球化浪潮风起云涌，世界各国之间的经济、政治和军事关系日益密切，世界的各个部分已经成为一个相互联系又相互矛盾的统一体。世界主要力量间的关系在不断调整，国际战略格局和国际秩序处于不断变革之中。认识和把握我国地缘环境的特征，分析和研究当下我国的周边地缘安全环境、国家安全现状、国际战略形势以及世界军事形势，对于维护我国国家安全和发展权益有着无比重要的意义。

第一节 安不忘危——国家安全概述

军事箴言

在战略中，像在房地产中一样，地理位置是决定价值的主要因素。

——《长城与空城计》

国家安全是国家的基本利益，是一个国家处于没有危险的客观状态，也就是国家既没有外部的威胁和侵害，又没有内部的混乱和疾患的客观状态。国家安全是安邦定国的基石，国家的安全与稳定是国家发展、人民幸福的基本前提。因此，重视国家安全、维护国家安全具有重要意义。

一、国家安全的内涵

2015 年 7 月 1 日，第十二届全国人民代表大会常务委员会第十五次会议通过了新的《中华人民共和国国家安全法》（以下简称《国家安全法》），该法对“国家安全”的定义是：“国家安全是指国家政权、主权、统一和领土完整、人民福祉、经济社会可持续发展和国家其他重大利益相对处于没有危险和不受内外威胁的状态，以及保障持续安全状态的能力。”这个定义从国家法律的视角科学界定了我国国家安全的内涵和外延，明确了维护国家安全的各项任务，对于建立健全国家安全制度和国家安全保障措施，为构建国家安全体系，走出一条中国特色国家安全道路奠定了坚实的法律基础。

这一定义，明确了“国家安全”的诸多内涵。

第一，国家安全的主体是国家。安全有不同的主体，不同的主体有不同的安全问题。当安全的主体是国家时，便构成了国家安全。

第二，国家安全的客体可以是任何现实的物体、系统及其组成部分。这些安全客体需要得到安全保护，使其免受损害或破坏。我国国家安全的客体，既包括个人与全体公民、社会组织和国家机构，也包括国家领土、主权、统一和国家其他各个利益领域组成的不同系统。

第三，“国家安全”概念本身虽然非常抽象、非常概括，但它全面反映了国家安全现实。国家安全是一个国家既没有外部威胁和侵害又没有内部混乱和疾患的客观状态。国家安全包括外部安全和内部安全两个方面，既重视外部安全，又重视内部安全，才是符合国家安全概念的全面的国家安全观。

第四，国家安全是一种国家利益，但不是一般利益，而是国家的基本利益。我国的国家安全利益构成，涉及国家政权、主权、统一和领土完整、人民福祉、经济社会可持续发展和国家其他重大利益。我国的国家安全构成要素，既包括传统国家安全利益维护问题，也包括非传统国家安全利益维护问题。

第五，国家安全不仅指没有威胁和危害的客观状态和心理感受，也包括保障国家持续安全状态的能力。如果没有保障国家持续安全状态的能力，国家安全必然受到威胁与危害。

二、总体国家安全观

总体国家安全观（图 2-1）是新时代党中央对我国面临的各种安全问题和安全挑战的系统回应，是马克思主义中国化于安全领域的集中体现，标志着党和国家对国家安全命题的理论认识提升到了新的高度。

图 2-1　总体国家安全观

（一）总体国家安全观的提出

作为关于国家安全的核心观念、支撑理论与根本方针，国家安全观对于国家安全的战略地位、价值准则、发展方向、具体实践具有重要的作用。2014 年 4 月 15 日，习近平总书记在中央国家安全委员会第一次会议上首次提出“总体国家安全观”，并强调指出：“增强忧患意识，做到居安思危，是我们治党治国必须始终坚持的一个重大原则；我们党要巩固执政地位，要团结带领人民坚持和发展中国特色社会主义，保证国家安全是头等大事。”总体国家安全观是新形势下国家安全理论的重大创新，形成了系统科学的国家安全理论。

总体国家安全观是富有中国特色的国家安全体系，习近平总书记指出，当前我国国家安全内涵和外延比历史上任何时候都要丰富，时空领域比历史上任何时候都要宽广，内外因素比历史上任何时候都要复杂，必须坚持总体国家安全观，以人民安全为宗旨，以政治安全为根本，以经济安全为基础，以军事、文化、社会安全为保障，以促进国际安全为依托，走出一条中国特色国家安全道路。贯彻落实总体国家安全观，必须既重视外部安全，又重视内部安全，对内求发展、求变革、求稳定、建设平安中国，对外求和平、求合作、求共赢、建设和谐世界；既重视国土安全，又重视国民安全，坚持以民为本、以人为本，坚持国家安全一切为了人民、一切依靠人民，真正夯实国家安全的群众基础；既重视传统安全，又重视非传统安全，构建集政治安全、国土安全、军事安全、经济安全、文化安全、社会安全、科技安全、信息安全、生态安全、资源安全、核安全、生物安全等于一体的国家安全体系；既重视发展问题，又重视安全问题，发展是安全的基础，安全是发展的条件，富国才能强兵，强兵才能卫国；既重视自身安全，又重视共同安全，打造命运共同体，推动各方朝着互利互惠、共同安全的目标相向而行。

（二）总体国家安全观的基本原则

国家安全观作为关于国家安全的核心观念、支撑理论、根本方针，规定国家安全的战略地位，确立国家安全的价值准则，决定国家安全的方向，引导国家安全的实践。党的十九大明确把坚持总体国家安全观列入新时代坚持和发展中国特色社会主义基本方略。走中国特色国家安全道路，是我国国家安全的基本原则。

1. 坚持党对国家安全工作绝对领导的原则

中国共产党是中国特色社会主义事业的领导核心。国家安全工作既是中国特色社会主义事业的重要组成部分，也是中国特色社会主义事业的坚强安全保障，坚持党对国家安全工作的绝对领导必然成为国家安全工作必须遵循的根本政治原则。《国家安全法》通过并施行后，这一原则以法律形式进一步得到确认。《国家安全法》第四条明确规定：“坚持中国共产党对国家安全工作的领导，建立集中统一、高效权威的国家安全领导体制。”

2. 坚持国家利益至上的原则

走中国特色国家安全道路，必须坚持国家利益至上的原则。国家利益是一个主权国家在国际社会中生存需求和发展需求的总和。必要的条件不存在，国家就不能生存，如国土、人口和主权等。需要的条件不存在，国家就不能发展，如和平的周边环境、充分的能源供应和平等的贸易关系等。国家利益反映的是国家作为整体的需求，因而往往具有至高无上的特点。就当今世界各国而言，其利益可以说都有“神圣”的一面，在这里，“神圣”是指“极其崇高而庄严”“不可侵犯”。国家安全工作的根本使命就是捍卫国家利益。国家利益是制定国家安全战略的出发点，决定国家安全目标及其实现手段和途径。

3. 坚持以人民安全为宗旨的原则

人民安全是国家安全最核心的部分，其他安全都应统一于人民安全。人民安全高于一切，是总体国家安全观的精髓所在。总体国家安全观坚持以人民安全为宗旨，继承发扬了中国共产党全心全意为人民服务的宗旨和优良传统，彰显了深厚的人民情怀，既符合历史规律，也体现了时代与发展的新要求、新方向，对走出一条中国特色国家安全道路具有重要的现实指导意义。

4. 坚持共同安全的原则

当今世界各国人民命运与共，唇齿相依。全球化深入发展，国与国之间利益交织，彼此关切，形成深层次的相互依赖。任何国家都不可能脱离世界而实现自身安全，也不可能将自身安全建立在其他国家不安全的基础上。安全应该是普遍的、平等的、包容的，共同安全具有丰富而深刻的科学内涵。所谓共同，就是尊重和保障每一个国家的安全。坚持共同安全是走中国特色国家安全道路的必然要求，推进国际安全合作需要有关各方相向而行。推进国际安全合作需要推动和平解决国际争端、推进国际安全领域的合作以及推进地区安全领域的合作。

5. 坚持促进中华民族伟大复兴的原则

当代中国正处于关键而又特殊的阶段，把国家安全工作放到中华民族伟大复兴的历史征程中加以领导和运筹，是中国特色国家安全道路的基本发展方向。中华民族伟大复兴是当代中国最伟大的梦想。实现中华民族伟大复兴的中国梦，就是要实现国家富强、民族振兴、人民幸福。维护国家安全是中华民族伟大复兴的重要保障，面对新形势新任务，要从战略高度将国家安全工作贯串于中华民族伟大复兴全过程，不断提高战略谋划能力、开拓创新能力，牢牢掌握做好国家安全工作的主动权。对内求发展、求变革、求稳定，对外求和平、求合作、求共赢。

（三）国家安全体系

根据总体国家安全观，国家安全体系包括政治安全、国土安全、军事安全、经济安全、文化安全、社会安全、科技安全、信息安全、生态安全、资源安全、核安全等领域安全。同时，总体国家安全观是开放性的安全观，具有包容性、开放性、动态性，至今已加入海外利益安全，太空、深海、极地、生物等新型领域安全。在 2020 年 2 月 14 日召开的中央全面深化改革委员会第十二次会议上，又将生物安全纳入国家安全体系。目前，我国国家安全体系主要包括以下方面。

1. 政治安全

政治安全主要是指一个国家由政权、政治制度和意识形态等要素组成的政治体系，相对处于没有危险和不受威胁的状态，以及面对风险和挑战时能够及时有效防范、应对，从而确保国家良好政治秩序的能力。维护国家政治安全集中表现为对外保持中华人民共和国的主权独立、领土完整，对内坚持中国共产党的领导、人民民主专政、社会主义政治制度和社会政治秩序稳定、马克思主义意识形态的主导地位。

2. 国土安全

国土安全是指领土完整、国家统一、海洋权益及边疆边境不受侵犯或免受威胁的状态，涵盖领土、自然资源、基础设施等要素。国土是国家主权及权利管辖范围内的领土、领海、领空、底土组成的空间范畴。国土作为国家的版图或区域，是人民的生存空间，是国民经济发展、社会活动进行的载体。国土安全是国家生存和发展的基本条件，是国家安全基础中的基础。

3. 军事安全

军事安全是国家不受外部军事入侵和战争威胁的状态，以及保障这一持续安全状态的能力。军事安全是传统国家安全的核心内容，同时也是整个总体国家安全观的重要组成部分，在整个国家安全体系中发挥至关重要的支柱和保障作用。面对复杂多样的安全威胁和挑战，维护新形势下的军事安全，要坚持党对军队的绝对领导，坚持人民军队根本宗旨，使军队真正担当起党赋予的历史重任；要服从国家安全大局，努力维护国家发展重要战略机遇期；要贯彻能打胜仗要求，提升信息化条件下威慑与实战能力；要立足军队的使命任务，不断创新军事战略指导；要把握军事斗争底线，做好应对最严重事态准备；要深化国际军事合作，努力提高维护世界和平能力；要兼顾安全与发展，加快形成军民融合深度发展格局，实现富国与强军的统一。

4. 经济安全

经济安全是经济全球化时代一国保持其经济存在和发展所需资源有效供给、经济体系独立稳定运行、整体经济福利不受恶意侵害和非可抗力损害的状态和能力。经济安全涉及国家经济的各个方面，包括经济资源安全、产业安全、金融安全、外汇外贸安全等内容。经济安全作为基础，要求坚持社会主义基本经济制度不动摇，不断完善社会主义市场经济体制；坚持发展是硬道理，不断提高国家的经济整体实力、竞争力和抵御内外各种冲击与威胁的能力；重点防控好各种重大风险挑战，保护国家根本利益不受伤害；处理好发展与安全的关系、预防为主与底线思维的关系、维护国内发展安全与国际合作竞争博弈的关系。

5. 文化安全

文化安全是指一个国家的文化主权和尊严不受侵犯，文化传统和文化选择得到尊重，它是国家安全的重要组成部分。习近平总书记指出："文化是一个国家、一个民族的灵魂，文化兴国运兴，文化强民族强。"维护国家文化安全要坚持中国特色社会主义先进文化前进方向和发展道路，培育和践行社会主义核心价值观，巩固马克思主义在意识形态领域的指导地位，巩固全党全国各族人民团结奋斗的共同思想基础；加强爱国主义、集体主义、社会主义教育，引导人民树立和坚持正确的历史观、民族观、国家观、文化观；提升中国文化软实力，提高文化开放水平，扩大对外文化交流，努力传播当代中国价值理念，推动中华文化走向世界；努力提高国际话语权，加强国际传播能力和对外话语体系建设，发挥好新兴媒体作用，讲好中国故事，传播好中国声音，阐释好中国特色。

6. 社会安全

社会安全是国家安全的重要内容，包括防范、消除、控制直接威胁社会公共秩序和人民群众生命财产安全的治安、刑事、暴力恐怖事件，以及规模较大的群体性事件等。社会安全工作涉及打击犯罪、维护稳定、社会治理、公共服务等各个方面，涉及生产、工作、生活各个环节，与人民群众切身利益息息相关。维护社会安全要始终以人民群众安全需求为导向，全面推进平安中国建设，积极构建坚实可靠的社会安全体系；健全完善高效的社会安全机制，有效控制严重的社会安全问题，稳步提升人民群众安全感和满意度；维护社会安全需要，切实维护公共安全，深入开展反恐怖斗争，有效预防和妥善处置群体性事件，以及切实维护网络社会安全。

7. 科技安全

科技安全是指科技体系完整有效，国家重点领域核心技术安全可控，国家核心利益和安全不受外部科技优势危害，以及保障持续安全状态的能力。科技安全是国家安全体系的重要组成部分，是支撑国家安全的重要力量。维护科技安全要加强前瞻部署，确保战略领域发展主动权；加强重点突破，实现关键核心技术安全可控；加强科技安全基础设施和能力建设；深化改革，建立完善的国家科技安全体制机制。

8. 信息安全

信息安全是国家安全的重要基石，与国家安全的各个领域相互交融。维护信息安全必须敏锐抓住信息化发展的历史机遇；加强网上正面宣传，维护网络安全；推动信息领域核心技术突破，发挥信息化对经济社会发展的引领作用；加强网信领域军民融合，主动参与网络空间国际治理进程，自主创新推进网络强国建设。

9. 生态安全

生态安全是指一个国家具有支撑国家生存发展的较为完整不受威胁的生态系统，以及应对内外重大生态问题的能力。生态安全是国家安全的重要基础，是人类生存发展的基本条件。维护生态安全要求维护生态系统的完整性、稳定性和功能性，确保国家或区域具备保障人类生存发展和经济社会可持续发展的自然基础，这是维护生态安全的基本目标；要处理好涉及生态环境的重大问题，包括妥善处理好国内发展面临的资源环境瓶颈、生态承载力不足的问题，以及突发环境事件问题，这是维护生态安全的重要着力点，是最具有现实性和紧迫性的问题；要积极参与全球环境治理，展现中国负责任大国形象，争取合理的发展空间。

10. 资源安全

资源安全是一个国家或地区可以持续、稳定、及时、足量和经济地获取所需自然资源的状态或能力。从国家安全的角度看，资源的构成包括水资源、能源资源、土地资源、矿产资源等多个方面。资源安全的核心是保证各种重要资源充足、稳定、可持续供应，在此基础上，追求以合理价格获取资源，以集约节约、环境友好的方式利用资源，保证资源供给的协调和可持续。资源安全是国家安全的重要支撑，维护国家资源安全，要求既要坚持立足国内，又要充分利用国际资源；着力提高资源开发利用水平，坚持资源开发与环境保护并重；坚持底线思维，着力防范资源对外依赖可能导致的极端风险。

11. 核安全

核安全是指国家坚持和平利用核能和核技术，加强国际合作，防止核扩散，完善防扩散机制，加强对核设施、核材料、核活动和核废料处置的安全管理、监管和保护，加强核事故应急体系和应急能力建设，防止、控制和消除核事故对公民生命健康和生态环境的危害，不断增强有效应对和防范核威胁、核攻击的能力。核安全是国家安全体系的重要组成部分，维护核安全要秉持为发展求安全、以安全促发展的理念，有机融合安全与发展两个目标；要全面采取核安全保障措施，安全第一、质量第一，保持我国核设施始终处于较高安全的水平；要做好事故缓解和应急能力建设，有效减轻事故后果；要夯实技术和管理基础，从根源上降低事故发生率；要加强公众沟通，提升公众理性认知；要加强国际合作，维护国际核安全体系。图 2-2 是中国大亚湾核电站。

图 2-2　中国大亚湾核电站

12. 海外利益安全

海外利益安全主要包括海外能源资源安全、海上战略通道及海外公民、法人的安全。海外利益安全关乎我国整体发展利益和国家安全，维护海外利益安全成为一项重要任务，要以日益提升的综合国力以及社会主义“集中力量办大事”的制度优势为依托，围绕海外利益保护实际需要和重点难点问题，完善工作机制，坚持预防优先，深化安全合作，正确引导舆论，重视“一带一路”建设安全，不断扩大维护我国海外利益安全的有利条件。

13. 太空、深海、极地、生物安全

《国家安全法》规定，国家坚持和平探索和利用外层空间、国际海底区域和极地，增强安全进出、科学考察、开发利用的能力，加强国际合作，维护我国在外层空间、国际海底区域和极地的活动、资产和其他利益的安全。这为太空、深海和极地等新型领域国家安全提供了法律支撑。

2020 年全球爆发的新冠肺炎疫情，使国家生物安全进入公众视野。在 2 月 14 日召开的中央全面深化改革委员会第十二次会议上，习近平总书记强调，要强化公共卫生法治保障，全面加强和完善公共卫生领域相关法律法规建设，认真评估《中华人民共和国传染病防治法》《中华人民共和国野生动物保护法》等法律法规的修改完善。要从保护人民健康、保障国家安全、维护国家长治久安的高度，把生物安全纳入国家安全体系，系统规划国家生物安全风险防控和治理体系建设，全面提高国家生物安全治理能力。要尽快推动出台生物安全法，加快构建国家生物安全法律法规体系、制度保障体系。

延展视界

地缘环境中的“安全困境”①

“安全困境”（security dilemma）是国际安全领域中的一个基本概念，是构成国际关系紧张、对立乃至冲突的动因之一。“安全困境”描述的现象古已有之，但首次明确提出这一概念的是美国政治学家约翰·赫兹，他于 1950 年在世界最具权威性的国际政治研究刊物《世界政治》上发表《理想主义的国际主义与安全困境》一文。文章指出：“在当今两极化和拥有原子武器的世界里遇到的令人揪心的窘境不过是有史以来困扰人类的那种困境的极端表现。这种困境源于一种基本的社会结构，在这种结构中，众多的相互联系的群体构成了政治生活的终极单元，却未能组成一个更高一级的统一体。只要这样一个无政府社会存在——已知历史的大部分时期某种程度上都是如此——就会产生个人之间、群体之间以及他们领袖之间所谓的‘安全困境’。在这样的社会结构

① 朱听昌．中国地缘安全环境中的“安全困境”问题解析 [J]. 国际展望，2012（3）：41-35.

中生活的群体或个人必须经常关心他们是否会遭到其他群体或个人的攻击、降服、统治或消灭。为了努力避免这些攻击而实现安全，他们被迫去争取越来越多的权力以抵消其他权力的影响，这反过来又使其他人感到不安全从而被迫做最坏的打算。因此，在这样相互竞争的世界里，绝对的安全感根本不存在，权力竞争无休无止，并形成寻求安全与权力扩张之间的恶性循环。”后来，赫兹又在另一本专著中系统地阐述了“安全困境”的内涵：在无政府状态的国际环境中，民族国家（或地区）间的相互不信任，相互惧怕，致使安全成为首要目标。为获得安全，各国竭力增加军费，力图获得军事上的优势，改善自身的安全状况。但由于军备竞赛是互动的、无休止的，一国的军事优势很快被其他国家同样的扩军努力打破，使得绝对的安全变得不可能，各国陷入一种无从解脱的困境。

在现实的国际社会中，“安全困境”现象很难完全消除，中国在崛起的进程中，其地缘安全环境中的“安全困境”问题尤为突出。中国国土辽阔，背陆面海，地处东亚的中心，而且是不断扩展的“大亚太”的地理中心，周边列强环伺，陆海邻国众多，中国的崛起必然引起亚太地缘战略格局的震荡。尽管中国一再宣称坚定不移走和平发展的道路，但与中国利益攸关的陆海大国——美、日、俄、印不免心存疑惧，中国周边众多的中小国家面对中国崛起心态也极其复杂。美国学者埃弗里·戈尔茨坦指出：“崛起的中国意图的不确定，以及无法仅从军事现代化的模式就推断出其意图，都会刺激那些设想必然将与中国发生严重冲突的国家两面下注。中国在如何解释对其崛起的反应上，面临同样的挑战。所有的国家都必须应对它们无法摆脱的安全困境，随着中国实力的增长，这的确是影响中国对外关系的一个关键因素。”

第二节 未雨绸缪——国家安全形势

军事箴言

当前我国国家安全内涵和外延比历史上任何时候都要丰富，时空领域比历史上任何时候都要宽广，内外因素比历史上任何时候都要复杂，必须坚持总体国家安全观，以人民安全为宗旨，以政治安全为根本，以经济安全为基础，以军事、文化、社会安全为保障，以促进国际安全为依托，走出一条中国特色国家安全道路。

——习近平

判断国家是否安全，除了要分析当前国际战略形势，弄清国家安全的外部环境之外，还要深刻认识我国地缘安全以及新形势下面临的安全形势，这是制定国家安全战略的基础和前提。如果做一个历史比较，在冷战阶段，我国安全环境的基本特征是总体严峻，局部改善，安全问题相对单一；冷战结束后，我国安全环境的基本特征是总体稳定，局部严峻，安全问题趋于复杂多变且风险加大。

一、我国地缘环境概况及地缘安全

在维护国家安全的多种理论模式中，地缘战略是最为古老、应用最广泛，也最为有效的理论之一。它以主权国家为基本行为体，以地缘关系为主要研究对象，直接作用并服务于国家安全。地缘战略环境是指一个国家在国际关系中所处的外部安全与威胁的现实状况。

（一）幅员辽阔，陆海兼备

我国是陆海复合型国家，陆地边界有 2.2 万多千米，陆地疆域有 960 多万平方千米；海防边界长 1.8 万多千米，海域面积 300 多万平方千米，海岛 7600 多个。我国陆地地形地貌结构复杂，陆地疆域为高原、山脉和沙漠环抱，易守难攻。青藏高原和帕米尔高原将我国与南亚、中亚隔断，使以我国为中心的东亚成为一个相对独立和安全的区域。我国海域辽阔、岛屿众多、海岸线漫长，主要由渤海、黄海、东海和南海及台湾岛、海南岛等多个岛屿组成。海峡两岸的分裂状态及便于登陆入侵的地段众多，致使海上为我国的防御重点。

（二）邻国众多，强邻相伴

我国陆地接壤邻国有朝鲜、俄罗斯、蒙古、哈萨克斯坦、吉尔吉斯斯坦、塔吉克斯坦、阿富汗、巴基斯坦、印度、尼泊尔、不丹、缅甸、老挝、越南，共 14 个；与我隔海相邻的国家除朝鲜和越南陆地相邻外，还有日本、韩国、菲律宾、文莱、马来西亚、印度尼西亚、新加坡等国家，俄、印和日分别是中国的陆海强邻。美国虽在太平洋彼岸，但由于同属亚太地区，且我国周边多有美军事存在，可谓“隔洋强邻”。这些情况决定了我国陆海边防形势可分为三线。一是北—西北线，与俄、蒙、哈、吉、塔等国相邻，中国与俄罗斯已经建立了全面战略协作伙伴关系，该地区属传统伙伴区，相对安全；二是西线，与印、不、尼、巴、阿等国相邻，属领土争端与潜在的民族分裂区，较为安全；三是东—南线，与美、日、朝、韩等国家陆地相邻或隔海（洋）相望，属隐患集中区，威胁较多。地缘政治规律表明：一个国家的邻国多，现实威胁和潜在隐患就多；邻国强，现实威胁与潜在安全威胁就大。

（三）地缘位置特殊，利益冲突多

我国及其周边是世界人口最密集、拥核邻国最多、利益交汇最集中的地区，世界上 14 个人口过亿的国家有 8 个在这个地区，分别是中国、印度、印度尼西亚、俄罗斯、日本、巴基斯坦、孟加拉国、菲律宾；是世界上热点问题较为集中的地区，有朝鲜半岛、台湾海峡、南沙群岛、印巴冲突等众多热点；是“金砖国家”成员（中、俄、印）的集中核心区、“多极化”的地缘战略交接区；是决定亚太地区安全格局的六种重要力量（美、日、中、俄、东盟和印度）的集聚地区。此外，我国既位于欧亚大陆又濒临太平洋，处于欧亚大陆地缘战略区和海洋地缘战略区之间，属英国地缘政治学家麦金德提出的“心脏地带论”的欧亚大陆“边缘地带”。针对这种复杂的周边特征，我国致力于构建新型国际关系，坚持以“不冲突、不对抗、相互尊重、合作共赢”的原则构建新型大国关系，有力地塑造了国家外部安全环境。

（四）经济增长快，资源争夺激烈

中国是全球第二大经济体，对世界经济增长的贡献度不断提升。在全球经济发展格局中，中国的“一带一路”贯穿亚欧非大陆，一头是活跃的东亚经济圈，一头是发达的欧洲经济圈，中间广大腹地国家经济发展潜力巨大。截至 2022 年 1 月，中国已与 147 个国家、32 个国际组织签署 200 多份共建“一带一路”合作文件。共建“一带一路”朋友圈继续扩大。2021 年全年，中欧班列共开行 15183 列，运送 146.4 万标箱，同比分别增长 22%、29%，综合重箱率 98.1%。俄罗斯虽然近年来经济有所下滑，但仍然是重要的世界新兴经济体。印度在过去的 20 年间经济以平均每年 5% 以上的速度稳定发展。韩国、新加坡的经济实力也在成长。近几年，东盟国家经济增速普遍加快，多数国家经济保持中速增长，东南亚成为世界经济增长最活跃的地区之一。

经济的快速发展对于一个国家来说是增进人民福祉，但也势必对他国经济造成巨大的冲击和影响，再加上对有限资源的争夺、有限市场的占领、国际资金的占有等，都相应地挤占了他国的经济利益。应该说，经济社会挤占或竞争挤走他国的经济利益，就存在发动经济战争的可能性。另外，原本处于实力强盛的一方，在无形中被对手赶超所形成的心理负面影响，也是造成竞争、争夺，乃至战争的重要原因。

二、新形势下的国家安全

当今世界是一个新机遇新挑战层出不穷、国际体系和国际秩序深度调整、国际力量对比深刻变化并朝着有利于和平与发展方向变化的世界。当前，我国经济社会发生深刻变化，改革进入攻坚期和深水区，社会矛盾多发叠加，面临着各种可以预见和难以预见的安全风险挑战。

（一）霸权主义和强权政治威胁

霸权主义和强权政治由来已久，是国际旧秩序的主要特征，也是世界和平发展的主要威胁。冷战期间，美苏两国为争夺世界霸权，对外推行霸权主义和强权政治。东欧剧变后，两极对峙的世界格局结束，但这并不意味着霸权主义和强权政治的终结。

“一超独大”的美国认为自己应该抓住这千载难逢的良机，按照自己的意愿重新安排世界秩序。美国政府针对中国先后推进了“亚太再平衡”和“印太战略”，战略重心东移。在霸权主义和强权政治战略思维的指导下，美国先后发动了多场战争。

作为社会主义大国，中国自然是西方关注的重点。以美国为首的西方国家正试图通过军事部署、政治改造、经济控制、网络渗透等多种途径加大对中国的渗透颠覆力度。在军事方面，调整并加强前沿军事部署，美国计划把 60% 的军舰和 6 艘航母部署在亚太，并不断加大在南海问题和台湾海峡上的军事干涉力度，遏制和围堵中国的意图十分明显。在政治方面，不断加大渗透力度，利用社会矛盾离间挑唆党群、干群、军民关系，试图从根基上动摇中国共产党的执政地位。在经济方面，热炒“中国经济威胁论”，不断提高贸易保护主义的调门，正常贸易中的“对抗性因素”有所增加，国家贸易战烽烟四起，我国经济发展的大环境较前严峻。在网络方面，一直妄图利用互联网“扳倒中国”。对西方国家的政治图谋，我们必须高度警觉，保持战略清醒。

（二）陆上安全威胁始终存在

在国家发展过程中，周边问题往往起着重要影响作用，对于中国来说尤其如此。中国陆上邻国众多，又与日本、韩国和东盟诸国隔海相望，周边涵盖东北亚、中亚、南亚等多个世界热点地区，周边安全环境向来复杂。

在朝鲜半岛和东北亚地区，安全局势充满变数。美国等西方国家对朝鲜始终进行严厉的制裁，朝核问题及朝鲜半岛局势充满变数。日本政府则利用美国推行“亚太再平衡”和“印太战略”的机遇，更改和平宪法，不断加快军事安全战略调整的步伐，加紧强化防卫力量，并企图在地区安全格局中取得优势。同时在领土、历史等问题上坚持错误立场，屡屡制造事端，一度致使中韩两国与日本政治关系持续僵冷。日本和俄国“北方四岛”之争仍在发酵。新形势下，中、美、俄、日、韩、朝开展空前激烈的外交和安全博弈，地区安全的未来走势引人关注。

在中亚地区，恐怖势力、民族分裂势力、宗教极端势力（统称“三股势力”）活动猖獗，既制约了中亚地区的经济发展，也给我国西北边境地区安全稳定带来不利影响。中亚和我国新疆地区接壤，中亚国家的很多民族与我国新疆境内的一些少数民族本就是跨界而居，再加之相同的语言文化、风俗习惯、宗教信仰，使得泛滥于中亚地区的“三股势力”也随之跨界入疆，成为影响我国西部安全的重要因素。西部历来是中国的战略大后方，西部稳则国家安，必须重视中亚地区的“三股势力”给我国西北边境地区乃至全国安全稳定带来的不利影响。

在南亚地区，旧有的印巴矛盾继续发酵，民族和教派冲突此起彼伏，新的挑战不断涌现，加之地区经济发展减缓所引发的社会矛盾不断激化和凸显，地区安全形势不容乐观。美、欧、日、俄等域外大国纷纷调整对南亚的策略，其中，美国从阿富汗撤出，对印度的战略拉拢力度加大；欧盟逐渐减少在阿富汗投入，更加看重印度的战略价值；日本则加大对南亚的战略谋划；中印之间在战略层面具有共同发展的目标和意向，但客观存在的边界矛盾仍是制约两国发展的重要因素。

东南亚形势总体稳定，但也存在许多问题。缅甸、泰国、柬埔寨等国的局势发展仍然存在一定变数，缅甸、泰国、菲律宾、马来西亚、印度尼西亚等国的反叛武装和极端组织依然活跃，特别是东南亚的军事安全环境受南海问题、边境冲突、恐怖主义等因素影响趋于恶化。多数东盟国家对我国奉行两手政策，使我国与相关国家和地区组织的关系复杂化。

（三）海上安全威胁越来越突出

对于中国来说，海上方向面临的威胁正在由潜在威胁演变为现实威胁，并成为影响我国安全的最大因素。近年来，一些亚洲国家不断在岛屿归属和海域划界问题上挑起事端，我国海上安全环境日趋复杂。

1. 东海方向存在军事冲突风险

日本加大对我国钓鱼岛的所谓“行政管控”图谋，长期在钓鱼岛周围维持大规模海空存在，监视、跟踪和骚扰我国执法力量；日本将防卫重点快速转向西南地区，把军事防御范围向我大陆方向推进，与美国频繁举行“夺岛”演习等军事互动方式，不断强化警戒监视、岛屿防卫作战等能力；频繁派遣军机进入我东海防空识别区，允许自卫队对进入钓鱼岛海域的他国船只使用武器强制驱离，使得两国发生军事摩擦甚至冲突的风险增大。

2. 南海方向斗争形势复杂严峻

南海方向斗争复杂化、国际化和长期化。美国插手南海事务，频繁攻击我国，以妨碍南海“航行自由”和威胁海上通道安全为由，反复质疑“九段线”的合法性和正当性，支持东盟各国与我国对抗，加大在南海武装巡逻和对我国抵近侦察力度，多次与我国形成军事对峙。日本寻求将两海问题联动起来，对我国进行侧翼牵制。印度坚持“东向”战略，在经济和战略上不断向东南亚靠近，企图借机增强在我国南海的存在感和获取利益。

3. 海上通道安全问题始终存在

随着我国利益向海外拓展，海上战略通道安全已经成为影响我国经济发展的关键因素。美军加强在马六甲海峡附近的军事存在；印度加快建设安达曼—尼科巴群岛军事设施；越南宣布设立“潜艇伏击区”等，均对我国海上运输构成重大威胁。我国还在中东面临霍尔木兹海峡问题，我国石油进口严重依赖中东地区，其中有相当部分要经过霍尔木兹海峡，由于伊朗与美国的对峙，对我国能源安全产生极大影响。美国在印度洋打造地区军事力量投射基地，企图截断我国海上交通和丝绸之路经济带；印度企图利用在印度洋的地缘优势，限制我国海军进入印度洋。

（四）国内安全问题

1. 政治安全问题

进入 21 世纪以来，在西方国家的策动下，世界已经多次上演“颜色革命”。美国前国务卿希拉里曾放言，要把“阿拉伯之春”引入中国。事实证明，2008 年西藏发生的“3·14”事件，2011 年 2 月 20 日发生在北京王府井所谓的“茉莉花革命”，2014 年在香港爆发的“占中”事件和 2019 年的“修例风波”，实际上就是西方针对中国版的“颜色革命”。

2. 社会矛盾问题

改革的深水期、攻坚期，也是社会矛盾的凸显期、激化期，不断凸显的社会矛盾也会影响我国社会安全稳定。

3. 台湾问题

台湾问题事关中华民族伟大复兴，结束台湾被外部势力挟制的历史，实现两岸的最终统一是台湾迎来光明前途、确保台湾同胞福祉的唯一正确的道路。在当前两岸关系复杂严峻、“台独”分裂势力蠢蠢欲动、外部势力干扰挑拨的情况下，台湾同胞应该冷静理性地思考自己的福祉和台湾的前途。正如习近平总书记指出的那样，“广大台湾同胞都是中华民族一分子，要做堂堂正正的中国人，认真思考台湾在民族复兴中的地位和作用，把促进国家完全统一、共谋民族伟大复兴作为无上光荣的事业”。这既是为台湾当下计，也是为台湾未来计，既关系到每一位台湾同胞的切身利益，也关系到 2300 万台湾同胞的整体利益。因为事实已经证明并将继续证明，搞对抗没有出路，谋“台独”更是绝路。

4. 恐怖主义威胁问题

国内安全稳定面对的棘手挑战就是暴力恐怖活动。如 2013 年以来发生的北京“10·28”暴力恐怖案、昆明火车站“3·11”暴力恐怖案、乌鲁木齐“5·22”恐怖爆炸案，等等。暴力恐怖事件的发生，毁损的不仅是人民群众的生命财产安全，还有人民群众对我们党执政的信心。需要引起我们高度关注的是一些西方国家在反恐问题上实行双重标准，一方面要求我国在国际反恐问题上给予支持，但另一方面却对我国政府打击境内“三股势力”说三道四，甚至向“三股势力”提供信息、经费和政治支持。

（五）海外利益安全威胁

随着我国经济与世界发展联系的日益深入，我国海外资产安全问题越来越突出。我国海外商业投资主要集中在能源和资源领域，这些领域多数处在欠发达地区和国家，资产安全始终受到当地形势变化的严重影响，多次发生对方悍然撕毁合同和我方被迫弃置资产的事件。即使在一些发达国家，由于我国商品富有价格和品种上的竞争优势，导致当事国暴力排华事件屡有发生。另外，我国公民因公务、商务、求学、旅游、探亲等原因大批走向海外，我国在海外还拥有数以千万的华侨，随着境外人员数量增加，伴随产生的安全问题也日益凸显。

三、新兴领域的国家安全

随着信息技术、航天技术、生物技术和人工智能等高新技术的快速发展，海洋、太空、网络空间等新兴领域已成为国家安全和发展利益的拓展区，是当今世界大国争夺战略主动权的博弈区，谁能占领先机、先于他国突破，谁就能占据战略主动权。海洋、太空、网络空间等领域成为未来战争胜负新的较量场，也是新质战斗力生成的新空间。当前世界各大国已围绕新兴安全领域战略主导权展开激烈竞争。

（一）海洋空间争夺激烈

海洋是国家安全的重要屏障，海洋安全事关国家总体安全和长远建设。历史经验证明，一个强大的国家，必然是一个海洋强国；一个海洋强国，必须拥有强大的海上力量和能力。党的十八大以来，习近平总书记高瞻远瞩，统筹国内国际两个大局，围绕海洋强国战略目标，强调军队要加强经略海洋的战略筹划，坚决维护国家海洋安全，为建设海洋强国提供战略支撑。近年来，我国加快了海上力量建设步伐：制订符合我国国情的航母发展计划，首艘国产航母成功下水，自主设计建造航母取得重大成果；在吉布提建立首个军事基地，为海军执行亚丁湾和索马里海域护航、维和、人道主义救援等任务提供休整补给保障；对军地海上力量进行统筹改革，调整了体制编制和力量编成，将海警力量划归武警部队管理。党的十九大报告进一步要求，要“坚持陆海统筹，加快建设海洋强国”。这充分体现出以习近平同志为核心的党中央对经略海洋的新认识、新要求，为认识海洋、开发海洋、经略海洋指明了新的前进方向。

（二）太空领域竞争激烈

在陆、海、空、天、网五个作战维度中，谁控制了太空，谁就能占据多维作战空间的制高点，从而实现从感知优势到认知优势再到决策优势的飞跃。为抢占日益稀缺的空间轨道和频谱资源，当今世界各国特别是强国都在积极发射各型军事卫星，开展太空对抗和支援演练，持续提高太空对抗和保障能力。从近几年美国主导的几场局部战争看，美军太空部队通过搜集情报、侦察监视、导弹预警、卫星通信、环境监测、全球定位等活动，向作战部队提供了大量的信息支援，起到了“力量倍增器”的作用。美、俄等国家正在加强太空防御和太空进攻能力。如美国修改太空作战的有关条令，研制反卫星攻击武器。俄罗斯已经制订太空复兴计划，把战略性空天战役作为未来空天作战的主要样式。英国、法国、日本、印度等国也都在精心打造自己的“天军”。由此可见，太空破袭、太空突击、太空封锁……这些好莱坞大片中的片段，很可能在未来太空战场上的争夺中得到真实呈现。另外，值得警惕的是，美国常态化开展的“施里弗”系列太空作战演习及其提出的“空海一体战”等作战构想，均对我国具有较强的针对性。因而，我国面临的已不仅是空间逼仄、战场透明等一般威胁，还面临潜在对手日益多元、威胁力度日益增大、舆论环境相对不利等重大威胁。

（三）网络空间角逐激烈

目前，美、俄、日等国军队已把网络空间作为继陆、海、空、天之后的第五维作战空间。2009 年，美军就开始组建网络空间司令部，并频繁举行网络战演习，加紧研制网络战装备。现代战争及未来战争将首先在网络空间爆发，交战双方围绕“制网权”展开激烈争夺，通过后门植入、病毒攻击、远程操作、定时启动等手段进行网络攻击，在短时间内便可获得“制网权”。同时，电磁脉冲武器、微波武器和声波武器将在战斗中对敌网络实施“硬摧毁”。敌我双方将通过网络领域的作战，破坏作战对象的指挥控制、情报信息和防空等军用网络系统，甚至可以悄无声息地破坏、控制敌方的商务、政务等民用网络系统，导致国家信息基础设施全面崩溃，达到不战而屈人之兵的战略目的。可以说，在信息时代的战争中，谁控制了网络空间，谁就掌握了通往胜利之门的钥匙。近年来，美国等大国强行封锁和制裁涉华网络安全问题，刻意将网络安全扩展至中美关系各个领域，并且将网络空间纳入作战领域，宣布可能对网络攻击实施军事报复，并将致盲对手信息网络列为“空海一体战”的关键行动，增大了中美两国发生网络“热战”的可能。

（四）极地领域博弈激烈

极地，指地球的北极和南极地区。过去，由于位置偏远、气候恶劣、难以通航等原因，极地并没有引起各国足够的关注。但随着极地蕴藏的丰富能源逐步被探明，全球气候变暖以及冰川消融加快，使得极地丰富资源的开发成为可能。同时，极地的战略位置尤为重要，特别是地处亚、欧、北美三大洲弧顶位置的北极地区，是一个瞰制北半球的战略制高点和发动战争或实施威慑的黄金支撑点。冷战时期，美苏两国就在北极地区部署战略轰炸机和战略核潜艇。

如今，极地领域的这个“冰点”已成为世界大国战略博弈中的“热点”。在现实利益驱动下，大国极地争夺不断加剧，并影响到我国国家利益拓展和国家安全维护。为赢得极地竞争优势，掌握极地主动权，不仅美国、俄罗斯、加拿大等极地国家纷纷根据各自国家利益制定极地战略，而且一些非极地国家和集团也积极参与极地事务，使得极地地区形势骤然变化。当前南、北极已成为我国家利益向海外拓展的重要方向，特别是北极所拥有的航道和资源价值，未来将极大影响我国的海上运输和能源进口。在南极方向，经过多年艰苦努力，我国已发展成为南极科考的重要成员国，先后建立多个科学考察站，为维护南极空间安全奠定了较好基础。

延展视界

祖国必须统一，也必然统一①

“祖国必须统一，也必然统一。这是70载两岸关系发展历程的历史定论，也是新时代中华民族伟大复兴的必然要求。”在纪念《告台湾同胞书》发表40周年纪念会上，中共中央总书记、国家主席、中央军委主席习近平的讲话高屋建瓴、掷地有声。讲话4000余字，有善意、暖意，有告诫、决心，从历史谈到未来，全面阐述了我们立足新时代、在民族复兴伟大征程中推进祖国和平统一的重大政策主张。

两岸关系70载，一封“家书”40年。从“我们一定要解放台湾”到和平统一、“一国两制”方针的提出，从推进和平统一进程的八项主张到两岸关系和平发展重要思想，纵观时代潮起潮落，不变的是追求祖国完全统一的初心和决心。党的十八大以来，以习近平同志为核心的党中央妥善应对岛内政局和台海形势变化，成功实现两岸领导人历史性会晤，两岸交流合作达到历史新高。新时代是中华民族和两岸同胞大发展大作为的时代。这篇指引对台工作的纲领性讲话立足新时代，既有一以贯之的坚定性，又有与时俱进的开创性，是新形势下反“独”促统不可或缺的指引和遵循。

“四百万人同一哭，去年今日割台湾。”一部近代史，也是一部台湾与祖国母亲苦苦守望的血泪史。从历史的长镜头看，台湾问题的产生和演变同近代以来中华民族命运休戚相关。随着国家的发展进步，我们可以自豪地断言，爱国诗人丘逢甲痛心疾首的时代一去不返，台湾问题因民族弱乱而产生，必将随着民族复兴而终结！台湾的前途命运与民族伟大复兴紧密相连。有强大祖国做依靠，台湾同胞的民生福祉会更好，发展空间会更大，在国际上腰杆会更硬，更加安全、更有尊严。

“求木之长者，必固其根本；欲流之远者，必浚其泉源。”和平统一、“一国两制”是解决台湾问题的基本方针，也是实现国家统一的最佳方式。现在岛内有些人出于政治私利，质疑和平统一，诬蔑“一国两制”。纪念会上的讲话说得很清楚，大陆不承诺放弃使用武力，针对的是外部势力干涉和极少数“台独”分裂分子，绝非针对台湾同

①《总体国家安全观干部读本》编委会. 总体国家安全观干部读本[M]. 北京：人民出版社，2016：189-190.

胞。而探索"两制"台湾方案，丰富和平统一实践，更能体现大陆与时俱进、为台胞着想的诚意和善意。这些都起到了正本清源的效果。说到底，制度不同，不是统一的障碍，更不是分裂的借口。

骨肉天亲，血浓于水。从"惠台31条措施"到纪念会讲话中提到的"应通尽通"，从向台青招手来大陆追梦到增进两岸间的文化联结与认同，大陆为台胞谋福祉办实事、分享大陆发展机遇的诚意不变，冲破干扰阻碍打造两岸命运共同体的决心不变。人之相交，贵在知心。两岸的统一，终究离不开心灵的契合。

青山遮不住，毕竟东流去。统一才是历史大势，是正道。从根本上说，决定两岸关系走向的关键因素是祖国大陆发展进步，"台独"终将走进历史的死胡同。大陆已经牢牢把握两岸关系的主导权和主动权，国家综合实力的不断增强，两岸经济社会融合发展的持续推进，既为两岸关系和平发展注入了强大动力，也为祖国和平统一奠定了坚实基础。毕竟，历史不能选择，现在可以把握，未来可以开创！

第三节 环顾全球——国际战略形势

军事箴言

激水之疾，至于漂石者，势也；鸷鸟之疾，至于毁折者，节也。是故善战者，其势险，其节短。势如彍弩，节如发机。

——《孙子兵法》

国际战略形势，是指一定时期内世界各主要国家和国家集团在战略上相互联系、相互作用、相互斗争的现状及其动态。判断一个国家是否安全，首先必须分析当前国际战略形势的现状与发展趋势，以及世界主要大国军事战略的调整，以便弄清国家安全的外部环境和条件。

一、国际战略形势现状与发展趋势

当今，和平、发展、合作、共赢成为时代潮流，世界向相对和平的多极化发展，经济全球化深入推进，各国之间的联系交往更趋紧密。同时，世界仍然很不太平，不稳定、不确定因素增多，国际体系的调整变革仍面临诸多挑战。

（一）和平与发展的潮流不可逆转

当今世界，和平的趋势不可阻挡。新兴市场国家和发展中大国群体性崛起，各主要战略力量不断分化组合，牵制了霸权主义，增强了维护和平的力量。恐怖主义、环境恶化等全球性问题使得霸权国家不得不主动寻求与其他战略力量进行合作，这无疑增加了大国关系的稳定性和相对缓和态势。经济全球化的发展，客观上制约了国际格局中紧张态势的扩展，推动了和平潮流继续发展。发展是世界各国的共同追求。当前，中、美、俄、欧等大国关系不断调整深化，日益活跃的区域经济合作和多边安全合作蓬勃发展，以合作共赢为核心的新型国际关系逐步建立。中美努力构建“不冲突不对抗、相互尊重、合作共赢”的中美新型大国关系，为推动亚太地区和全球经济增长、安全稳定发挥着积极作用；中俄建立起全面战略协作伙伴关系；中欧建立了全面战略伙伴关系；美欧大国关系相互协调合作、深化发展。同时，国际社会中的各种区域经济合作组织也在迅猛发展，如亚太经合组织、北美自由贸易区、欧盟以及中韩自由贸易区等。国际多边安全合作作为一种多边安全机制，也成为各国维护共同安全、促进国际合作发展的一个重要趋势。

（二）国际体系的调整不断深化

当前，国际体系进入加速演变和深度调整的时期。首先，世界多极化继续发展。美国总体实力明显削弱，欧盟、俄罗斯、中国、印度以及东盟等国家和地区组织的综合实力明显提升，但“一超多强”的基本格局并未根本改变。其次，全球治理体系结构不断调整变化。参与全球治理的国际和地区性组织日益壮大，如联合国、世界贸易组织、欧盟、东盟、非盟、亚太经合组织、上海合作组织等；参与主体日益多元化，除发达国家之外，还有广大的发展中国家和新兴经济体等组织；全球治理体系涵盖的领域，向极地、外太空和网络等新兴领域拓展。最后，大国关系深刻调整。美国战略重心加速向亚太地区转移，2017 年提出了“印太战略”，进一步强化对亚太、中东事务的主导权，发展各种伙伴关系。俄罗斯在大力推进欧亚联盟建设的同时，也不放松与美国的战略较量。欧盟深化一体化建设，加大对新兴国家的重视。主要大国进一步加快新军事革命步伐，大力发展海、空、天、网等新型作战力量，研制更先进无人、隐形侦察打击武器装备，以争夺军事技术和武器装备发展的战略优势，抢占战略制高点。

（三）经济全球化是一把“双刃剑”

经济全球化对世界经济发展产生积极影响，为发展中国家经济发展提供了新的契机，有利于发展中国家利用外资和对外投资，吸引世界先进的生产要素，更加广泛地融入世界经济，并通过扩大国际交往提高资源利用的效益。经济全球化也造成不可忽视和难以避免的负面影响。经济全球化使发展中国家增加了与世界市场接轨的成本，经济主权和经济安全面临现实威胁，贫富悬殊压力加剧，世界发展不平衡的矛盾使各国围绕全球新经济秩序主导权和话语权斗争激烈。美、日、欧为争夺世界市场掀起新贸易保护主义，相互间利益冲突加剧，发展中国家的分化对南南合作产生不利影响。

（四）传统与非传统安全威胁相互交织

首先，传统安全威胁仍然存在。霸权主义、强权政治和新干涉主义仍然是造成国际社会局部动荡的主要原因。如美国在中东及亚太地区炫耀军事实力，随时准备进行武力干涉；在伊拉克、叙利亚等国设立“禁飞区”，践踏他国主权，直接引发了一些地区的危机和战火，加剧了地区紧张局势。美国利用信息和技术优势，跨国进行思想文化渗透，对别国进行“和平演变”。另外，历史恩怨、民族矛盾、宗教对立、领土争端等因素导致战争和武装冲突此起彼伏。如叙利亚内战、巴以冲突、伊拉克国内动荡，印巴克什米尔领土纷争等。这些热点问题因美欧国家的插手介入持续恶化。其次，非传统安全威胁不断上升。国际恐怖主义猖獗，生态、能源、金融等安全问题凸显，自然灾害、疫病蔓延，环境恶化、国际犯罪等跨国性问题的危害越来越大，对国家乃至全球构成新的威胁。特别要注意的是，非传统安全威胁在一定时期内如得不到有效控制和解决，诱使非传统安全问题在规模和性质上迅速膨胀，向传统安全问题转变。

二、世界主要国家军事力量及战略动向

当前，世界战略格局正在发生深刻调整，国际范围内安全威胁日趋复杂多元，世界新军事革命加速推进，战争形态呈现出新的特征。为适应新的形势和任务，世界主要军事大国都在加速推进军事改革，深入调整军事战略，力求在军事竞争中占据主动地位。

（一）美国

美国为维护全球霸权利益，对战略目标进行了重新定位，对军事战略进行了多次调整。

1. 强化亚太地区的军事部署和作战准备

从2009年开始，美国军事战略重点逐步向亚太地区聚焦。美国计划将60%的战舰、6艘航空母舰放在亚太地区，重新调整和建设亚太地区的军事基地，在关岛增建导弹防御阵地并扩建安德森空军机场，在夏威夷打造“珍珠港—希卡姆”大型联合基地，在阿拉斯加建设“埃尔门多夫—理查森堡”联合基地，在澳大利亚达尔文港开辟新基地，部署海军陆战队等。此外，美为确保对印度洋与西太平洋之间主要航道的控制，加紧在印度洋科科斯群岛建立无人机基地，加强从迪戈加西亚岛经科科斯、达尔文港直到关岛的横向军事基地网。

2. 加强“全球公域”的控制和争夺

“全球公域”是指不受单个国家控制，同时又为各国所依赖的领域或区域，主要包括海洋、空域、太空和网络空间四大领域。美国已经把全球公域作为夺取大国军事竞争主动权新的制高点，试图主导全球公域的规则制定权，通过强化同盟关系增强对全球公域的控制能力，如在亚太地区，美国同澳大利亚、日本展开相关方面的合作；通过有针对性地发展武器装备和军力部署来提升控制全球公域的硬实力，组建了网络战部队，人数已超5万。在太空空间领域，美国提出了“多层威慑”战略，通过综合手段来谋求空间领域的主导权。

3. 加强与盟友及伙伴国的军事合作

北约仍将作为美国发展军事合作关系的基础。除北约之外，日本、韩国、澳大利亚、菲律宾、泰国等亚太盟国是美国强化同盟体系的重点对象。非洲、南亚各国也将成为美国开展军事合作的新伙伴。在非洲地区，美国将继续加强驻军，扩大伙伴关系国家的范围，帮助非盟主要国家发展军事能力；在南亚地区，美国把印度作为亚太地区牵制中国的重要战略筹码。同时，其还加强了与越南、马来西亚、新加坡等国家的合作，以应对地区性安全威胁与挑战。

4. 加快军事转型步伐

美国军队结构更加注重精干、灵敏、高效，军队能力建设向灵活性、机动性和小型化方向发展。为此，美陆军把战斗旅作为基本战术单位，加强特种作战、导弹防御以及网络作战等建设；美海军重视舰载无人机系统、无人潜航器、水面舰艇、反水雷建设。美实施“全球快速打击”手段，其中，陆基主要是加装常规弹头的“民兵”或“和平卫士”洲际弹道导弹；海基主要是“俄亥俄级”战略核潜艇上发射的“三叉戟”Ⅱ型导弹；空基主要是新型战略轰炸机和X-51A“驭波者”高超音速巡航导弹；天基主要是“猎鹰”高超音速飞行器。

（二）俄罗斯

俄罗斯针对新的战略环境和安全威胁，对军事战略进行了大幅调整。

1. 积极部署全球反导防御系统，应对北约威胁

优先加强核遏制和空天防御能力，将着力点放在提高核力量的实战和威慑能力上，组建空天防御兵司令部，将分散于各军兵种的侦查和预警力量、防空力量、反导力量和太空防御力量重新整合，组成统一的空天防御体系。

2. 常规部队建设注重提高快速反应与机动能力

俄军将主要陆军部署在与北约接壤的俄罗斯和独联体北部、西部和西南部边界及与中亚及远东接壤地区；在主要战略方向，强化中小型部队的灵活编组和快速部署能

力；在空降兵、海军陆战队、空军分队基础上组建特种作战力量；通过战备突击检查、建立武器装备储备基地等措施，满足快速战略战役机动的需求。

3. 军队体制编制适应联合作战需求

在指挥体制方面，进一步确立国防部长在军队中的核心领导地位，精简和改组包括国防部和总参谋部在内的中央指挥机关，大幅压缩军种总司令部的职能。航天兵、战略火箭兵和空降兵三个独立兵种保留中央直属关系，增加空天防御兵。将原有六大军区调整为“西部、南部、中央和东部”四大军区，成立四大联合战略司令部。在战区范围内建立联合战略司令部—战役司令部（陆军集团军、海军舰队、空军空防司令部）—战术兵团（陆军旅）三级指挥体制。大幅裁减武装力量兵团和部队、卫戍部队的数量，裁撤部分基地、兵营和设施。经过调整，俄军在整体结构上更为精干、灵活，新建立的战区指挥体制基本具备了联合作战、联合训练和联合保障的能力。

（三）日本

冷战之后，日本对军事战略进行了多次调整。

1. 战略指导强调“联合机动防卫”

日本视我国为主要战略对手，将军事战略方针调整为“联合机动防卫”。在对安全威胁的战略判断上，突出强调朝鲜和中国的威胁，将俄罗斯作为重点防范对象；在军事力量的职能上，定位为有效遏制及应对各种事态、促进亚太地区稳定及改善全球安全环境；在军事力量建设上，强调通过构建综合国防体制，建设高效联合的军事力量，不断发展壮大自身军事实力。

2. 军事部署重心向西南方向转移

日本正式确定以加强西南方向的防卫态势为重点，优先建设确保海空优势的防卫力量。陆上自卫队新组建沿岸监视部队和执行快反任务的警备部队，以强化西南诸岛的部署态势；组建专业化机动作战部队，有效遂行空降、水陆两栖作战、特种作战、航空运输、特种武器防护等任务，实现与海上自卫队和航空自卫队有效联合，完善和强化岛屿地区的防御态势；组建岸舰导弹部队，将进攻岛屿之敌拒止于海上；新建水陆两栖作战部队，为在岛屿遭受攻击时迅速实施登岛、夺岛和守卫作战；航空自卫队新组建 E-2C 预警机飞行队，部署在那霸基地；在西南地区岛屿建设警戒雷达基础设施，保持全天候警戒监视态势；增加部署在那霸基地的战斗机部队。

3. 军队建设强调机动防卫能力

日本强调以应对“岛屿攻击”为抓手，全面提高自卫队的攻防作战能力。为构建一支在软硬件两方面都具备快反性、持续性、坚韧性和互通性的联合机动防卫力量，日本强调加强 9 种军事能力建设：警戒监视能力、情报保障能力、运输能力、指挥控制和情报通信能力、应对岛屿攻击能力、应对弹道导弹攻击能力、应对太空和网络攻击能力、应对大规模灾害能力、参加国际和平合作活动能力。

4. 注重发挥日美同盟的作用

日美同盟实现了日本防卫政策上的重大突破。一是合作地域从“周边”扩展到全球，实现了日本武装力量走向世界的目标。二是合作内容实现从平时到发生突发事件的“无缝”合作，如维和、救援、预警、情报分享、监控、侦察、训练、演习、拦截弹道导弹、舰船护卫等。三是从自卫扩大到“他卫”。四是从双边合作扩大到三边和多边合作，具体包括情报分享、监控、侦察、训练、演习、能力建设、海洋安全等。五是成立常设“联盟合作机制”，有助强化日美协调配合。

（四）印度

21 世纪以来，印度军事战略的基本框架不变，但对具体内容进行了调整。

1. 战略指导突出进攻性和主动性

印度将巴基斯坦视为主要现实威胁，将中国视为最大潜在威胁，推行“先发制人”的战略方针。其在总体战略部署上强调“西攻、北防、南下、东进”，即向西对巴基斯坦采取攻势，对北面的中国采取战略防御，向南控制印度洋，向东通过马六甲海峡进入西太平洋，争取印度在各方向的军事优势，扩大其战略影响，支撑其向大国迈进的战略目标。

2. 加强边境地区的军事部署

印度加强边境地区对华军事部署，完善边境防御体系。中印边境的西、中、东段存在领土争议，印度向中印边境地区增派大量兵力，计划在现有 12 万兵力基础上，再增加 6 万人的部队。在西段，印军组建了第 14 军，加强了空军战斗机和直升机分队的部署；在中段，对驻军进行改编，组建轻型、实用、高效的作战部队；在东段，建设中的“山地打击军”将由 6 万人组成，至少下辖 2~3 个师及附属支援兵力。印度空军恢复并扩大靠近中印边境的空军基地，将向东北部和其他方向前沿地区增加部署苏 -30 等先进战机；加强在边境地区的巡航导弹部署。

3. 加大对印度洋的控制力度

印度制定了全面控制印度洋的“东进、西出、南下”战略。向东把活动范围与影响延伸到南中国海，乃至西太平洋；向西穿过红海与苏伊士运河，将影响扩大到地中海；向南扩展到印度洋最南端，甚至绕过好望角到达大西洋。为实现战略目标，印度在海军装备建设上提出了“三步走”的发展战略：一是建立亚洲最大航母舰队。二是加强海基核力量建设，以弥补“三位一体”核打击力量的短板。三是打造具备远洋作战能力的“蓝水海军”。印度还高度重视海军基地建设，在其东部海岸、东南部群岛和南部岛屿上新建了海军基地。在西南方向，印度继在马达加斯加岛建立雷达监听站后，又租借了毛里求斯共和国的阿加莱加群岛，并在上述群岛建设海军基地和机场，以扼守莫桑比克海峡等战略通道。

4. 重视核武器的威慑作用

印度在核战略上谋求对巴基斯坦形成核优势，与中国形成核平衡。为实现有效核威慑，印度提出要建立一支由陆基弹道导弹、中远程攻击机和空地导弹、核动力潜艇与潜射弹道导弹组成的，具有生存和反击能力的“三位一体”核威慑力量。在陆基核力量上，印度目前已装备射程 250 千米的“大地”近程弹道导弹，射程 280 千米的“布拉莫斯”巡航导弹，射程 2500 千米的“烈火 -2”、射程 3500 千米的“烈火 -3”中程弹道导弹，射程达 5000 千米的“烈火 -5”远程弹道导弹（图 2-3），具备了对印度洋和周边国家的远程威慑打击能力。在空基核力量上，印度空军拥有多种可以投掷核武器的飞机，包括“美洲虎”攻击机、“幻影 -2000H”战斗机、“米格 -27”和“苏 -30MKI”战斗机。在海基核力量上，印度积极推进国产战略核潜艇建设，获取“可靠的第二次核打击”能力。通过一系列的努力，印度将建成“三位一体”的战略核力量体系。

图 2-3 “烈火 -5”远程弹道导弹

5. 积极推进东向战略

印度借助美国实施印太战略之机，加大“东向”战略力度，意图在东南亚、东亚和西太平洋地区发挥影响。一是加强东部方向的海空军基地建设，以提高海军远程兵力投送能力。印度在靠近马六甲海峡西口的安达曼·尼科巴群岛成立了由海、陆、空三军组成的联合司令部，组建了新的海军军区，并开始扩建该岛机场。该基地在有效瞰制马六甲海峡的同时，将成为保障印度军事力量东进南中国海和西太平洋的重要前进基地。二是加强与东南亚、东亚、西南太平洋国家的军事安全合作，牵制中国。印度加大同区域外国家的安全合作，提升印度海军的战略能力，从海上方向威慑中国。

知识链接

印太战略

2017年11月初美国总统特朗普的东亚之行，宣示“印太战略”成为美国新政府的亚太战略。美国实行“印太战略”的目标，即在印度洋—太平洋区域，采取包括政治（民主价值观）、外交（拉帮结派）、军事（军演、军售等）等综合手段，遏制中国的崛起，削弱中国的影响力，以维持、确保和巩固美国的霸主地位。

在“印太战略”的美、日、印、澳核心四国中，美国是“盟主”，日、澳在美国亚太同盟体系中被称作“北锚”和“南锚”，而印度则是美、日正大力拉拢的对象。这一战略切合了一些区域国家对中国发展的焦虑和不适，从而引发了一系列反应。不难看出，“印太战略”的理论基础和行为模式，都是以意识形态、敌我阵营划界的冷战思维的反映，这与全球化大潮中经济一体化、文化包容化、政治多元化、利益共享化等时代诉求背道而驰。在人员交流日趋活跃、经济活动渗透融合、文化心理日益开放的社会形态里，在你中有我、我中有你、难分难舍的利益交织中，已经很难做到你彼我此阵线分明，这恐怕是美国近期战略文件中将中国的“成分”定得很“高”，但在实际操作层面却又强调彼此合作的原因所在。

延展视界

中国的“一带一路”倡议

2013年9月7日，习近平主席在哈萨克斯坦发表重要演讲，首次提出了加强政策沟通、道路联通、贸易畅通、货币流通、民心相通，共同建设“丝绸之路经济带”的倡议；2013年10月3日，习近平主席在印度尼西亚国会发表重要演讲时明确提出，中国致力于加强同东盟国家的互联互通建设，愿同东盟国家发展好海洋合作伙伴关系，共同建设“21世纪海上丝绸之路”。

“一带一路”不是一个实体和机制，而是合作发展的理念和倡议，是依靠中国与有关国家既有的双多边机制，借助既有的、行之有效的区域合作平台，旨在借用古代“丝绸之路”的历史符号，高举和平发展的旗帜，主动地发展与沿线国家的经济合作伙伴关系，共同打造政治互信、经济融合、文化包容的利益共同体、命运共同体和责任共同体。

当今世界正发生着复杂深刻的变化，国际金融危机深层次影响继续显现，世界经济缓慢复苏、发展分化，国际投资贸易格局和多边投资贸易规则酝酿深刻调整，各国面临的发展问题依然严峻。共建“一带一路”顺应世界多极化、经济全球化、文化多样化、社会信息化的潮流，秉持开放的区域合作精神，致力于维护全球自由贸易体系和开放型世界经济。共建“一带一路”旨在促进经济要素有序自由流动、资源高效配置和市场深度融合，推动沿线各国实现经济政策协调，开展更大范围、更高水平、更深层次的区域合作，共同打造开放、包容、均衡、普惠的区域经济合作架构。共建“一带一路”符合国际社会的根本利益，彰显人类社会共同理想和美好追求，是国际合作以及全球治理新模式的积极探索，将为世界和平发展增添新的正能量。

共建“一带一路”致力于亚、欧、非大陆及附近海洋的互联互通，建立和加强沿线各国互联互通伙伴关系，构建全方位、多层次、复合型的互联互通网络，实现沿线各国多元、自主、平衡、可持续发展。“一带一路”的互联互通项目将推动沿线各国发展战略的对接与耦合，发掘区域内市场的潜力，促进投资和消费，创造需求和就业，增进沿线各国人民的人文交流与文明互鉴，让各国人民相逢相知、互信互敬，共享和谐、安宁、富裕的生活。“一带一路”的建设不仅不会与上海合作组织、欧亚经济联盟、中国—东盟（10+1）等既有合作机制产生重叠或竞争，还会为这些机制注入新的内涵和活力。

当前，中国经济和世界经济高度关联。中国将一以贯之地坚持对外开放的基本国策，构建全方位开放新格局，深度融入世界经济体系。推进“一带一路”建设既是中国扩大和深化对外开放的需要，也是加强和亚、欧、非及世界各国互利合作的需要，中国愿意在力所能及的范围内承担更多责任和义务，为人类和平发展做出更大的贡献。

学练合一

近在身边的泄密事件

2020年6月，国家安全机关侦破一起内地赴港学生杨某某与境外敌对组织及反中乱港势力相勾连，从事颠覆我国家政权及反中乱港活动案。

经查明，杨某某，1995年生，毕业于江苏某大学新闻与传播学院，2017年赴香港某大学就读电影专业硕士研究生。赴港学习期间，其受到境外反华势力言论影响，对我国内地产生敌对情绪。

2018年10月，杨某某参与某境外敌对组织组党结社活动，帮助开展反宣并参与非法游行。随后其得到某敌对组织的任命，成为相关网络群组的管理员，接受该敌对组织培训后，负责在互联网上引导话题讨论、转发视频图片等工作。作为群组管理员，杨某某加入了该敌对组织核心群组“小沙龙”。杨某某在群内发布封杀中企讯的联署信、讨论我国领土问题、提出利用 Wifi 热点和 Airdrop 传播“敌对理论”等扩大组织影响力的方案。

2019 年 6 月，香港“修例风波”期间，杨某某大肆转发声援香港暴徒的推文，引导群内成员关注、讨论、抹黑香港警方，甚至向境内倒灌香港“斗争经验”。

2020 年 6 月，国家安全机关依法将杨某某抓获归案。通过教育感化，杨某某对违法犯罪行为供认不讳，主动交待揭发境外敌对势力的丑陋行径，承诺不再从事危害国家安全的活动。该案反映出境外反华敌对势力大肆对我境内人员开展意识形态“攻心战”，少数赴境外就读的留学生受煽动蛊惑，被裹挟参与敌对活动。

【思考与讨论】

请同学们结合所学知识和网上资料，分组讨论如下主题：

1. 你还知道哪些泄露国家秘密的案件？

2. 此类案件对我们有哪些启示？

第三章　军事思想

——攻守之道　伐谋伐交

知识目标

1. 了解军事思想的基本概念以及中国古代军事思想的演变。
2. 熟悉《孙子兵法》的主要内容和思想精髓。
3. 掌握毛泽东军事思想的形成、发展及其主要内容。
4. 熟悉邓小平新时期军队建设思想、江泽民国防和军队建设思想、胡锦涛国防和军队建设思想的主要内容。
5. 理解习近平强军思想的科学含义和主要内容。

思政目标

1. 培养学生掌握正确的战争观和方法论。
2. 培养学生具备一定的战略思维能力。

内容结构

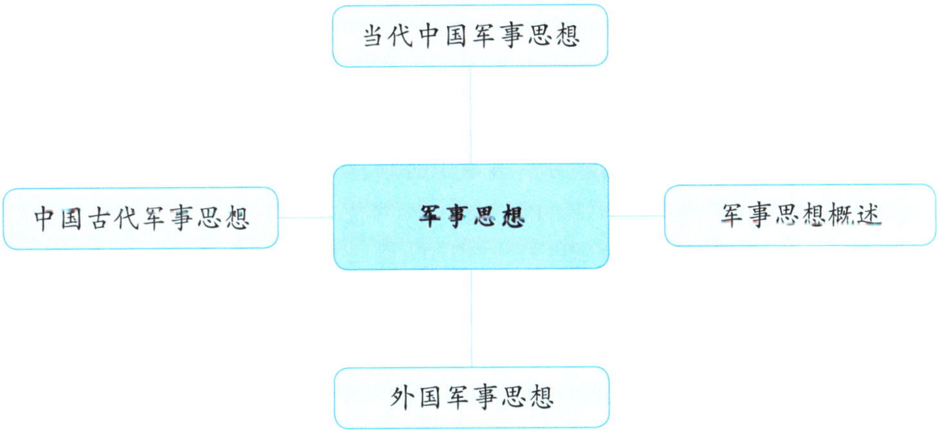

本章引言

1945年国共全面内战爆发前，国民党所辖陆军计有86个整编师（军）、248个旅（师），约200万人，非正规部队约74万人，特种兵36万人，空军16万人，海军3万人，后勤部队、军事机关和院校约101万人，总兵力约为430万人，拥有9000多架飞机、300多艘舰艇。而中国共产党领导的部队只有约127万人，其中野战部队61万人，地方部队66万人。但在不到4年的时间里，解放军却消灭了国民党807万军队，缴获各种火炮54430门、飞机189架、舰艇200艘①，解放了除台湾以外的全部领土。为什么共产党领导的弱小军队能够打败“强大”的国民党军队？其中一个重要的原因就是拥有正确的军事思想。这一章就让我们揭开军事思想的神秘面纱。

第一节 战争结晶——军事思想概述

军事箴言

不打无准备之仗，不打无把握之仗，每战都应力求有准备，力求在敌我条件对比下有胜利的把握。

——毛泽东

军事思想是人们长期从事军事斗争和战争实践经验的总结和理论概括，是军事科学的重要组成部分。军事思想来源于军事斗争实践和对人类战争历史的思考，同时又给人类的战争实践提供理论指导，并随着人类社会和战争的演变而不断发展。

一、军事思想的内涵

什么是军事思想？这是我们学习军事理论必须首先正确认识的最基本问题。我国《军事大百科全书》对军事思想所下的定义是：军事思想是关于战争、军队和国防的基本问题的理性认识，是人们长期从事军事实践的经验总结和理论概括。由于军事思想是对人类军事活动中的基本问题的认识，军事思想也就是整个军事理论体系的理论基础。作为对人类军事活动的客观规律认识的军事思想，是由两个不同层次的部分组成的。一个是高层次的军事哲学，另一个是基础层次的军事活动实践的基本指导原则。

① 中国人民革命军事博物馆．中国人民解放军战史图集[M]．北京：中国地图出版社，1987.

（一）军事哲学

军事哲学，是军事思想的最高层次，是哲学与人类军事活动的实践相结合的产物。哲学是指人们对整个自然界、社会和思维的一系列根本看法，它回答的是“世界是什么”和“怎样认识世界与改造世界”这样一些普遍性的根本问题，因此，哲学就具有高度的抽象性和理论指导性，是对客观事物的本质的认识。因而，军事哲学也就是对人类军事活动的本质的认识，是从宏观的高度上对人类军事活动的客观规律的认识和把握。因此，军事哲学既是人们正确认识军事活动问题的认识论，又是人们正确认识军事活动问题的思想方法论。所以，军事哲学所回答的问题也就是人类军事活动中的一些最根本的问题，如人类军事活动的实质问题、战争的起源、战争的消亡、战争与政治、战争与经济、战争与社会的发展、战争与道德、战争与科学、战争与哲学、战争与民族素质、战争与教育等一系列根本性的问题。由此可以说，军事哲学也就是军事思想这个理论中的核心与指导思想。

军事哲学之所以是整个军事思想中的核心和指导思想，是因为它是在一定哲学思想观念的影响与指导下，从宏观的整体上对人类军事活动的认识所做出的高度抽象的理论概括。所以，军事哲学也就是对人类军事实践活动认识的根本观点和根本方法。如果不能上升到对人类军事活动认识的根本观点的高度，人们对军事活动的认识所产生的思想观点也就不是军事哲学，就是一般的、低层次的军事思想观点，也就不可能在军事思想的整个体系中具有指导作用。例如，孙子所说的“知己知彼，百战不殆”就是一种军事哲学思想的观点，因为这是人们在军事活动中所必须坚持的认识论和方法论，是对整个人类军事活动都具有根本性的指导意义的。因此说，如果我们不能确立正确的军事哲学思想，也就不可能掌握正确的军事思想。

（二）军事活动实践的基本指导原则

军事活动实践的基本指导原则，是军事思想中的基础部分，是人们对具体的军事活动实践中的客观规律的认识，也就是人们从微观上对军事活动客观规律的认识，因而就是人们在具体的军事活动实践中必须遵循的客观规律。人们只有遵循这些基本指导原则，才有可能在军事活动中实现自己的目的，违背这些基本原则，也就必然会受到惩罚。

军事活动实践的指导原则，实际上是军事哲学与人类军事活动实践相结合的产物，只有确立正确的军事哲学，人们才有可能确立正确的军事活动实践的指导原则。

人们要实现军事活动中的目的，就必须正确认识军事活动实践中的许多关系问题。这些问题，都是军事活动实践中指导原则的体现。例如，人们在军事活动的实践中必须正确认识战略、策略、谋略、战术、精神士气、情报、指挥、后勤等，这些基本问题也都是军事活动实践中的具体的指导原则问题。又如，在战争中如果人们不能制定正确的战略，就不可能取得军事活动的胜利。如果人们不重视军事情报信息，又怎么会有正确的指挥呢？这些军事活动实践中的基本指导原则，都是具体的军事活动中的客观规律的体现，是人们在实际的军事斗争中必须遵循的客观规律。在战场上，人们如果违背这些原则，就必然会受到惩罚。

军事活动实践的基本指导原则，主要表现是人们对军事活动实践中经验的总结。这种总结，其实质也就是对微观上的军事活动客观规律的认识，人们是在发现这些原则，运用这些原则，而不是在发明创造这些原则，虽然这些认识都是人们在军事活动中用血的代价所换取来的。古今中外的优秀军事家之所以能够取得成功，就是因为他们能够发现这些原则和在实践中正确运用这些基本原则的指导作用，使自己的主观意志与客观规律相互统一。谁遵循这些原则，谁就能在军事斗争中取得胜利；谁违背这些原则，谁就只能遭到失败。因此，军事哲学与军事活动实践的指导原则是统一的，只有使二者结合统一起来，才能形成完整的军事思想体系。

二、军事思想的发展历程

军事思想随着人类社会的发展和战争的演变而发展。随着社会生产力的发展，社会经济、政治制度的更替，人们科学文化水平的提高及思想观念的转变，战争形态的演变和作战样式的创新等，人类对战争和军事问题的认识经历了一个由浅入深的过程。

（一）古代军事思想

战争起源于原始社会，最早的战争是部落之间为争夺生存条件或血缘复仇而进行的暴力行动。但军事思想的起源要远远晚于战争的起源，理性认识总是在经验积累的基础上以及对实践的反思后才能产生，并且只有在文字发明以后，系统性的理性思考才成为可能。在人类进入农业社会以后，随着生产力水平的发展，社会分工水平逐步提高，建立了城市和国家，社会动员能力逐渐增强，所以战争的规模就变得越来越大。

古代西方对军事和战争的思考最初出现在古希腊的史诗和历史中。《荷马史诗》中对于神与神、神与人以及人与人之间战争的描述表现了人类对战争的最初思考，如“特洛伊木马”的故事，体现了人们对战争中计谋的使用的最初思考。而修昔底德的《伯罗奔尼撒战争史》既是一部历史著作，也体现了希腊人对于政治、人性和战争的深入思考。古罗马人对于战争的思考也散见于李维的《罗马史》、恺撒的《高卢战记》《内战记》、塔西佗的《历史》《编年史》中。公元1世纪，罗马军事理论家弗龙蒂努斯的《谋略》一书开始将战例进行分类整理；公元4世纪，韦格蒂乌斯的《兵法简述》是古罗马最为重要的一部军事思想著作，它总结了古罗马对战争规律以及军队管理的思考，对中世纪乃至近代早期的军事思想产生了巨大影响。与古希腊、古罗马繁荣的哲学、科学和艺术相比，他们对于战争的思考要远远逊色于同时期的东方。

西罗马帝国衰落以后，西方世界进入了长达千年的中世纪，在这个阶段，欧洲没有强大的国家，政治权力分散在教会、贵族手中，因而战争规模相对有限。而教士对于文化阶层的垄断也使得对于战争的思考近乎消失，古代中世纪西方军事思想的发展是缺失的。从某种意义上讲，欧洲近代才开始中国在春秋战国时期经历的军事思想发展。

中国古代军事思想异常丰富。在夏商西周时期即已经产生了《军志》《军政》这些兵书；在春秋战国时期则已经有了成熟、系统的兵学名篇，包括《吴子》《尉缭子》《孙子兵法》等；秦统一天下之后开创的大一统封建制度一直持续到清朝中期，这个阶段中国的社会结构保持了相当的稳定性，而战争的形式也保持了相当的稳定性，虽然武器有一定发展，包括唐宋以后使用了火药，但是并没有突破古代战争的形式；而自秦之后，中国兵学的发展也不断地系统深入，产生了大量的军事思想著作。

（二）近代军事思想

文艺复兴以后的欧洲，资本主义经济和殖民扩张逐步兴起，结束了中世纪，进入国家形成的进程，君主逐渐从贵族和教会手中夺取权力，使得国家的权力越来越集中，欧洲也成为新型君主们的角斗场。欧洲的战争越来越频繁而且规模越来越大，战争又反过来迫使这些国家进一步进行改革以增强国力，并带来了军事科学和军事思想的进步。法国在大革命之后率先开始了全民战争，并席卷欧洲，正是这场战争的影响，促进了资产阶级军事思想的代表人物和著作的诞生，如克劳塞维茨的《战争论》、若米尼的《战争艺术概论》。随着工业革命的推进，战争日益依赖于科技，而新的科技也触发了新的军事思想，如《海权论》。

19 世纪，无产阶级的军事思想也随着马克思主义的诞生而出现。马克思和恩格斯对人类战争有了新的认识，并深刻地揭示了战争的起源和战争的阶级性，列宁则深刻地分析了帝国主义时代的战争。

在中国，近代是一个很短的时期。鸦片战争的爆发开启了中国的近代史，而近代中国屡战屡败的屈辱，也使得军事思想聚焦于中国如何变革、如何学习西方和抵御西方。清末洋务派代表人物，包括曾国藩、李鸿章、左宗棠等人，他们之间以及他们与守旧派之间的辩论，构成了近代中国军事思想的一个重要内容。而后，代表资产阶级利益的国民党也提出和发展了一系列的军事思想。但最为重要的是，无产阶级的军事思想随着中国革命实践的发展而发展，并最终诞生了毛泽东军事思想。

（三）现代军事思想

“一战”结束后的现代军事思想与这场世界大战带来的变化紧密相连。“一战”时期使用的新武器催生了《空战论》以及机械化战争的理论。“一战”的战败国德国总结经验，又提出了总体战、闪电战等战争理论。“二战”结束后，核武器的出现使得大国战争变得没有了意义，因为结果只能是毁灭，因此，战争的目标也从胜利变成了和平，这使得相互遏制成为军事思想的一个核心，这时诞生了以谢林为代表的一系列军事思想家。总体来说，现代西方的军事思想非常丰富，结合了博弈论、计量经济学等现代社会科学的方法，变得更为系统化和专业化。西方现代军事思想的贡献者也不限于军人，包括许多社会科学研究者。

现代中国的军事思想源于建立新中国的革命斗争、社会主义建设、军事国防建设以及军事行动中的深刻思考，体现在毛泽东、邓小平、江泽民、胡锦涛以及习近平同志关于国防和军队建设的一系列讲话、论著当中。它们既体现了中国优秀的军事思想传统，又发展了社会主义的军事思想。

三、军事思想的作用

军事实践决定军事思想，军事思想又对军事实践具有能动作用。军事思想受其他社会意识形态的制约和影响，同时也反作用和影响其他社会意识形态和社会实践。军事思想的重要作用主要体现在以下几个方面。

（一）军事思想是军事实践的根本指南

军事思想是军事实践的能动反映、理论概括，揭示了军事领域的一般规律，是军事实践的行动指南。军事思想对军事领域的规律把握得越深刻、越正确，它对军事实践的指导作用也就越大，人们就可以在战争中掌握主动，少犯错误，多打胜仗。在战争史上，每一次取得胜利的战争，都有正确的军事思想作指导。没有正确的军事思想作指导，即使具备取得战争胜利的物质条件，也难以赢得战争胜利。人类的战争实践证明：在客观物质条件许可的范围内，军事思想正确与否决定着战争的胜败。

（二）军事思想是研究具体军事科学的理论基础和根本方法

在军事理论科学研究领域中，基础理论研究和应用理论研究是它的两个基本组成部分。与此相对应，军事科学大体分为军事思想和军事学术两个门类，军事学术又包括战略学、战役学、战术学等具体的军事学学科。军事思想作为军事科学的基础理论，为应用理论研究指明方向，确定基本的原则和方法，使其具备坚实的理论基础，而军事学术即军事应用理论研究，是基础理论研究的深化，是军事思想的具体应用。

军事思想主要是从宏观上研究军事活动的一般规律，是研究各门具体军事学科的理论基础和根本方法，与具体的军事学科研究之间，是一般与特殊、共性与个性的辩证统一关系。研究军事学术，如果没有正确的军事思想为指导，就不可能有正确的方向和道路，就不能对现实问题及其发展趋势做出正确的分析和判断，就找不到解决问题的正确途径和方法。

（三）军事思想对其他社会实践有着重要的借鉴意义

军事思想是战争和军事规律的总结，而战争和军事活动，都是社会实践活动，因此军事思想本质上也是社会实践活动规律的反映，对政治、经济、外交等各个领域的社会实践都有借鉴指导作用。人们常说商场如战场，即是说战争与其他人类活动有着某种相似之处，而这个相似之处即是在战争和类似活动中都包含人类个体或者群体之间的博弈，涉及利益冲突及其解决，因此战争的许多原则也可以应用于其他领域。

延展视界

马克思、恩格斯的军事思想

随着资本主义的发展，无产阶级登上历史舞台。马克思、恩格斯在创立无产阶级革命学说的同时，也创立了马克思主义的军事理论，为无产阶级军事科学奠定了基础。列宁、斯大林、毛泽东等各国无产阶级革命的领导人，在领导本国人民争取解放和反对外来侵略的斗争中，把马克思主义普遍原理与本国革命战争实践相结合，先后取得了战争的胜利，并以自己在军事理论上的成果，不断丰富和发展着无产阶级军事科学。无产阶级军事科学以辩证唯物主义和历史唯物主义为指针，吸取古代军事学和资产阶级军事科学中的精华，排除其糟粕，因而能够正确地揭示战争和军事活动的客观规律，使军事科学得到了高度发展。

马克思、恩格斯所处的时代，是自由资本主义高度发展并开始走向反动的时代，是无产阶级革命的准备时期。虽然出现过巴黎公社（图 3-1）的武装起义，但就这个时期整个阶级斗争的形势来说，无产阶级进行暴力革命的条件还不成熟。因此，马克思、恩格斯主要是运用辩证唯物主义和历史唯物主义研究当时和历史上的战争，探讨战争和军事发展的规律，特别是关于无产阶级武装夺取政权的一些根本问题。

关于战争根源的学说。马克思、恩格斯把战争放到社会经济基础上来研究，认为战争和军事是一个历史范畴，有它产生、发展和消亡的过程。战争并不是永恒的社会现象。阶级社会的战争，是私有制和阶级剥削的产物。“人对人的剥削一消灭，民族对民族的剥削就会随之消灭。民族内部的阶级对立一消失，民族之间的敌对关系就会随之消失。”①

图 3-1　1871 年 3 月 28 日，巴黎公社宣告成立

关于暴力革命的学说。马克思、恩格斯在《共产党宣言》中公开宣布：无产阶级解放全人类的目

① 马克思，恩格斯．马克思恩格斯选集（第 1 卷）[M]．北京：人民出版社，2012：270.

的，“只有用暴力推翻全部现存的社会制度才能达到”。他们指出，统治者掌握着武装力量，会使用暴力对付无产阶级。无产阶级在可能用和平方式的地方应当采用和平斗争方式，在必须用武器的时候就要使用武器。暴力是每一个孕育着新社会的旧社会的助产婆。无产阶级不可能单纯通过议会斗争取得胜利，最终必然要转到暴力革命，但不是盲动或绝对放弃和平手段。

关于武装夺取政权的道路。马克思、恩格斯从19世纪欧洲发达的资本主义工业国的政治经济状况出发，认为无产阶级暴力革命的一条基本原则，是以组织城市工人武装起义为中心，先占领城市，夺取国家政权。巴黎公社起义就是走城市工人武装起义道路，用暴力革命打碎资产阶级国家机器，建立无产阶级政权的伟大尝试。起义开始后要坚决地不停顿地进攻，要出其不意地袭击敌人，要善于在决定性的地点和决定性的关头集中优势力量，保持精神上的优势，勇敢地去夺取胜利。起义和战争一样，是一种艺术。

关于建立革命军队的学说。马克思、恩格斯指出，有组织的暴力首先是军队，它是实现阶级统治的工具。无产阶级为了夺取政权，必须拥有自己坚强的武装力量，在获得胜利以后，还必须凭借武装力量保卫革命的成果，维持自己的统治。“无产阶级专政的首要条件就是无产阶级的军队。”[①] 恩格斯曾提出，人民武装力量的组织应由正规军和工人农民自卫军两部分组成，并强调加强纪律、训练和掌握军事知识的重要性。

关于人民战争的学说。马克思、恩格斯认为无产阶级和被压迫民族为了自身的解放而斗争，应该武装起来，实行人民战争。普遍武装人民，训练人民，组织群众起义，到处组织游击队，这是不够强大的军队抵抗比较强大和组织良好的军队战胜反动统治者和侵略者的唯一方法。马克思、恩格斯同时指出军队在人民战争中的骨干作用，阐明了人与武器的关系：“赢得战斗胜利的是人而不是枪。”当然，武器装备在战争中也具有重要地位和作用。

关于战略战术的学说。马克思、恩格斯科学地阐明了政治、经济、技术条件与战略战术的关系，指出：“新的军事科学是新的社会关系的必然产物。”“无产阶级的解放在军事上同样也有它自己的表现，并将创造出自己特殊的、新的作战方法。”作战方法改进的前提，是新的生产力，是更好的武器的发明和士兵成分的改变。他们还论述了战略战术的一系列重要问题，如最有效的防御仍然是以攻势来进行的积极防御，战略的奥妙就在于集中兵力，成功的机动有助于取得最后的胜利，时间就是军队，以及在决定意义地段的进攻、决战问题，军队指挥问题，后方和后勤的重要性等。

① 中国人民解放军军事科学院．马克思恩格斯军事文集（第2卷）[M]．北京：战士出版社，1981：362.

第二节　他山之石——外国军事思想

军事箴言

有勇无谋的硬干，也许不仅消灭不了敌人，而且会使自己的军队反而被敌人消灭。

——克劳塞维茨

一、外国古代军事思想

在古代，世界其他国家的军事思想中，以古代希腊的军事思想和古代罗马的军事思想最为典型。公元前 8 世纪至公元 5 世纪是西方的奴隶制社会时期。古希腊、古罗马等奴隶制国家为了扩张领土、建立霸权、掠夺奴隶和财物，频繁发动战争。在长期的战争实践中，涌现出许多著名的将领和统帅，产生了丰富的古希腊和古罗马军事思想。

古希腊的军事思想主要见于希罗多德的《希腊波斯战争史》、修昔底德的《伯罗奔尼撒战争史》、色诺芬的《远征记》、艾涅的《战术》以及普鲁塔克、伯里克利、亚历山大等人的历史著作和军事实践中。其军事思想概括起来主要有：认识到战争是由根本利害矛盾引起的；战争是为了征服，以谋求城邦、国家利益和霸主地位；战争的胜败取决于政治、军事、经济、精神等条件；作战前必须对双方的军力、财力、人力等方面的长处和短处进行认真的分析对比；注意激励军队的士气；立足以优势力量建立己方胜利的信心；采取出乎敌人意料的行动，使之惊慌失措，等等。

古罗马的军事思想体现在恺撒的《高卢战记》、阿里安的《亚历山大远征记》、弗龙蒂努斯的《谋略》、奥尼山得的《军事长官指南》、韦格蒂乌斯的《论军事》以及历史学家波里比阿、阿里安、塔西佗、普鲁塔克等有关罗马历史的著作中；许多军事家，如迦太基统帅汉尼拔，古罗马统帅费边、恺撒，古罗马帝国的第一个皇帝屋大维等人的军事实践中，均蕴含着重要的军事思想。通过比较可以看出，古罗马军事思想源于古希腊而又有所发展，主要表现在：进一步认识到战争有正义与非正义之分；把军事作为实现政治目的的工具，而政治又是配合军事行动达成军事目的的手段；通过外交广泛联盟，孤立对手，恩威并举，实现自己的目的；主张以进攻为主、防御为辅；在被迫处于防御地位时，也总是通过向敌后等薄弱处进攻，力求改变攻防态势，变防御为进攻；主张建立一支忠于自己的部队，以金钱、土地、建筑、妇女等物质利益保证部队的忠诚；以精神鼓励和严格的纪律保持部队的战斗力，等等。

从公元 476 年西罗马帝国灭亡到公元 1640 年英国资产阶级革命为欧洲的中世纪。在这长达 1100 多年的“黑暗”时代，由于封建割据的庄园经济、宗教思想和经院哲学的禁锢，极大地限制了军事思想的发展，“整个中世纪在战术发展方面，也像其他科学方面一样，是一个毫无收获的时代”（恩格斯语）。直到封建社会后期，随着中国火药、火器的传入及始自意大利的文艺复兴的影响，西方古代军事思想才有了缓慢的发展。主要军事代表人物有查理大帝、瑞典国王和统帅古斯塔夫二世等，代表作品有东罗马皇帝毛莱斯基的《战略学》、李欧的《战术学》、意大利马基雅维利的《战争艺术》（亦称《论军事学术》）、普鲁士弗里德里希二世的《战争原理》和《军事典范》等。

延伸阅读

外国军事思想的主要内容

（1）战争被披上宗教外衣，掩盖统治集团间的利益争夺。宣扬战争是人类天性中的一部分，是原始罪恶之果，也是教会权力的支柱。在战争中丧失生命的人可以进入天国，赎免一切罪恶，这其实是对战争认识的倒退。

（2）重视军队建设，把军队看成国家的重要工具。对雇佣兵制的弊端有了初步认识，主张实行义务兵役制。

（3）初步涉及战略学、战术学概念。

（4）还认识到制海权的重要性，认为控制了海洋可以赢得和守住巨大的海外领土。

二、外国近代军事思想

外国近代军事思想发展的总体特征：一是资产阶级军事思想体系得到确立；二是以马克思主义军事理论为代表的无产阶级军事思想宣告诞生。

（一）资产阶级军事思想的产生

资产阶级军事思想产生于欧洲，并经过了 3 个世纪，随着资产阶级革命战争的实践而逐步形成，并随着战争的发展而发展。15 世纪和 16 世纪之交的文艺复兴时期，欧洲军事思想领域出现了近代化的萌芽。主要代表作品是意大利思想家马基雅维利为总结他领导的反对西班牙入侵的战争，于 1521 年发表了《论军事学术》。书中提出为了巩固自己的统治，必须致力于战争，真正掌握军事实力，要普遍实行义务兵役制。17 世纪，英国发生的资产阶级革命具有世界性影响。资产阶级革命打破了封建地主阶级的生产关系，极大地解放了生产力，使经济得到迅速发展。资本主义制度建立后，英国实力倍增，开始在北美、亚洲、非洲进行野蛮的掠夺殖民地的战争。英国经济的发展、科学技术的进步、社会思想的前进，极大地推动了资产阶级军事思想的发展。17 世纪到 18 世纪，欧美各国资本主义迅猛发展，发达的工场手工业生产出了大量新式火器。文艺复兴和资产阶级革命风暴促进了新的阶级关系和民族关系的形成，促使战争和军队建设从形式到内容都发生了巨大变化，欧美军事思想的近代化随之达到高潮。18 世纪末到 19 世纪前期，法国爆发了资产阶级革命和拿破仑战争；19 世纪中叶，德国、奥地利等国也爆发了资产阶级革命；1861 年，俄国废除农奴制。在资产阶级革命过程中，一批资产阶级的军事思想家和军事思想的变革成果涌现出来，集中体现在拿破仑的战争艺术上，以及克劳塞维茨的《战争论》和若米尼的《战争艺术概论》等著作中。

知识链接

这一时期外国的军事思想主要表现在以下几个方面。

（1）反对战争认识问题上的不可知论，提出“军事科学”的概念。

（2）军事科学包括战略与战术两个重要组成部分。

（3）主张探讨战争的本质、规律，研究军队、装备、地理、政治和士气等因素在战争中的作用。

（4）重视对战史的研究。

（5）认为“战争无非是政治通过另一种手段的继续”，是迫使敌人服从己方意志的一种暴力行为，具有概然性和偶然性，是政治的工具。

（6）认识到民众武装在战争中的重要作用，但民众武装不是万能的，使用要有条件。

（7）重视建立一支反映资产阶级利益的部队。

（8）重视和平时期军队建设和战争准备，以随时应对战争。

（9）认识到新发明对于军队的组织、武器装备和战术的影响。装备的变化必然引起战术的变化。

（10）认识到作战中士气的作用，“战争中，军队的精神状态足以保障四分之三的胜利”“精神与物质的力量是三与一之比”（拿破仑语），因而把思想教育放在重要位置。

（11）认为海权是推动国家乃至历史发展的决定因素，甚至认为控制了海洋就控制了整个世界。

（12）树立歼灭战思想，军事行动的目的是在不设防的野战中消灭敌人的军队，而不是占领敌人的领土和要塞。

（13）与歼灭战相适应，大多数军事家都强调进攻，认为只有进攻才能消灭敌人。

（14）防御不能仅是单纯的防御，而应是由巧妙的打击组成的盾牌。

（15）要在主要方向和重要时刻集中兵力，快速机动是集中兵力的重要途径。

（16）认为作战应确立打击重心、保持预备队，等等。

（二）无产阶级军事思想的产生

无产阶级军事思想作为一种崭新的军事思想体系，也是在近代确立的，主要代表人物是马克思、恩格斯和列宁。1848—1849 年，无产阶级以特殊身份参加了欧洲资产阶级革命。在这场大革命中，无产阶级一方面与资产阶级一同反对封建地主阶级的统治，致力于推翻封建统治的斗争；另一方面，无产阶级在革命中又发动反对资产阶级的大规模起义，如巴黎六月起义、柏林三月起义、维也纳三月和十月起义、德国西南地区五月起义以及意大利和匈牙利等国的民族解放运动等，上述起义为无产阶级军事思想的产生奠定了基础。马克思和恩格斯及时总结了无产阶级斗争的经验，发表了一系列文章和评论。这些文章和评论对人民战争、战争与政治的关系、战略战术和武装起义的思想进行了阐述，体现了马克思和恩格斯早期的军事思想。19 世纪中后期，世界各地的战争和武装起义频繁发生，如克里米亚战争（1853—1856）、西班牙革命（1854—1856）、中国太平天国运动（1851—1856）、美国内战（1861—1865）、普法战争（1870—1871）、巴黎公社革命（1871）等。为适应当时工人运动发展的需要和迎接即将到来的无产阶级革命，马克思和恩格斯针对这些战争和起义撰写并发表了数百篇文章及评论，系统地阐述了关于战争、军队和作战指导方面的基本思想，如战争的产生与消灭、战争与经济的关系、无产阶级对待战争的态度、无产阶级在战争与革命问题上的理论和策略等基本理论，形成马克思主义关于战争、军队和作战理论的军事思想体系。他们应用辩证唯物主义和历史唯物主义的理论和方法确立了军事问题的认识论和方法论的科学原则，创立了马克思主义军事理论，建立了城市工人武装起义、无产阶级军队和人民战争及其战略战术原则的学说，为无产阶级军事科学奠定了理论基础。

延伸阅读

无产阶级军事思想的主要内容

（1）认为战争和军事是一个历史范畴，随着私有制和阶级的产生而产生、消灭而消亡。

（2）战争是政治通过另一种手段的继续，要反对非正义战争，拥护正义战争。

（3）在帝国主义阶段，帝国主义是战争根源，无产阶级必须用暴力推翻资产阶级，建立自己的统治。

（4）应以组织城市工人武装起义为中心，先占领城市，夺取国家政权。

（5）无产阶级夺取政权、巩固政权都必须要有自己的新型的军队。

（6）无产阶级代表人民利益，有能力、有条件把人民武装起来实行人民战争，并强调军队要与人民群众相结合。

（7）认识到科学技术的进步必然引起战略战术的变革。

（8）战争的奥妙在于集中兵力。
（9）主张积极防御、主动进攻。
（10）主张慎重决战、灵活机动。

三、外国现代军事思想

1917 年俄国十月革命的成功，标志着人类文明跨入现代历史时期。

（一）现代资产阶级军事思想

19 世纪中叶之后，世界列强竞相利用产业革命所提供的新技术、物质手段，在全球加剧争夺势力范围，相应的军事理论开始产生。德国首相俾斯麦提出，德国的一切重大问题只能通过“铁与血”的手段来解决。日本首相山县有朋宣布，以朝鲜和中国等邻国国土为日本的“利益线”。此外，英国斯宾塞的“社会达尔文主义”、德国拉采尔的“强存弱汰”的国际生活“自然法则论”、美国马汉的“海权论”等，都具有一定的影响力。这些军事理论促使资本主义的侵略扩张，发展到垄断资本主义（帝国主义）的全球扩张，并最终导致第一次世界大战的爆发。“一战”结束后，帝国主义国家纷纷抢先发展坦克、飞机、潜艇、航空母舰等机械化军事装备，各种新的战争理论也应运而生，如麦金德的“大陆心脏论”、鲁登道夫的“总体战”理论、古德安的“闪击战”理论等，这些理论又在后来的第二次世界大战中得到一定程度的应用和发展。

从 19 世纪后期到 20 世纪 40 年代中期第二次世界大战结束是资产阶级军事思想的丰富和发展时期。19 世纪末至 20 世纪初，资本主义经济得到迅速发展，许多新技术被广泛应用于军事领域，新技术的运用导致作战理论和作战原则的重大变革。与此同时，战争的规模越来越大，战争对经济的依赖程度越来越强，卷入战争的人员也越来越多，国际政治、经济、外交斗争日益复杂激烈。这些重大变化推动了资产阶级军事思想的发展，相继出现“制空权”“小型职业军队”“机械化战争”“坦克制胜”理论等，尤其是“总体战”理论为希特勒发动第二次世界大战奠定了军事理论基础。

延伸阅读

现代资产阶级军事思想的主要内容

（1）“总体战争”和“联盟战争”的思想得到进一步确立。经过两次世界大战，资产阶级军事家们认为，今后战争的胜利不但取决于整个国家和全体国民的参与程度，还取决于是否有许多国家结成的联盟的参加以及联盟国家的政治、经济和军事的综合力量。在这种理论指导下，资本主义国家相继成立了“北大西洋公约”

"东南亚条约""里约热内卢条约""美澳新条约"和"美日条约"等组织，使资本主义国家结成空前规模的世界性军事同盟。

（2）火箭、核战略思想。"二战"时，德国研制了V1、V2火箭。"二战"后期，美国研制成核武器，1945年8月，美国先后在日本的广岛、长崎使用。核武器的出现使资产阶级军事思想发生了更为显著的变化。他们认为，未来的世界战争必然是核战争。因此，他们对战争的样式、作战行动和作战原则都提出相应的理论。他们认为，未来的世界大战必然是核战争；核武器成为完成战略任务的基本手段；所有作战行动将围绕核突击而展开；应把核力量的建设放在军队建设的首位，等等。当他们单方拥有核武器时，奉行"核遏制战略"；当他们的核垄断被打破时，奉行"灵活反应战略"；当他们丧失核优势时，又奉行"现实威慑战略""相互确保摧毁战略""新灵活反应战略"，等等。

（3）"大战略"思想。"大战略"是指运用国家政治、经济、精神和军事等全部综合力量达到国家的最终目的。他们认为，战争对经济和科学技术的依赖程度越来越大，经济和科学技术的现代化程度是战争取胜的最主要条件。因此，发展经济和科学技术是国家研究"大战略"必须考虑的重要问题。

（4）重点准备"核威慑条件下的常规战争"。随着核武器库的储量趋于饱和，世界上拥有核武器国家的增多，资产阶级军事家们认为，"核战争没有胜利者"，核战争已经没有意义，它只不过是互相残杀、交换自杀而已，核武器已失去了推行政治的工具作用，因此出现了"核威慑条件下的常规战争"和"有限战争"理论。

20世纪80年代以来，大批高新技术的出现及其在军事上的应用，已经取得了替代核武器的作用。特别是海湾战争后，资产阶级军事思想发展到了一个崭新的阶段。资产阶级军事思想非常活跃，军事著作大量涌现，在对战争规律的认识，战争与政治、经济、科技、精神、文化等关系方面的认识，以及军队建设、战略战术理论等方面，都取得了令人瞩目的成就。

（二）现代无产阶级军事思想

从俄国十月革命开始，无产阶级军事思想在世界范围内蓬勃发展。列宁在领导俄国十月革命和反对帝国主义武装干涉及国内战争中，创立了关于战争与革命、武装起义和建设工农红军、实行全民战争等无产阶级军事理论和军事思想。斯大林在反对法西斯侵略、捍卫无产阶级政权和国家现代化建设中，继承和发展了马列主义的军事理论，全面建立了苏联军事思想体系。其他一些国家的无产阶级政党在领导本国人民的革命武装斗争中，创立了各具特色的军事思想。

延展视界

制海权

从世界历史看，对海洋主导权的争夺决定着大国兴衰。19世纪末，美国人马汉研究法兰西第一帝国拿破仑失败于英国领导的反法联盟等历史事件，提出了著名的“海权论”。马汉以当时“日不落帝国”英国为例，讨论一国的地理、人口、政府政策等六项基本因素对海权的影响。

第一，位置。最理想的位置是居中央位置的岛屿，靠近主要的贸易通道上，有良好的港口和海军基地。例如，英国以英吉利海峡和欧陆相隔，不仅有水为屏障，且距欧陆近，因此英国不须维持大陆军，而可集中国力发展海权，以优势的海军来封锁欧陆港口，并控制出入欧洲北部的航线。与英国成强烈对比的是法国，他不仅要维持大陆军，而且其海军也必须分驶大西洋与地中海，因此在海权竞争中，法国对英国自然居于劣势。

第二，地形。一国的海岸线是其边界的一部分，凡是一个国家其疆界易于与外界接触者，其人民便较容易向外发展，与外面世界相交往。地形平坦、土地肥沃可能使人民安土重迁，不愿投身海洋，如法国；反之，则逼使人民不得不讨海维生，如荷兰、葡萄牙。岛国、半岛国家受限于地形上的因素，若欲发愤图强，则必须重视海权的发展。

第三，国土大小。马汉认为国土的大小必须与人口、资源及其他权力因素相配合。一个国家人口的总数与海岸线总长度的比例，具极大重要性，否则广大的领土可能反而成为弱点。如面积太大，而人口与资源不成比例的国家，防守密度低，国家的危险性增高，假使又被河川或港口所割裂，则更是一大弱点。以美国内战时的南方为例，以人口和资源的比例而言，其面积就太大了，尤其是有了太长的海岸线和太多的内陆水道，兵力易被分割而导致失败。

第四，人口数量。人口数量和素质对海权均为重要基础，海权国家不仅应有相当数量的从事航海业人口，而且其中直接参加海洋生活的人数更应占相当高度的比例。国家的平时航海事业（包括航运和贸易）足以决定其海军在战争中的持久力。英国即为典型例证，他不仅是航海国家，而且也是造船和贸易国家，拥有发展海权的必要人力与技术资源。

第五，国民性。国民对海上贸易的意愿及航海生产能力的心理因素亦极重要。人人以向海洋寻求财富为荣，航海事业自然蓬勃。海商与海军的结合，再加上殖民地的开拓，终使英国成为海权霸主。

第六，政府的政策。政府必须明智而坚毅，始能对海权作长期发展。英国的成功主因即在此。自詹姆士一世开始，英国的国家政策即一直以追求海外殖民地、海上贸易和海军优势为目的。

迄今为止，真正全球意义上的大帝国都是有制海权的国家，如荷兰、葡萄牙、西班牙、英国、美国。英国登上巅峰也是在击败西班牙无敌舰队和击败法兰西帝国舰队的基础上的。而当今美国的超级大国地位的重要保障之一也是其强大的11艘航空母舰及以航母为主体组成的航母战斗群。

第三节 古老智慧——中国古代军事思想

军事箴言

夫未战而庙算胜者，得算多也；未战而庙算不胜者，得算少也。多算胜，少算不胜，而况于无算乎！吾以此观之，胜负见矣。

——孙武

中国古代军事思想是指中国从先秦至1840年之间各阶级、民族、政治集团及其军事家、军事理论研究者关于战争、军队等一系列军事问题的系统理性认识。

一、中国古代军事思想的主要内容

中国古代军事思想内容深刻详细，战略战术思想已形成体系。主要包括战争观、战略思想、作战思想、治军理论、将帅修养理论等。

（一）战争观

首先，开始对战争爆发的原因有了一定的认识。例如，《吴子》认为战争的原因有五个方面：一是争夺霸主地位，二是争夺土地、财产和人口，三是积怨报复，四是国家发生内乱，五是国家发生饥荒。虽然未能揭示战争的本质，但对我国奴隶社会和封建社会初期战争起因的论述是很精辟的。其次，对战争性质有了一定的认识，并支持正义战争，能够根据不同的情况指出战争性质的不同。例如，《吴子》指出：禁暴除乱的军队叫义军；征伐列国的军队叫强兵；因君王震怒出师的军队叫刚兵；背理贪利的军队叫暴兵；不顾国乱民疲，兴师动众而出兵的军队叫逆兵。根据对战争性质的认识，对正义的战争采取了支持的态度，例如《司马法》中“以战止战，虽战可也”，明确指出在阶级社会中用战争制止战争这一重要思想。《尉缭子》（图3-2）明确指出战争的作用就在于镇压暴乱，制止不义。再次，对战争与政治的关系有了一定的认识。例如，《司马法》中“以义治之，之谓正，正不获意则权；权出于战，不出于仁也”，意思是说采用正义的措施治理国家，这是正常的方

图3-2 《尉缭子》

法。用正常的方法达不到目的就采取特殊的手段，特殊手段是以战争方式表达出来的，而不是以和平方式表达出来的，揭示了战争与政治之间的关系。最后，认识到经济是战争的物质基础。战争是以巨大的物质消耗为代价的，对这一点我国古代军事思想家的认识是比较深刻的。《孙子兵法》中指出：“凡用兵之法，驰车千驷，革车千乘，带甲十万。千里馈粮。则内外之费，宾客之用，胶漆之材，车甲之奉，日费千金，然后十万之师举矣。”管仲也提出“地之守在城，城之守在兵，兵之守在人，人之守在粟”。可见，经济基础对战争的决定性作用。

（二）战略思想

我国古代军事思想家关于战争谋略的论述，很有见地。例如，“上兵伐谋”“以全争于天下”是兵家的至上追求，强调尽可能避免单纯进行物质力量的消耗；强调“不战而屈人之兵”，以威慑取胜；通过对“度势”“料势”“为势”等概念的论述，指出对物质基础的正确运用是疆场对决的重中之重；主张“兵贵胜，不贵久”“兵之情主速”，强调速战速决的进攻速胜思想；要“谋形任势”“先胜后战”，强调战前做好充分准备的备战思想等。

（三）作战思想

我国古代军事思想家关于作战思想的论述也非常丰富，其指导战役战斗的基本观点和原则也相当深刻。例如，以“致人而不致于人”作为调兵遣将的基本原则，强调掌握战争的主动权；提出了“奇”与“正”两个对立统一，同时又是相互转化的概念，强调二者的结合运用方为制胜之道；在选择作战目标和作战方向时，主张要“避实而击虚”；“能因敌变化而取胜者，谓之神”，强调灵活运用兵力和变化战术的问题等。

（四）治军理论

以孙武的“令之以文，齐之以武”为基本原则，一方面强调法规法令的建设与实施。例如《孙子兵法》中谈“庙算”的时候，强调敌我双方“法令孰行”。吴起也明确指出，兵是“以治为胜”。另一方面是重视对军队的训练。例如《吴子》中指出：“故用兵之法，教戒为先。一人学战，教成十人。十人学战，教成百人……万人学战，教成三军。”《兵略丛言提纲》中指出：“不教则不明，不练则不习。”

在训练方法上，主张“教得其道”“练心”“练胆”“练艺”，通过严格的训练，使军队“方亦胜，圆亦胜，错邪亦胜，临险亦胜”；明赏罚，提醒将帅必须正确使用赏罚两种手段，既要懂得依法行罚，也要敢于“赏无法之赏”，既要“视卒如爱子”，又要避免“爱而不能使，厚而不能令”。

（五）将帅修养理论

古代军事思想家特别重视将帅在战争中的地位和作用，封建统治者从阶级的利益出发，提出了将帅修养的标准。《孙子兵法》强调："将者，智、信、仁、勇、严也。"《吴子》则提出："故将之所慎者五：一曰理，二曰备，三曰果，四曰戒，五曰约。"《武经总要·选将》中提出九条选将手法，"观其能、观其智、观其信、观其仁、观其节、观其态、观其色、观其忠、观其恭"。

二、中国古代军事思想的特点

中国古代军事思想是先秦至第一次鸦片战争中国社会意识形态的集中反映。中国几千年漫长历史积淀形成的思想文化传统不可避免地在其身上留下深刻烙印，并与丰富的战争实践经验相结合，最终形成自己的鲜明特色。

（一）崇道尚义、贵和慎战

《太白阴经》认为，"先王之道，以和为贵，贵和重人，不尚战也"。中国民间也早就流传着"自古知兵非好战"，反映了中国古代兵家研究认识战争的基本出发点。基于"安国全军"的根本宗旨，历代兵家把"不战而屈人之兵"作为用兵的最高境界，致力于寻求能够避免或减少使用武力的方式。

（二）朴素的唯物主义、早熟的辩证思维

中国古代兵家很早就走出把战争神秘化的蒙昧状态，形成朴素的唯物主义观点，指出战争活动的胜负是建立在一定的物质基础之上的，战争规律是可以认识的。在考察战争时，历代兵家普遍注意从事物内部的深层联系和整体联系来把握战争，形成以辩证思维和系统思维为特色的军事思维方法。很早就认识到战争中矛盾的普遍性以及矛盾双方向对立面转化的可能性，提出一系列军事运动中对立统一的范畴，如攻守、进退、虚实、奇正等，其独到的分析蕴含着丰富的军事辩证法思想。受古代大战略思维观念的影响，历代兵书大都言兵而又不止于兵，更注重从政治、经济、外交、科技与军事的广泛联系中来宏观地、整体地把握军事问题，进行系统的谋划。

（三）强调谋略、守正出奇

中国古代兵家在注重先进的军事技术和武器装备的同时，更注重谋略，注重战争中主体能动性的发挥。谋略之学是中国古代军事思想发展的主流和核心，是其最精彩、最能体现智慧的重要组成部分。《孙子》的"诡道十二法"、《六韬》中的"文伐"之法、宋代的"百战奇法"等，都是谈谋论计之作。

三、中国古代军事思想的代表——《孙子兵法》

《孙子兵法》是我国和世界军事史上现存最早的、最有价值的、最有影响力的军事理论专著，包含始计、作战、谋攻、军形、兵势、虚实、军争、九变、行军、地形、

图 3-3 孙子

九地、火攻、用间 13 篇，被中外称为“世界古代第一兵书”“百世兵家之师”。其军事思想丰富而深邃，最早涉及战争全局问题，一定程度上反映了战争的本质属性，孙子（图 3-3）认为“兵者，国之大事”，战争胜负不取决于鬼神，而是由政治、经济、天时地利、人事等多种因素决定的，尤其重视“民”对战争的态度，主张修明政治，与民以利，用亩大而税轻的办法以争取民心。提出“先胜而后求战”“不战而屈人之兵”的战争指导思想。在中国和世界军事史上，首次概括出“知己知彼，百战不殆”这一普遍军事规律。注重全面分析敌我、众寡、强弱、虚实、攻守、进退、奇正等矛盾双方，总结出“以正合，以奇胜”“攻其无备，出其不意”“因敌而制胜”等若干至今仍有研究价值的作战指导原则。从政治范畴提出了以“道”为首的战争制胜论思想。

《孙子兵法》贯串了对军事哲理的探索，反映了较丰富的朴素唯物论和辩证法思想，具有精深而完整的体系，在战争理论、战略战术和军队建设问题上都有精辟的分析和杰出的贡献。其主要军事思想包括以下方面。

1. 重战、慎战、备战的战争观

（1）重战思想。《孙子兵法》开篇就指出：“兵者，国之大事，死生之地，存亡之道，不可不察也。”战争是国家的大事，关系到军民生死、国家存亡，是不可不认真研究的。这段关于战争的精辟概括，是孙武军事思想的基本出发点。春秋末期，诸侯兼并，战乱频繁，战争不仅是各国维持其政治统治、向外扩张发展的主要手段，而且关系到国家的存亡。孙武总结了一些国家强盛、一些国家灭亡的经验和教训，提出“兵者，国之大事”的著名论断，这对于人类认识战争的实质，无疑是一个巨大的贡献。

（2）慎战思想。“亡国不可以复存，死者不可以复生，故明君慎之，良将警之。”国家灭亡了就不能再存在，人死了就不能再活。所以，对待战争问题，明智的国君要慎重，贤良的将帅要警惕。从这点出发，孙武主张，“非利不动，非得不用，非危不战”。不是对国家有利的，就不要采取军事行动；没有取胜把握的，就不能随便用兵；不处在危急紧迫情况下，就不能轻易开战。

（3）备战思想。“用兵之法，无恃其不来，恃吾有以待也；无恃其不攻，恃吾有所不可攻也。”用兵的原则，不要寄希望于敌人不会来，而要依靠自己有充分的准备；不要寄希望于敌人不会来攻，而要依靠自己有使敌人无法攻破的条件。这就是说，要把战争的立足点放在做好充分准备，不打无准备之仗，以强大的军事实力迫使敌人不敢轻易发动战争的基点上。[①]

① 黄朴民，魏鸿，熊剑平．中国兵学思想史 [M]．南京：南京大学出版社，2018：72．

2. 知彼知己、百战不殆的战争指导思想

“知彼知己，百战不殆；不知彼而知己，一胜一负；不知彼，不知己，每战必殆。”了解敌人又了解自己，则百战不败；不了解敌人而了解自己，可能胜也可能败；既不了解敌人，又不了解自己，那就会每战必败。孙武用简明扼要的语言，指明了战争指导者了解敌我双方情况与战争胜负的关系，从而揭示了指导战争的普遍规律。这一思想是极富科学价值的。自有战争以来，古今中外的战争指导者，都不能违背这一规律。毛泽东对此曾有高度评价，在《论持久战》一文中指出：“战争不是神物，乃是世间的一种必然运动，因此，孙子的规律‘知彼知己，百战不殆’乃是科学的真理。”这条规律，从哲学意义上讲，是实事求是的朴素的唯物主义思想；从战争理论上讲，是分析判断情况的根本规律；从指导战争的意义上讲，是先求可胜的条件，再求必胜之机的重要抉择。

3. 以谋略制胜为核心的用兵思想

谋略，是指用兵的计谋。《孙子兵法》军事思想的核心是谋略制胜。它认为军事斗争不仅仅是军事力量的竞赛，而且是敌我双方政治、经济、军事和外交等的综合斗争，也是双方军事指导艺术的较量，即斗智。孙武谋略制胜思想突出体现在以下几个方面。

（1）“庙算”制胜。“多算胜，少算不胜，而况于无算乎！吾以此观之，胜负见矣。”战前，计算周密，胜利条件多，可能胜敌；计算不周，胜利条件少，不能胜敌；而何况于根本不计算，没有胜利条件呢！我们从这些方面来考察，谁胜谁负就可以看出来。庙算制胜，主要是指战前要从战争全局上，对战争诸因素进行分析对比，决定打不打，怎么打，用什么部队打，在什么时间、地点打，打到什么程度，如何进行战争准备和后方保障，做到有预见、有计划、有保障，心中有数，打则必胜。也就是说先求“运筹于帷幄之中”，然后才能“决胜于千里之外”。

（2）诡道制胜。“兵者，诡道也”“兵以诈立”。用兵打仗是一种诡诈行为，要依靠诡诈多变取胜。军事上的诡道是指异于常规的一些做法。“兵不厌诈”，古今常理。在战争的舞台上，如果对敌人讲“君子”之道，就必然被敌所制；如果能较好地运用诡道，造成敌人的过失，创造战机，那就会陷敌于被动。这种战例，举不胜举，如马陵道之战、诸葛亮的“空城计”、日本偷袭珍珠港、诺曼底登陆等。孙武将诡道归纳为十二法，“能而示之不能，用而示之不用，近而示之远，远而示之近，利而诱之，乱而取之，实而备之，强而避之，怒而挠之，卑而骄之，佚而劳之，亲而离之，攻其无备，出其不意。此兵家之胜，不可先传也”。

（3）不战而屈人之兵。“故百战百胜，非善之善者也；不战而屈人之兵，善之善者也。”在战争中，百战百胜，并不是好中最好的，不战而使敌人屈服才是好中最好的。所以，孙武主张“上兵伐谋；其次伐交；其次伐兵；其下攻城”。最好的是以谋制胜，使敌人屈服。其次是通过外交途径，分化瓦解敌人的同盟，迫使敌人陷入孤立，最后不得不屈服。例如，战国时，秦国采取“远交近攻”的政策，逐步灭了六国，就是以外交

手段配合军事进攻而取得胜利的。再次是伐兵，即用武力战胜敌人。最下策是攻城，硬碰硬的攻坚战。孙武指出："善用兵者，屈人之兵而非战也，拔人之城而非攻也，毁人之国而非久也，必以全争于天下。故兵不顿而利可全，此谋攻之法也。"善于用兵的人，使敌人屈服不用直接交战，一定要用全胜的计谋争胜于天下，这样，军队就不至于疲惫受挫，而又能获得全胜的利益。这就是以计谋攻敌的原则和孙武全胜的思想。

当然，全胜的思想，不战而胜，是要以强大的武力作后盾的，如果没有强大的军事力量，就不可能达到不战而胜的目的。如1949年平津战役时，之所以能取得傅作义起义、和平解放北平的胜利，其前提条件是我军西克张家口、东陷天津，百万大军兵临城下，使北平之敌处于一无逃路、二无外援，战则必败的境地，加上我党的政策感召等。总之，孙武"不战而屈人之兵"的思想，对后世的影响很大，并为世界所公认。中国孙子兵法研究会名誉会长、军事科学院原副院长高锐将军称"这是军事思想史上的一个独创，是最完美的战略"。

孙武还总结了若干作战用兵原则，如先胜而后求战的原则，示形、动敌的原则，避实而击虚的原则，我专而敌分的原则，因敌而制胜的原则等。

4. 文武兼施、恩威并用的治军思想

"卒未亲附而罚之，则不服，不服，则难用；卒已亲附而罚不行，则不可用。故令之以文，齐之以武，是谓必取。""令素行者，与众相得也。"将帅还没有取得士卒的爱戴和拥护就去惩罚他们，他们就不会心服，心不服就很难使用他们去作战；将帅已经取得了士卒的爱戴和拥护，而纪律不能严格执行，也不能使用他们去作战。因此，一方面要用体贴和爱护使他们心悦诚服，另一方面要用严格的纪律使他们行动整齐，这样才能战必胜。平素命令之所以能贯彻执行，都是由于将帅与士卒相互信赖的缘故。

5. 朴素唯物论和原始辩证法思想

《孙子兵法》之所以具有极大的时空跨度，经久而不衰，与它反映的朴素唯物论和原始辩证法思想是分不开的。

兵法中反映的唯物论，主要包括三个方面：一是对战争的认识，冲破了"鬼神论"和"天命论"；二是把客观因素作为决定战争胜负的基础；三是注意到时间和空间在军事上的作用。

原始辩证法思想主要表现在能够正确认识战争中各种矛盾的对立统一及相互转化的关系。《孙子兵法》中的辩证概念和范畴有85对，使用260次之多，如敌我、攻守、胜负、迂直、强弱、勇怯、奇正、虚实、分合、久速等，并充分论述了在一定条件下是可以转化的。

《孙子兵法》作为一部伟大的军事著作，它的科学价值和历史功绩是不可磨灭的。但是，由于它诞生在2500多年前的古代，难免存有时代和阶级的局限。其主要表现：战争观方面未能区分战争的性质，治军方面的愚兵政策，军队补给方面的抢掠政策，

以及作战原则方面存有某些片面性等。虽然，我们在学习和运用《孙子兵法》中应注意剔析这些缺点，但在认识这部伟大著作时，绝不能求全责备。因为《孙子兵法》不仅是春秋战国时代军事思想中最光辉灿烂的部分和杰出的代表，而且它具有超越时间和空间的科学价值，它是我国乃至世界最宝贵的文化遗产之一。

延展视界

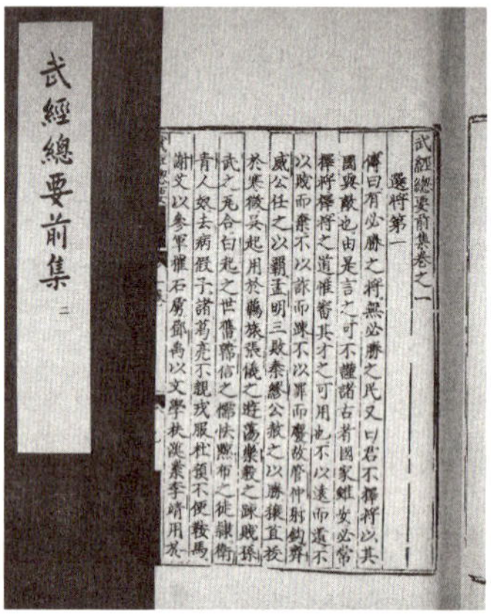

图 3-4 《武经总要》

古代军事百科全书——《武经总要》

《武经总要》（图 3-4）是北宋官修的一部军事百科性质的巨著，作者为宋仁宗时的文臣曾公亮和丁度，成书于宋仁宗庆历四年（1044 年），由宋仁宗作序，是对宋朝国防建设和军事教育都有指导性的、综合性的军事教程。全书共四十卷，前集二十卷，论述军事组织、军事制度、军队训练、行军宿营、布阵作战、攻城守城、武器装备、军事地理等，后集二十卷，主要辑录前代战史，一部分是“兵阴阳”。[①] 书中大篇幅介绍了武器的制造，对古代中国军事史、科学技术史的研究也很重要。

第四节 时代强音——当代中国军事思想

军事箴言

现在战争形态变了，作战方式变了，我们的战争思维和作战理念必须与时俱进。我听到一种说法，现在不少人嘴上说的是明天的战争、实际准备的是昨天的战争。我们千万不要做苏联话剧《前线》中那个故步自封的戈尔洛夫。[②]

——习近平

① 《中国军事史》编写组．中国历代军事思想 [M]. 北京：解放军出版社，2007：241.

② 1942 年 9 月，苏联作家科尔内楚克创作的三幕五场话剧《前线》，对鼓舞凝聚苏联反法西斯战争士气产生过重要影响。《前线》主要描述了两个人物：作战前线总指挥戈尔洛夫将军，他是老资格的布尔什维克，战功卓著，对党忠诚，但保守刚愎，轻视军事科学，甚至根本不接受无线电联络用于指挥作战，总是用过去曾经打败 14 个国家的传统作战思想研究问题，教育年轻军官。年轻的军长欧格涅夫，理念先进，善于运用新技术和新的战略战术，但始终受到总指挥戈尔洛夫的教育和训斥。最终，统帅部不得不决定，由年轻军长欧格涅夫替换戈尔洛夫将军指挥作战，使苏联接连赢得胜利，粉碎了法西斯军队的进攻和包围。

在长期的革命实践和国防建设实践中，我们党始终把马克思主义作为革命斗争和国防军队建设的指导思想，将马克思主义同中国的实际情况结合起来，形成了一系列具有中国特色的马克思主义军事思想，包括毛泽东军事思想、邓小平新时期军队建设思想、江泽民国防和军队建设思想、胡锦涛国防和军队建设思想，以及习近平强军思想。

一、毛泽东军事思想

（一）毛泽东军事思想的科学含义

毛泽东军事思想是毛泽东关于中国革命战争、人民军队和国防建设及军事领域一般规律的科学理论体系，是毛泽东思想的重要组成部分，是马克思列宁主义普遍原理与中国革命战争和国防建设实际相结合的产物，是中国共产党领导中国人民及其军队长期军事实践经验的科学总结和集体智慧的结晶，同时也多方面汲取了古今中外军事思想的精华，是中国共产党领导中国革命战争、军队建设、国防建设和反侵略战争的指导思想。

1. 毛泽东军事思想是马克思列宁主义军事理论与中国革命战争实践相结合的产物

马克思列宁主义是无产阶级的科学理论，但它只是为中国革命战争提供了一般的指导理论，不能解决中国革命战争的具体问题。旧中国是一个以农民为主体的半殖民地半封建的国家，革命的主要斗争形式是战争，主要组织形式是军队。无产阶级政党怎样组织军队，建立一支什么样的军队，如何领导和进行革命战争，依靠谁进行战争，怎样按照中国革命战争的客观规律将革命战争引向胜利，需要解决许多特殊而复杂的问题，在马列著作中找不到现成的答案，照搬照抄别国的经验也不能取得成功。毛泽东和他的战友们，适应中国革命战争的需要，从中国的客观实际出发，成功地把马克思列宁主义的普遍原理应用到中国革命战争的指导上，正确地解决了这些问题，从而创立了具有中国特色的完整科学的无产阶级军事思想体系——毛泽东军事思想。

2. 毛泽东军事思想是中国革命战争实践经验的科学总结

中国共产党的伟大军事实践，是毛泽东军事思想赖以产生、形成、发展的源泉和基础。中国共产党在领导中国革命的历程中，经历了国共合作的北伐战争，独立领导的土地革命战争、抗日战争和解放战争（图 3-5），推翻了帝国主义、封建主义和官僚资本主义的反动统治，建立了中华人民共和国。中华人民共和国成立后，又进行了抗美援朝战争，抗击苏联、印度、越南等侵犯我国边境的自卫反击战，并从多方面进行了以现代

图 3-5 八一南昌起义

化为中心的军队和国防建设。因此，毛泽东军事思想就是在中国革命战争实践经验基础上的科学总结和理论升华。

3. 毛泽东军事思想是以毛泽东为代表的中国共产党人集体智慧的结晶

毛泽东作为中国革命军事理论的奠基人和集大成者，对这一思想体系的创立和发展是起主导作用的。中国共产党以毛泽东的名字命名这一中国化的马克思主义军事理论是恰当的，也是当之无愧的。同时，毛泽东只是这一思想的主要代表，这一思想从整体上来说，是群众智慧的结晶。同时，因为毛泽东军事思想是中国革命战争、反侵略战争、军队和国防建设实践经验的总结，进行这个实践的是一个群体。一方面，中国革命战争造就了一大批卓越的无产阶级军事家，如朱德、周恩来、彭德怀等，他们在中国革命战争和军队、国防建设的实践中建立了不朽的功绩，也为中国革命军事理论的建立和发展做出了卓越的贡献；另一方面，中国共产党实行的是集体领导，关于战争、人民军队和国防建设问题的许多重大决策和重要理论观念的形成，都可以说是领袖集团集体智慧的体现，正如毛泽东自己所说的那样，“这不是我一个人的思想，是千万先烈用鲜血写出来的，是党和人民的集体智慧”。

4. 毛泽东军事思想是毛泽东思想的重要组成部分

毛泽东的军事实践活动，是他一生中最光辉、最成功的部分，因而在他的全部理论研究中，军事著作占据重要地位。毛泽东军事思想不仅是中国共产党人理论创新最光辉的部分之一，也是毛泽东思想发展成熟的显著标志之一。之所以如此，是因为中国革命是武装的革命反对武装的反革命这个特点决定的。半殖民地半封建社会的特点决定了中国革命的主要斗争形式只能是武装斗争，主要组织形式是军队。因此，以毛泽东为代表的中国共产党人所领导的中国人民进行的新民主主义革命的历史，实际上是一部武装斗争的历史。军事斗争是中国共产党人所要解决的一个最突出、最中心的问题。这也决定了以毛泽东为代表的中国共产党人不得不以极大的精力注重战争，研究军事。可以说，毛泽东思想完全是伴随着武装斗争为核心的历史而产生和发展起来的。因此，毛泽东军事思想便成为毛泽东思想中最深刻、最基本、最典范的证明和运用，自然也是整个思想体系中最重要的组织部分。

（二）毛泽东军事思想的主要内容

1. 战争观和军事方法论

战争是从有私有财产和有阶级以来就开始了的、用以解决阶级和阶级、民族和民族、国家和国家、政治集团和政治集团之间的、在一定发展阶段上的矛盾的一种最高斗争形式。战争是私有财产和阶级的产物。1972 年，根据国际战略形势，毛泽东进一步指出，帝国主义和霸权主义是现代战争的根源。毛泽东指出，“政治是不流血的战争，战争是流血的政治”。战争本身是政治性质的行动，因为战争与政治具有一致性；战争又不等于一般的政治，因为战争与政治的差别是个性与共性、特殊性与普遍性的差别。共产党人要拥护正义战争，反对一切阻碍进步的非正义战争；共产党人是战争消灭论者，要消灭战争，实现人类的永久和平。研究和指导战争既要认识和把握战争一般规律，又要从实际出发，着眼其特点，根据战争不同时间、地域和性质等条件的发展变化，认识和把握特殊规律；既要关照全局，又要把握重点部位和关键环节。打胜仗的关键，就是要使战争的主观指导与客观实际相符合，这是正确地指导战争的前提和基础。熟识敌我双方各方面的情况，充分发挥自觉能动性，坚持战争客观条件与自觉能动性的辩证统一。

2. 人民军队建设思想

为了把以农民为主要成分的革命军队建设成为一支无产阶级性质的新型人民军队，毛泽东在长期的革命战争实践中，总结和提出了一整套建军的理论和原则。毛泽东指出：“军队是国家政权的主要成分。谁想夺取国家政权，并想保持它，谁就应有强大的军队。”“没有一支人民的军队，便没有人民的一切。”由此说明，依靠军队进行暴力革命是马克思主义的普遍原则。毛泽东深刻分析了当时中国社会的特点、总结历史经验，特别是汲取大革命失败的惨痛教训，认为中国共产党实现用革命的手段推翻旧政权的历史任务，必须首先建立和掌握革命军队，只有建立无产阶级军队，才是我党的唯一出路。要按照无产阶级性质建设人民军队，紧紧地与中国人民站在一起，全心全意为中国人民服务，是这支军队的唯一宗旨。人民军队是执行革命政治务的武装集团，永远是一支战斗队，同时也执行工作队、生产队等革命政治所要求的其他任务。坚持党指挥枪，决不允许枪指挥党。实行坚强有力的政治工作，在军队中进行思想工作和组织工作，是人民军队的生命线。坚持政治工作的三大原则，即官兵一致、军民一致、瓦解敌军和宽待俘虏。实行集中领导下的民主，严格执行“三大纪律八项注意”，保持和发扬人民军队的优良传统和作风。加强军队的正规化、现代化建设，实行统一的指挥、统一的制度、统一的编制、统一的纪律、统一的训练，加强组织性、计划性、准确性和纪律性。

3. 人民战争思想

人民战争是被压迫阶级和被压迫民族为谋求自身解放、发动和依靠广大人民群众所进行的战争。这个定义表明，人民战争具有正义性和群众性两个基本属性。人民战争思想的基本精神是：在中国共产党的领导下，一切为了人民群众的根本利益，坚决相信和依靠人民群众，充分动员、组织和武装人民群众，实行全面彻底的人民战争。战争的目的为了人民，进行战争依靠人民，胜利果实属于人民。

毛泽东人民战争思想的基本原理，从根本上说，就是唯物史观在革命战争中的具体运用。革命战争是群众的战争，这是马克思主义关于群众自己解放自己的观点在革命战争中的具体体现，被压迫人民必须依靠自己才能解放自己，必须进行革命战争才能解放自己。人民群众是战争伟力之最深厚根源，战争是力量的竞赛，而根本的力量在于人民的力量，毛泽东指出：“战争的伟力之最深厚根源，存在于民众之中。”因为人民群众是战争政治力量的直接拥有者，是战争军力和经济力的源泉，是战略战术灵活机动的首要条件。兵民是胜利之本，军队和民众的团结、进步是战争胜利的根本条件，军队只有团结进步才会有强大的战斗力，人民只有团结进步才能发挥出最深厚的战争伟力，只有同人民团结的军队才是真正无敌的军队。人是战争胜负的决定因素，毛泽东指出：“武器是战争的重要因素，但不是决定的因素，决定的因素是人不是物。”因为人是武器的支配者，在战争中起主导作用；人具有自觉的能动性，在战争中是最活跃的力量；人心向背是战争中经常起作用的因素。我们强调“人是战争胜负的决定因素”，但并不排斥武器的重要作用，相反，正是看到了武器在战争中的重要作用，并要使之得到充分的发挥，才突出强调人的作用。在战争中，我们应努力寻求人和武器的高度统一和最佳结合。

中国共产党在领导中国革命战争的长期实践中，形成一系列指导实行人民战争的原则和方法。坚持党对人民战争的统一领导；充分动员、组织和武装广大人民群众；发挥人民军队骨干力量的作用；以人民军队为骨干，实行主力兵团和地方兵团相结合，正规军和游击队、民兵相结合，武装群众与非武装群众相结合的人民武装力量体制和以武装斗争为主，实行各条战线、各种形式的斗争配合的斗争形式；建立巩固的革命根据地；运用灵活机动的战略战术。

4. 人民战争的战略战术思想

人民战争的战略战术思想，是毛泽东在长期的革命战争实践中，运用马克思主义基本原理，广泛吸取古今中外各种战略战术思想的精华，不断摸索、创造并制定的一整套适合中国革命战争特点的作战方针、原则和方法。其基本精神是：一切从敌我双方的实际情况出发，你打你的，我打我的，有什么枪打什么仗，对什么敌人打什么仗，在什么时间地点打什么时间地点的仗。

保存自己，消灭敌人是战争的本质，是战争指导的基本原则。保存自己消灭敌人是同一战争目的的两个方面，消灭敌人是保存自己的最有效的手段，而保存自己又是消灭敌人的必要条件。战略上藐视敌人，战术上重视敌人是对敌斗争的战略和策略思想。战略上藐视敌人，战术上重视敌人是建立在辩证唯物论和历史唯物论基础上的。藐视敌人与重视敌人，从战略上和战术上分别加以限制，作为一个完整概念，两者就成为相辅相成、辩证统一的关系。实行积极防御，反对消极防御，是我军制定和实现战略方针的理论基础。积极防御，又叫攻势防御和决战防御；消极防御，又叫专守防御，又叫单纯防御，是假防御。积极防御战略思想的基本精神是充分准备，后发制人，攻防结合，持久胜敌。毛泽东人民战争的战略战术思想，除以上三项内容外，还有游击战、运动战、阵地战三种基本作战形式密切配合，并适时进行军事战略转变；集中优势兵力，各个歼灭敌人；慎重初战，执行有利决战，避免不利决战；不打无准备无把握之仗；作战指导上要正确处理主动性、灵活性和计划性三者间的统一。

5. 国防建设思想

中华人民共和国建立后，中国共产党成为国家的执政党，党的军事工作中心随之转到巩固国防、建设现代化国防上来。正确部署国家的反侵略战争准备，必须建立强大的国防，利用国际上可以利用的矛盾，建立起反帝反霸的统一战线，为推迟战争、争取和平建设的有利环境创造条件。实行积极防御的战略方针，对外永远不称霸，决不侵犯别人，也决不允许别人侵犯中国。把国家经济建设放在首位，国防建设必须与国家的经济建设相适应、相协调，国防力量的发展必须以经济建设为基础；国家在经济建设的同时，要重视加强国防建设。中国国防建设必须实现现代化建设，要建设强大的革命化、现代化、正规化的国防军，建立完整的国防科研和国防工业体系，尤其要重视发展导弹、核武器等当代尖端武器和技术装备，加强国防后备力量建设，实行精干的常备军和强大的后备力量相结合，建设战略后方，对付外敌入侵，仍要坚持人民战争的路线。

（三）毛泽东军事思想的地位作用

1. 标志着中国无产阶级军事理论的创立

毛泽东军事思想是把辩证唯物主义和历史唯物主义创造性地运用于军事领域的典范。它所揭示的军事规律达到了前所未有的深度和广度，是一座博大精深的军事理论大厦，在世界军事思想史上占有重要地位。特别是它的军事辩证法思想，为人们科学地认识军事领域的各种矛盾运动规律，正确地指导军事斗争和军事建设的实践，提供了最基本的立场、观点和方法，具有普遍的真理性意义。毛泽东军事思想的产生，是中国军事思想史上的一次变革，把中国军事思想推进到一个全新的历史阶段，标志着中国无产阶级军事理论的创立。

2. 对丰富和发展马克思列宁主义军事理论做出了独特贡献

毛泽东军事思想创造性地解决了在半殖民地半封建的中国如何进行革命武装斗争和在夺取政权以后如何进行军队及国防建设的理论和实践问题。在走农村包围城市、最后夺取城市的道路，建设一支以农民为主要成分的无产阶级性质的新型人民军队，实行灵活机动的人民战争的战略战术，以及国防现代化建设等方面，极大地丰富和发展了马克思列宁主义军事理论，树立了无产阶级军事理论发展的新的里程碑。

3. 为被压迫民族和阶级争取解放提供了思想武器

中国革命战争取得胜利后，毛泽东军事思想受到世界各国的关注，它走出国界，在第三世界广泛传播，成为许多国家被压迫民族和被压迫人民争取民族独立解放的强大思想武器。毛泽东军事思想创造的在正义战争中以弱胜强的高超战争指导艺术，为被压迫民族和被压迫阶级在争取解放的正义战争中实现以小敌大、以劣势装备战胜优势装备之敌，提供了成功的实践范例和理论武器。毛泽东军事思想在世界军事思想史上占有重要的地位，是当代世界具有重大影响的军事思想。

二、国防和军队建设思想的发展

（一）邓小平新时期军队建设思想

邓小平新时期军队建设思想是邓小平同志在中国社会主义新时期，为指导中国军队建设和国防建设而提出的系统理论，是对毛泽东军事思想，尤其毛泽东建军思想的继承和发展，是新的历史条件下军队建设和改革的依据，是建设有中国特色的社会主义理论的重要组成部分。

1. 军队和国防建设指导思想要实行战略性转变

邓小平认为，和平和发展是时代的主题，战争的威胁依然存在，但推迟或制止世界战争的爆发已成为可能，世界大战在一定条件下可以避免，但霸权主义仍然是对世界和平的最大威胁，局部战争已成为主要战争形态。我国周边安全环境发生了根本性好转，但仍然存在着各种现实的和潜在的威胁。稳定世界局势，实现和平与发展，要有新的途径和新的方法，即用“和平方式”和“共同开发”的办法解决国际争端。

2. 军队建设要服从国家建设的大局

军队建设以国民经济为基础，军队和国防建设要与国家经济建设协调发展。一是国防建设指导思想要从长期以来立足于“早打、大打、打核战争”的临战状态，转变到和平时期现代化建设的轨道上来；二是要实现国防建设与国家经济建设的协调发展。

3. 实行积极防御的军事战略方针

贯彻积极防御的战略方针是维护国家主权和安全的需要，也是由我国的社会制度决定的。邓小平指出：“我们未来反侵略战争，究竟采取什么样的战略方针？我赞成就是‘积极防御’四个字。”我国对战争问题的基本原则是“人不犯我，我不犯人，人若犯我，我必犯人”。实行积极防御的战略方针要把立足点放在遏制战争的爆发上，注重研究现代战争，把着眼点放在打赢现代高技术条件下的局部战争上，军事战略要从维护国家安全利益出发，用和平方式解决对抗性争端和矛盾，注重发展综合国力，从根本上增强军事实力，提高威慑能力。

4. 建设一支强大的现代化、正规化革命军队

军队建设要以革命化为前提、现代化为中心、正规化为重点，全面建设现代化、正规化、革命化的军队；要把教育训练摆到战略地位，努力提高部队战斗力；要完善体制改革和精简整编，建立科学的体制编制；实现军队正规化，要依法治军，科学管

理；要加强和改进新时期军队政治工作，保证党对军队的绝对领导，保证军队高度稳定和集中统一。

5. 现代战争条件下要坚持和发展人民战争思想

邓小平根据现代战争的特点和规律，结合我国的实际情况，在继承毛泽东人民战争思想的基础上，提出了“现代条件下人民战争”的思想。围绕这一思想，邓小平特别强调人民战争的形式要与现代战争的特点相吻合；强调现代条件下从事人民战争的人必须具有很高的素质；强调在军队精简的情况下，尤其要加强民兵和预备役的建设；要研究现代战争条件下人民战争的战略战术；要保持和发扬我党我军的优良传统，发挥人民战争的政治优势。

（二）江泽民国防和军队建设思想

江泽民国防和军队建设思想是江泽民关于国防和军队建设及有关军事问题的科学理论体系。它是“三个代表”重要思想科学体系的重要组成部分，是毛泽东军事思想、邓小平新时期军队建设思想的继承和发展，是新的历史条件下中国国防和军队建设的指导思想。

江泽民同志担任党和国家领导人以后，着眼于解决好打得赢、不变质两个历史性课题，科学分析和回答了新的历史条件下建设什么样的军队、怎样建设军队和未来打什么样的仗、怎样打仗的问题，提出了一系列新思想、新观点、新论断，阐明了新的历史条件下国防和军队建设的地位作用、目标任务、指导方针、总体思路、根本途径、战略步骤、发展动力和政治保证等，形成了一套完整的军事理论体系。

1. 从国际战略全局和国家发展大局谋划国防和军队建设

冷战结束后，世界局势发生了巨大而深刻的变化。在复杂的国际国内形势下，关注军事安全因素和提高安全保障能力是维护国家生存和发展的必然选择。维护国家安全和保障国家发展利益是谋划国防和军队建设的目标，我们必须把维护国家安全和发展利益摆在更加突出的战略位置，必须坚持国防与经济建设协调发展的方针，提高国家战略能力，提高军队打赢战争和遏制战争的能力，加强经济建设和建设强大的国防，完成我国现代化建设的两大战略任务。

2. 党对军队的绝对领导是我军永远不变的军魂

党对军队的绝对领导是我军的军魂，是我军特有的政治优势，是我军的一项根本政治制度和根本的建军原则。要把思想政治建设摆在首位，这是永葆人民军队性质的要求，是我军立于不败之地的前提和可靠保证。必须坚决抵制“军队非党化”“军队非政治化”和“军队国家化”等错误观点的影响，用科学的理论特别是“三个代表”重要思想武装全军。通过加大军队思想政治建设改革的力度，使军队精神文明建设走在全社会的前列。

3. 用新时期军事战略方针统揽全局，解决好打得赢、不变质两个历史性课题

必须用新时期军事战略方针来指导和统揽全军各项建设和一切工作。军事斗争准备的基点要放在现有武器装备上，放在打赢现代技术特别是高技术条件下的局部战争上。无论是军事训练、政治工作、后勤保障、国防科研，还是其他各方面的建设和工作，都要服从和服务于这一战略的需要，都要确保这一战略方针的胜利实现而周密规划、全面部署、深入展开。这就迫切要求我军在新的历史条件下必须着力解决好打得赢、不变质两个历史性课题，始终不渝地坚持打得赢、不变质相统一是我军存在和发展的全部意义和价值所在。

4. 积极推进中国特色军事变革，按照信息化战争要求建设信息化军队

中国特色军事变革就是适应新军事革命发展趋势，从中国国情军情出发，走以信息化带动机械化、以机械化促进信息化的跨越式发展道路。为此，实施科技强军战略，走有中国特色的精兵之路。我军建设的现状和主要矛盾以及我国防御性的国防政策和世界军事发展的潮流，都决定了我军必须走有中国特色的、加强质量建设的精兵之路。要继续把教育训练摆在战略地位，培养和造就大批高素质新型军事人才，加快我军武器装备现代化建设和发展的步伐，减少数量、提高质量、优化结构，改革和完善军队的体制编制。

5. 按照“五句话”总要求全面加强军队革命化、现代化、正规化建设

“政治合格、军事过硬、作风优良、纪律严明、保障有力”这“五句话”总要求，从认识论和方法论的高度确立了军队全面建设的指导思想，是军队建设总目标的具体化和规范化。政治合格是前提，军事过硬是中心，纪律严明、作风优良是保证，保障有力是基础，五者缺一不可。实现“五句话”总要求要靠全军官兵团结奋进、共同努力，从各个方面加强部队的全面建设。

6. 坚持依法治军、从严治军，探索新形势下军队建设的特点和规律

针对新时期我军建设面临的新情况、新问题，一定要坚持严格训练、严格管理，培养优良的作风、严明的纪律。军队一定要在全国人民面前保持和发扬遵纪守法、军容严整、作风过硬的良好形象。坚持依法从严治军，要以加强纪律建设为核心内容。要首先从领导干部做起，积极探索新形势下治军的特点和规律，实现军队的科学管理，从而不断提高我军正规化管理水平。

7. 贯彻全民建设国防的方针，实现国防现代化跨越式发展

国防和军队建设是全党和全国各族人民的共同事业。坚持全民建设国防的方针是新时期坚持人民战争思想的必然要求，是我们的优势所在。要贯彻全民建设国防的方针，依靠人民建设军队、建设国防，重视在全体人民中进行国防教育，增强国防意识。在加强军队建设的同时，高度重视国防后备力量建设，按照“军民结合、平战结合、

寓军于民”的方针，调整完善国防动员体制，加强军政军民团结，巩固发展同呼吸、共命运、心连心的新型军政军民团结。

江泽民国防和军队建设思想是“三个代表”重要思想在军事领域内的生动展开，深刻揭示了当代中国国防建设的特点规律，正确解决了新的历史条件下积极推进中国特色军事变革，保证人民军队打得赢、不变质的重大课题，开辟了中国共产党军事理论的新境界，具有重大的现实指导意义和深远的历史意义。

（三）胡锦涛国防和军队建设思想

胡锦涛国防和军队建设思想是胡锦涛关于新世纪新阶段国防和军队建设及军事斗争等问题的系统理论。它是科学发展观的重要组成部分，是科学发展观在军事领域的运用和展开，是新形势下推进国防和军队现代化建设的科学指南。

胡锦涛国防和军队建设思想着眼于时代条件的发展变化，紧紧围绕新的历史条件下军队履行什么样的使命、怎样履行使命，实现什么样的发展、怎样发展，未来打什么样的仗、怎样打仗等重大问题，深刻阐明了新的历史条件下国防和军队建设的战略地位、使命任务、指导方针、战略任务、强大动力、根本保证等重大问题，提出一系列紧密联系、相互贯通的新观点新论断。

1. 正确认识时代特征和国家安全形势的发展变化

冷战结束后，特别是进入新世纪新阶段以后，国际战略形势保持总体和平、缓和、稳定的基本态势，但同时影响世界和平与发展的不确定因素在增加。中国处于发展的重要战略机遇期，同时国家安全的综合性、复杂性、多变性增强。为此，要把发展作为第一要务，坚持把国家主权和安全放在第一位。要坚持从政治高度和国家利益全局观察和处理军事问题，确保能够应对危机、维护和平、遏制战争、打赢战争。

2. 在全面建设小康社会进程中实现富国和强军相统一

富国和强军是发展中国特色社会主义、实现中华民族伟大复兴的两大基石。将富国和强军统一起来，对于维护国家安全和发展战略全局，实现中华民族根本利益，具有重大而深远的意义。必须坚持以经济建设为中心，统筹经济建设和国防建设，在经济发展的基础上大力加强国防建设，坚持走中国特色军民融合式发展路子。必须努力建设与中国国际地位相称，与国家安全和发展利益相适应的巩固国防和强大军队。

3. 在国防和军队建设中贯彻落实科学发展观

坚持把科学发展观作为加强国防和军队建设的重要指导方针，坚持以人为本，坚持国防建设与经济建设相协调，坚持国防和军队建设诸要素全面协调可持续发展。要坚持以新时期军事战略方针统揽全局，抓紧做好军事斗争准备，加快推进中国特色军事变革。

4. 全面履行新世纪新阶段军队历史使命

在新的建设进程中，军队应该肩负“三个提供一个发挥”的历史使命，即为党巩固执政地位提供重要的力量保证；为维护国家发展的重要战略机遇期提供坚强的安全保障；为国家利益的拓展提供有力的战略支撑；为维护世界和平和促进共同发展发挥重要作用。要从思想上、政治上、组织上确保军队始终成为党绝对领导下的人民军队，坚持依法从严治军，积极稳妥地推进国防和军队改革，加快转变战斗力生成模式，全面建设现代后勤，实现武器装备的自主发展、跨越发展、可持续发展，培养大批高素质新型军事人才，切实完成军队新的历史使命。

5. 坚持不懈地拓展和深化军事斗争准备

军事斗争准备是军队长期的主要战略任务。坚定不移地把军事斗争准备的基点放在打赢信息化条件下局部战争上，重点加强打赢信息化条件下局部战争这个核心军事能力建设。要适应形势的发展变化，坚持以新时期军事战略方针为统揽，牵引军队现代化建设，促进军队武器装备发展、军事理论创新、军事人才培养和其他军队各项建设。大兴研究作战之风，深入研究信息化条件下局部战争的基本理论问题和军事斗争准备重大现实问题，不断完善作战思想，构建具有人民军队特色、符合现代战争规律的先进作战理论体系。

6. 积极稳妥地推进国防和军队改革

推进国防和军队现代化，动力在改革，出路也在改革。坚定不移地深化国防和军队改革，切实解决体制机制上制约军队发展的深层次矛盾和问题，推动部队建设又好又快发展，开创国防和军队现代化建设新局面。适应机械化战争形态向信息化战争形态加速转变的新趋势，适应国家改革开放和社会主义现代化建设的新形势，适应国防和军队现代化建设新要求，深入推进军队组织形态现代化，形成一整套既有中国特色又符合现代军队建设规律的科学组织模式、制度安排和运作方式。

7. 坚持和发展人民战争思想，紧紧依靠人民办国防

人民战争历来是人民军队克敌制胜的法宝。无论武器装备怎样发展，战争形态怎样变化，人民战争都不会过时，兵民是胜利之本永远是颠扑不破的真理。要坚持人民战争的战略思想，坚持实行精干的常备军和强大的后备力量相结合，不断增强国家战争潜力和国防实力。适应形势任务发展，不断发展人民战争战略战术，创新人民战争的内容和形式，积极探索和发展人民群众参战支前的新途径新方法，切实增强信息化条件下人民战争的整体实力。建立强大的人民军队和巩固的国防是全国各族人民的共同事业，必须坚持全民办国防的方针，充分调动人民群众建设国防的积极性、主动性，在全社会形成关心国防、热爱国防、建设国防、保卫国防的生动局面。

胡锦涛国防和军队建设思想紧密结合世情国情的发展变化，着眼解决军队建设和

军事斗争准备的重大现实问题，科学回答了在世界大发展大变革大调整、中国全面建设小康社会的历史条件下，如何推进国防和军队建设科学发展、全面履行新世纪新阶段军队历史使命的重大课题，科学总结了当代中国军事实践的新鲜经验，是推进国防和军队建设的强大思想武器，对于把国防和军队现代化建设继续推向前进具有非常重大的指导价值。

三、习近平强军思想

习近平强军思想是以习近平同志为核心的党中央继承中国革命战争和社会主义条件下国防和军队建设的理论成果，运用马克思主义基本原理，观察和分析国家安全和军事问题，创造性地揭示和反映现代军事活动的本质与规律，并用于指导中国现代军事实践的科学理论体系，闪耀着马克思主义思想方法的光辉，是指引强军事业发展进步的科学指南。牢固确立习近平强军思想在国防和军队建设中的指导地位，对于坚定不移走好中国特色强军之路，全面推进国防和军队现代化，具有重大现实意义和历史意义。

（一）习近平强军思想产生的历史背景

1. 当今世界形势正在发生前所未有之大变局

任何伟大思想都是一定时代的产物。马克思和恩格斯指出："一切划时代体系的真正内容都是由于产生这些体系的那个时期的需要而形成起来的。"习近平主席指出，研究军事问题首先要科学判断世界发展大势，准确把握世界军事发展的新趋势。一方面，我国的发展仍然处于可以大有作为的战略机遇期，但其内涵与条件发生了新的变化。当今世界的主题仍然是和平与发展，国际形势总体保持和平稳定，发展依然是各国人民的共同追求。但另一方面，又发生了许多新情况、新问题、新变化。习近平主席以宽广的马克思主义视野，高瞻远瞩，敏锐地判断：当今世界形势正在发生前所未有之大变局，国际政治格局、地缘政治、国际竞争等均发生了重大变化，使我国的安全与发展的国际环境更趋严峻复杂。

2. 我国改革开放和现代化建设进入发展的关键期和矛盾的凸显期

习近平主席认为，我国正处于由大向强发展的关键阶段。中国从未像现在这样接近世界舞台中央，从未像现在这样接近实现中华民族伟大复兴的目标。但是，越靠近这个目标，越接近世界中心，面临的阻力和挑战也会越多，长期积累的深层次问题、矛盾日益凸显。如经济发展中的不全面、不平衡、不可持续的矛盾，三股势力的威胁，国际反华势力的阻遏等，这些都会影响甚至打乱中国和平发展的道路，使维护国家安全稳定，实现国家统一的任务更加艰巨。所以，必须认识到，没有军队的强大，没有巩固的国防，就无法为中国梦的实现提供安全支撑和保障。基于此，习近平主席强调，中国梦是强国梦，对于军队来说就是强军梦。他要求把强军兴军放在实现中华民族伟大复兴这个大目标下来认识和推进，服从和服务于这个国家和民族的最高利益。

3. 中国近代历史悲剧的总结与启示

历史经验表明，国富并不代表国强，国家的真正富强必须以强大的军事力量做后盾。在我国漫长的历史上，国家富有，但由于军事实力羸弱不堪，或者疏于军备导致国家衰败覆灭的例子屡见不鲜。如清朝，经济总量曾经长期居世界第一，GNP 曾占到全球的三分之一，但由于军备废弛，技术落后，闭关自守，导致在鸦片战争中被数千英军打得落花流水，国家逐步陷入半殖民地半封建社会的苦难深渊。习近平主席曾说："我经常看中国近代的一些史料，一看到落后挨打的悲惨场景就痛彻肺腑。"他将甲午战争称之为"剜心之痛"。习近平主席常把近代以来中华民族苦难、国家悲剧与当时的中国国防与军队的落后、衰败相联系。他强调，要吸取历史上闭关锁国、故步自封的经验教训，绝不让历史悲剧重演。

总之，因应国际国内形势的深刻变化，着眼赢得具有许多新的历史特点的伟大斗争的胜利，适应时代发展对我国国防和军队现代化提出的新要求。习近平主席以其全球视野，远见卓识，围绕强军兴军，对我国的国防和军队现代化建设做出了一系列重要论述，形成了习近平强军思想。

（二）习近平强军思想的主要内容

习近平强军思想明确了新时代国防和军队建设一系列根本性、方向性、全局性的重大问题，是习近平新时代中国特色社会主义思想的"军事篇"，是马克思主义军事理论中国化、时代化的新飞跃，是党的军事指导理论的重大突破、重大创新、重大发展，为实现党在新时代的强军目标、把人民军队全面建成世界一流军队提供了科学指南和行动纲领。

1. 明确强国必须强军，巩固国防和强大人民军队是新时代坚持和发展中国特色社会主义、实现中华民族伟大复兴的战略支撑

安不可以忘危，治不可以忘乱。新时代我国安全的内涵外延、时空领域、内外因素都在发生深刻变化。由大向强、将强未强之际往往是国家安全的高风险期，我们越是发展壮大，面临的压力和阻力就越大。这是我国由大向强发展进程中无法回避的挑战，是实现中华民族伟大复兴绕不过的门槛。习近平总书记深刻指出："强国必须强军，军强才能国安。"国防和军队建设是国家安全的坚强后盾，军事手段是实现伟大梦想的保底手段，军事斗争是进行伟大斗争的重要方面，打赢能力是维护国家安全的战略能力。国防和军队现代化进程必须同国家现代化进程相适应，军事能力必须同实现中华民族伟大复兴的战略需求相适应。我军必须服从服务于党的历史使命，把握新时代国家安全战略需求，为实现中华民族伟大复兴提供战略支撑。

2. 明确党在新时代的强军目标是建设一支听党指挥、能打胜仗、作风优良的人民军队，必须同国家现代化进程相一致，力争到 2035 年基本实现国防和军队现代化，到 21 世纪中叶把人民军队全面建成世界一流军队

建设强大的人民军队是我们党的不懈追求。在各个历史时期，我们党都根据形势任务的变化及时提出明确的目标要求，引领我军建设不断向前发展。习近平总书记提出中国梦不久就提出强军梦，做出全面建成社会主义现代化强国战略部署的同时，提出实现党在新时代的强军目标，把人民军队全面建成世界一流军队。这是准确把握国家安全环境的深刻变化、强国强军的时代要求，对我军建设目标做出的新概括、新定位，内在要求建设强大的现代化陆军、海军、空军、火箭军、战略支援部队、联勤保障部队和武装警察部队，建设绝对忠诚、善谋打仗、指挥高效、敢打必胜的联合作战指挥机构，不断提高我军现代化水平和实战能力。

3. 明确党对人民军队的绝对领导是人民军队建军之本、强军之魂，必须全面贯彻党领导军队的一系列根本原则和制度，确保部队绝对忠诚、绝对纯洁、绝对可靠

坚持党对人民军队的绝对领导是新时代中国特色社会主义基本方略的重要内容，是党和国家的重要政治优势。习近平总书记反复强调："抓军队建设首先要从政治上看，对党绝对忠诚要害在'绝对'二字。"必须按照新时代党的建设总要求加强我军的建设，强化"四个意识"，严肃政治纪律和政治规矩，深入抓好军魂教育，经常、主动、坚决地向党中央和中央军委看齐，坚决维护权威、维护核心、维护和贯彻军委主席负责制，全面彻底肃清郭伯雄、徐才厚流毒影响，坚决抵制"军队非党化、非政治化"和"军队国家化"等错误政治观点的影响，确保全军在任何时候任何情况下都坚决听从党中央和中央军委指挥。军队高级干部必须对党忠诚、听党指挥，做对党最赤胆忠心、最听党的话、最富有献身精神的革命战士。

4. 明确军队是要准备打仗的，必须聚焦能打仗、打胜仗，创新发展军事战略指导，构建中国特色现代作战体系，全面提高新时代备战打仗能力，有效塑造态势、管控危机、遏制战争、打赢战争

习近平总书记强调："人民军队永远是战斗队，人民军队的生命力在于战斗力。"必须贯彻新形势下军事战略方针，把备战与止战、威慑与实战、战争行动与和平时期军事力量运用作为一个整体加以运筹，牢固树立战斗力这个唯一的、根本的标准，提高军事训练实战化水平，扎实做好各方向各领域军事斗争准备，聚力打造精锐作战力量，着力建设一切为了打仗的支援保障力量，加快构建适应信息化战争和履行使命要求的武器装备体系，加快建设以联合作战指挥人才为重点的高素质新型军事人才队伍，发扬"一不怕苦、二不怕死"的战斗精神，锻造招之即来、来之能战、战之必胜的精兵劲旅。

5. 明确作风优良是我军鲜明特色和政治优势，必须加强作风建设、纪律建设，坚定不移正风肃纪、反腐惩恶，大力弘扬我党我军光荣传统和优良作风，永葆人民军队性质、宗旨、本色

“作风优良才能塑造英雄部队，作风松散可以搞垮常胜之师”，这是习近平总书记反复强调的一个重要观点。人民军队要恪守全心全意为人民服务的宗旨，牢记为人民扛枪、为人民打仗的神圣职责，始终做人民信赖、人民拥护、人民热爱的子弟兵，不断发展坚如磐石的军政军民关系。把理想信念的火种、红色传统的基因一茬茬、一代代传下去，加强党史、军史和光荣传统教育，永葆老红军的政治本色。军中绝不能有腐败分子藏身之地，要锲而不舍、驰而不息地把作风建设和反腐败斗争引向深入，努力铲除腐败现象滋生蔓延的土壤，积极培育风清气正的政治生态。严肃各项纪律，坚持严字当头、一严到底，下大气力治松、治散、治虚、治软，用铁的纪律凝聚铁的意志、锤炼铁的作风、锻造铁的队伍。各级领导干部要以钉钉子精神抓落实，以行动作无声的命令，以身教作执行的榜样，带动形成崇尚实干、敢于担当、主动作为的良好氛围。

6. 明确推进强军事业必须坚持政治建军、改革强军、科技兴军、依法治军，更加注重聚焦实战、更加注重创新驱动、更加注重体系建设、更加注重集约高效、更加注重军民融合，全面提高革命化、现代化、正规化水平

政治建军是我军的立军之本，任何时候任何情况下都不能有丝毫松懈；改革是决定军队未来的关键一招，必须大刀阔斧实施改革强军战略；科学技术是核心战斗力，必须下更大气力推进科技兴军，赢得军事竞争主动；军队越是现代化越要法治化，必须厉行法治、从严治军。贯彻“五个更加注重”战略指导，必须强化作战需求牵引，提高军队建设实战水平；下大气力抓理论创新、科技创新、科学管理、人才集聚、实践创新，靠改革创新实现新跨越；坚持成体系筹划和推进军事力量建设，全面提高我军体系作战能力；坚持以效能为核心、以精确为导向，提高国防和军队发展精准度；深入实施军民融合发展战略，加快把国防和军队建设融入经济社会发展体系，实现国防和军队建设更高质量、更高效益、更可持续发展。

7. 明确改革是强军的必由之路，必须推进军队组织形态现代化，构建中国特色现代军事力量体系，完善和发展中国特色社会主义军事制度

习近平总书记指出：“深化国防和军队改革，是为了设计和塑造军队未来。”领导管理和作战指挥体制改革以重塑军委机关和战区为重点，强化中央军委集中统一领导和战略指挥、战略管理功能，形成决策权、执行权、监督权既相互制约又相互协调的运行体系，构建平战一体、常态运行、专司主营、精干高效的战略战役指挥体系。规模结构和作战力量体系改革按照调整优化结构、发展新型力量、理顺重大比例关系、压减数量规模的要求，推动我军由数量规模型向质量效能型、由人力密集型向科技密集型转变，部队编成向充实、合成、多能、灵活方向发展。军队政策制度调整改革，立起打仗的鲜明导向，营造公平公正的制度环境，使军事人力资源配置达到最佳状态，让军人成为全社会尊敬的职业，把军队战斗力和活力充分激发出来。

8. 明确创新是引领发展的第一动力，必须坚持向科技创新要战斗力，统筹推进军事理论、技术、组织、管理、文化等各方面创新，建设创新型人民军队

习近平总书记指出："创新能力是一支军队的核心竞争力，也是生成和提高战斗力的加速器。"我们这支军队靠改革创新走到现在，也要靠改革创新赢得未来。必须把创新驱动发展的引擎全速发动起来，善于运用新理念、新思路、新方法推进我军各项建设。要加快形成具有时代性、引领性、独特性的军事理论体系，依靠科技进步和创新把我军建设模式和战斗力生成模式转到创新驱动发展的轨道上来，下大气力推进军事管理革命，努力培养造就宏大的高素质创新型军事人才队伍，大力弘扬创新文化，激励官兵争当创新的推动者和实践者，使谋划创新、推动创新、落实创新成为全军的自觉行动。

9. 明确现代化军队必须构建中国特色军事法治体系，推动治军方式根本性转变，提高国防和军队建设法治化水平

习近平总书记指出："一支现代化军队必然是法治军队。"强化法治信仰和法治思维，坚持依法治官、依法治权，领导干部带头尊法、学法、守法、用法，引导官兵把法治内化为政治信念和道德修养，外化为行为准则和自觉行动。构建系统完备、严密高效的军事法规制度体系、军事法治实施体系、军事法治监督体系、军事法治保障体系，坚决维护法规制度权威性，强化法规制度执行力。推动实现从单纯依靠行政命令的做法向依法行政的根本性转变，从单纯靠习惯和经验开展工作的方式向依靠法规和制度开展工作的根本性转变，从突击式、运动式抓工作的方式向按条令、条例办事的根本性转变，形成党委依法决策、机关依法指导、部队依法行动、官兵依法履职的良好局面。

10. 明确军民融合发展是兴国之举、强军之策，必须坚持发展和安全兼顾、富国和强军统一，形成全要素、多领域、高效益军民融合深度发展格局，构建一体化的国家战略体系和能力

把军民融合发展上升为国家战略是我们党长期探索经济建设和国防建设协调发展规律的重大成果，是从国家安全和发展全局出发做出的重大决策，是应对复杂安全威胁、赢得国家战略优势的重大举措。着眼经济实力和国防实力同步增长，强化统一领导、顶层设计、改革创新和重大项目落实，同步推进体制和机制改革、体系和要素融合、制度和标准建设，完善军民融合组织管理体系、工作运行体系、政策制度体系，努力开创经济建设和国防建设协调发展、平衡发展、兼容发展新局面。

（三）习近平强军思想的地位作用

习近平强军思想植根强国复兴新时代，指引强军兴军新征程，在马克思主义军事理论中国化进程中，在党的军事指导理论创新发展中，在我们党治国理政的实践中，具有重大政治意义、理论意义、实践意义和指导意义。

1. 习近平新时代中国特色社会主义思想的“军事篇”

习近平强军思想与毛泽东军事思想、邓小平新时期军队建设思想、江泽民国防和军队建设思想、胡锦涛国防和军队建设思想，既一脉相承又与时俱进，是习近平新时代中国特色社会主义思想的“军事篇”，是人民军队的强军之道、制胜之道，升华了我们党对军事指导规律的认识，把马克思主义军事理论和当代中国军事实践提升到新境界，为我军实现强军目标、迈向世界一流提供了科学指南和行动纲领，点亮了照耀强军征程的时代灯塔。

2. 马克思主义军事理论中国化、时代化的新飞跃

面对世情、国情、军情的深刻变化，面对强国强军的时代要求，习近平强军思想做出一系列新判断、新概括，指出世界正发生前所未有之大变局、我国正处于由大向强发展的关键阶段、我军正经历着一场革命性变革，强调国防和军队建设进入了新时代；阐明新时代军队使命任务和强军的奋斗目标、战略指导、必由之路、强大动力、治军方式、发展路径等重大问题，把我们党对军事力量建设和运用规律的认识提高到新水平。习近平强军思想把全面推进国防和军队现代化纳入强国复兴大战略、大布局，绘就了未来几十年我军建设发展的蓝图，为我们走好新的长征路确立了行动纲领。习近平强军思想为丰富和发展马克思主义军事理论做出原创性贡献，开拓了当代中国马克思主义军事理论和军事实践发展新境界。

3. 中国特色强军之路的根本遵循

党的十八大以来，强军事业之所以取得历史性成就、发生历史性变革，根本在于习近平强军思想的科学指引。习近平强军思想深刻回答了新时代“人民军队听谁指挥、怎样铸牢军魂”“为什么强军、怎样强军”“打什么仗、怎样打胜仗”等基本问题，丰富发展了我们党建军治军思想和方针原则，指引了人民军队的强军新征程。提出建设一支听党指挥、能打胜仗、作风优良的人民军队，是实现“两个一百年”奋斗目标、实现中华民族伟大复兴的战略支撑，强调坚持总体国家安全观，人民军队要坚决维护中国共产党领导和我国社会主义制度，维护国家主权、安全、发展利益，维护地区和世界和平，进一步明确了国防和军队建设在全面建设社会主义现代化强国中的地位作用，拓展和规定了我军新时代使命任务。

延展视界

毛泽东“十大军事原则”

“十大军事原则”是毛泽东创造性地运用马克思列宁主义唯物辩证法的观点，分

析中国革命战争的特点而总结出的指导作战的原则，是由我国革命战争实践中来，而又经过战争实践考验过的制胜法宝，是毛泽东战略战术思想的集中表现，是我军作战方法最完备最科学的概括。“十大军事原则”是从第二次国内革命战争初期的十六字诀——“敌进我退，敌驻我扰，敌疲我打，敌退我追”的游击战争原则开始，后经抗日战争和第三次国内革命战争逐渐发展和完备的。它概括了军事原则中的全部问题，既是战略指导原则，又是战役、战术指导原则，不仅适用于运动战，也完全适用于阵地战、游击战。这十条作战指导原则，最基本的是争取主动，集中优势、各个歼敌的歼灭战思想，每一条都贯穿着这一指导思想和为实现这一指导思想所必需的措施。在第三次国内革命战争中，我军就是遵照这些原则打败了蒋介石，赢得了战争胜利的。“十大军事原则”之所以能够为我军所充分运用，发挥如此巨大的威力，是由于它建立在人民战争基础之上，充分发挥了人民军队的各种有利条件，扩大利用了敌人的弱点。这十条军事原则的具体内容是：

一、先打分散和孤立之敌后打集中和强大之敌。

二、先取小城市、中等城市和广大乡村，后取大城市。

三、以歼灭敌人有生力量为主要目标，不以保守或夺取城市和地方为主要目标。保守或夺取城市和地方，是歼灭敌人有生力量的结果，往往需要反复多次才能最后地保守或夺取之。

四、每战集中绝对优势兵力（两倍、三倍、四倍，有时甚至是五倍或六倍于敌之兵力），四面包围敌人，力求全歼，不使漏网。在特殊情况下，则采用给敌以歼灭性打击的方法，即集中全力打击敌正面及其一翼或两翼，求达歼灭其一部、击溃其另一部的目的，以便我军能够迅速转移兵力歼灭他部敌军。力求避免打那种得不偿失的或得失相当的消耗战。这样，在全体上，我们是劣势（就数量来说），但在每一个局部上，在每一个具体战役上，我们是绝对的优势，这就保证了战役的胜利。随着时间的推移，我们就将在全体上转变为优势，直到歼灭一切敌人。

五、不打无准备之仗，每战都应力求有准备，力求在敌我条件对比下有胜利的把握。

六、发扬勇敢战斗、不怕牺牲、不怕疲劳和连续作战（即在短期内不休息地接连打几仗）的作风。

七、力求在运动战歼灭敌人。同时，注意阵地攻击战术，夺取敌人的据点和城市。

八、在攻城问题上，一切敌人守备薄弱的据点和城市，坚决夺取之。一切敌人有中等程度的守备，而环境又许可加以夺取的据点和城市，相机夺取之。一切敌人守备强固的据点和城市，则等候条件成熟时然后夺取之。

九、以俘获敌人的全部武器和大部人员补充自己。我军人力物力的来源，主要在前线。

十、善于利用两个战役之间的间隙休息和整训部队。休整的时间，一般不要过长，尽可能不使敌人获得喘息的时间。

在解放战争中，我军在毛泽东"十大军事原则"的指导下，在全国人民的支持下，经过三年多的激烈战斗，消灭敌军八百余万，取得了战争的全面胜利。在战争史上以强胜弱是一般的现象，以弱胜强却是难得的现象，也是战争指导上最难解决的课题，毛泽东运用马克思列宁主义，在中国革命战争实践中创造性地解决了以劣势装备战胜在数量上和装备上都居于优势的敌人的最困难的战争指导问题，积累了极为丰富的经验，发展了马克思主义的军事学说，其集中表现为"十大军事原则"。

"十大军事原则"的基本精神就是以歼灭敌人的有生力量为主要目标，不以保守城市、地方为主要目标，为了歼灭敌人的有生力量就必须集中绝对优势兵力，主动灵活、有计划地坚决执行外线的速决的进攻战，选择敌人薄弱或孤立的部分，有把握地全部歼灭敌人或给敌人以歼灭性的打击，力求俘获敌人的全部武器及大部人员，力求避免打那种得不偿失或得失相当的消耗战，避免无准备无把握地作战，不打则已，一打必歼，以便逐渐消耗敌人的有生力量，同时壮大自己，以达到战略形势上的根本改变；为了彻底全部地歼灭敌人，争取全国的胜利，毛泽东适时地提出了要"打集中强大之敌"，要学会阵地攻坚战术，加强炮兵工兵建设，要运动战与攻坚战密切结合，相机夺取敌人一切有中等程度的守备而环境又许可夺取的据点及城市，并准备在条件成熟时"夺取一切敌人守备坚固的据点及城市"的新作战原则，这是从实际出发始终贯穿着保持主动和优势、积极进攻敌人的精神的进一步丰富和发展了的我军军事学说。

毛泽东的"十大军事原则"不仅具有历史意义，而且在今后战争中仍具有指导意义，例如先打分散孤立之敌、后打集中强大之敌的思想，每战集中优势兵力、采用包围迂回战术、全歼敌人的歼灭战思想，创造战机的思想，正确判断情况的思想，打有把握有准备之仗的思想，从战争中学习战争的思想等，无疑都是适用于未来战争的。

学练合一

《孙子兵法》是中国现存最早的兵书，也是世界上最早的军事著作，被誉为"兵学圣典"。美国西点军校将其作为学员的必读书目，在日本也有大量学者研究《孙子兵法》，并且将孙子的兵学思想运用在企业管理中。清初名医徐大椿认为："兵之设也以除暴，不得已而后兴；药之设也以攻疾，亦不得已而后用，其道同也……孙武子十三篇，治病之法尽之矣。"

【思考与讨论】

请同学们结合所学知识和网上资料，分组讨论如下主题：

1.《孙子兵法》中哪句话你印象最深？

2. 在我们的实际生活中该如何灵活运用孙子的思想？

第四章　现代战争

——兵无常势　百变战争

知识目标

1. 了解战争的本质、根源及其演变。
2. 掌握新军事革命的内涵、特征及其发展趋势。
3. 了解信息化战争的形成、发展趋势。
4. 熟悉信息化战争的基本特征。

思政目标

1. 增强学生对战争的本质、根源的认识。
2. 培养学生的信息战素养。
3. 树立打赢信息化战争的信心。

内容结构

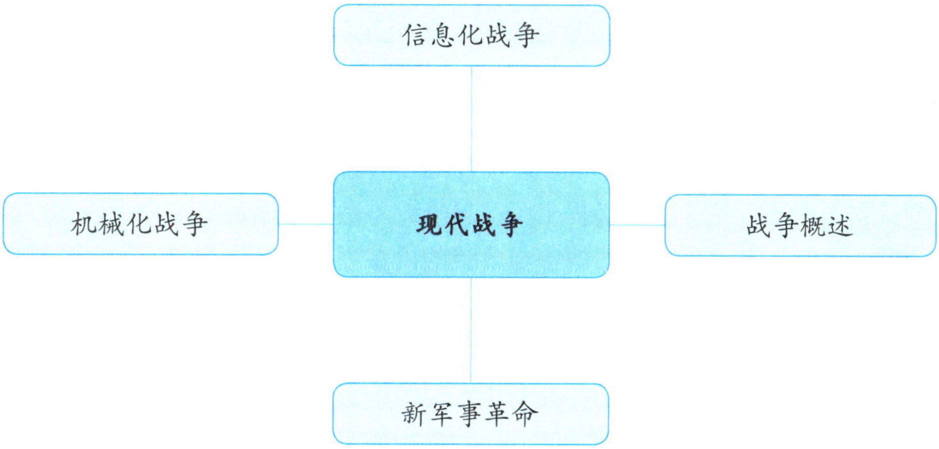

本章引言

据统计，从公元前 3200 年到公元 1964 年，在这 5164 年的时间内，全世界共发生了 14513 场战争，没有战争的年代断断续续加起来也只有 329 年。这些战争给人类带来了严重的灾难，使得 36.4 亿人丧生，损失的财富若折算成黄金，可以围绕地球筑一座长 4 万千米、宽 150 千米、高 10 米的黄金城。第二次世界大战结束后的 1945 年到 2005 年的 60 年中，世界上又爆发了 500 多起局部战争和武装冲突，有 200 多万人死于战火，无战争的日子只有 26 天。战争与和平问题是人类社会最大的问题，如何认识战争，遏制战争，实现人类的永久和平，是全人类共同奋斗的目标。

第一节 战争迷雾——战争概述

军事箴言

战争无非是政治通过另一种手段的继续。

——克劳塞维茨《战争论》

一、战争的本质

战争，按《中国人民解放军军语》的解释，是指“国家或政治集团之间为了一定的政治、经济目的，使用武装力量进行的大规模激烈交战的军事斗争。是解决国家、政治集团、阶级、民族、宗教之间矛盾的最高形式”。①

战争本质问题，在马克思主义以前一直是悬而未决的重要问题。西方近代著名军事理论家克劳塞维茨提出了“战争是政治的继续”这一著名论断，推动了人们对战争本质的认识。他不仅第一次明确提出了“战争无非是政治通过另一种手段的继续”的经典命题，而且还通过深入考察战争与政治的内在联系，具体规定了这一命题所包含的两方面的基本内容：在政治决定战争方面，阐明了政治孕育战争，政治支配战争，政治贯穿于战争三个基本观点；在战争反作用于政治方面，则阐明了政治必须同战争相适应的重要观点。然而，由于克劳塞维茨把政治看作超越阶级对立的“整个社会的一切利益的代表”，因而他不可能真正揭示出战争的本质。

马克思和恩格斯（图 4-1）运用唯物史观的基本原理，深入考察战争本质，阐明了战争所继续的政治的阶级实质。马克思深刻指出，在阶级社会里，战争集中表现为“各

① 全军军事术语管理委员会 . 中国人民解放军军语 [M]. 北京：军事科学出版社，2011.

国统治者和他们的臣民之间、国家和社会之间、阶级和阶级之间发生冲突”，当这种冲突日趋尖锐，以致剑拔弩张时，就“非诉诸武力不可”。[①]

图 4-1 马克思和恩格斯

列宁（图 4-2）在继承马克思和恩格斯关于战争与阶级相互联系原理的基础上，以完全崭新的视角，明确而深刻地揭示了战争的政治本质。列宁又给政治注入了经济和阶级的内涵，明确指出，政治是经济的集中表现，在阶级社会里，政治具有强烈的阶级性，并主要表现为各阶级之间的斗争，绝不能脱离经济利益和阶级斗争妄谈政治。列宁还根据战争是政治的继续的论点着重揭示了第一次世界大战的政治实质。列宁指出，以战争是政治的继续的观点考察第一次世界大战就会看到，“英、法、德、意、奥、俄这些国家的政府和统治阶级几十年来、几乎半个世纪以来实行的政治都是掠夺殖民地、压迫异族、镇压工人运动。当前这场战争正是这一政治的继续，也只能是这一政治的继续”。[②] 列宁强调指出，第一次世界大战是资本主义世界两大军事集团——以德国和奥匈帝国为主的同盟国同以英国、法国、俄国为核心的协约国，为争夺世界霸权、重新瓜分殖民地和势力范围在全球范围进行的一场帝国主义战争。“首先是两个资本主义国家集团这样的联盟，是世界上几个最大的资本主义强国——英国、法国、美国、德国；它们几十年来的全部政治就是不断地进行经济竞争以求统治全世界，扼杀弱小民族，保证已囊括全世界的银行资本获得三倍和十倍的利润。这就是英国和德国的真正政治。……我们必须全面地研究和了解资本主义强国的两大集团（互相厮打的英国集团和德国集团）在战前整整几十年间的真正政治。不然的话，我们不仅会忘记科学社会主义和一切社会科学的基本要求，而且会根本无法了解这次战争。”[③] 列宁还批评说，庸夫俗子不懂得“战争是政治的继续”，只会喊什么“敌人侵犯”“敌人侵入我国”，只关心军队打到了什么地方，以及谁打胜了，等等，而不去分析战争是由于什么政治原因打起来的，是什么阶级为了什么政治目的进行的，因此不可能搞清战争的真正本质。

图 4-2 列宁在演讲

毛泽东在总结中国革命战争经验的基础上，深化了关于战争与政治内在关系的认识。一方面，毛泽东阐明了战争一刻也离不开政治的道理。他指出：“‘战争是政治的继

① 马克思恩格斯军事文集（第一卷）[M]. 北京：战士出版社，1981：218.
② 列宁军事文集 [M]. 北京：战士出版社，1981：232.
③ 列宁军事文集 [M]. 北京：战士出版社，1981：337.

续’，在这点上说，战争就是政治，战争本身就是政治性质的行动，从古以来没有不带政治性的战争。”战争绝不是单纯的军事行为，而是由一定时期内各种错综复杂的社会政治关系引起的，又总是为一定阶级、国家、民族和政治集团的政治目的服务。它是政治性质的行为，它合乎逻辑地包含在政治范畴之内，从这个意义上说，战争就是政治，也只有站在政治的高度观察战争，才有可能真正认识战争的实质。另一方面，毛泽东阐明了战争是解决阶级、民族、国家、政治集团之间的对抗性矛盾的最高斗争形式，具有其特殊性的道理。他指出：“战争有其特殊性，在这点上说，战争不即等于一般的政治。‘战争是政治的特殊手段的继续’。”即是说，战争有其一套特殊组织，一套特殊方法，一种特殊过程，人们绝不能按照一般对待政治那样去对待战争，必须脱出寻常习惯，而按照战争规律去指导战争方能取得胜利。毛泽东还从这个意义上精辟概括道：“政治是不流血的战争，战争是流血的政治。”毛泽东的论述以其丰富的内涵深刻阐明了战争与政治的内在联系。

二、战争的分类与特点

（一）战争的分类

战争的类型就是按照一定标准对战争所做的分类。从根本上讲，战争的不同类型取决于与战争相关的各种条件和因素的不同。由于任何战争都是在一定的时空中进行的，都受着一定历史条件的制约，随着人类社会历史的发展，决定和制约战争的各种因素和条件也在不断地发展变化，从而造成了战争类型的多样化。

按照战争的性质，分为正义战争和非正义战争。正义战争是指符合人民根本利益、推动社会进步的战争。包括为抵抗反动阶级压迫、争取民族解放、抵御外来侵略、维护国家统一和世界和平等而进行的战争。非正义战争是指违背人民根本利益、阻碍人民革命、侵略他国、制造国家分裂和争夺世界与地区霸权等而进行的战争。这两种类型的战争之间没有不可逾越的鸿沟，它们相互依存，相互渗透，相互联结，在一定条件下还可以相互转化。但从历史发展的趋势看，正义战争必然要战胜非正义战争，直至最后消灭一切战争，这是不以任何人的意志为转移的客观规律。

按照战争的规模，分为全面战争和局部战争。全面战争是指全面动员、全力实施的战争。包括世界大战、国家间的全面战争和国家内部的全面战争。局部战争是指在局部地区进行的目的、手段、规模等有限的战争，是相对于世界大战、全面战争而言的。

按照使用的武器，分为常规战争和核战争。所谓常规战争，是指使用常规武器所进行的战争。从武器发展的历史看，常规武器大体经历了金属兵器、火药兵器、机械兵器三个发展阶段，因此历史上的常规战争又可以分为金属化条件下的常规战争、火药化条件下的常规战争和机械化条件下的常规战争。所谓核战争，是指使用核武器所进行的战争。它以核武器为主要毁伤手段，其特点是战争的规模、战争的突然性和破坏性都比常规战争空前增大，有些国家又将核战争区分为核大战和有限核战争。

按照战争的形态，还分为冷兵器战争、热兵器战争、机械化战争和信息化战争。

（二）战争的特点

战争的特点因不同时期战争形态的不同而不同，但究其共性，大致有以下几点。

1. 政治性

毛泽东指出："'战争是政治的继续'，战争就是政治，战争本身就是政治性质的行动，从古以来没有不带政治性的战争。"这说明，任何战争都是政治的产物，都是为政治服务的，都是在政治的支配下进行的。同时，战争又要按照自己的规律向前发展，具有某种程度的独立性，反作用于政治。纵观人类战争的历史，战争爆发的根源、规模、进程和结局，无一不受政治的制约和支配。因此，战争具有政治性。

2. 暴力性

克劳塞维茨认为："战争是迫使敌人屈从我方意志的一种暴力行为。"这说明，战争是使用暴力工具施行的暴力行为，战争的根本功能是通过暴力实现的，战争的基本要素都具有鲜明的暴力性特征。马克思主义战争观也认为，战争是阶级斗争的最高形式，矛盾越激烈，暴力性就越强。所以，战争区别于其他斗争形式的特定属性就是暴力性。

3. 规律性

毛泽东认为："战争不是神物，仍是世间的一种必然运动。"这说明，战争是不以任何人的意志为转移的，战争反映自身矛盾运动发展过程中的本质联系和必然趋势，即战争的规律性。古今中外的战争史表明，战争的发生、运动和发展，以及战争中的各种事物和现象，都是有其必然性的，也都是有规律可循的。

4. 偶然性

战争中的偶然性是指战争运动发展中的外在的联系和不确定的现象变化，它是由战争的非本质因素决定的暂时的外在联系和多种可能的发展变化。毛泽东说："我们承认战争现象是较之任何别的社会现象更难捉摸，更少确实性，即更带有所谓'盖然性'。"由于战场情况瞬息万变，熟知敌我双方的实际情况是很难办到的，影响战争胜负因素具有不确定性。因此，战争具有偶然性。

5. 创造性

由于战争具有不确定性，使得战争的进程和结局呈现出多样性，所以它是最具有创造性的活动。正如世界上没有两片完全相同的树叶一样，世界上也没有两场完全相同的战争。因此，战争具有不可复制性。此外，人可以能动地驾驭战争，人的主观能动性的发挥决定了战争不同的走向和结局。毛泽东认为，战争是有规律可循的，在进行战争时，必须发挥人的自觉能动性，认识并驾驭战争规律，夺取战争的胜利。因此，战争具有创造性。

三、战争形态的演变

人类在有文字记载的5000多年历史中，经历的大大小小的战争近1.5万次。纵观人类战争史，战争形态和作战样式，总是随着时代和社会生产力的发展而不断变化。从战争形态而言，在经历了徒手战争、冷兵器战争、热兵器战争、机械化战争、高技术战争之后，正在向信息化战争形态迈进。

（一）冷兵器时代战争

冷兵器，是一个时间概念。它指的是从军队和战争产生时起，直到黑火药发明并被广泛应用于战场的这一历史阶段，时间跨度大约从公元前21世纪到公元18世纪，大致跨越了人类社会发展过程中的奴隶社会和封建社会两大社会形态。冷兵器时代战争主要有以下几方面的特点。

首先，兵器从生产工具中分离出来，成为专门从事战争的工具。在金属出现以后，随着社会分工的发展和生产技术的改进，不仅兵器的制造日益精良，性能有了大幅提高，而且兵器的分类也开始细化，每种兵器各具某种特定的功能。比如，弓箭强调射程、准确度和穿透力，刀剑强调锋锐度，铠甲强调防护力。随之而来的是军队内部出现专业分工，产生了不同的兵种，比如主要担任射击的弓箭手、肉搏格斗的重步兵、冲锋陷阵的车兵，以及主要负责突击和侧翼包抄的骑兵。从此，军队开始编组成不同的阵式投入战斗，而不再是一拥而上进行混战，早期诸兵种协同作战方式由此出现。总之，随着金属兵器的出现和发展，军队的作战手段、作战方式和部队编制都出现了革命性的变化。

其次，出现了独立的军事组织。人类进入金属时代之后，由于生产力的提高，生产关系也随之发生变化，出现了私有制。原始社会由此解体，人类进入了奴隶制社会，并大致经历了从奴隶制城邦到封建诸侯领地，最终走向中央集权的君主制国家的发展道路。统治者为了对内镇压奴隶或平民的反抗，对外扩张领土或抵御侵略，迫切需要一个组织完善、能有效执行其意愿的暴力工具。于是，军队作为一种独立于生产领域之外的特殊社会组织出现了，并逐步从奴隶制社会初期兵民合一的民军，发展演变成封建社会主要由自由农民组成的封建军队。

最后，由于军队的出现及其不同兵种的诞生，对军事指挥提出了越来越高的要求。世界各国逐渐形成了文武分设的官僚体制。在古代中国，还对军队的管理权和指挥权进行了区分。军队中出现了如十人队、百人队（西方）或行、什、伍（中国）这样的早期编制。于是，军队中的组织结构、建制关系和作战指挥体系便初具雏形。此外，各国的军事家、史学家还通过撰写回忆录、战史著作和兵书，对战争经验进行总结提炼，在此基础上，古代兵学也随之发展起来。

（二）热兵器时代战争

热兵器时代战争，主要指使用以火药能释放为机理的枪、炮等火器所进行的战争。火器时期，大约发端于10世纪的中国，兴盛于14世纪的欧洲，延续到19世纪的世界各国。唐朝末年，中国首先将火药用于军事，开始利用火药制造一种全新的兵器——火药兵器（简称火器）。宋代，先后制造出燃烧性火器、爆炸性火器和管形火器，以及利用火药燃气反作用力推进的火箭。管形火器的发明，是火器史上的一大进步。南宋开庆元年（1259），制造出能发射子窠的竹制管形射击火器，即突火枪。元代，发明了金属管形射击火器，即火铳，开始了火器发展的崭新阶段。明代初期，火箭技术迅速提高，出现了种类繁多的火箭兵器，除制造大量手铳和大口径碗口铳外，开始制造大口径铜炮、铁炮，把火炮制造技术提高到一个新水平。

自13世纪中国的火药和火器技术传入欧洲以后，欧洲国家对黑火药的成分、配方进行研究，使火药技术得到改良，制造出威力更大、使用更安全的火药。火药技术及数学、几何学、力学和冶铁、制造等科学技术的不断发展，使火枪等武器诞生。同时，数学、力学的研究成果，又促使射击理论和射击技术不断发展，使火枪、火炮的实战性能大幅度提升并得到广泛应用。14世纪中叶，欧洲研制出从枪管后端火门点火发射的火门枪；15世纪，研制出最早采用机械点火装置的火绳枪，火炮制造技术也得到迅速发展，研制出发射铸铁弹的火炮；16世纪，创制了利用“火石”与铁器撞击点火发射的燧发枪；17世纪，研制出身管内壁有膛线的火炮，即线膛炮；17世纪末，欧洲燧发枪已普遍装上了刺刀，既可用于刺杀，也可用于射击，从而使冷兵器逐渐退出战场，主战兵器代之以火药能释放为主要机理的枪、炮等武器，以此进入热兵器战争时期。

化学能和士兵的技能成为热兵器战争制胜的主导因素。火药技术的发明将战争由冷兵器战争推进到热兵器战争。随着科学技术的发展，化学能开始取代机械能成为武器投送的主要方式，通过将火药的化学能转换成瞬间爆发的热能，实现了能量形式质的突破，使热兵器的杀伤力得以数倍、数十倍的提高。火枪、火炮成为战争使用的关键性武器。热兵器战争从近战开始转入远战，实现了从兵力搏杀向火力突击的转变。与冷兵器不同的是，热兵器威力的充分发挥，不是取决于士兵的体能，而是如何控制操作武器的技能。因此，热兵器时期双方较量的重心由士兵的体能过渡为士兵的技能。这一时期战争的战略目标为制城权，火力打击构成了敌对双方作战能力的主导因素，火力优势、火力射程和火力打击的效能成为战争制胜的关键。

（三）机械化时代战争

机械化时代战争肇始于第一次世界大战，经过两次世界大战之间年代的进一步发展，在第二次世界大战中达到顶峰。机械化时代战争突出的特征有四个方面。

（1）以空前的规模把科学技术运用于军事领域，实现了武器装备自动化和机械化这一质的飞跃。其主要标志是飞机、坦克、航空母舰等武器装备的诞生（图 4-3）。由此，人类兵器从延续了近 300 年的手持、马拉式枪炮，发展为完全靠机械动力推动的自动化武器。正是主战兵器的重大变化引发了战争形态的巨变，从之前的主要以战争空间扩大、作战指挥快捷、作战速度加快为标志的工业化战争，迈入作战工具自动化、装甲化、机动化和战争立体化的全新的机械化战争形态，并出现了相应的空军、装甲兵、防空军等军兵种。

图 4-3　机械化时代的军队

（2）军队具备了机械化、摩托化的战场机动能力和远程控制指挥能力，推动闪电战、立体战、潜艇战等崭新的作战样式的产生。内燃机的出现和发展，使军队的战场机动从徒步、乘马等人力、畜力方式，转变为汽车、摩托车、装甲车甚至飞机等机械力方式；无线电通信工具的发明，解决了远距离作战尤其是海上和空中作战的指挥与控制问题。由此，军队的作战样式大大扩展丰富，出现了空地协同、步坦协同，实施大纵深快速突击的闪电战，以及战略轰炸、航母战、空降作战等新的作战样式。战场从平面发展到立体，战线的长度和纵深发展到上千公里，形成了诸军兵种联合行动的立体战争模式。

（3）战争规模无限扩大。战争已不仅仅是军队的事情，而是将整个国家、整个社会都卷了进去，整个国民经济转入战争轨道，无数的人民群众投入后勤供应和战争经济的运转之中。战争已经没有了前后方之分，并成为整个国家和民族在军事、政治、经济、科技、思想、文化等诸多方面的全面较量。

（4）一系列创新的军事思想随着机械化战争形态的发展而产生，出现了总体战、大战略、空军制胜论、大纵深作战理论以及人民战争思想等。它们为多国家、多军种参加的大规模战争提供了综合运用国家全部力量的战略指导，为新型作战样式的实施提供了理论依据，对第二次世界大战及战后的军事发展产生了深远的影响。

（四）高技术时代战争

科学技术的飞速发展，导致了军事技术的层出不穷。而伴随着一系列新军事技术在作战领域的广泛运用，战争形态在实现了由平面到立体的革命之后，又开始了由机械化战争向信息化战争迈进的历程。高技术战争，指的是战争处于由机械化形态向信息化形态过渡进程中所表现出来的兼具机械化战争与信息化战争主要特点、相对新型的作战形态。高技术战争从 20 世纪 80 年代以来初露端倪，历经 1982 年马岛战争、第四次中东战争、苏联入侵阿富汗、美国空袭利比亚的“草原烈火”行动等，到 1991 年的海湾战争达到了全面成熟。在海湾战争中，多国部队特别是美军的高技术兵器几乎涵盖了陆海空三军的各个方面，覆盖了军事卫星、全球定位系统、精确制导弹药、夜视器材、隐形飞机、巡航导弹、电子战武器、C^3I 系统等各个领域，其广泛程度前所未有。

高技术兵器的大量使用，使战争出现了许多前所未有的特点。就战争最基本的特征而论，以海湾战争为代表的高技术战争同以往战争相比最突出的特点：一是武器装备建立在高度密集的技术基础之上；二是打击方式已不再是过去战争所追求的那种大规模毁伤，而是在破坏力相对降低的基础上突出打击的精确性；三是整个战争范围与过程被视为一个完整的系统，战争的协同性和时间性空前突出。显然，战争的面貌同以往相比发生了巨大的变化。

（五）信息化时代战争

图 4-4　信息化时代的军队

信息化时代战争萌发于 20 世纪 70 年代的越南战争，其标志是精确制导武器的首次使用和第一套 C^3I 系统的出现（图 4-4）。经过 80 年代英阿马岛战争中的电子战和精确制导武器对抗，再到 90 年代的海湾战争、科索沃战争，以及 21 世纪初期的阿富汗战争和伊拉克战争，信息化武器装备越来越多地发挥了主导作用，战争形态发生了显著变化。一是战场范围增添了外层空间和网络电磁空间两个新领域，战术性和战役性太空战得到开发；二是天基系统在综合信息保障上开始发挥主力军作用；三是全天候远程精确打击成为主要打击手段，隐形武器和无人操作系统等新型作战手段异军突起；四是基于网络和联合部队的一体化作战崭露头角；五是战场军事胜利往往不能单独决定战争胜利，战后经济社会稳定成为制约战争政治目的实现的重大因素。

信息化时代军事革命的核心内容是信息化建设和联合作战能力铸造，即以信息技术和网络为基础，从器物、体制、文化三个层面对军队进行脱胎换骨的改造，使传统军队转变为各种作战要素、各类作战行动融合集成的联合军队。具体而言，也就是将搜集、处理、传递情报的信息系统（即侦察、监视、目标定位和 C^4I 系统），同武力系统（即精确制导武器、隐形武器、联合作战思想、功能齐全的作战模块和小型联合部队）相结合，作为赢得战争的关键。战争呈现出信息主导、网络支撑、体系对抗的崭新特征。为此，世界主要国家，尤其是美国，力图依靠高新技术特别是信息技术优势，打造一支在任何冲突中都能压倒对手的强大军队。这支军队的基本能力包括：全球快速反应和远程投送；高精确度和无限制远程打击能力；隐形突防与全面防护；从传感器到发射器的无缝链接；从信息优势到决策优势、行动优势、战场胜势的联合作战效能。如果新军事革命的设想和预期目标能够实现，那就意味着军队的作战思想、武器装备、组织形态乃至战争性质、战争定义都将发生根本性变化，对社会发展和世界军事的各个领域都将产生巨大的冲击。

延展视界

“奇怪的战争”

“奇怪的战争”专指第二次世界大战爆发时，已对德宣战的英法联盟在长达 8 个多月的时间里（1939.9—1940.5），在西线同德国进行“无战事”的战争（图 4-5）。英法联盟为什么宣而不战呢？

图 4-5　签署完《慕尼黑协定》返回伦敦的张伯伦

“二战”爆发前，英法两国参谋部经过多次磋商已经草拟出一份战略计划。其大意是：因为敌人已经做好战争准备，在陆军和空军方面占有优势，因此，英法联盟要首先准备防御，然后通过征服意属东非和北非进而打败意大利，一旦动员了足够的兵力，就向德国发起进攻。在此期间，要对德国保持有力的经济压力，并利用一切外交手段，确保其他国家特别是美国的友好中立或积极援助。总之，英法联盟在欧洲战区的战略计划所依据的思想是防御先于进攻。防御战略可以赢得时间，以便改变军备生产落后的状况，并通过吸引罗马尼亚、南斯拉夫、希腊、土耳其、比利时和荷兰参与同盟，组成一条“绵长的、牢固而持久的东方战线”。随着战局的发展，联盟在各战略阶段又制订出若干个具体的战略计划。从其 9 次最高军事会议所讨论的问题看，它们的战略重点首先放在东南欧和巴尔干地区，其次由于苏芬战争的爆发而放在斯堪的纳维亚地区。它们认为位于西线侧翼的这两个地区非常重要，特别是东南欧的石油和北欧的铁矿资源以及这两个地区的地理位置都具有重要的战略意义。德国如果占领了巴尔干地区，就等于打开了通向东地中海、黑海和近东的道路。在北欧，除了铁矿之外，斯堪的纳维亚半岛还可为德国提供空、海军基地。德国控制了这一地区，也就等于控制了这里的战争资源和战略要地。因此，必须竭力保卫这两个地区。

然而，联盟怀疑这两个地区的国家由于受到德国的战争恐吓，进而对盟国的信赖发生动摇，特别是联盟对苏联的敌视和对意大利中立地位的捉摸不定，这就更使得整个局势扑朔迷离，以至于联盟在战争初期不得不更加小心谨慎，唯恐引起苏联和意大利的参战。这种心理状态势必导致联盟在“奇怪的战争”中瞻前顾后，举棋不定，影响着西线的战争准备和各种战略计划的实施。

一般说来，在联盟战争中，结成联盟的国家为了取得胜利，需要一个协同一致的战略。英法联盟则不然，从表面上看，这一阶段的战略指导似乎一致，实际上，它是两国妥协的产物。从联盟建立伊始，它们就互不信任，随着战争的爆发和战局的嬗变，彼此间的猜疑愈发严重，双方对自己的切身利益都有自己的看法，但又都不愿对这些利益做出明确的说明。如法国政府常常怀疑英国政府在共同的斗争中没有竭尽全力，英国政府也确实不想尽更多的义务。结果造成双方都不能按照自己的计划行事。从这个意义上说，“奇怪的战争”也就不足为奇了。

第二节　战争动力——新军事革命

军事箴言

一旦技术上的进步可以用于军事目的，并且已经用于军事目的，它们便立刻几乎强制地，而且往往违反指挥官的意志而引起作战方式上的改变甚至变革。

——弗里德里希·恩格斯

当今世界，在以信息技术为核心的高技术推动下，军事领域正在发生着一场新的军事变革。这场军事变革的实质，是一场以信息化为主要特征的军事信息化革命。其产生的主要动因与高技术的发展密切相关。随着高技术的进一步发展，当前这场新军事变革已进入一个新的质变阶段，并将发展成为一场遍及全球、涉及所有军事领域的深刻革命，将对世界军事形势、国际战略格局乃至战争形态的演变产生深刻影响。

一、新军事革命的概念

所谓新军事革命，就是在人类社会从工业时代走向信息时代的变革过程中，在以信息技术为核心的高技术迅猛发展推动下，将信息化武器系统、创新的军事理论和变革的体制编制有机地结合在一起而形成的，能彻底改变旧作战方式，极大地提高军事效能的军事革命。简单地说，是指世界军事由工业时代的机械化军事形态向信息时代的信息化军事形态的全面转型。理解新军事革命的含义，可以从以下三个方面把握。

（1）新军事革命是整个社会变革的重要组成部分，强调要从社会整体变化来认识新军事变革。社会是军事的母体，军事是社会的重要领域。一定的军事形态是一定的社会技术形态在军事领域的反映。任何作战方式，都可以在相应人类社会生产方式中找到自己的影子。如美国著名未来学家阿尔文·托夫勒就认为:“新文明向旧文明挑战,整个社会转变,促使武装力量从技术和文化到编制、战略、战术、训练和后勤等方面都发生变化,这就出现了军事变革。”中国工程院前院长朱光亚看问题更是入木三分、一语中的,他说:“产生这场新军事变革的社会根源是一种新型的经济正在美国、欧洲、亚太一些国家和地区兴起,它建立在信息技术的基础上,正在使军事各个领域发生迅速、急速的变化。”在人类历史上,技术社会形态完成过两次变化。一次是由游牧社会向农业社会过渡,另一次是由农业社会向工业社会转变。随着这两次技术社会形态的转型,也出现了两次全面军事变革,即冷兵器军事变革和热兵器(机械化)军事变革。现在,技术社会形态正在发生第三次大变革,世界正处于由工业社会向信息社会的过渡时期,因此也必然出现第三次世界性的全面军事变革。也就是说,这次军事变革是由信息社会孕育出来的,是信息社会的产物。

阅读卡片

世界超级计算机 500 强

世界超级计算机 500 强是指国际 TOP500 组织发布的,全球已安装的超级计算机系统排名,始于 1993 年,由美国与德国超算专家联合编制,以超级计算机基准程序 Linpack 测试值为序进行排名,每年发布两次,其目的是促进国际超级计算机领域的交流和合作,促进超级计算机的推广应用。2003 年由中国国防科技大学研制的“天河二号”超级计算机系统,以峰值计算速度每秒 5.49 亿亿次、持续计算速度每秒 3.39 亿亿次双精度浮点运算的优异性能位居榜首。2017 年中国超级计算机“神威·太湖之光”和“天河二号”连续第四次分列冠亚军,其浮点运算速度分别为每秒 9.3 亿亿次和每秒 3.39 亿亿次。且中国超级计算机上榜总数达到 202 台,占全部上榜超算总量的 45% 以上,中国超算上榜总数位居第一。

(2)新军事变革是科学技术发展和应用的必然结果,必须从现代科学技术的发展来认识新军事变革。总结来看,人类历史上每一次军事变革都是由关键技术的突破引发的。作为知识经济时代的特征和标志,当今世界,信息技术无处不在、无时不有,达到了空前普及的程度。信息已经成为现代社会最重要的战略资源之一。以色列学者马丁·范·克里沃尔德认为:“把技术发展适当地用于装备、训练、编制和学说中时,提供了一个决定性的优势,这就是军事变革。”美国战略和国际问题研究中心的分析报告指出:“一场真正的军事变革是把先进的技术与正确的学说、编制结合在一起,使武器发挥最大效果。”事实也是如此,特别是以信息技术为核心的高新技术在军事技术领域的广泛运用,直接带动了精确制导技术、遥感和探测技术、卫星通信和卫星预警技术、全球定位导航技术、隐身技术、激光技术、夜视技术、电子对抗技术等一系列军事高技术的出现和迅猛发展。以此为基础，精确制导武器、高能激光武器、粒子束武器、隐身武器、自动化指挥控制系统、红外传感装置、全球联合定位攻击系统等一大批高新技术武器装备大量涌现。这些崭新的高新技术武器装备的出现，彻底改变了现代战争的面貌。毋庸置疑，现代科学技术是新军事变革的物质基础，新军事变革是现代科学技术在军事领域广泛应用的结果。

（3）新军事变革是军事领域的整体变革，必须从军事发展的全局来认识新军事变革。美国前国防部长威廉·佩里指出："军事变革是采用新技术同创新的作战理论和组织体制改变相结合，是从根本上改变军事行动特点和进行方式的过程。"总的来看，新军事变革包括三个基本要素：先进的武器系统、创新的军事理论和变革的体制编制。每个要素都是军事变革的必要条件，但不是充分条件。它们各自并不能独立地导致军事变革的真正实现，只有当它们同时出现并有机地结合在一起时，军事变革才能真正地发生。其中，先进的技术和武器系统是军事变革的前提条件和物质基础，是军事变革的"硬件"。没有这些硬件，军事变革就无从谈起。创新的军事理论是军事变革的灵魂，是军事变革的"软件"。它不但决定先进的技术和武器系统这些"硬件"如何运行，发挥其具体功能，而且决定其如何相互作用，以发挥其最大的效能。变革的体制编制是先进的武器系统、创新的军事理论的具体体现，是把军事变革的"硬件"和"软件"有效地结合在一起，并发挥出最佳功能的关键。总之，新军事变革不是一个孤立的事件，而是一个整体的过程。只有当先进的技术和武器系统与创新的军事理论以及变革的体制编制正确、及时地结合在一起时，新的军事变革才会出现。

阅读卡片

新军事革命的起源在苏联

新军事革命最早可追溯到20世纪70年代。最开始，原苏军的一些军官和将领，面对科学技术进步对军事领域产生的越来越广泛的影响，提出发生"军事上的革命"的可能性。除了在报刊上常见这类论文外，还陆续出现了一些专著，如1973年苏联国防部军事出版社出版的《科学技术进步与军事上的革命》一书，就是一个例子。该书由H. A.洛莫夫上将等16名作者集体编写而成，尽管主要是以导弹核武器等新武器装备的出现与运用作为背景，但作者很明确地表示："本书试图在介绍新兵器性能的基础上扼要地阐明军事上的革命所引起的一些新的现象。"到20世纪70年代末和80年代初、中期，在苏军刊物的某些文章中，已经出现了"军事技术革命"的概念。苏军总参谋长奥加尔科夫所撰写的《历史教导我们提高警觉》一文，甚至提出了继核时代革命之后将发生全然不同的新军事革命的见解，可算得上其中的典型代表。他们对以电子计算机为核心的信息技术和精确制导武器等给予很高的评价，认为这些正在发展的新技术装备正处于从根本上打破陈旧的科学原理的阶段，极可能出现比导弹核武器更有效的杀伤性兵器，从而引发一场“军事技术革命”，并进而影响到军事的各个领域。奥加尔科夫等人的观点曾受到苏军一批军事理论工作者和年轻军官的响应，并在80年代初展开了一场热烈的讨论。由于当时正是被称为“第三次浪潮”的高新技术革命在世界范围兴起的时候，高新技术的发展水平有限，人们对其在军事领域的应用前景和深远影响的认识也不够，因此，苏军在从技术进步角度对新军事革命的概念做了一番探讨之后，并未付诸实施，也未能引起世界其他国家的足够重视。

二、新军事革命的主要内容

新军事革命是人类文明由工业时代向信息时代转变的产物，是当代国际综合国力竞争在军事领域的反映，是以夺取并保持绝对军事优势为目标，以高技术特别是信息技术的飞速发展为动力，通过“系统集成”和“虚拟实践”，最终实现军事体系由机械化向信息化转变的过程。新军事革命的本质与核心是信息化，其目的是建设信息化军队，打赢信息化战争。

（一）创新军事技术，实现武器装备的信息化

武器装备的断代性发展，是军事领域出现革命性变化的重要标志。现阶段，主要是应用信息技术成果对现有武器装备进行改造，同时研制和发展新型信息化武器系统，从而实现武器装备的信息化、智能化和高效化。目前，发达国家军队已经实现了高度机械化和部分信息化，同时，在战争中大量使用经过信息化改造的精确制导武器。2003年5月，伊拉克战争结束不久，美国副总统切尼就宣布：“从战场投放的精确制导弹药占总投弹量的比例看，海湾战争是9%左右，这次伊拉克战争则占到68%。”信息装备已成为现代战争的主战装备。

（二）创新体制编制，重组军队组织结构

一场军事革命的完成，是以军队组织结构调整的最终实现为标志的。调整改革军队的体制编制，是实现人与武器有机结合，最终完成军事变革的关键（图4-6）。世界各国为适应世界新军事变革的发展，高度重视优化军队的内部结构，使军队的体制编制向着精干、高效、合成的方向发展。总的趋势是，压缩常备军规模，裁减一般部队，增编高技术军兵种部队，使军队向小型化、多能化、一体化方向发展。现阶段，主要是建设便于灵活组合的中小型模块式部队，建立适合信息快速流通的扁平式作战指挥体制。伊拉克战争中，美军在指挥上改变了以往各军兵种分别指挥的方式，由联合作

战中心实行一体化指挥；在保障上，改变了以往逐级实施的方式，由后方基地统供，直接投送到前沿部队和分队，这就是所谓的“聚焦后勤”。

图 4-6 解放军新成立的战略支援部队

（三）创新军事理论，推动军队建设转型

随着高新技术武器装备的发展，传统的战争理论、作战原则以及战略、战役、战术之间的关系等都随之发生变化，出现了一些建立在新的物质基础之上的军事理论。比如，信息化战争理论、信息战理论、联合作战理论、精确化作战理论、非对称作战理论、空间作战理论、非接触作战理论和网络中心战理论等。在伊拉克战争中，美军所使用的“快速决定性作战”理论，就是一种全新的作战理论。它强调作战行动必须充分利用信息化装备优势，采取“远程精确打击 + 小规模地面快速突击”的新战法，尽快由有限规模的战役行动达成战略目的。通过实战检验，这一理论得到充实验证，说明适应信息化战争要求的创新军事理论是完全必需的，并要根据新的军事理论完成军队由机械化向信息化转型。

（四）创新作战方式，适应新的战争形态

20 世纪 90 年代以来，非接触、非线式作战日益成为重要作战方式。网络中心战、太空攻防战等也将在不久的将来登上实战舞台。美军在伊拉克战争中所采用的基本作战方式就是非接触、非线式作战。这种作战方式不再是逐次突破推进，而是一开始就超越防御地带和自然地理屏障，直接对敌战役和战略纵深目标实施中远程精确打击，通过瘫痪对方的整个作战体系、摧毁对方的战争潜力和国家意志来达成战略目的。2003 年 3 月 20 日凌晨伊拉克战争一打响，美军第 3 机步师就从科威特出动，第二天便深入伊拉克腹地 160 千米，5 天内急进 400 多千米，直插巴格达外围。不少人认为，这样用兵是孤军冒险。其实，这正是为了以最快的速度推翻萨达姆政权。这种“闪电”行动，使伊拉克军队来不及纵火油田、炸毁桥梁、设置交通障碍，更来不及组织坚强有力的巴格达防御战。因此，创新作战方式是适应战争形态发展的需要，必须灵活多变。

三、新军事革命的发展趋势

（一）向更高的层次迈进

随着新军事革命的宏观性、整体性、未知性、前瞻性空前增强，对战略规划的需求越来越迫切。为此，世界各主要国家纷纷顺应时代发展趋势，把新军事变革定位为国家职责，纳入整体规划，加大投入力度，求得国防与经济建设的同步发展。比如，在美国政府和国会的强力推动下，美军费投入持续攀升，2023 财年军费预算超过 8000

亿美元，其中40%以上直接用于新军事变革。俄罗斯政府则制定了“联邦军事学说”，为进行新军事变革制定了大政方针，并在国家财政非常困难的情况下，支持军队进行了四次大规模调整改革。各国还普遍重视发挥国家经济、国防、智力等资源的综合效益，缩短新装备从研制生产、交付使用到形成战斗力的周期，不断提高国防和军队建设的投入产出比。因此，推动军队全面转型便成了新军事革命的重要趋势之一。

有专家指出，当今世界军事革命的演进大致可以分为三个阶段，即观念转变阶段、战略更新阶段、体系调整阶段，目前正处于体系调整阶段。美军各军种也都制订了加速推进军队转型的战略规划和实施计划：陆军计划在建设数字化部队的基础上，到2030年建成高度信息化的“目标部队”；海军计划到2025年实现“由海到陆”；空军要在2030年前后实现航天航空一体化，建成新型“航天航空部队”等。

阅读卡片

美军着手成立太空军①

据美国媒体2018年6月18报道，美国总统特朗普要求美国国防部成立太空军，并且签署了新的国家太空委员会相关文件。美国副总统彭斯8月9日在五角大楼发表演讲时宣布，美国到2020年将建成美军第六军种——太空军。彭斯称：“中国和俄罗斯一直在进行高度复杂的在轨活动研究，从而给美国的太空系统带来了前所未有的新危险。”当天，特朗普在推特上写道：“太空军一路前行。”美国筹建太空军的消息立即引发世界的担忧，许多分析认为美国此举是企图打造“星球大战2.0版”，从而“统治太空”。特朗普曾称，美国在太空中仅有“存在感”是不够的，还要具有“统治力”。尽管美国里根政府时期曾制订“星球大战”计划，但迄今为止，外层空间一直是和平的，联合国坚决反对外层空间军事化。现在美国公然宣布筹建太空军，无疑吹响了太空军备竞赛的号角。澳大利亚“珀斯新闻网”想象了一幅令整个人类忧心忡忡的情景：“数十年来，把地球上的战争延伸到太空一直是个禁忌：想想装载有核弹头的卫星悬在我们的头顶上，就让人不寒而栗。”

（二）向更广的范围扩展

如果说，海湾战争拉开了世界新军事革命的帷幕，那么，经过30多年的努力，将变革成果付诸战争实践检验，已成为军事强国的迫切需要。同时，以信息技术为核心的新军事革命，增强了战争的可控性，降低了战争的风险和门槛，拉近了军事革命与战争的距离。信息化武器、信息化作战平台、数字化部队、新型作战理论等在近几场现代局部战争中纷纷登场亮相，新军事革命通过“实验型”战争提速。这种互动大大

① 新一轮“星球大战计划”？美国宣布将成立太空军[N].环球时报，2018-08-11.

增加了所有国家加快军事变革的紧迫感。各国普遍意识到，顺应新军事革命的潮流，就能夺得军事领域的制高点和战略主动权。与此同时，军事变革还在向武器装备、编制体制、作战理论等诸多领域全方位扩展。以美军的作战理论为例，在《2020年联合构想》中，美军强调发挥信息和技术优势，借助新的概念、新的编制和新的武器系统，实现优势机动、精确打击、全维防护和聚焦后勤等新的作战思想，为未来美军建设提供了理论指导。非接触战理论、网络中心战理论、数字化部队建设理论等一系列全新的战略理论陆续出现，各种制权理论被不断翻新和融合，这些新的战略理论既是新军事革命催生的产物，又为新军事革命的深入发展注入了生机和活力。

（三）向更新的领域渗透

新军事革命主要是由先进的信息技术对军事的影响而产生的。信息技术在影响军事的过程中，可分为三个层次。一是改进现有的军事系统，提高现有军事系统的效能，使之发挥更大的作用；二是先进的信息技术创造出新的暴力工具，如智能武器、无人驾驶武器、机器人部队；三是由信息技术间接地推进新概念武器的发展，包括激光武器、定向能武器、非杀伤武器等。后两种影响更具有革命意义。现阶段，信息技术对现有军事系统的“建设性”较为明显，而“否定性作用”较为隐晦。二者的冲突与融合，将在未来一定时期内决定军事斗争的面貌。

（四）向更快的节奏转变

科学界的大量统计研究表明，信息革命的“第一规律”，即芯片、通信和网络的功能呈指数增长的规律，是促使新军事革命加速的重要原因。不但科技成果的数量在急剧增加，而且军事科技成果从出现到实际应用的周期越来越短，许多重大成果一出现，就立即在军事上得到了应用。有人说，1950年前后，人类知识总量翻一番需要50年，2020年时人类知识总量翻一番只需73天。在军事信息技术加速度发展的强大推动下，新军事革命成为一种加速度很大的变革。

延展视界

人工智能的发展趋势①

人工智能是研究开发能够模拟、延伸和扩展人类智能的理论、方法、技术及应用系统的一门新的技术科学，其研究目的是促使智能机器会听（语音识别、机器翻译等）、会看（图像识别、文字识别等）、会说（语音合成、人机对话等）、会思考（人机对弈、定理证明等）、会学习（机器学习、知识表示等）、会行动（机器人、自动驾驶汽车等）。

① 谭铁牛．人工智能的历史、现状和未来[J]．求是，2019（4）．

经过 60 多年的发展，人工智能在算法、算力（计算能力）和算料（数据）等“三算”方面取得了重要突破，正处于从“不能用”到“可以用”的技术拐点，但是距离“很好用”还有诸多瓶颈。那么在可以预见的未来，人工智能发展将会出现怎样的趋势与特征呢？

（1）从专用智能向通用智能发展。如何实现从专用人工智能向通用人工智能的跨越式发展，既是下一代人工智能发展的必然趋势，也是研究与应用领域的重大挑战。2016 年 10 月，美国国家科学技术委员会发布《国家人工智能研究与发展战略计划》，提出在美国的人工智能中长期发展策略中要着重研究通用人工智能。阿尔法狗系统开发团队创始人戴密斯·哈萨比斯提出朝着“创造解决世界上一切问题的通用人工智能”这一目标前进。微软在 2017 年成立了通用人工智能实验室，众多感知、学习、推理、自然语言理解等方面的科学家参与其中。

（2）从人工智能向人机混合智能发展。借鉴脑科学和认知科学的研究成果是人工智能的一个重要研究方向。人机混合智能旨在将人的作用或认知模型引入人工智能系统，提升人工智能系统的性能，使人工智能成为人类智能的自然延伸和拓展，通过人机协同更加高效地解决复杂问题。在我国新一代人工智能规划和美国脑计划中，人机混合智能都是重要的研发方向。

（3）从“人工＋智能”向自主智能系统发展。当前人工智能领域的大量研究集中在深度学习，但是深度学习的局限是需要大量人工干预，比如人工设计深度神经网络模型、人工设定应用场景、人工采集和标注大量训练数据、用户需要人工适配智能系统等，非常费时费力。因此，科研人员开始关注减少人工干预的自主智能方法，提高机器智能对环境的自主学习能力。例如，阿尔法狗系统的后续版本阿尔法元从零开始，通过自我对弈强化学习实现围棋、国际象棋、日本将棋的“通用棋类人工智能”。在人工智能系统的自动化设计方面，2017 年谷歌提出的自动化学习系统（AutoML）试图通过自动创建机器学习系统降低人员成本。

图 4-7　解放军数字化单兵系统

（4）人工智能将加速与其他学科领域交叉渗透（图 4-7）。人工智能本身是一门综合性的前沿学科和高度交叉的复合型学科，研究范畴广泛而又异常复杂，其发展需要与计算机科学、数学、认知科学、神经科学和社会科学等学科深度融合。随着超分辨率光学成像、光遗传学调控、透明脑、体细胞克隆等技术的突破，脑与认知科学的发展开启了新时代，能够大规模、更精细解析智力的神经环路基础和机制，人工智能将进入生物启发的智能阶段，依赖于生物学、脑科学、生命科学和心理学等学科的发现，将机理变为可计算的模型。同时，人工智能也会促进脑科学、认知科学、生命科学甚至化学、物理、天文学等传统科学的发展。

（5）人工智能产业将蓬勃发展。随着人工智能技术的进一步成熟以及政府和产业界投入的日益增长，人工智能应用的云端化将不断加速，全球人工智能产业规模在未来 10 年将进入高速增长期。例如，2016 年 9 月，咨询公司埃森哲发布报告指出，人工智能技术的应用将为经济发展注入新动力，可在现有基础上将劳动生产率提高 40%；到 2035 年，美、日、英、德、法等 12 个发达国家的年均经济增长率可以翻一番。2018 年麦青锡公司的研究报告预测，到 2030 年，约 70% 的公司将采用至少一种形式的人工智能，人工智能新增经济规模将达到 13 万亿美元。

（6）人工智能将推动人类进入普惠型智能社会。“人工智能 +X”的创新模式将随着技术和产业的发展日趋成熟，对生产力和产业结构产生革命性影响，并推动人类进入普惠型智能社会。2017 年国际数据公司 IDC 在《信息流引领人工智能新时代》白皮书中指出，未来 5 年人工智能将提升各行业运转效率。我国经济社会转型升级对人工智能有重大需求，在消费场景和行业应用的需求牵引下，需要打破人工智能的感知瓶颈、交互瓶颈和决策瓶颈，促进人工智能技术与社会各行各业的融合提升，建设若干标杆性的应用场景创新，实现低成本、高效益、广范围的普惠型智能社会。

（7）人工智能领域的国际竞争将日益激烈。当前，人工智能领域的国际竞赛已经拉开帷幕，并且将日趋白热化。2018 年 4 月，欧盟委员会计划于 2018—2020 年在人工智能领域投资 240 亿美元；法国总统在 2018 年 5 月宣布《法国人工智能战略》，目的是迎接人工智能发展的新时代，使法国成为人工智能强国；2018 年 6 月，日本《未来投资战略 2018》重点推动物联网建设和人工智能的应用。世界军事强国也已逐步形成以加速发展智能化武器装备为核心的竞争态势。例如，美国特朗普政府发布的首份《国防战略》报告即谋求通过人工智能等技术创新保持军事优势，确保美国打赢未来战争；俄罗斯 2017 年提出军工拥抱“智能化”，让导弹和无人机这样的“传统”兵器威力倍增。

第三节 工业力量——机械化战争

军事箴言

现在我相信机械化战争，也就是相信装备机器的军队，这种军队只需要少量的人和强大的机器。

——富勒《1914—1918 年大战中的坦克》

机械化战争始于 20 世纪初，贯串整个 20 世纪，它开创了世界军事史上的新纪元，其规模之大，程度之激烈，史无前例。机械化战争深刻影响了近现代世界军事的发展，人类历史上的两次世界大战都爆发在机械化战争时代。

一、机械化战争的内涵

机械化战争是指主要使用机械化武器装备及相应作战方法进行的战争。所谓机械化武器装备，是以机械动力为主要驱动力，以火力、机动力、防护力为主要战术技术指标的各种装备的统称，如坦克、自行火炮、水面舰艇、潜艇、战斗机、轰炸机等。机械化部队是主要依托建制内装甲战斗车辆等机械化装备实施机动和作战的部队，以机械化步兵或坦克兵等为主体的诸兵种合成部队。机械化部队的典型作战方法是大规模集群作战、远距离快速机动作战、大范围纵深攻击作战等。交战双方往往构筑阵地，沿着一定的作战线，进行密集的火力交锋。为了打击一个目标，具有机械化作战能力的部队通常使用大量飞机、坦克、火炮等武器，投射大量弹药，进行猛烈轰炸，实施大范围的火力覆盖。

机械化战争是随着工业时代来临而产生和发展的。19 世纪末 20 世纪初以后，人类科学技术获得新的进步，以重工业为重点，以大机器生产为特征的新工业革命发展迅速。相应的，军事科技也获得同步的发展，速射机枪、坦克、飞机、潜艇、航空母舰、无线电设备等一大批机械化武器装备相继问世。与此同时，坦克兵、化学兵、潜艇部队等空军新的兵种出现；军队编制体制走向大型化、合成化和摩托化；坦克战、化学战、电子战以及空中作战等迅速成为重要的作战方式。所有这些，都使得战争面貌发生重大变化，人类由此步入了机械化战争时代。

在 20 世纪初世界上发生的战争中，已经带有较为明显的机械化战争的特点。第一次世界大战中，机械化战争形态获得飞速发展，到第二次世界大战时期，机械化战争已经逐渐发展至成熟阶段。自 20 世纪中叶以后，以人类对微观世界的认识以及对核能的掌握和利用为特点的新一轮科技革命，又把人类社会带入核时代，核战争以及核威慑条件下的常规战争，成为机械化战争的重要阶段。① 不同的战争形态，在时间上不是截然分开的，而是有一个相互交叉的历史过程。虽然近几十年来，在机械化战争形态的“母体”中，信息化战争形态被孕育出来，并不断趋于成熟，但在许多战争实践中，仍然表现出较强的机械化战争的特征。21 世纪的今天，人类的许多战争活动，仍然受到机械化战争的影响。

二、机械化战争的特征

机械化战争只有百年历史，却具有重要的历史地位，对军事发展产生了深远的影响。机械化战争是工业时代战争的基本形态，相比较其他时代的战争形态，表现出以下特征。

第一，科技革命是机械化战争形成和发展的根本动力。18 世纪中期，第一次工业革命中出现的蒸汽动力船，造就了现代海军；蒸汽机车和铁路的实际运营，增强了军队的战略机动能力。19 世纪下半叶，以重工业为重点、以大机器生产为特征的第二次工业革命，推动了速射机枪、坦克、飞机、潜艇、航母、无线电等自动化、机械化武器的竞相问世（图 4-8）。20 世纪中叶，以人类对微观世界的认识以及对核能的掌握和利用为特点的新一轮科技革命，使核战争以及核威慑条件下的常规战争成为机械化战争的重要阶段。与以往的火器、火炮等热兵器相比，机械化兵器构造更加复杂，火力毁伤性能更加强大，机动性能大幅度提高。

图 4-8　“福建舰”是中国首艘采用直通甲板弹射起飞方式的航空母舰

第二，战争规模无限扩大。机械化时代的战争已不仅仅是军队的事情，而是将整个国家、整个社会都卷入了。人们把第一次世界大战看作是人类进入总体战争或称“无限战争”时代的开始，而第二次世界大战则把这种战争推到了顶点。在总体战争时代，人类以空前的规模和速度把最先进的科学技术全都用于作战，把整个国家的人力、物力全都投入战争。战争已经没有前后方之分，并成为整个国家和民族在军事、政治、经济、科技、思想、文化等诸多方面的全面较量。机械化战争中人、财、物的直接消耗和间接消耗非常大。因此，机械化时代的战争不仅具有空前的规模，而且具有空前的毁灭性。

第三，作战编成合成化。相对而言，冷兵器、热兵器时代军兵种数量较少，军队构成较为简单。而在机械化战争条件下，由于空军、坦克兵、化学兵等新的军兵种的出现，军队的构成比以往更加复杂。在战争过程中，往往需要多个军兵种共同行动。

① 张秦洞．作战力量建设概论 [M]. 北京：军事科学出版社，2018：25.

于是，军队体制编制得到重新调整，在一个作战集团内往往合成编配多个军兵种，空地协同、步坦协同等合同战斗方式得到普遍应用。

第四，战争影响深远。在军事理论方面，总体战、大战略、空军制胜论、大纵深作战理论以及人民战争思想等一系列新的军事思想随着机械化战争形态的发展而产生。它们为多个国家、多个军种参加的大规模战争提供了战略指导，为新型作战样式的实施提供了理论依据。在经济和技术发展方面，机械化战争的巨大需求在一定意义上推进了工业化的发展，增强了国家的经济实力。同时，在机械化战争需求的刺激下，控制论、弹道学、空气动力学、雷达、航天技术、火箭制造等基础理论和先进技术发展起来了。电子计算机、集成电路、卫星、互联网都是因为军事需要而产生并首先在军事领域得到了应用。在国际格局方面，机械化战争，特别是两次世界大战以及“二战”后的局部战争（如朝鲜战争、越南战争），促进了国际政治格局的形成与变化。

三、机械化战争的演变及其制胜机理

机械化时代，从18世纪50年代开始至20世纪70年代结束。其间发生的两次技术革命和一次科学革命，为机械化制造技术的发展提供了坚实的技术和能源支撑，实现了装备机械化的重大转变，并引发了军事系统的广泛变革，产生了新的军种、兵种和机械化战争模式，促进了军事理论的重大发展。

机械化战争大致经历了以下三个阶段。

一是从18世纪60年代初至19世纪40年代末结束的以蒸汽机和机械革命为标志的第一次技术革命，为武器装备的研制和革新创造了技术基础，促进了铁甲战舰和机枪等的发展，使战争形态从热兵器战争转变为半机械化战争。

二是从19世纪中期至20世纪初结束的以电力和运输革命为标志的第二次技术革命，促进了发电机、电动机、输变电技术、电报、电话、无线电通信和内燃机的发明与应用，使得机器大工业与电气化融为一体，从而导致坦克、飞机和航母等的迅速发展，使战争形态从半机械化战争转变为机械化战争。

三是从19世纪中后期至20世纪中期结束的以相对论和量子论革命为标志的第二次科学革命，为人类进入原子时代和信息时代奠定了理论基础，使人们对物质世界的认识逐渐深入微观、高速和宏观领域，揭开了现代物理学的新序幕，开辟了利用核能的新前景，从而促进了核技术和火箭技术的发展，开辟了武器发展史上的新里程。武器装备从利用化学能、机械能推进到利用核能的时代，从而使机械化战争发展到一个崭新阶段。

机械化战争的制胜机理突出表现在以下两个方面。

一是机械能成为机械化战争制胜的主导因素。相对于热兵器战争，机械化战争充分发挥了机械能的作用，是对人的体能的全面扩展和提高。由于飞机的问世和航空技术的发展，具有高速机动能力的飞机、坦克和军舰等机械化装备的大量运用，使军队的火力、突击力、机动力和整体作战能力空前增强。作战空间第一次发生了革命性变化，由陆、海平面战场发展为陆、海、空三位一体的立体战场，作战范围为几百平方千米至上百万平方千米。战争的战略目标为制空权和制海权，兵力规模、兵力集结以及火力和机动能力成为战争制胜的关键因素。

二是核威慑成为大规模毁伤战争制胜的主导因素。核武器利用原子核裂变或聚变反应在瞬间释放出巨大能量引起爆炸，对攻击目标具有大规模杀伤破坏作用。核武器释放的能量比常规弹药爆炸产生的化学能量大百万甚至上千万倍。核威力达到了登峰造极的地步，核威慑获得了空前的战略地位。核能使战争毁伤能力发挥到了极致，核威慑成为大规模毁伤战争制胜的关键因素。

1944 年，同盟国在欧亚战场先后转入全面战略进攻。在欧洲战场，苏军率先在东线发动强大攻势。6 月，美、英盟军成功登陆法国诺曼底，开辟了欧洲第二战场，形成对德东西夹击的有利态势。欧亚各国的抵抗运动和游击战争配合盟军进攻，加快了第二次世界大战结束的步伐。

1945 年，世界反法西斯战争形势发生根本转变。2 月，美、英、苏三国首脑在雅尔塔召开会议，决定彻底消灭德国法西斯主义。7 月，美、英、苏三国首脑在波茨坦召开会议，并以中、美、英三国名义发表敦促日本投降的《波茨坦公告》。1945 年春，苏军与英、美军队分别从东西两面进入德国本土作战。5 月 8 日，德国正式签署无条件投降书，欧洲战事结束。

在亚洲和太平洋地区，亚洲国家的人民对日本侵略者展开了猛烈反攻。中国共产党发出“对日最后一战”的号召，广大军民勇猛打击日军，取得重要战果。8 月上旬，美国在日本投下两颗原子弹，苏联也出兵中国东北和朝鲜，参加对日作战。8 月 15 日，日本法西斯宣布无条件投降。9 月 2 日，日本正式签署投降书，第二次世界大战正式结束。

第二次世界大战的结束，是全世界人民的共同胜利，彻底粉碎了法西斯主义和军国主义通过战争称霸世界的野心，彻底结束了列强通过争夺殖民地瓜分世界的历史，促进了殖民体系的瓦解，对维护世界和平、促进共同发展产生了重大而深远的影响。

四、第二次世界大战表现出的机械化战争形态

第二次世界大战是一场典型的机械化战争，交战双方大量使用坦克、装甲车、飞机、火炮、军舰等武器装备，并首次使用雷达、火箭炮、导弹、原子弹等新式武器和技术。这些武器与技术引起了作战形式和方法的重大变革，出现了闪电战、大纵深作战、登陆与抗登陆作战、潜艇战与反潜战、航母编队作战、战略轰炸与防空作战、空降与反空降作战等新的作战形式和方法，从根本上颠覆了传统的战争形态。

第二次世界大战期间，随着机械化武器装备的大规模应用和物质技术手段的全面更新，旧的军队成分要么被改造，要么被淘汰，传统作战方式迅速被各种机械化作战方式取代。在陆地，曾是陆军主要机动力量的骑兵失去了作用，传统步兵和炮兵实行了摩托化和机械化改造；第一次世界大战时以非机械化兵种为主、机械化兵种为辅的诸兵种简单合成的军队，变成了普遍机械化和摩托化基础上的更加复杂和更具威力的现代诸兵种合成军队。在此基础上，围绕步兵运转的作战方式走向没落，以装甲机械化兵团为核心的进攻和防御成为最基本的作战方式。在大量装备牵引火炮和自行火炮的基础上，炮兵作战方式由战术性炮火准备，发展成能为装甲机械化兵团的深远进攻提供全程火力支持的、战役性的炮兵进攻。在飞机性能提高和数量规模扩大的条件下，航空兵对地攻击方式由局部的、间歇性的有限空中火力支援，发展为机群在空中巡航，为地面部队提供全程火力护送的航空兵进攻。由于普遍采用机械化作战方式，地面作战的速度加快、力度增强、范围扩大。大纵深突破和深远的迂回包围取代了按部就班的线式推进，广阔空间内的围歼战代替了低效率的消耗战。

在海洋，水面舰队的成分及结构发生根本改变。战列舰地位下降，航空母舰成为水面舰队乃至整个海军的核心，舰载飞机的视距外攻击取代了面对面的舰炮火力战，长期主导海战的“巨舰大炮”作战方式成为历史。由于使用了大功率、高性能的无线电通信手段，潜艇水下作战方式也由低效率的单艇游猎，发展为聚散有序、合力围攻庞大运输船队的“狼群作战”。

在空中，夺取制空权的空中格斗和对地攻击的方法不断丰富和改进，对空防御成为前线和后方必须普遍采用的作战方式，新出现的空降作战则由战术行为发展为战役行动。尤其值得一提的是，在总体战争的强烈需求和飞机性能迅速提高的基础上，萌芽于第一次世界大战的战略轰炸，在第二次世界大战中迅速发展。如果说第一次世界大战时规模和力度均相对有限的战略轰炸，昭示着开始打破前线和后方的界限，那么第二次世界大战中装备大量远程重型飞机的轰炸航空兵，则将后方变成真正的战场，战略轰炸由此成为能对战争全局产生战略性影响的独立作战方式。

在电子空间，第二次世界大战中的电子作战方式得到极大的丰富，不仅无线电通信、侦听、测向和干扰的水平远远超过第一次世界大战，而且出现了导航对抗、雷达对抗和制导对抗等新的电子战方式，其范围遍及立体战争的方方面面。

机械化武器装备的普遍使用、军队成分和结构的根本改变、作战方式的全面创新等，在第二次世界大战中汇聚在一起，促成了整个战争形态的革命性变化。正是由于军事领域的各种要素都在战争期间发生了“断代性变化”，所以第二次世界大战才被视为机械化军事革命基本完成的标志。

第二次世界大战作为一场全球规模空前激烈的战争，推动了机械化的军事思想和战略理论的发展，同时，以人民群众为主体的游击战争也在蓬勃发展，人民游击战争成为反侵略战争中具有重要战略地位的独特战争形态。人们更加清醒地看到，现代战争已远远超出武装斗争范围，指导现代战争的高层次战略理论即包括军事、政治、经济、外交、科技等方面的国家战略应运而生并得到发展。

第二次世界大战是战争和军事革命史上的一个重要的里程碑，它在造就人类历史上最为宏大的战争的同时，也将机械化军事革命推向高潮，完成了军事和战争形态的又一次跃升。同时，第二次世界大战还为机械化革命的进一步完善和新一轮军事革命打下了雄厚的基础。战后，各主要国家全面总结和汲取第二次世界大战的经验教训，在武器装备、军队组织、军事理论、作战方法等各个方面展开一轮又一轮的更新改造，竭力将其机械化战争能力提高到新的水平。在机械化军事革命不断深化和完善的过程中，许多在机械化军事革命的母胎中孕育、一度从属和服务于机械化革命的因素也迅速发育成熟，成为引发新一轮核军事革命乃至信息化军事革命的基础。

延展视界

人类历史上最大规模的坦克会战——库尔斯克战役①

库尔斯克会战成为人类历史上一场空前规模的坦克战。双方数千辆坦克在战场上拼死厮杀，上演了战争史上的奇观（图 4-9）。

图 4-9 作战中的苏军坦克群

1943 年，希特勒将进攻的矛头指向苏德战场的库尔斯克地区，并制订了旨在创造一个“德国的斯大林格勒”重新夺回战略主动权的“堡垒”战役计划。从 4 月到 7 月初，希特勒在库尔斯克地区的南、北两侧集结了 50 个战力最强的师，总兵力 90 余万人，并投入了 2700 辆坦克和强击火炮，同时还配备 200 多架作战飞机。在这次战役中，德军还装备了最新式的“虎”式和“豹”式坦克以及“斐迪南”式重型强击火炮。与莫斯科战役和斯大林格勒战役不同，库尔斯克战役是一次计划好并得到充分保障的深远突击。就苏军而言，参加这次战役的兵力比以往任何一次大规模反攻战役的兵力都要多。在莫斯科战役中，苏军只有 17 个兵力不多的诸兵种合成集团军参加，没有坦克兵团；在斯大林格勒战役中，苏军有 14 个军兵种合成集团军、1 个坦克集团军和几个机械化军参加；而在库尔斯克战役中，共有 22 个强大的诸兵种合成集团军、5 个坦克集团军、6 个空军集团军及大量远程航空兵部队参战。在 50

① 王洪光，经典战例评析 [M]. 北京：军事科学出版社，2013：249.

天的决战中，德军总计损失50多万人、1500辆坦克（其中有大批“虎”式和“豹”式坦克）、3600门火炮和3700多架飞机。此时，红军兵力已占明显优势，苏联空军力量是德国的两倍。在受威胁最大的地段——奥廖尔至库尔斯克的铁路线担任掩护的中央方面军第13集团军，每平方千米的地面上得到大约90门火炮和迫击炮的支援，远远超过德军为发动进攻所能拼凑的数目。

经此一战，德军的进攻战略彻底破产，从此丧失战略进攻能力，战略主动权完全转入苏军手中。

第四节 战争宠儿——信息化战争

军事箴言

现阶段和即将到来的战争形式为核威慑下的信息化战争。

——钱学森

一、信息化战争的内涵

（一）信息和信息化

“信息”在信息论中是一个术语，常常把消息中有意义的内容称为信息。现代科学所说的“信息”是指事物发出的消息、指令、数据、符号等所包含的内容，是客观事物状态和运动特征的一种普遍形式。信息主要由信源（信息的主体）、语言（自然与人工语言）、载体（储存、加工、传递和反馈所依附的物质）、信道、信宿（信息接收者）、媒介（传递的形式包括语言、载体、信道）构成。信息具有可量度、可识别、可转换、可储存、可处理、可传递、可再生、可压缩、实效性、可共享等特征。

“信息化”是指培养、发展以计算机为主的智能化工具为代表的新生产力，并使之造福于社会的历史过程。智能化工具又称信息化的生产工具，它一般必须具备信息获取、信息传递、信息处理、信息再生、信息利用的功能。在传统战争中，双方注重在物质力量基础上的综合较量，即整个国家机器大工业生产能力的全面竞赛。而在信息化战争中，除进行物质力量的较量之外，更主要的是知识的较量，即创新能力和创新速度的竞赛。知识成为战争毁灭力的主要来源。

（二）信息化战争的定义

目前，中外学者对信息化战争有几种不同的说法。例如，美国社会预测学家托夫勒从人类社会文明演进的角度，将信息化战争称为“第三次浪潮战争”；俄罗斯著名军事理论家斯里普琴科从战争所使用的武器装备发展的角度，将信息化战争称为“第六代战争”，即“非接触战争”；美国国防大学校长塞尔姜中将认为，信息化战争是以夺取决定性军事优势为目的，以实施信息管理和使用为中心而进行的武装斗争，具体内容包括：夺取信息优势，反信息获取，利用信息优势摧毁、破坏、瘫痪敌信息基础设施等；我军信息战理论研究的著名学者沈伟光认为，信息化战争广义上是指对垒的军事集团抢占信息空间和夺取信息资源的战争，狭义上是指战争中的交战双方在信息领域的对抗（图 4-10）。2011 年版的《中国人民解放军军语》中对信息化战争的定义是：依托网络化信息系统，使用信息化武器装备及相应作战方法，在陆、海、空、天和网络电磁等空间及认知领域进行的以体系对抗为主要形式的战争。

图 4-10 “天河二号”是由国防科学技术大学研制的超级计算机系统

作为一种全新的战争形态，目前军事学术界一般认为，信息化战争是指发生在信息时代，以信息为基础并以信息化武器装备为主要战争工具和作战手段，以系统集成和信息控制为主导，在全维空间内通过精确打击、实时控制、信息攻防等方式进行的瘫痪和震慑作战。简要地说，广泛使用信息化的武器装备，通过夺取信息优势和信息权取得胜利的战争，就可以称为信息化战争。

阅读卡片

最早提出“信息战”概念的是中国人沈伟光

沈伟光，1959 年 7 月 23 日出生，浙江杭州人，未来学家、信息战专家。美国人称他为“信息战之父”。美国一家著名战略研究所的研究员查理斯·B. 埃弗雷特在他的《信息战与美国国家安全的评论》中提到，“世界上最早提出信息战概念的，是一位非西方人——中国的沈伟光先生”。沈伟光从 1985 年开始研究并提出信息战概念，1987 年 4 月 17 日《解放军报》以《信息战的崛起》为题报道了他的研究情况；1990 年 3 月在浙江大学出版社出版了世界上第一部《信息战》专著，提出信息边疆、信息化战争、信息化军队等新战争概念。在 1998 年奥地利“信息战论坛”上，德国《明镜》周刊记者向他提问：“沈伟光先生，坦率地讲，在电子信息领域，中国并不发达，为什么信息战的理论却会首先在中国出现？”沈伟光答道：“和发达国家比，中国的信息技术还不发达，还有差距。但是，智慧和技术不同，智慧没有专利，智慧也没有优先权。实际上，作为一种智慧的思考，中国著名的军事理论家孙子，在2500多年前就有过一句名言，它实际上也是‘信息战’的核心和宗旨——不战而屈人之兵。”

二、信息化战争的演变和发展

纵观战争形态的演进历程，人类战争形态大致经历了冷兵器战争、热兵器战争、机械化战争，正在进入信息化战争阶段（表4-1）。并且，随着科学技术的进步，人类战争形态的演变所经历的时间越来越短。

表4-1 战争形态的演变

技术基础	战争形态	经历年代
农业技术	冷兵器战争	约公元前21世纪—20世纪初
火药、冶炼和蒸汽机技术	热兵器战争	约17、18世纪—20世纪中叶
电力、内燃机技术	机械化战争	19世纪末至1980年前后
光电器材、集成电路和计算机技术	高技术战争	20世纪80年代至今
信息控制与反控制及网络技术	信息化战争	21世纪初开始

（一）高技术战争的萌芽阶段

高技术战争的萌芽阶段具有代表性的是20世纪50年代的朝鲜战争和20世纪六七十年代的越南战争。在朝鲜战争中，以美国为代表的所谓“联合国”军队，使用了当时最为先进的武器装备，以优势的军事装备对中、朝军队实施了陆、海、空立体作战。越南战争中，美国在空中作战平台方面，有F-105、F-4C、F-111、B-52战斗轰炸机，SR-71侦察机，C-5A大型运输机等，并运用了“百舌鸟”“响尾蛇”等新式导弹和气浪弹、激光制导、电视制导炸弹，还使用了EB-66、EF-10B等电子干扰飞机。在海上作战平台方面，先后动用了20余艘航空母舰，舰载机出动20余万架次。在地面作战方面，除各种先进车辆与火炮外，首次使用了大量的武装直升机，还有化学、生物武器。在作战行动中尤为突出的是，依靠优势空中力量进行长时间“地毯式轰炸”的空袭作战，以及直升机与特种作战部队相结合，进行“蛙跳”式的袭击作战。

（二）高技术战争的初期发展与基本形成阶段

高技术战争的初期发展与基本形成阶段具有代表性的是20世纪70年代的第四次中东战争、80年代初的马岛战争和第五次中东战争。在第四次中东战争中，最为突出的是交战各方普遍运用了具有高技术标志的各型导弹和大量先进装甲车辆。这次战争中，还首次利用空中卫星进行战场侦察。同时，战前及战中都实施了激烈的电子干扰与反干扰。马岛战争中，交战双方第一次大规模集中使用了制导武器，共投入了17种类型的战术导弹、制导鱼雷和炸弹进行对抗。英军还以“竞技神号”“无敌号”航空母舰上的电子干扰系统和“鹞”式直升机上的机载干扰系统，对阿军的袭击兵器和指挥控制系统实施了电磁干扰与压制。众多高技术兵器的使用，加上空地、空海一体的高技术兵器对抗和具有突出作用的电子斗争，使上述两场战争具有了高技术战争的明显特征，并表现出信息化战争的初期景观。

（三）高技术战争的发展成熟阶段

高技术战争的发展成熟阶段标志是1991年1月17日至2月28日进行的海湾战争。这场战争显示了部分信息化战争的特征。开战前后，美军运用多种先进电子战器材进行的侦察与反侦察、干扰与反干扰、摧毁与反摧毁斗争，成为夺取战争主动权（制信息权）的基本作战手段之一；多种新型夜视器材的运用，使夜战有了新的含义；C^4ISR系统的运用则使战区战役指挥与后方战略指挥、战场各作战集团的战术指挥达成沟通，并确保了快速、准确的信息传递与处理。

知识链接

在海湾战争（图4-11）中，以美国为首的多国部队使用了57颗各类卫星，其中仅侦察卫星就有34颗；还使用了150多架侦察、预警飞机，30架无人驾驶飞机，7500多部高频电台，1200多部甚高频电台，7000多部特高频电台；建成了118个地面机动卫星通信终端，12个商业卫星终端，使卫星通信的总容量达到68兆比特/秒；在战区内有3000台计算机与美国国内计算机联网；作战高峰期，每天保持70多万次电话呼叫，传

图4-11　海湾战争组图

递15.2万次电文；每天管理3.5万多个频率。海湾战争中的通信系统建设被称为“军事史上一次最大的通信系统专项工程”。正是因为有了计算机、数据库和卫星以及作战系统的一体化，才能保证数千架飞机既不互相挡道，又不互相碰撞，同时又能高速通过“112个不同的空中加油航线、660个限航区、312个导弹交战空域、78条攻击走廊、92个空中战斗巡逻点以及36个训练区”，还能使之与6个独立国家不断变换的民航线路非常精确地协调起来。此外，还集中了3500多架各型飞机、250余艘各型舰船、3500多辆坦克，对伊拉克实施了空、海、陆一体化多方位打击和封锁。其中，美军仅装备了56架的F-117A隐形战斗轰炸机，就动用了48架参战。当时仅有的14艘现役航空母舰，就先后有8艘派往战区，发射了运往战区的500枚先进巡航导弹中的一半多，集中使用了各类精确制导武器，开创了“爱国者”导弹成功拦截“飞毛腿”导弹的先例。

（四）信息化战争的雏形阶段

海湾战争之后的战争，越来越显示出高技术战争已经进入了成熟阶段，并初步显示出信息化战争的雏形。典型的是美军先后发起的科索沃战争、阿富汗战争及伊拉克战争。在上述战争中，美军启用了更多的信息战武器装备，为美军夺取战场制信息权创造了绝对的优势。美国精确制导武器的使用量也呈指数增长趋势。这些信息战武器装备，开创了一个新的作战领域，彻底改变了战争的面貌。可以想见，随着信息技术的发展及在军事领域的更广泛的应用，未来战争将更加突出信息化的特征。随着航天器材的发展和太空地位的提高，可能出现运用各种天基武器系统的天战；人工智能的发展，将使机器人士兵进入交战行列；各种作战平台则可能向小型化、多功能化方向发展，武器系统向高精度、高毁伤方面发展；作战力量运用趋向精锐化，并更加注重整体协调；战场呈现海、地、空、天、电多维一体；机动作战、超视距火力打击、电子战的地位更加突出；网络将可能把战场上的所有作战平台联成一体，网络中心战将取代平台中心战，信息化战争将趋向发展和成熟阶段。

知识链接

在伊拉克战争中，美国在信息获取方面，使用KH-12光学成像卫星、“长曲棍球”雷达成像卫星、“成像增强系统”卫星以及“伊诺克斯2”等商用遥感卫星，组成空间成像侦察系统，综合利用可见光、红外与微波成像能力，可对伊保持几乎每两小时一次的严密监视。“大酒瓶”等多颗电子侦察卫星可对伊无线电信号进行监测，帮助寻找萨达姆等伊拉克高层领导人的藏身之处和伊军重要的指挥控制中心，为空袭提供打击目标。“国防支援计划”（DSP）卫星在“联合战术地面站”等地面系统的配合下，为美军提供完备的战场态势感知和信息获取能力。在信息攻击方面，大量使用了 EA-6B 电子战飞机、E-2C“鹰眼”、E-3“望楼”预警机、EC-130H“罗盘呼叫”通信干扰飞机、RC-135 及 U-2 侦察机、E-8C“联合星”系统飞机、EC-130E 心理战飞机及 RQ-1A/B“捕食者”及 RQ-4“全球鹰”无人侦察机，以及电磁脉冲炸弹和地面“预言家”信号情报与电子战系统装备。

数据统计，美军在各次战争中投放的精确制导弹药占全部弹药的比例，1991 年海湾战争时为 8%，1999 年科索沃战争时为 35%，2001 年阿富汗战争时为 56%，而 2003 年的伊拉克战争时则达到了 70%~80%。例如，2003 年 3 月 27 日在伊拉克战争进行之时，“小鹰”号航母上的 F/ A-18、F-14 舰载机向伊拉克西南的共和国卫队投放了 23 枚炸弹，其中 16 枚为 450 千克重的激光制导炸弹、4 枚为全球定位系统炸弹，只有 3 枚为 450 千克普通炸弹，信息控制炸弹占了 87%。

三、信息化战争的作战样式

传统战争的作战样式可以表现为阵地战、运动战、游击战、闪击战、持久战等各种作战样式，但集中到一点，它们都是侧重于以物质力量为中心展开的作战行动。而信息化战争则是以信息的获取权、控制权和使用权为核心进行的争夺，由此，信息化战争的作战样式将更加多种多样。

（一）制信息权争夺战

制信息权争夺战是运用多种手段以夺取一定时空范围内战场信息控制权为目的的作战。信息化战争中，及时掌握制信息权成为作战行动的前提，是战斗力的倍增器。作战中要掌握战场的主动权进而实现行动的自由，首先必须夺取战场的制信息权。因此，制信息权争夺战将是未来信息化战争中的基本作战样式之一。

（二）指挥中枢瘫痪战

指挥中枢瘫痪战是在信息化战争的战场环境中，以指挥决策者为主体，以破坏和瘫痪敌战场认识系统、信息处理系统和指挥控制系统为主要作战目标，综合运用以信息技术为核心的武器装备、作战系统和作战手段，剥夺敌战场信息获取权、控制权和使用权，使敌决策者和指挥机关难以下定决心和进行有效作战指挥（图 4-12）。

图 4-12　为部队远程指挥、远程决策提供坚实的信息保障

（三）战争结构破坏战

战争结构破坏战是着眼战争全局，综合运用各种作战方法和手段，从破坏敌维系整体作战能力的系统与联系入手，通过设谋用巧、避实就虚，打击敌方作战协调行动的关节，造成敌方作战力量结构的紊乱和作战行动程序结构的脱节，致使敌方整体作战能力迅速降低，进而集中力量各个击破，达到瓦解、歼灭敌军的目的。

（四）心理系统瓦解战

信息化战争中的作战主要包括三个层次的作战内容：一是以物质摧毁和消灭有生力量为主要内容的物理层面的作战；二是以控制信息基础设施和电磁频谱为主要内容的信息层面的作战；三是以瓦解人的意志和情感为主要内容的心理层面的作战。这三个层面的作战相互制约、相互联系、相辅相成，共同构成信息化战争形态各异的作战样式。心理系统瓦解战是信息化战争中的重要作战样式之一。它是以改变个体和群体心理状态为目标，运用各种形态的信息媒介，从认识、情绪和意志上打击、瓦解敌人的一种作战样式。它着眼于对人精神上、心理上的征服，利用人在对抗环境中的心理变化规律，通过大量的信息传递，干扰破坏敌方的决策过程和决策结果，瓦解敌方士气，削弱其抵抗意志，使其做出错误的决定，放弃抵抗、逃避战斗乃至缴械投降，从而不战而胜。

（五）战争潜力削弱战

战争潜力是指在一定时期内，国家或政治集团通过动员能够用于扩充武装力量、满足战争需要的一切物质力量和精神力量的总称。具体地讲，就是经过战时动员能为战争服务或使用的人力、物力、科学技术和精神等诸多因素构成的潜在的军事实力，它寓于国家综合国力之中。由于科学技术的发展及其在军事领域的广泛运用，信息化战争已经活跃于战争舞台，战争潜力的构成发生了很大的变化，科技要素明显突出，战争比以往更加需要高素质的人和高科技的物。战争潜力削弱战就是综合运用硬摧毁与软杀伤的手段，削弱对方为战争服务或使用的人力、物力、科学技术和精神等诸多因素构成的潜在的战争力量，破坏对方将战争潜力转为战争实力的转换机制，动摇对方的战争基础，使对方无法继续进行战争，从而达到迅速战胜对方的目的。

四、信息化战争的发展趋势

现代信息技术和新军事革命的蓬勃发展，必然带来信息化战争的演变和快速推进，这已被信息化战争短短几十年的发展史证明。

（一）信息力量的竞争将愈演愈烈

随着信息化社会的发展，信息作为战略资源的地位将更高，围绕信息资源获取、信息化军队建设和占领信息优势高地的竞争将愈演愈烈。各国将竞相投入更多的资金进行信息化基础设施的建设，竭力保持本国在信息化建设方面的优势。新制式的超宽带信息高速公路将不断推进，网络进攻和网络防御的能力将同步提高，信息技术将愈加主导政治、经济、金融、环境、文化、生活、生产等所有领域。在军事领域，各国将加大信息化军队建设的力度和速度，不断革新军队的武器装备、军事理论、编制体制、人员培训等，尽量拉大本国与他国军队信息化能力的距离。黑客部队、天军、网军、机器人军团、世界舰队、太空星军、斩首部队、媒体部队、隐身部队、精细手术刀部队、机器昆虫等新型部队将层出不穷，迷你型、全能型、智能型等信息化部队不断创新。各国在信息力量、信息方面的竞争将白热化。

（二）作战方式和战争形态将不断变化

随着信息技术的迅猛发展、新军事变革的深入和政治战略需求的变化，信息化战争将以前所未有的速度催生新的作战方法。战略心理战、网络系统战、全元总体战、太空绞杀战、掏心战、瘫痪战、隐形战、致盲战、点穴战、无人战、精微战、间隙战等作战方式接踵而至。同时，新作战模式相继登场，信息化战争频繁“变脸”，也使其整体战争形态不断调整和演变。战争的规模将趋小，以天、小时和分计算时间的战争可能一再发生；物资、能源的消耗战将逐步让位给物质、能源的控制战；战争状态与和平状态的转化，以及军事人员和非军事人员的转换将有新的表现；围绕信息资源展开的争夺战将日趋激烈。信息化战争形态的演变将是迅速和明显的。

（三）人类的战争能力将持续提升

一是战场感知力持续提升。信息化战争发展以来，由于雷达、声呐、地面传感器、侦察飞机、侦察卫星（图 4-13）以及装载在武器平台上的观瞄仪、测距机、告警机、望远镜、夜视仪、火控雷达等大量先进电子侦察监视技术的运用，战场感知能力已经

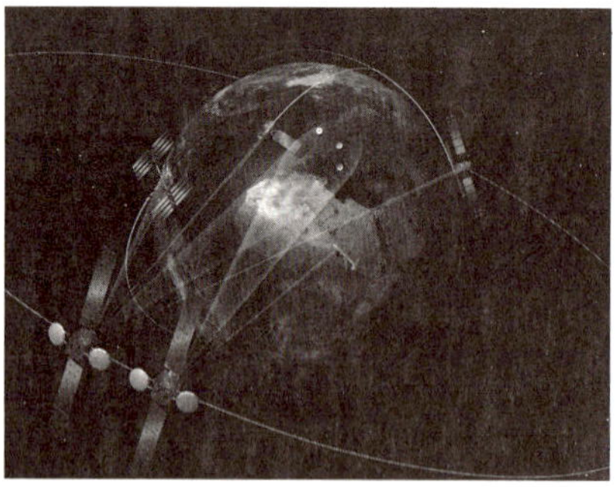
图 4-13 中国“北斗”卫星导航系统

有了很大的提高。但随着信息化战争的发展，战场感知力还会持续提升。一个从声频、电频到光频，从水下、地面到太空的全频谱、全方位、全时空的侦察监视体系，将出现在战场上，各种目标的性状和变化都可能处在严密的监控之中。对于处于信息优势的一方，战场将更加透明。二是战场反应速度持续加快。现代侦察监视技术和指挥控制技术使战场的反应速度明显提高。目前美国预警卫星在对方导弹发射后 3~4 分钟就能将信息传送到国家指挥中心。其在跟踪目标、计算射击诸元、气象修正、偏差修正等方面都达到了一体化、电子化、自动化，射击准备时间已缩短到约 60 秒钟，发射反应时间为 5~8 秒，如法制“西北风”地空导弹的反应时间为 5 秒。一个由计算机控制的火炮控制系统，对同时发现的不同方向的 30 多个目标，只需 90 多秒钟就能将其全部摧毁，这比 15 年前的战场反应时间缩短了 2 个小时。三是精确打击能力持续增强。信息技术的应用已使突击兵器的命中概率超过 80%，基本实现了“指哪打哪”。导弹和精确制导弹药成为战场攻击武器的主角。“二战”时飞机投掷炸弹的误差近千米，而在伊拉克战争中这种误差已缩小到几米。四是作战空间和时间持续延伸。信息技术的运用使战争的时空得到了延伸。目前人类的战场已经扩展到陆、海、空、天以及电磁的空间，作战时间也得到延伸。五是战场效能持续提高。信息化战争发展到今天，已经使战争效能成倍增长。“二战”时，4000 多架次飞机才能摧毁一个铁路枢纽，而现在只需几枚激光制导炸弹即可。越南战争中，美军先以 600 架次飞机和 200 多吨普通炸弹攻击越南的一座桥梁，但没有成功。后改用激光制导炸弹，仅出动 12 架次飞机就炸毁了这座桥梁。未来的信息化战争将是一场你死我活的搏杀。

（四）对经济和科技的依赖性将越来越强

信息化战争对科技实力和经济实力有很大的依赖性。美国 B-2A 隐形战略轰炸机单架飞机的研制费用为 20 多亿美元；组建一个具有基本信息战能力的航母编队需要 100 多亿美元；一枚巡航导弹价值百万美元；一颗“锁眼 -12”卫星的造价达 14 亿美元。42 天的海湾战争中，美军消耗物资种类达 1.7 万余种、3000 多万吨，花去了 1100 多亿美元。随着信息化战争的发展，其对经济和科技的依赖程度将会越来越大。信息化武器的研制、生产、维护、使用都离不开科技力量和经济力量的支撑。高素质人才培训、购置昂贵的设备和较长的研制周期，都需要耗费巨资；科研成果产业化的投资比研究开发投资还要高出 5~20 倍；信息技术更新换代快，新武器的替换耗费大量资源。信息技术发展越快，信息化战争的经济科技依赖性越强。

（五）战争的不对称表现日趋多样

在目前发生的信息化战争中，作战双方往往在战争体系、战争力量、战略资源、作战方式、军事理论和战争结局等方面具有多侧面的不对称性。这与信息技术和信息化社会发展的特点有关，也与战争主体在政治、经济、军事、文化、科技、自然等各方面的差距有关。随着信息化战争的发展，信息技术发展的特点将进一步突显。信息技术将向多个领域推进，新信息技术会层出不穷，技术生命将越来越短，技术的军事应用方法将越来越多，信息对抗的途径将越来越多，作战手段将越来越多，各国在信息技术、军事理论、政治文化发展上的差距和差别不会消失。可以预测，在信息化战争的发展过程中，不对称的战争表现还会存在，并更具多样性。

延展视界

经典战例——俄军机器人连对阵“伊斯兰国”①

2015 年 12 月，俄军出动机器人（图 4-14）连入叙参加地面反恐作战，成群的机器人对击溃“伊斯兰国”防线起到不可低估的作用。世界上首次战斗机器人集群作战震惊世界。

图 4-14 俄军装备的战斗机器人

叙利亚拉塔基亚省，745.5 战略高地。“伊斯兰国”占领该高地后，居高驻垒，凭险固守，叙政府军久攻不克，伤亡惨重。为扫清这一障碍，俄军决定整建制使用战斗机器人连进行攻坚战。是日，晴空万里，俄军数架侦察无人机在高地上空盘旋。对此，高地上近 200 名武装分子早已司空见惯。与以往有些不同的是，山下约一个营的叙政府军士兵没有像以往一样发动冲锋，而是静静地看着什么。原来，数十名俄军官兵正在为 10 部战斗机器人进行战前检查。

此次战役，俄军共投入 6 部“平台”-M 履带式战斗机器人、4 部“暗语”(音译“阿尔戈”) 轮式战斗机器人、1 个“洋槐”自行火炮群、数架无人机、1 套“仙女座”-D 指控系统。战斗机器人、无人机、自行火炮均与前线指控中心——“仙女座”-D 系统

① 蔺玄晋 . 战争简史——军事科技进步与战争形态演变 [M]. 北京：兵器工业出版社，2017：391-392.

连接，并通过该系统直接接受莫斯科国家防务指控中心的指控。在俄罗斯国防部指挥中心，无人机群和战斗机器人不间断地回传745.5高地的战场态势信息，并自动汇聚数据，融合后显示在大屏幕上。每部机器人负责一个作战扇区，各作战扇区无缝合成一幅整体战场态势图，实时反映战场变化。据此，俄指挥官统观整体战局，实时指挥战斗。

战斗打响了。在操作员的遥控下，战斗机器人开始集群冲锋，冲至“伊斯兰国”阵地前100~120米时，进行抵近火力侦察，之后用7.62毫米机枪点射伪装目标，用榴弹发射器吊射掩体后面的可疑目标。这些行动自如、不畏生死、射击精准的装甲怪物，让“伊斯兰国”武装分子吃惊不已。他们既藏不住也无法靠近，只能实施集火压制。一阵阵弹雨，在战斗机器人的装甲上激起点点火星，而吸引敌人猛烈射击正是这些战斗机器人的主要任务。指挥中心内，通过战斗机器人回传的信号，指挥官迅速锁定敌火力点的精准位置，并将坐标发送至火力打击单元——“洋槐”自行火炮群。于是，火炮群精准齐射，一个个暴露的火力点被摧毁。

在有效压制敌火力点后，战斗机器人开始引导步兵冲锋。叙政府军在机器人后150~200米处，跟随机器人一齐冲向高地。在发动进攻20分钟后，武装分子陷入恐慌，扔下满地的伤兵和尸首全线溃逃。战后，叙军在745.5高地的山坡上发现了约70具武装分子尸体，并俘获大量伤兵，而叙军仅伤4人，无人阵亡。

此役由以色列首先披露，引发国际媒体热烈讨论。俄媒普遍盛赞战斗机器人作为一种新型武器，堪比“一战”中的坦克、“二战”中的核弹，是当代军中新锐。俄军在世界上首次集群运用战斗机器人作战，更具有划时代意义。

学练合一

2021年，美国陆军对外发布白皮书宣布，将扩建多支“多域特遣部队”，并以其为核心推进陆军转型。美陆军对外发布的这份白皮书，体现出美军军事变革的一种探索，也就是随着军种界限的模糊化，美国陆军的作战空间不仅仅停留在陆地，计划在海、空、网络和电磁空间等多维战场空间上有所作为。

美国陆军发布的这份白皮书还指出，未来美国陆军将组建5支“多域特遣部队”，其中有2支将配属印太司令部，并将预先部署在“第一岛链内区域”。同时声称，中国是构成“最持久战略挑战”的国家，并很可能在2040年在军事实力上实现与美军所谓“对等”，因此，美国陆军转型迫在眉睫。

【思考与讨论】

请同学们结合所学知识和网上资料，分组讨论如下主题：

1. 你还知道哪些美军最新的军事变革？

2. 针对美军的军事变革，我国应如何应对？

第五章　信息化装备

——弹无虚发　无坚不摧

知识目标

1. 熟悉信息化装备的概念、分类、发展趋势。
2. 了解世界主要国家信息化装备的发展情况。
3. 熟悉信息化陆战、空战、海战平台的种类及其发展趋势。
4. 了解信息化杀伤武器种类、发展趋势。

思政目标

1. 增强学生对信息化武器装备的认识。
2. 激发学生学习高科技知识的兴趣。
3. 培养学生科技报国的理想信念。

内容结构

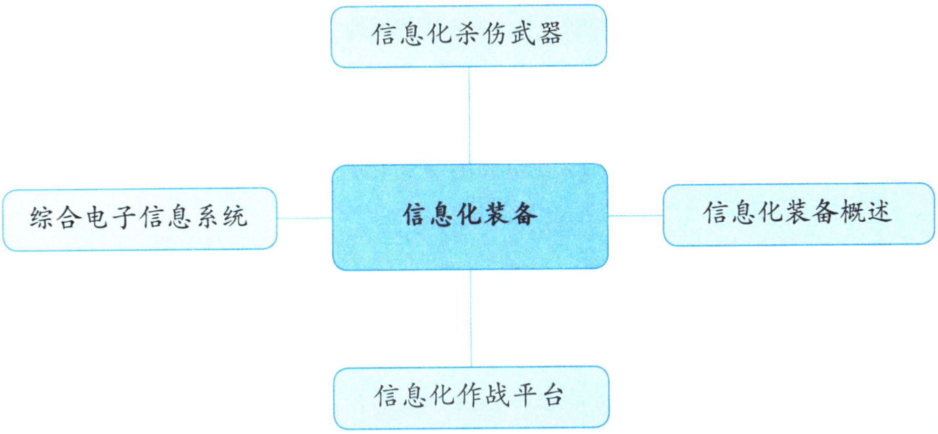

本章引言

1965 年到 1972 年，美军为炸毁越南南方的清化大桥，先后出动 600 架次飞机、投下近 2000 吨普通炸弹、损失飞机 18 架，也未能将清化大桥炸毁。后美军使用最新研制的“铺路石”激光制导炸弹，仅出动美军 F-4“鬼怪”战斗机 12 架次，就炸毁了屹立多年的清化大桥，且自身无一损伤。这就是信息化武器装备的威力。这一章就让我们来全面认识一下信息化武器装备的真面目。

第一节 战力杠杆——信息化装备概述

军事箴言

树立信息化战争的思想观念；改变维护传统安全的思维定势，树立维护国家综合安全和战略利益拓展的思想观念；改变单一军种作战的思维定势，树立诸军兵种一体化联合作战的思想观念。

——习近平（2014 年 8 月 29 日，在十八届中共中央政治局第十七次集体学习时强调）

20 世纪后半叶至 21 世纪初，科学技术发展的浪潮以锐不可当之势冲击着人类的各个方面。一大批逐步形成的高技术群，以空前的规模飞速发展，创造着比以往任何时代都要大得多的精神财富和物质财富。这场新技术来势之迅猛、作用之巨大、争夺之激烈、影响之深远、波及面之广阔，都是以往历次技术革命所不能比拟的。新技术革命的大潮把世界各国推上了一条新的起跑线，特别是信息技术在军事领域的广泛应用，引起军事理论、作战样式和战争形态的根本性变化，催生了以信息化为核心的新军事革命。新军事革命的基础是武器装备的信息化。

一、信息化装备的概念

信息化装备是指信息技术含量高，信息技术对武器装备性能的提高及对其使用、操纵、指挥起主导作用，具有信息探测、传输、处理、控制、制导、对抗等功能的作战装备和保障装备。它主要有信息化武器弹药、信息化作战平台、军用智能机器人、单兵数字化装备以及指挥控制系统等。

信息化武器装备有多种分类方法。根据武器装备的性质，分为进攻类信息化武器装备、防御类信息化武器装备和支援类信息化武器装备；根据所处或所使用的空间，分为地面（含地下）信息化武器装备、海上（下）信息化武器装备、空中信息化武器装备和太空信息化武器装备等；根据机动方式，分为固定式信息化武器装备和机动式信息化武器装备，其中机动式又可分为车载式、机载式、舰载式和便携式信息化武器装备等；根据武器与信息的关系，分为信息探测类、信息传输类、信息处理类、信息制导类、信息干扰类和信息攻防类信息化武器装备等；根据武器装备的功能，分为信息化作战平台、信息化武器弹药、信息化电子系统等；根据杀伤效应，分为“硬杀伤”类信息化武器装备和“软杀伤”类信息化武器装备，或杀伤性信息化武器装备和非杀伤性信息化武器装备，等等。

二、信息化装备的种类及发展趋势

信息化装备主要包括综合电子信息系统、信息化弹药、信息化作战平台、单兵数字化装备、计算机网络武器等。信息化装备与机械化装备的最大区别在于，前者是网络系统中的武器，后者是单个武器平台。发展信息化装备既是新军事革命的基本内容，又是建设信息化军队的物质和技术基础。

（一）综合电子信息系统

综合电子信息系统，即指挥、控制、通信、计算机、情报、监视与侦察系统（C^4ISR），又称指挥自动化系统，是所有信息化武器和整个军队的“神经中枢”，是战斗力的“倍增器”。综合电子信息系统和精确打击武器一起构成的探测—打击系统是信息化战争的核心，依靠这种系统可以实现“发现即摧毁”的目标。

随着技术的进步和需求的变化，综合电子信息系统始终处于不断发展和完善之中，其内涵逐步扩展，功能不断增强，系统名称也在不断变化。美国是世界上最早开发和使用综合电子信息系统的国家。早在 20 世纪 50 年代，美国就已建成世界上第一个“指挥与控制”（C^2）系统。60 年代，随着远程武器特别是战略导弹和战略轰炸机大量装备部队，通信手段在系统中的作用日益完善，于是形成“指挥、控制与通信”（C^3）系统。70 年代，美国将情报作为指挥自动化不可缺少的因素，形成“指挥、控制、通信与情报”（C^3I）系统。到了 80 年代又加上“计算机”一词，变成“指挥、控制、通信、计算机与情报”（C^4）系统。海湾战争后，综合电子信息系统进一步增加了监视与侦察功能，演变为 C^4ISR 系统。经过 50 多年的发展，美国的综合电子信息系统已由最初个别指挥机构分别建立的综合电子信息系统和在各军兵种内部的综合电子信息系统，发展成为三军一体的综合电子信息系统。当前，美国正在试图建立全球一体化的综合电子信息系统。

进入 21 世纪以来，世界各主要国家都把综合电子信息系统建设摆在重要位置，作为发展信息化武器装备体系的“龙头”。从各国的情况看，综合电子信息系统主要有三种发展趋势。一是继续大幅提升信息获取、处理和使用能力。信息传输量将得到大幅度增加，可具有指挥、控制、情报、图像、战勤支援、建模与仿真等功能，情报信息可实时传输和处理。二是实现一体化无缝链接。可实现在全球任何地方获得全方位信息接入和得到信息支援。三是提高生存能力。综合电子信息系统是作战打击的主要目标，提高抗干扰和抗毁伤能力，也是未来综合电子信息系统发展的一个趋势。

（二）信息化弹药

信息化弹药，即精确制导弹药，是指依靠自身动力装置推进，能够获取和利用目标所提供的位置信息，并由制导系统控制飞行路线和弹道，命中精度很高的弹药（图5-1）。目前，信息化弹药已经发展成为家族成员众多的大家庭，包括制导炸弹、制导炮弹、制导子母弹、制导地雷、巡航导弹、末制导导弹、反辐射导弹等。

图 5-1　珠海航展歼-20 战机开弹仓表演

与传统弹药相比，信息化弹药的一个突出特点是能够获取并利用有效信息来修正弹道，准确命中目标，因而具有极高的战斗效能。信息化弹药的出现，是军事技术发展史上的一次革命，它使弹药从原来的不可控发展到部分可控或完全可控。在西方发达国家，信息化弹药的发展已经历了三代，目前正在向灵巧型、智能型方向发展。灵巧型弹药是一种在火力网外发射、“发射后不管”、自动识别与攻击目标的弹药。智能型弹药是能利用声波、无线电波、可见光、红外线、激光等一切可利用的直接或间接的目标信息，自主选择攻击目标和攻击方式的精确制导弹药。

为适应迅猛发展的世界新军事变革，特别是未来信息化战争中实施精确打击的现实需要，世界各主要国家都在大力发展信息化弹药。据推测，随着科技发展及其在弹药领域的广泛应用，未来的信息化弹药将呈现出如下特点。

（1）精度高。采用新型制导技术的信息化弹药，其命中精度将比现有信息化弹药提高一个数量级，打击效果也将同步提高。

（2）射程远。各种防区外发射的信息化弹药将成为发展重点，一些信息化弹药甚至可能具备洲际作战的能力。

（3）隐身化。信息化弹药除采用高速飞行、改变弹道飞行轨迹、实现导弹末端弹道机动等措施提高突防能力外，还将广泛采用隐身技术，实现隐身化。

（4）智能化。广泛利用人工智能技术，使之真正具备自主搜索、自主选择、自主攻击的能力，成为有部分人工智能的智能化弹药。

（三）信息化作战平台

信息化作战平台，是指安装有大量电子信息设备，如一体化传感器、电子计算机、高性能弹药、自动导航定位设备等，集成了光电技术、新材料技术、新能源技术等众多高新技术，可通过 C^4ISR 系统联结，具有高智能化水平和综合作战能力的武器载体（图 5-2）。

图 5-2　中国彩虹 -4 无人机

20 世纪 70 年代以来，美国等西方军事大国就开始将信息技术广泛应用于新型高性能武器装备的研制，因而出现了种类繁多的信息化作战平台，如美军的 M1 系列主战坦克、M2 系列步兵战车、宙斯盾驱逐舰、F-22“猛禽”战斗机，俄罗斯的 T-90 主战坦克、“现代”级导弹巡洋舰、“金雕”战斗机等。这些作战平台安装有多种信息传感设备和通信器材，可与 C^4ISR 系统联网，具有较强的探测、识别、打击、机动、定位和突防等综合能力。

展望未来，信息化作战平台将呈现出如下发展趋势。

（1）高度信息化。未来的信息化作战平台将配有多种通信设备和探测设备，并具有足够的计算机联网能力，能够与上级和友邻互通作战信息，为精确火力打击提供目标信息，为作战行动及时而有效地提供辅助信息。

（2）隐身化。未来几乎所有作战平台都将或多或少地采用隐身技术。

（3）轻型化和小型化。在信息化战场上，“发现即摧毁”正在成为现实，传统大型或超大型作战平台面临着巨大威胁。更加重视作战平台的机动能力、实现作战平台的轻型化和小型化是一个重要发展趋势。

（4）智能化。随着人工智能技术的日益成熟，以智能机器人为代表的无人作战平台系统将在战场上发挥越来越重要的作用，无人战争时代正在加速成为现实。如今，在地面、空中、水下等战场上，人们已经可以看到用于实战的机器人哨兵、机器人工兵、机器人步兵，甚至无人智能坦克、无人智能潜艇等无人化作战平台。

（四）单兵数字化装备

单兵数字化装备，又称“单兵一体化防护系统”（图 5-3）。目前，美国、俄罗斯、英国、以色列、澳大利亚等很多国家都制订了单兵数字化装备开发计划。从结构和功能上看，美、英、法等国正在研制的单兵数字化装备大同小异，主要由以下五个分系统组成。

图 5-3 QTS-11 式单兵综合作战系统

（1）一体化头盔分系统。该系统能够为数字化战场上的士兵提供所有视听信息，主要部件包括增强型视频放大装置、周围听力装置、高分辨力头盔显示器、无线电头盔控制装置、防护面具和电源等。

（2）计算机分系统，亦称“单兵 C^3I 分系统”，可为士兵提供通信、预警、定位和防护等服务，起到综合情报管理的作用，主要部件包括夜间枪具瞄准专用的视频强化图像增强器，光电信号转换式平板显示器，全球定位系统，储有文字、图像、数据、战场态势等信息的单兵计算机等。

（3）武器分系统。该系统集观察、瞄准、射击于一体，能完成昼夜监视、跟踪、精确射击等多项任务，主要部件包括制式步枪、热成像仪、夜战用激光瞄准仪和远距离听力装置等。

（4）先进军服分系统。该系统具有防弹、防化学战剂、防火、防热核、防红外监视、防激光等功能，主要部件包括战斗服、防弹衣、手套、新型战斗靴、制冷圆领衫、承载组件等。

（5）微气候空调分系统。该系统是独立的温度调节系统，可提高士兵在炎热或严寒战场条件下的作战能力，主要部件包括主动冷却背心、周围空气监视器、过滤器、风扇等。

单兵数字化装备的开发研制被认为是武器系统发展的一个里程碑。目前，西方军事强国正在制定和实施一系列“数字化单兵作战平台”发展规划。可以预料，随着数字化军队和数字化战场建设的逐步完善，未来“数字化”的士兵将不再是执行作战命令的最小单位和简单的“地面人”，而是有指挥、协调、保障功能的作战单元。从技术角度来看，可能是实现人和战场脱离，地面无人作战时代的开端。

（五）计算机网络武器

随着军事技术革命的不断深入，在未来武器装备发展中，以信息技术为核心、以信息对抗为目的的计算机网络武器将大量涌现并成为夺取和保持制信息权的主要手段，同时也会成为未来武器装备体系中一个十分重要的组成部分。计算机网络武器，主要包括计算机网络侦察武器装备、计算机网络攻击武器装备和计算机网络防护武器装备。

1. 计算机网络侦察武器装备

计算机网络侦察武器装备主要包括网络扫描器、网络窃听器、网络密码破译器、电磁侦测器等。

（1）网络扫描器，能广泛收集目标系统的各种信息，包括主机名、IP 地址、所使用的操作系统版本号、提供的网络服务、存在的安全漏洞、用户名和目标网络的拓扑结构等，特别是寻求敌网络系统的安全漏洞或安全弱点，并力求找到安全性最薄弱的敌主机作为网络攻击的突破对象。网络扫描器是当今最常使用、最危险的网络侦察武器，许多网络入侵都是从使用网络扫描器开始的。

（2）网络窃听器，是一种能监视网络状态和数据流的软件或工具。网络窃听器一般应部署在网络中的重要位置，如在网关、路由器、防火墙一类的设备或重要网段上。好的网络协议分析软件可以用来分析 OSI 七层模型的每一层的数据包。它既可以用于分析广域网，如 DDN、帧中继、X.25 的数据包，也可以用来分析局域网，如以太网、令牌环网、FDDI 等的数据包；既可以用于分析 TCP/IP 协议，也可以用来分析 IBM 的 SNA、NETBIOS 等协议；既可以用于分析 FTP、TELNET、RLOGIN 等应用层的协议，也可以用来分析 RIP、OSPF 等路由协议。功能更全的网络窃听器不仅能截获网络通信数据包，还能修改数据包。

（3）网络密码破译器，是能从敌网络所截获的密文中推断出原来的明文的软件或工具，功能强大的网络密码破译器还能采用删除、更改、增添、重放、伪造等方法向密文中加入假消息。理论上讲，任何密码都是可以破译的。实际中是否需要设法去破译，主要取决于破译的代价是否大于可能获得的结果、破译的时间是否大于结果的有效期、是否能产生足够多的数据供破译使用。

（4）电磁侦测器，能对敌方计算机网络系统内各种电子设备所发射或辐射的电磁信号进行搜索、定位、检测、识别、记录和分析，获取对方计算机信息系统内的有关信息和情报。

2. 计算机网络攻击武器装备

计算机网络攻击武器装备主要包括计算机病毒、预设陷阱、微米/纳米机器人、芯片细菌等。

（1）计算机病毒，是一种人为编制的有害程序，它能在计算机系统运行过程中把自身精确地或经修改复制到其他计算机程序体内，从而对源程序进行置换和破坏，甚至毁灭整个信息系统中的软件和数据。

（2）预设陷阱，是在信息系统中人为地预设一些“陷阱”，以干扰和破坏计算机系统的运行。预设陷阱一般可分为硬件陷阱和软件陷阱两种。其中硬件陷阱主要是芯片捣鬼活动，即蓄意修改、变动、设计或使用集成电路芯片，以达到破坏计算机系统的目的。软件陷阱的种类则比较多，较典型的有“特洛伊木马”程序、逻辑炸弹、陷阱门等。

（3）微米 / 纳米机器人，主要是用来攻击电子设备的硬件系统。这些微小型机器人系统是微米 / 纳米技术和微机电系统发展的结果，其形状类似黄蜂或苍蝇，大小比蚂蚁还小，而且能飞、能爬，很难被发现或识别，可以大量“飞入”或“爬入”敌方的信息中心大楼及保密室，通过计算机的接口钻进计算机或网络服务器，偷窃秘密信息或破坏信息系统。

（4）芯片细菌，是经过特殊培育的、能毁坏计算机等信息系统硬件的一种微生物，主要是用来攻击计算机硬件。这种细菌能“吃掉”硅芯片，毁坏计算机内的集成电路，进而破坏整个城市、大楼、站点或实验室中的信息系统。

3. 计算机网络防护武器装备

计算机网络防护武器装备主要有网络哨兵、信息加密系统、网络防火墙等。

（1）网络哨兵，实质上是一种计算机网络安全监控系统，通常安装于网络服务器或主机之上，主要用于对入侵网络的人员进行威胁预警，提高网络的预警防护能力，并确定网络进攻的范围、目标和性质等。

（2）信息加密系统，是指采用自动加密技术、能给文件或电子邮件提供加密和解密一体化功能的系统。用户可通过台式计算机或笔记本电脑在开放式平台系统中传送秘密信息数据，系统自动控制对特定文件的访问等。典型装备有终端密码机、数据库密码机和链路密码机等。

（3）网络防火墙，是用来保护计算机网络安全的一种常用手段，它能允许你“同意”的人和数据进入你的网络，同时将你“不同意”的人和数据拒之门外，最大限度地阻止网络中的黑客访问你的网络，防止他们更改、拷贝、破坏你的重要信息。如美国的“响尾蛇”防火墙已能实现通过互联网在机密网络和大众网络之间安全地传送信息，目前在研的增强型防火墙还能探测蓄意闯入用户并做出反应。“黑洞”防火墙服务于北约咨询、指挥与控制局的信息防御需要，可使北约国家，特别是西欧各国能通过互联网进行安全的信息交流。除此之外，身份认证与鉴别系统、访问控制与安全审计系统等均属于网络防御武器装备。

延展视界

高超音速武器：改变未来战争模式的利器

“天下武功，唯快不破。”高超音速，顾名思义，就是速度比音速还快得多，超过马赫数5，合每小时6000千米以上。高超音速武器是指以高超音速飞行技术为基础、飞行速度为马赫数5以上的飞行器，包括高超音速制导炮弹、巡航导弹、钻地弹、侦察机、轰炸机等。高超音速武器集超高速、高毁伤、高突防能力等诸多优点于一身，必将对未来作战产生深远的影响。俄罗斯战术导弹武器集团公司总经理鲍里斯·奥布诺索夫曾说：“谁第一个掌握高超音速技术，谁实际上就能控制世界。”

（1）加快战争节奏。未来战场无疑将以速度制胜，谁的速度快就会争得战争的主动权。美军常采用观察、定位、决策、行动（OODA）杀伤链，来描述战争决策和行动周期。谁能更快更好地完成OODA链，谁就能获得作战的胜利。按照这个逻辑，高超音速武器一旦进入未来战场，将压缩OODA链到达节点的响应时间，突出战争中速度制胜的优势。未来，制时间权将成为战争关注焦点，“快打快收”“终于一瞬”等都将成为未来战争的显著特征。谁先发起攻击，谁就很可能赢得战争优势。

（2）拓展战场空间。高超音速武器的研发和应用，促使作战空域不断扩展，逐步形成空天一体、全球性的战场空间。首先，战场界限变得模糊。随着高超音速武器对目标位置选择和定位的不断变化，战场前后方界限愈加模糊，甚至战略后方可变为战略前沿，战略前沿成了战略后方。如美研制的SR-72高超音速无人机，能够自由穿梭于战场上空前后方，对重要目标进行侦察与打击。其次，作战地域覆盖全球。如上所述，高超音速武器可在很短时间内就可以实现对全球任何地方的目标实施精准打击。未来，高超音速武器一旦投入实际运用，将可在全球区域内任意驰骋，对未来战争形态产生很大影响。再次，临近空间变成战场。高超音速飞行器技术的突破，或将使20~100千米临近空间远距离飞行和跨大气层攻击成为现实，过去未曾得到有效利用的临近空间将不再是航空航天飞行器的“禁区”。最后，空天战场融合将日益加深。随着高超音速武器的发展，作战空间进一步向太空拓展，未来战争加速通往空天一体化领域。如美空军X-37B无人太空飞机，有可能转化为空天一体作战的高超音速武器平台，平时在外层空间进行长期部署和机动飞行，携载高速动能武器从外层空间轨道或临近空间高端，对地面目标或海上目标进行快速打击。

（3）颠覆防导系统。高超音速武器具有极强的突防能力，对现有防空反导系统构成严峻挑战。首先，预警探测成为首要难题。高超音速武器飞行速度快、突防能力强，将给现有防空预警雷达探测发现和稳定跟踪带来很大难度。特别是高超音速武器的高速飞行，将大大降低预警系统的发现概率和发现速度；高超音速武器必要的雷达隐身，再加上地球曲率的遮挡效应，将大大增加防御系统的预警难度。其次，快速反应能力要求大为提高。“速度是新的隐形”，高超音速武器以马赫数 5 以上的速度实施突防，将导致现有防御系统没有足够的预警时间，即使发现目标也难以实施拦截。以俄罗斯新型武器 S-400 防空导弹为例，其接到作战指令到进入发射状态，就需要 4 分钟的时间，根本来不及反应，就算导弹及时发射，面对速度如此之快的目标，防空导弹往往也来不及调来应对高超音速武器。作战时，战场态势更加变幻莫测，快速反应和指挥决策的时间更短，整个防空系统的抗击将更加困难。此外，有效拦截难度将大大增加。防空武器系统在应对高超音速武器作战中，由于探测发现困难、跟踪制导跟不上，有效拦截的难度不言而喻。其中，高超音速武器过快的速度将给导弹拦截过程增加许多限制条件，比如对导弹拦截最佳角度、末制导方式、传感器精度和响应速度、引信引爆距离等都有较高的要求。

（4）形成新型战略威慑力。首先，高超音速武器可以强化战略核威慑手段。若高超音速巡航导弹配载核战斗部，将极大增强打击能力，提升核威慑力。其次，高超音速武器可以发展成为新型常规战略威慑手段。传统意义上核国家间的威慑主要通过洲际弹道导弹、战略导弹核潜艇和战略轰炸机构成“三位一体”的核力量来实现，而高超音速武器的应用，将使“高超音速”常规威慑在一定程度上替代传统的核威慑，打破世界战略核力量平衡。基于突出的技战性能，高超音速武器使用门槛大幅降低、打击精度大幅提升、打击灵活性更高、打击效果更可控，从而形成既可信又可用的新型战略震慑效果。

第二节 胜战基石——信息化作战平台

军事箴言

只要存在着战争危险，就要及时以足够的新式军事技术装备更换旧的，而新式军事技术装备又以更新的来更换。

——〔苏联〕格鲁季宁

信息化作战平台，主要包括坦克、火炮、装甲车辆等陆上作战平台，水面舰艇和潜艇等海上作战平台，战斗机、轰炸机、侦察机、直升机等空中作战平台以及无人作战平台等。

一、信息化陆战平台

陆战武器通常是指陆军实施战斗行动所采用的武器。现代陆战是由机械化步兵、坦克兵、炮兵、空降兵、导弹兵、野战防空兵、陆军航空兵、两栖登陆部队以及支援保障部队共同实施的战斗行动。通常上述诸兵种采用的主要武器均属于陆战武器。

（一）陆战平台的主要种类

现代陆军已经发展成为由机械化步兵、炮兵、装甲兵、陆军航空兵、工程兵、通信兵、防化兵、侦察兵等多兵种组成的合成作战力量。陆战武器装备的种类也越来越复杂，其中主要的包括轻武器、火炮、坦克装甲车辆、导弹、直升机等种类。

1. 自行火炮

火炮可以在任何地形、全天候、昼夜条件下提供猛烈而持久的火力，所以在数百年的发展历史中一直备受青睐，陆军炮兵也成为影响战争进程和结局的极其重要的技术兵种，在传统的地面战争中被称为“战争之神”。现代火炮已经基本实现自行化，在未来信息化战争中，作为地面进攻和防御火力的基本手段，仍将占有重要的地位，并继续发挥重要作用。

目前世界上典型的自行火炮系统主要有美国的“帕拉丁”M109A6 型 155mm 自行火炮、俄罗斯 2S19 型 152mm 自行火炮、法国“凯撒”155mm 轮式自行火炮等。近年来，我国的自行火炮技术发展迅速，已经研制了出口型的 PLZ45 型 155mm 自行火炮以及自用型的 05A 式 155mm 自行火炮，并且也发展了 SH15 型 155mm 轮式自行火炮等。

2. 坦克装甲车辆

装甲车辆是具有装甲防护和机动能力的战斗车辆和保障车辆的统称。战斗车辆主要有主战坦克、步兵战车、装甲侦察车、装甲指挥车、装甲通信车、装甲输送车等。装甲车辆是现代化陆军的重要装备。其中装甲战斗车辆是最主要的装甲车辆，而坦克实际上是装甲车辆中的基本车种。具体说，坦克就是具有强大直射火力、高度越野机动性和坚强装甲防护力的履带式装甲战车。由于坦克的发展和改进对其他装甲战车有决定性影响，为突出坦克在装甲战车中的重要地位，常常就把装甲车辆又称坦克装甲车辆。

目前世界上先进的坦克主要包括美国的 M1A2、俄罗斯的 T-90、英国的“挑战者 -2”、法国的“勒克莱尔”、德国的“豹”2、中国的 99A 等，俄罗斯近年来还开发了新一代的 T-14 主战坦克。

知识链接

99A 式坦克（图 5-4）是我军最先进且完全信息化的主战坦克，实现了火力、机动力、防护力和信息力的有效融合，体现了陆战装备的新水平。99A 式坦克装备有 125mm 火炮，主要用于压制、消灭反坦克武器，摧毁野战和坚固防御工事，歼灭敌有生力量。

图 5-4　经典武器——99A 式坦克

99A 主战坦克奠定了我国第一代陆军装备信息采集、传输、处理、显示与综合的基础，实现了战场态势共享、协同攻防、状态监测、系统重构等功能，而且软件、元器件全部自主可控，是我国真正意义上的首台信息化坦克。外媒评价其“作战能力可以与当前世界上风头最盛的主战坦克媲美”。

3. 直升机

直升机是指依靠发动机带动旋翼产生升力和推进力的一种航空器。直升机是现代陆战的重要武器装备之一。为适应作战需要，人们给直升机装有机载武器系统，这就形成武装直升机。它主要用于攻击地面、水面和水下目标，为运输直升机护航，有的还可与敌方直升机进行空战。它具有机动灵活、反应迅速、适于低空、能在运动和悬停状态开火等特点。现代武装直升机通常是指用来突击地面目标的直升机，多配属于陆军航空兵，是陆军航空兵实施直接火力支援的主要航空器。现役典型直升机有中国的直 -20 武装直升机（图 5-5）、美国的 S-70/UH-60“黑鹰”、AH-64“阿帕奇”，俄罗斯的米 -28、卡 -52，法国的 SA-365“海豚”，意大利的 A-129“猫鼬”等。

图 5-5　直 -20 武装直升机

知识链接

美国的 AH-64D“阿帕奇”是一种采用先进制造技术、设备精良、生存能力和综合作战能力强的世界先进武装直升机。该机旋翼直径 14.63 米，尾桨直径 2.77 米，机长 17.76 米，机高 3.52 米，空重 5.092 吨，最大起飞重量 9.525 吨，最大外挂载荷 771 千克，最大允许速度 365 千米 / 小时，最大平飞速度与巡航速度 293 千米 / 小时，最大爬升率 4.32 米 / 秒，实用升限 6400 米，悬停高度为有地效 4570 米、无地效 3505 米，航程 482 千米，最大续航时间 3 小时。AH-64D 直升机旋翼顶部有一部“长弓”毫米波雷达，装备 M230“大毒蛇”链式机关炮一门，最大携弹量 1200 发，正常射速 625 发 / 分，能够击穿目前几乎所有主战坦克的顶装甲和侧装甲，两短翼下能够携带 16 枚“海尔法”反坦克导弹或 4 具“九头蛇”19 管 70 毫米火箭发射巢。此外，AH-64D 直升机还新增了两个外挂点，可带四枚“毒刺”、四枚“西北风”或两枚“响尾蛇”红外空空导弹。在海湾战争中，美军一个武装直升机营一次战斗出动就击毁伊军坦克 84 辆、防空系统 4 个、火炮 8 门、轮式车辆 38 辆。充分证明 AH-64 是当今世界技术最先进、火力最强的武装直升机之一。现在最新的改进型为 AH-64E。

（二）陆战平台的发展趋势

未来陆战平台发展趋势主要有以下几方面。

机动能力：动力传动技术注重创新发展，新材料推动平台轻量化技术进步。

打击能力：常规发射技术与新技术研发并行，可调战斗部技术发展活跃。

生存能力：平台主动防护技术是发展重点，材料技术助力生存能力提升，反微 / 小型无人机技术蓬勃发展。

信息能力：网络与电子战攻防技术并举，雷达与通信技术兼顾精度与可靠性，信息融合技术提高指控系统灵活性。

自主能力：积极开展仿生机器人技术研究，加快发展无人系统编队技术，无人车辆发展注重机动能力和救援能力。

人效增强：士兵系统更强调轻量化和网络化，单兵装备的发展重点是智能化。

二、信息化海战平台

海战的主要武器平台是军舰。军舰根据作战使命的不同，分为战斗舰艇和勤务舰船两类。战斗舰艇，分为水面战斗舰艇和潜艇。水面战斗舰艇，标准排水量在 500 吨以上的，通常称为舰；500 吨以下的，通常称为艇。潜艇，则不论排水量大小，统称为艇。舰艇（包括其他海船）的速度单位通常用“节”（kn）表示。1kn 等于 1n mile/h，也就是每小时行驶 1.852km。

（一）海战平台的主要种类

1. 航空母舰

航空母舰（图 5-6）是以舰载飞机为主要作战武器的大型水面战斗舰艇，主要用于攻击敌舰船、袭击敌海岸设施和陆上目标，夺取作战海区的制空权和制海权，支援登陆、抗登陆作战。航母是海军水面作战力量的核心，拥有航母的海军通常围绕航母进行作战编成。航母一般有重型、中型、轻型三类。配备的舰载航空兵联队拥有战斗机、攻击机、预警机、电子战飞机、反潜飞机等各种飞机。目前世界先进的航空母舰是美国的“福特”级超级航母。

图 5-6 中国人民解放军海军“山东舰”

“福特”级超级航母全名为杰拉尔德·R. 福特级航空母舰，在其第一艘“福特”号正式定名之前，本级航空母舰原本被称为 CVN-21 未来航母计划。“福特”号航空母舰造价达约 130 亿美元，是美国海军有史以来造价最高的一艘舰船。该舰采用了诸多高新技术，主要包括综合电力推进、电磁弹射技术，更先进的 C^4ISR 系统，能更全面地支持美军网络中心战的开展，是未来美国海空网络战的一个中心节点。它不仅集合有航母本身及编队整个系列的新技术和武器装备，而且还将与空、天、陆军的其他新技术、武器装备实现有机“链接”，进而打造更强的战略预警体系和作战网络体系；将广泛采用电脑显示器和掌上电脑等替代人员操作，从而使各种雷达设施、通信系统、指挥控制系统、武器装备之间的信息传输更快捷、作战程序更简便、打击威力更强劲。“福特”号航母将成为 21 世纪美军海上打击力量的中坚。

2. 驱逐舰

驱逐舰是一种具有多种作战功能的中型水面作战舰艇，是大多数国家海军的主力舰种。驱逐舰的吨位一般为 3000~8000 吨，也有少数排水量超过 1 万吨的驱逐舰。按照用途，驱逐舰分为多用途驱逐舰、防空型驱逐舰和反潜型驱逐舰。目前，世界上较先进的导弹驱逐舰为美国“阿利·伯克”级驱逐舰、英国45型驱逐舰和中国的052D型、055型导弹驱逐舰（图5-7）。

图5-7　中国海军055型驱逐舰“南昌舰”

知识链接

美国“朱姆沃尔特”（DDG-1000级）驱逐舰是一型侧重于对陆攻击和对海打击能力的多用途战舰，它还具备一定的水下作战能力，包括反潜作战和建制水雷战能力。该型舰满载排水量14564吨，舰长182.8米，宽24.6米，吃水8.4米。动力系统采用全新的综合电力系统，配备4部燃气轮机、2部功率为36兆瓦的推进用电机，总功率78兆瓦，双轴推进，最大航速30节。舰首部有2座155毫米隐身型先进舰炮系统，配备增程对陆制导炮弹；机库上方装2座57毫米MK-110近防武器系统；上层建筑前后两舷有4座MK-57舷侧导弹垂直发射装置，共80个发射筒。可装载“标准”-2/3/6舰空导弹、“战斧”巡航导弹、“阿斯洛克”反潜导弹。可搭载2架MH-60R反潜直升机，或是1架直升机和3架RQ-8B“火力侦察兵”无人直升机，另外还搭载有2艘RIB无人艇。电子设备包括SPY-3多功能雷达和VSR广域搜索雷达、舰壳、拖曳阵声呐。

3. 护卫舰

护卫舰是另一类主要的战斗舰艇，又被称作巡防舰，较小型的护卫舰也被称为巡逻舰，主要用于为大型舰艇护航、近海警戒、巡逻、护渔等。其排水量从500吨至4000吨不等，其中，500~1500吨的被称为轻型护卫舰，1500~3000吨的被称为中型护卫舰，3000吨以上的是大型护卫舰。根据装载的武器的不同，护卫舰又可分为通用型、反潜型和防空型。

4. 两栖战舰艇

两栖战舰艇是专门用于登陆作战的舰艇的统称。两栖战舰艇的主要任务是输送登陆兵、登陆工具、战斗车辆、武器装备和物资，指挥登陆作战，并可为两栖作战提供火力支援。两栖战舰包括两栖攻击舰、两栖作战指挥舰、登陆舰、运输舰等。各种登陆舰船都有其专门功能和登陆专用装备，登陆舰船的船型也较为特殊。目前世界上典型的两栖战舰艇有美国的“美国”级两栖攻击舰、法国的“西北风”级两栖攻击舰、中国的071型船坞登陆舰和075型两栖攻击舰。其中“美国”号（LHA-6）两栖攻击舰于2014年10月正式服役，满载排水量达到4.5万吨，可容纳1204名船员和1871名士兵，各主要作战能力均处于世界领先水平。

5. 潜艇

攻击型潜艇是在水下进行作战活动的舰艇，有常规动力和核动力之分，主要用于攻击敌大、中型水面舰船和反潜作战，攻击敌陆上重要目标，破坏敌海上运输线，并能执行侦察、布雷、救援和遣送特种人员登陆等任务。配载的武器有巡航导弹、鱼雷、水雷等，有的潜艇还配有防空导弹。目前世界上拥有核潜艇（图5-8）的国家只有美、俄、英、法、中等国家，著名的核潜艇有美国的“俄亥俄”级、“弗吉尼亚”级，俄罗斯的“台风”级、“北风之神”级，英国的“前卫”级，法国的“凯旋”级等。

图5-8　中国094核潜艇

知识链接

美国“弗吉尼亚”级核动力攻击潜艇，长149米，宽10.4米，吃水93米，排水量约7800吨，水下最高航行速度34节，额定艇员134名。由艇身、动力装置、艇载武器、艇载电子设备等构成。该级艇采用单壳体形式，艇型呈超细长型，便于施工建造，利于降低费用，利于水面航行，同时也利于在浅水域执行任务时不时地浮出水面与水面战斗群联系。“弗吉尼亚”级核潜艇装备了一座通用电气公司的S9G自然循环压水堆，两台总功率达2984兆瓦的蒸汽轮机；一台辅助推进潜水电机，堆芯寿命30年，能量密度高，安全性好，可避免发生失水事故，燃料无须更换，辐射噪声低，环境影响小。该级艇上装有4具533毫米鱼雷发射管；12具巡航导弹垂直发射管。艇载“战斧”巡航导弹、“鱼叉”反舰导弹、MK48先进自航水雷等共38枚。“弗吉尼亚”级核潜艇拥有先进的艇载电子系统，极大提高了潜艇在“网络中心战”环境下的作战能力。

（二）海战武器装备的发展趋势

随着高新技术的迅猛发展及其在海战武器装备中的广泛应用，未来相当长时间内，海战武器装备将继续保持强劲势头。突出表现为：网络化程度和联合作战能力将空前提高；对地精确打击和常规威慑能力不断增强；自动化、智能化和无人化水平进一步提高；隐身化和高防护能力更加突出。同时，未来海军装备还将努力提高近海水域的反潜、反水雷能力以及抗饱和攻击和弹道导弹防御能力，以全面增强防护能力。美国海军的每艘主要舰艇上将装备“远程猎雷系统”，以具备建制内反水雷能力；美国海军的区域防空指挥官能力计划和全战区导弹防御系统将使“宙斯盾”巡洋舰具有拦截助推段弹道导弹能力和抗饱和攻击的能力。

三、信息化空战平台

空战武器装备按用途可分为主战装备、电子信息装备和综合保障装备，按兵种结构可分为航空兵装备、地空导弹兵装备、高射炮兵装备、雷达兵装备、电子战装备、空降兵装备等，按担负的作战任务可分为航空武器装备、地面防空武器装备和保障装备。航空武器装备又分为军用飞机、机载武器；地面防空武器装备可分为高射炮、地空导弹和弹炮结合防空武器；保障装备包括指挥信息系统、雷达、通信装备、电子对抗装备、导航装备、航空气象与测绘装备、空降装备、技术与后勤保障装备等。

（一）空战平台的主要种类

1. 轰炸机

轰炸机，是一种专门用于向地面、水面、地下、水下目标投放大量弹药的飞机，它具有突击力强、航程远、载弹量大等特点，是航空兵实施空中突击的主要机种。现代轰炸机装备的武器系统包括机载武器，如各种炸弹、航弹、空地导弹、巡航导弹、鱼雷、航空机关炮等，可在敌防空火力圈外实施轰炸突击。机上装备先进的火力控制系统，以保证轰炸机具有全天候轰炸能力和很高的命中精度。轰炸机按遂行任务范围分为战略轰炸机和战术轰炸机。战略轰炸机一般是指用来执行战略任务的中、远程轰炸机，主要用于攻击的是敌方城市和工厂等战略目标，以消灭敌方的作战能力。战术轰炸机一般是指用来执行战术任务的体型较小的轰炸机，主要用于攻击武装部队和辎重。目前世界著名轰炸机包括美国的罗克韦尔 B-1“枪骑兵”、B-2“幽灵”、B-29、B-52 轰炸机，俄罗斯的图 -95MS、图 -160、图 -22M，以及中国的轰 -6K 等。

知识链接

图 5-9　经典武器——美国 B-2A 隐身轰炸机

美国 B-2A 隐身轰炸机（图 5-9）是美国空军重型隐身轰炸机。它能从美国本土或前沿基地起飞，无须支援飞机护航的情况下穿透敌复杂防空系统，攻击高价值、强防御、最急迫的目标。其代号为“幽灵”（Spirit）。美国空军共生产 21 架 B-2A。2008 年 2 月 23 日，一架美军 B-2A 战略轰炸机在关岛空军基地内坠毁，目前还有 20 架。B-2A 轰炸机的单价高达 20 亿美元，是世界上迄今为止最昂贵的飞机。B-2A 轰炸机机身长 20.9 米，高 5.1 米，翼展 52.12 米，最大载重 181.44 吨，实用升限 1.524 万米，正常起飞重量 152.635 吨，机组人员 2 名；飞机在不进行空中加油的情况下，作战航程可达 1.2 万千米，空中加油一次则可达 1.8 万千米。每次执行任务的空中飞行时间一般不少于 10 小时，美国空军称其具有“全球到达”和“全球摧毁”能力的武器装备。B-2A 轰炸机无外挂点，有两个机内武器舱，每个武器舱装备有一个旋转发射架和两个炸弹架。B-2A 可以携带 18.16 吨弹药，包括常规弹药、核武器、精确制导弹药。B-2A 可以携带的核武器有：16 枚 B61 钻地核弹，可以打击深埋和加固目标；16 枚 B83 战略自由落体核弹；16 枚 AGM-129 高级巡航导弹；16 枚 AGM-131“斯拉姆”导弹。

2. 预警机

预警机是空中预警飞机或空中预警与指挥飞机的简称，是用于搜索、监视空中或海上目标，主要指挥引导己方飞机遂行作战任务的飞机。安装在地面或海面的雷达由于受地球曲率的影响，其探测范围极其有限，如果将雷达安装在空中平台上，显然能有效扩大雷达对地面和海面目标特别是低空与超低空飞行目标的探测范围。因此，在第二次世界大战中，美国开始发展预警机，并于 1944 年研制出世界第一架海军用舰载预警机 TBM-3W。战后，美国、英国、苏联等国相继研制出多种预警机。在 1982 年英阿马岛战争中，英国舰队没有装备预警机，不能发现远距离的低空飞机，因此，5 月 4 日阿根廷的两架攻击机携带“飞鱼”导弹低空飞行，击沉了英国“谢菲尔德”号驱逐舰。同年 6 月，在以色列与叙利亚的戈兰高地之战中，以色列空军在 E-2C 预警机的指挥下，动用 90 架飞机，在两天的时间内，击落了叙利亚 79 架飞机，摧毁了 19 个导弹营，己方仅损失少量飞机。这两场战斗结局的对比有力地证明了现代作战中预警机具有重要作用。目前世界上的预警机主要有美国的E-3A、E-2C，俄罗斯的A50，以色列的“费尔康”，中国的KJ-2000、KJ-200和KJ-500等（图5-10）。

图5-10 中国KJ-500预警机

3. 战斗机

战斗机（图5-11）主要用于夺取制空权，多用于执行空战任务，兼有一定的对地攻击打击能力。战斗机配备的武器以空空导弹为主、航空机关炮为辅，并装备有先进的综合火力与飞行控制系统。机载火控雷达具有远距离探测目标的能力；在电子干扰条件下，还应配备光电搜索跟踪系统；火力系统同时还承担着对空空导弹的制导任务；夜间作战的战斗机还装有红外夜视导航、瞄准设备。战斗机一直是各国空军重点装备的机种，其性能水平和作战方式是不断演变的。随着航空技术的不断发展，现代战斗机已经发展到第四代，能执行制空作战、防空截击、纵深遮断和近距空中支援等多种任务。

图5-11 解放军歼-16战机

F-22A“猛禽”战斗机是美国空军在20世纪90年代研制的全面采用高新技术成果的新一代战斗机，也是世界上第一款“第四代战斗机”，是名副其实的信息化主战平台，将成为未来20~30年美空军的主战机种。美空军对F-22A提出的要求是：低可探测性，高机动性和敏捷性，超音速巡航，较大的有效载荷，具有飞越所有战区的足够航程。与第三代战斗机相比，F-22A飞机最具里程碑意义的技术特性是：采用全隐身与气动综合布局，持续的超音速巡航能力，过失速机动，短距起降，先进的机载综合航空电子系统设备和武器系统等。它担负的作战任务包括：夺取制空权，向美军作战提供空中优势；在战区空域有效实施精确打击；防空火力压制和封锁、纵深遮断；近距空中支援。在美国空军进行的模拟空战演习中，F-22A曾取得击落14架F-15C而本身的损失为零的惊人战果。

F-22A机长18.9米，机高5.08米，翼展13.56米，机翼面积78平方米，尾展5.74米，水平尾展8.84米，轮距3.23米；装备两台F119-PW-100涡扇发动机，推力155千牛；内部燃油8.323吨；净起飞重量14.365吨，最大起飞重量27.216吨；最大飞行马赫数1.8，超音速巡航马赫数1.5；最大使用过载9g；最大攻角60度；作战半径2170千米，实用升限1.8万米。F-22A采用大量钛合金与复合材料制造，是使用这两类材料最多的机型。其中钛合金约36%，热定型复合材料约24%，铝合金约16%，钢约6%，其机身蒙皮全都是高强度、耐高温的BMI复合材料；主起落架使用合金钢制造；武器舱门与起落架舱门使用热塑复合材料。据称，由于采用隐身外形设计技术和隐身材料技术，F-22A 的雷达反射截面积约为 0.1 平方米，生存能力比目前的常规飞机提高 18 倍，作战效能是 F-15 战斗机的 3 倍、F-16 战斗机的 10 倍。

4. 侦察机

图 5-12　运 -8 侦察机

侦察机（图 5-12）是专门用于从空中获取情报的军用飞机，是现代战争中的主要侦察工具之一。侦察机上装有各种侦察设备，如航空照相机、雷达、摄像机、红外、电子侦察设备等。有的还装有实时情报处理设备与传递装置。部分侦察机上还装有武器，用于自卫和进行攻击。侦察机可进行目视侦察、成像侦察和电子侦察。其中，成像侦察是侦察机实施侦察的重要方法，包括可见光照相、红外照相与成像、雷达成像、微波成像、电视成像等。为提高生存能力，侦察机上还装有电子干扰系统。侦察机按遂行任务范围可分为战略侦察机和战术侦察机。战略侦察机是为战略决策而搜集敌方的战略情报的专用飞机。其特点是飞行高度高、航程远，能从高空深入敌方领空对军事目标、核设施、导弹基地等重要目标实施战略侦察。战术侦察机是对战场和战区目标实施侦察的飞机，多利用战斗机加装侦察设备而成。其主要任务是对敌纵深 300~500 千米范围内的兵力布置、火力配置、地形地貌以及对敌攻击效果等进行侦察，获取战役战术情报，以协助战役指挥员了解敌情和制订作战计划。典型的侦察机有美国的 U-2 高空高速侦察机、SR-71“黑鸟”战略侦察机（已退役），俄罗斯的米格 -25R 侦察机等。

（二）空战武器装备的发展趋势

未来空战武器装备发展将不断增大信息技术含量，提高战术技术性能；形成以现役武器装备改进型为主体、以一定量的新型装备为骨干进行合理搭配的格局；主战装备、电子信息装备和支援保障装备协调发展，形成装备体系；依托先进技术，重点研制新一代隐身化、高机动、多功能、智能化、无人化和综合化的作战平台。无人机由于具有风险小、运用方式灵活、不危及驾驶员生命、续航时间长等优点，在军事领域已得到了广泛的应用。尤其是近些年来，随着电子技术、发动机技术、人工智能技术和材料技术等的快速发展，无人机正由传统的以侦察为主的单用途无人机向以集侦察、通信、攻击和空战为一体的多用途无人机发展，成为空战平台未来发展的重要选择。

延展视界

美军第七舰队“蓝岭”号两栖指挥舰

图 5-13　“蓝岭”号两栖指挥舰

“蓝岭”号两栖指挥舰（图 5-13）是美国海军海上综合作战指挥能力最强的战舰，为第七舰队的旗舰。它是“二战”以来设计的最大的作战指挥舰，满载排水量 18372 吨，舰长 194 米，宽 25 米，主甲板宽 32.9 米，航速 23 节，16 节航速时续航力为 1.3 万海里，舰员编制 821 人，指挥部人员 190 人。

“蓝岭”号作为一艘专用舰队指挥舰，其优良性能突出表现在强大的指挥控制功能上。按照美国海军的指挥体制，海军指挥控制系统（NCCS）由舰队指挥中心（FCC）和旗舰指挥中心（TFCC）共同组成。

舰队指挥中心是设在岸上的陆基指挥所，旗舰指挥中心就是像“蓝岭”号这样的、位于作战海域的海上指挥控制舰。在具体的作战指挥中，设在夏威夷的舰队指挥中心将各种作战指令、作战海域的海洋监视情报、敌情威胁及作战海域的环境数据发送到旗舰指挥中心，经过处理之后分送各个指挥位置和作战部队。与此同时，旗舰指挥中心还会不断收到各部队关于自身状况、作战行动海域的海洋监视情报及作战任务的进展情况的报告，这些信息经过汇总处理之后，将报告给舰队指挥中心。由此可见，在海上作战指挥中，“蓝岭”号处于中心环节，起着承上启下的重要作用。“蓝岭”号上的旗舰指挥中心是一个大型综合通信及信息处理系统，它同 70 多台发信机和 100 多台收信机连接在一起，同三组卫星通信装置相通，可以每秒 3000 词的速度同外界进行信息交流。接收的全部密码可自动进行翻译，通过舰内自动装置将译出的电文送到指挥人员手中，同时可将这些信息存储在综合情报中心的计算机中。

旗舰指挥中心是指挥员日常工作的舱室，在实施两栖作战时又叫两栖登陆部队指挥舱。它的主要作用是对两栖作战中的对空、反潜、反舰兵力及航渡中的登陆编队实施指挥。舱内设有 13 部 TA-980U 卫星电话终端，两个 1.1 米 ×1.1 米的正方形战术显示屏，随时显示整个舰队的位置和活动情况。

登陆部队指挥舱是登陆部队指挥员的指挥位置，舱内设有海军战术数据系统终端、两栖支援信息系统终端和海军情报处理系统终端。登陆部队指挥员使用这些设施掌握登陆作战的进展情况，对先头部队的作战行动及后勤保障提供支援。

对海作战指挥中心主要用于指挥航空母舰编队和其他作战编队实施对海作战，装备有战术数据系统终端和战术显示屏。

反潜战中心同对海作战指挥中心设在同一舱室内，主要用于指挥舰队及潜艇实施反潜作战，传递反潜战信息。

登陆部队火控中心负责协调舰队内火力分配，对两栖作战提供支援，登陆作战初期对登陆地段进行航空火力和舰炮火力支援，部队抢滩作战时对敌滩头火力进行压制，登陆部队向纵深推进时实施延伸火力支援。

作战情报中心设有由各类显示屏、标图板、通信设备、终端机组成的 8 部显控台，包括空中拦截控制台、空中优劣形势控制台、战术系统显示台、威胁判断显控台、武器协调显控台等。

综合通信中心设有 200 多个控制台，协调控制 200 余种收发信装置，保障舰队与陆上指挥部及舰队下属各作战部队的通信。

“蓝岭”号的出现使美国海军第一次拥有了功能齐全、性能先进的大型海上指控中心，从而在技术上彻底解决了大规模海上联合作战的指挥问题。

第三节 较量无声——综合电子信息系统

军事箴言

任何战术都只适用于一定的历史阶段，如果武器改进了，技术有了新的进步，那么军事组织的形式、军队指挥的方法也会随着改变。

——伏龙芝

综合电子信息系统主要是指在信息时代的军事斗争环境下，为满足诸军兵种联合作战任务，利用综合集成方法和技术将多种电子信息系统整合为一个有机的大型军事信息系统。目前，综合电子信息系统正处于动态发展过程中，其组成涉及指挥控制、预警探测、导航定位、军用数据链、电子对抗、综合保障等多个信息功能领域，涉及国家级、战区级、战术级等多个作战指挥层次。①

一、指挥控制系统

指挥控制系统（图 5-14）是军队各级各类指挥所内的自动化系统，既可指单一指挥所，也可指建制系列指挥所系统。它是实现指挥所各项作战业务和指挥控制手段自动化的信息系统，是综合电子信息系统或指挥自动化系统的核心，在作战过程中辅助指挥员对部队和主战兵器实施指挥控制。就单一指挥所而言，根据其级别和任务所确

① 童志鹏．综合电子信息系统 [M]. 2 版．北京：国防工业出版社，2008：1.

定的作战要素，指挥控制系统可划分为若干中心或分系统。如美国北美防空防天司令部（NORAD）有指挥中心、防空作战中心、导弹预警中心、空间控制中心、联合情报中心、系统中心、NORAD作战管理中心和气象支援单元等。

图 5-14 俄罗斯国家防御指挥中心

指挥控制系统按军队指挥关系，自上而下形成一个整体。军队指挥关系是由各级指挥员及其指挥机关和指挥对象组成的具有一定结构关系的指挥体系。

（一）信息化战争对指挥控制系统的要求

信息化战争要求建设新型的指挥控制系统，这就对综合电子信息系统中的指挥控制系统的建设和能力提出新的要求，主要包括以下几个方面。

一是指挥控制系统应具有极强的网络接入能力。它应该成为全军一体化信息栅格和指挥控制栅格上的一个有效节点，并且可以在适当时间、适当地点即插即用，以提高指挥控制系统的有效性。

二是指挥控制系统应成为未来C^4ISR杀伤链中的核心环节。指挥控制系统在传感器网络的保障下，应能适时获取战场空间态势信息，掌握敌人的战场部署和战斗组织，确定可能的威胁目标，预测敌人的反制措施，选择对目标打击的武器系统，并在实施过程中根据战场空间的态势感知并不断调整作战计划，实现作战计划的动态同步，实现一体化的指挥控制系统和武器攻击系统的完全整合。

三是指挥控制系统应具有适时的战场损伤评估能力。利用战场态势感知与预测信息，实时掌握敌人的战斗组织，判明敌人可能的作战重心和高价值目标，利用信息化武器系统对选定目标进行“点穴”式的精确打击。在精确武器发射之前，要持续不断地依靠各类传感器对目标进行识别和相关参数的修正，确保对目标的准确打击。在对目标实施打击之后，要依靠各种不同的传感器及其支撑平台对目标进行战场损伤评估和打击效果评估，以确定是否实现对目标的打击和是否需要再次打击。

四是指挥控制系统要具有持续高强度作战指挥能力。隐身、精确、远程输送和威力巨大武器的出现，使现代战争的战场空前广阔，“快速主宰”“快速决定性作战”“平行作战”成为可能，作战行动将在时间、空间、各作战级别（战略、战役、战术）同时实施，系统将面临越来越快的作战节奏和越来越复杂的作战计划，要求系统必须全向不间断地搜集和处理战场信息，适时给出各作战进程发展的预测结果，不断地向指挥员推荐决策支持方案，无缝、实时、安全地传输战场信息和作战指挥命令。指挥员和指挥机关要善于利用指挥控制系统与设备，提高指挥效率，把握作战节奏，操控战场主动权，同时系统应具有高可靠性、高可用性。

（二）指挥控制系统的分类

指挥控制系统按指挥所级别可分为战略级、战役级和战术级。按指挥所类型可分为单一军兵种指挥所系统、多兵种合成指挥所系统和多军（兵）/多国联合作战指挥所系统。战略和战役级指挥所系统还可按作战编成和业务需要，划分为若干“中心”，如作战指挥中心、情报中心、信息作战中心、通信中心、火力中心、气象中心等。指挥所系统按载体形态，可分为地面固定式（含山洞、地下）、地面机动式（车载、可搬移等）、机载、舰载等指挥控制系统。按系统控制对象，指挥控制系统还可分为两类：一类以下级指挥机关和部队为主要控制对象，系统将战场态势信息转化为指挥员的方案、决心、计划、命令等作战指挥信息，如战役以上指挥控制系统；另一类则是以兵器兵力为主要控制对象，将战场态势信息和打击毁伤信息转化为兵器兵力控制信息，如陆军旅以下指挥控制系统、导弹旅指挥控制系统、舰艇指挥控制系统等。

美军指挥控制系统分为战略指挥控制系统和战术指挥控制系统。战略指挥控制系统目前是GCCS。美陆军战术指挥控制系统主要由军、师级以及旅和旅以下部队使用的二级作战指挥系统（含单兵 C^3I）组成。美海军战术指挥控制系统分为岸基战术指挥控制系统和海上战术指挥控制系统。岸基战术指挥控制系统主要包括舰队、基地、水警区、舰队航空兵、岸基反潜战等指挥控制系统。海上战术指挥控制系统主要包括编队旗舰指挥中心系统、各类舰载指挥系统和舰载武器控制系统（图 5-15）。旗舰指挥中心系统是海上 C^4I 战术数据管理系统，由战术数据处理系统、综合通信系统和数据显示系统等组成。美空军战术指挥控制系统主要有战术空军控制系统、空军机载战场指挥控制中心、空中机动司令部指挥与控制信息处理系统组成。

图 5-15　美军舰艇上的指挥中心

二、预警探测系统

预警探测系统是综合电子信息系统的重要组成部分，也是指挥自动化系统的组成部分。预警探测和情报侦察系统同是综合电子信息系统的信息传感系统，然而预警探测系统着重于对目标的实时探测，其探测信息实时用于指挥和控制。

（一）预警探测系统在战争中的任务和作用

预警探测系统无论何时，都要保持常备不懈，全天候昼夜监视，在尽可能远的警戒距离内，对目标精确定位，测定有关参数，并识别目标的性质，为国家决策当局和军事指挥系统提供尽可能多的预警时间，以便有效地对付敌方的突然袭击。

预警探测系统分为战略预警系统和战役战术预警系统两大类。战略预警系统的主要对象是防御战略弹道导弹、战略巡航导弹和战略轰炸机；战役战术预警系统的对象是探测大气层内的空中、水面和水下、陆上纵深和隐蔽等战役战术目标。

预警探测系统（图 5-16）是综合电子信息系统最重要的实时信息源，它直接影响到探测、判断、决策、行动和整个军事行动的全过程。战略预警是战略防御的首要条件。美国的战略预警系统可以在 1 分钟内判明敌方发射的弹道导弹性质，在 3 分钟内报告发射点和弹着点坐标以及飞行轨迹。因此，对战役战术导弹可以提供 5~6 分钟的预警时间，对战略导弹可以提供 20~30 分钟的预警时间，对战略轰炸机可以提供 30~60 分钟的预警时间。

图 5-16　受阅的预警雷达方队

《孙子兵法》早已提过“知彼知己，百战不殆”。国家最高决策当局在评估战争对国家的威胁时，必须依赖一定的技术手段：首先要获取充分的信息；其次是进行信息融合，去伪存真，提供正确的辅助决策。因此，预警探测系统的信息是决策的重要依据，直接影响着决策的正确与否。预警探测系统要将千里之外敌国的战略行动置于自己的监视之内，使最高当局的决策者有可能对战争做出正确的判断，进行正确的战略抉择。

（二）未来信息化战争对预警探测系统的需求

未来信息化战争对预警探测系统和雷达的需求往往与现在它们在军事上能发挥的作用和预计对它们可能会采取的对抗手段密切相关。据此可以预测，军事上对预警探测系统和雷达的需求还会提出下列几个方面更完整的需求。

（1）提高探测超低空目标与高空目标的能力；
（2）提高探测隐身目标的能力；
（3）提高对抗反辐射导弹的能力；
（4）提高对抗电子干扰威胁环境的能力；
（5）提高对目标进行高分辨力成像的目标识别能力；
（6）提高对付硬摧毁的能力。

三、导航定位系统

导航是引导飞机、舰船、车辆或人员（统称为运载体）准确地沿事先规定的路线准时地到达目的地的过程，为实现导航所发展起来的技术称为导航技术。定位是确定物体或点在规定的坐标系中位置的过程，定位借助于导航系统完成。①

（一）导航在军事中的作用

导航的传统作用是为运载体的航行提供服务，陆基无线电导航系统和早期的自主式系统都是针对这种需要而发展起来的。这些系统已能够在全球任何地方提供导航信号覆盖。然而在20世纪70年代以前，一些地区由于经济政治等方面的原因，所提供的导航服务水平差距明显，当军队要在任何时候到需要的地方执行任务时常常会遇到服务不好的情况。导航的航行保障作用在GPS/惯导组合系统出现后得到明显加强。由于它们能够提供全球覆盖和高精度，因而更能克服气象与能见度的影响，使航行更为安全。对当前军事航行来说，陆基无线电导航只在飞机着陆阶段还保留作为主用系统，在其余航行阶段主要依靠卫星导航系统。美军在1991年以后的历次作战行动中，无论是部队调遣、后勤支持或长途空中奔袭，以及陆军在地形特征不明显的沙漠中机动都主要依靠卫星导航系统。导航在军事中的应用有如下一些种类。

1. 精确打击武器的制导

使用GPS/惯导组合系统制导的有联合攻击弹药（JDAM）、联合空地防区外发射导弹（JASSM）、联合防区外弹药（JSOW）、小直径炸弹（SDB）、重型空爆弹，还有小型监视攻击巡航导弹（SMACM）、常规空射巡航导弹（CALCM）及防区外对地攻击导弹（SLAM）等战术导弹。采用GPS/惯导+激光制导的有新型JDAM、新型“宝石路”（PAVEWAY）、新型SDB等炸弹。此外，正在大力发展GPS/惯导炮弹制导，包括火箭弹及增程炮弹。未来的高速巡航导弹也用GPS/惯导组合系统制导。精确制导使空军作战方式发生了很大变化，从要出动多少架次去攻击一个目标变成了一架飞机可同时攻击多个目标。可以不用看到目标而只按目标的位置数据便发动攻击，出现了所谓非接触战争的说法。

① 童志鹏．综合电子信息系统[M]. 2版．北京：国防工业出版社，2008：371.

2. 作为综合电子信息系统的基础之一

从综合电子信息系统的角度看，现代战争已从平台中心战向网络中心战演变，而体现网络中心战的是信息栅格，其实质是要实现情报、指挥决策和武器控制信息的共享，使各作战单位都能够实时获得完成作战任务所需要的信息，从而将参战单位联系成一个整体。导航所提供的实时高精确的位置、速度、航向姿态和时间信息是实现网络中心战的基础之一。导航为各单位提供的位置本身便是一种情报信息，也是指挥单位做决策和各作战单位执行命令的依据之一。为了形成战场实时态势圈，必须实施数据登录，而没有导航所提供的位置和时间信息是做不到的。导航所提供的时间信息在形成目标航迹、实现高效的计算机网络通信和扩频通信中发挥着重要作用。导航系统的覆盖范围所能提供的信息种类和精度是决定 C^4ISR 能力的重要因素，而信息栅格的概念只能建立在卫星导航和组合导航的基础上。

3. 用于各种战术操作

比如布雷与扫雷、火炮与雷达的快速布列与校准、搜索与救援、后勤支持、军事测绘、军事靶场等都需要有导航所提供的准确位置与时间信息，导航信息精度越高，使用方法越多，战术操作的效能越高。

（二）导航系统的应用及发展

随着电子技术的发展，陆基无线电导航设备技术和系统性能不断提高，尤其是可靠性明显提高。陆基无线电导航系统的性能基本不受外界因素和工作时间的影响，用户设备比较简单，因而容易为各种运载体所接受。在自主式系统方面，20 世纪 40 年代和 60 年代先后产生了多普勒导航系统和惯性导航系统。多普勒导航系统主要用于飞机远程导航，惯性导航系统是在洲际导弹制导需要的刺激下产生的。由于惯导的工作不依赖于无线电波的传播，在军事航空和航海中有重要作用。

陆基无线电导航系统存在一个基本矛盾。当系统采用 VHF 以上的频段时，电波传播稳定，因此能够提供较高精度的导航信息。然而此时电波沿直线传播，由于地球表面弯曲和地形地物遮挡，一个导航台只能覆盖不大的空域，在地面和海面覆盖很小。反过来，当系统发射低频信号时，电波沿地表传播，一个导航台可以有大的覆盖范围，然而由于电波传播不够稳定，因而所提供的导航信息，其精度和更新率都不可能很高。而一颗导航卫星可以看到大约地球 40% 的面积，多颗卫星组成的星座便可以提供全球陆、海、空、天无缝的覆盖，加上卫星发射采用高频段，因而能产生高精度的导航信息。因此卫星导航解决了陆基无线电导航系统的基本矛盾，还把导航从空海运输发展到了陆路交通。不仅如此，卫星导航系统是在新的信息技术和精密定时技术的基础上产生的，因而比陆基系统精度更高，所提供的信息种类除了实时三维位置之外，还有三维速度与时间。此外，卫星导航系统继承了陆基无线电导航系统的优点，在微电子和软件技术的基础上，用户设备体积小、质量小、耗电少、价格低、功能强，这就使卫星导航有潜力为陆、海、空、天的航行提供更好的服务。鉴于卫星导航在军事和民用方面的重要性，为了获取军事优势和保障本国主权，有能力的国家或地区都竞相发展卫星导航系统。

目前，世界上存在四大卫星导航系统，包括美国的全球定位系统（Global Positioning System，GPS）、俄罗斯的格洛纳斯（GLONASS）、欧洲伽利略（GALILEO）和中国的北斗卫星导航系统（Beidou Navigation Satellite System，BDS）。其中，北斗卫星导航系统是我国独立自主研发的全球导航定位系统。2020 年 6 月 23 日，“北斗三号”最后一颗全球组网卫星在西昌卫星发射中心点火升空。7 月 31 日上午 10 时 30 分，“北斗三号”全球卫星导航系统建成暨开通仪式在人民大会堂举行。

知识链接

GPS 的概念[①]

GPS 是英文 Global Positioning System（全球定位系统）的简称。GPS 起始于 1958 年美国军方的一个项目，1964 年投入使用。20 世纪 70 年代，美国陆海空三军联合研制了新一代卫星定位系统 GPS 。主要目的是为陆海空三大领域提供实时、全天候和全球性的导航服务，并用于情报搜集、核爆监测和应急通信等一些军事目的。经过 20 余年的研究实验，耗资 300 亿美元，到 1994 年，全球覆盖率高达 98% 的 24 颗 GPS 卫星星座已布设完成。GPS 系统方案几经改动，最终方案是由 21 颗工作星和 3 颗备用星工作在互成 60 度的 6 条轨道上。GPS 导航系统是以全球 24 颗定位人造卫星为基础，向全球各地全天候地提供三维位置、三维速度等信息的一种无线电导航定位系统。它由三部分构成，一是地面控制部分，由主控站、地面天线、监测站及通信辅助系统组成。二是空间部分，由 24 颗卫星组成，分布在 6 个轨道平面。三是用户装置部分，由 GPS 接收机和卫星天线组成。民用的 GPS 定位精度可达 10 米内。

惯性导航系统有许多优点，如能同时提供位置、速度和航向姿态信息，自主、隐蔽、不怕干扰等，在军事上具有重大意义，然而它的定位误差随系统工作时间而积累。卫星导航系统则相反，其定位精度高，但用户设备易受干扰。把两种设备组合在一起，可以形成精度高而且抗干扰能力强的组合导航系统。精度较高的惯导与卫星导航相组

① 中国卫星导航系统管理办公室．北斗卫星导航系统发展报告（3.0 版）[R]. 2018：3.

合，可以明显提高卫星导航的抗干扰能力，使组合系统能较长期地保持高的定位精度。所以，目前巡航导弹、军用飞机、战车和大型民航飞机等都装备了组合导航系统。

从理论上说，任何无线通信网络，只要网络成员之间能够建立和保持精确的时间同步，就可以用测量信号到达时间实现成员的相对定位。因为定位对时间同步的要求很高，需要专门实现和不断保持，所以网络带宽是一个关键。这种系统的一个优点是，由于导航和通信是利用同一通道完成的，所以，所有用于军事通信的抗干扰、保密和抗毁措施都将直接用于导航功能，形成抗干扰、保密和抗毁的导航系统。另一个优点是，通信导航功能在同一系统中完成，没有覆盖区域不重合和系统间信息交换的问题，用户的实时位置可利用通信功能广播出来，为自然地形成和分发战场实时态势图提供了基础。所以这类系统的导航功能主要是为综合电子信息系统、武器系统和作战支持系统等服务的。

四、军用数据链

数据链是现代信息技术与战术理念相结合应运而生的产物，是为适应机动作战单元共享战场态势和指挥控制的需要，采用标准化的信息编码、高效的组网协议、保密抗干扰的数字信道而构成的战术信息系统。美军的定义为："战术数字信息链通过单网或多网结构和通信介质，将 2 个或 2 个以上的指控系统或武器系统链接在一起，是一种适合于传送标准化数字信息的通信链路，也简称为 TADIL。"典型的战术数字信息链有 4 号链（TADIL-C/Link-4）、11 号链（TADIL-A/Link-11）、16 号链（TADIL-/Link-16）和 22 号链（TADIL-FJ/Link-22）等。"TADIL"是美国国防部对战术数字信息链的简称，"Link"是北约组织和美国海军对战术数字信息链的简称，二者通常是同义的。国际电信标准和我国国家军用标准中的定义为："数据链路是用于以数字方式发送和接收数据信息的通信手段。两个数据终端设备中，受链路协议控制的、具有固定信息格式以及连接两者的数据电路的总称。数据链路具有把数据从数据源传送到数据库或接收传来的数据的功能。"数据链路与常规意义上的无线数字传输的概念类似。[①]

（一）数据链的基本组成

数据链组成中通常包括 3 个基本要素：传输通道、通信协议和标准的格式化消息。传输通道通常是由端机和无线信道构成，这些端机设备在链路协议控制下进行数据收发和处理。端机一般由收发信机和链路处理器组成，要求具有较高的传输速率、抗干扰能力、保密性和反截获能力，实现链路协议和动中通。数据链各端机之间需要构成网络便于交换信息，通信协议用于维持网络有序和高效地运行。接口控制处理器完成不同数据链的接口和协议转换，为了实现战场态势的共享和指挥控制命令的及时下达。

① 童志鹏．综合电子信息系统 [M]. 2 版．北京：国防工业出版社，2008：465-466．

TDS 一般与应用平台的主任务计算机相连，完成数据格式化消息处理。为了保证对信息的一致理解以及传输的实时性，数据链交换的消息是格式化的。根据战场实时态势生成和分发以及传达指控命令的需要，按所交换信息内容、顺序、位数及代表的计量单元编排成一系列面向比特的消息代码，便于在指控系统和武器平台中的战术数据系统及主任务计算机中对这些消息进行自动识别、处理、存储，并使格式转换的时延和精度损失减至最小（图 5-17）。

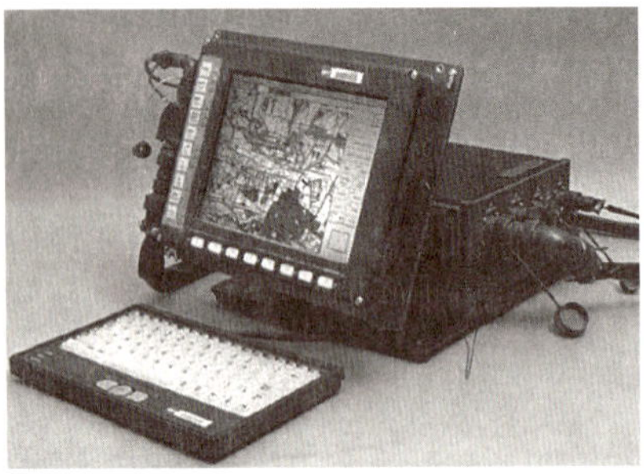

图 5-17　中国“北斗”导航系统示意图

数据链的工作程序一般是：首先，由平台的信息处理系统将本平台欲传输的战术信息通过战术数据系统按照数据链消息标准的规范转换为标准的消息格式，经过接口处理及转换，由端机中的组网通信协议进行处理后，再通过传输设备发送（通常为无线设备）。接收平台（可以 1 个或多个）由其无线电终端机接收到信号后，由 TDS 处理战术信息，送交到平台信息处理系统进行进一步处理和应用，并显示在平台的显示器上。

（二）数据链的发展趋势

未来战争是联合作战下的体系对抗，联合作战的本质是战场资源的有效共享。作战单元之间的高度互操作、无缝的信息交换是 C^4I 系统发展的最终目标，可以为战略、战役、战术各个层次的指挥员快速、准确地决策提供保障。数据链作为 C^4I 系统框架的基本组成部分，在传感器、指控单元和武器平台之间实时传输战术信息，是满足作战信息交换需求（IER）的有效手段。但是，由于技术的原因和作战应用对象的不同，没有一种数据链能够满足所有作战要求，多种数据链并存是一种必然。而不同的数据链消息格式与传送协议的转换所带来的时间延迟使得某些关键战场信息不能适时地传送，从而在一定程度上影响系统的互操作性。因此，美军数据链经过 40 多年的发展，已有数据链的种类正逐渐减少，其功能正逐步由 J 系列战术数据链家族的成员实现，也就是说，美军数据链将主要过渡到 TADIL J、VMF 和 Link-22。由于通信媒介的发展、更新迅速，J 系列数据链主要规范消息格式和标准化数据元素，目标是实现消息交换与具体通信媒介无关。

数据链的广泛应用，将带来战术思想乃至军事思想的变革，其影响和意义极其深远。数据链将变革传统的战术信息传输模式，作为“现代战争作战指挥的神经网络”，数据链在各军兵种的不同作战平台间，建立紧密的战术链接关系，变革传统的垂直“烟囱”式信息传输模式为“扁平”化传输，使各军兵种的各级指战员能在第一时间共享各种战术信息。

随着数据链的大规模应用，将在战场上构成多个战术共同体，通过这些战术共同体的有效链接，将出现一个盘根错节的信息神经网。信息神经网的末梢，就是战场上众多的探测平台和火力平台；信息神经网的各大节点，就是各级指挥所；信息神经网的中枢，就是最高统帅部。数据链的应用、战场信息神经网的出现和战场信息化的完成，将有力地推动作战指挥模式的变革。

延展视界

俄军击毙车臣匪首杜达耶夫

1991 年 9 月，苏联前空军少将、车臣人杜达耶夫武力推翻当地的苏维埃政府，10 月宣布车臣共和国脱离俄罗斯联邦独立，并引发了第一次车臣战争。由于俄罗斯联邦决策失误、指挥混乱、部队准备不足，再加上轻敌麻痹，第一次车臣战争并没有达到预期的战争目的。然而，杜达耶夫在进行卫星通话之际被精确定位击毙，倒是让俄罗斯联邦聊以慰藉的快事。

1996 年 4 月 21 日傍晚 6 时左右，杜达耶夫在格罗兹尼市西南约 30 千米以外的旷野使用卫星电话。他先与“自由”电台通话，没有发现俄军任何动静。杜达耶夫认为俄军不会发现，又放心地与居住在莫斯科的战争调解人博罗沃伊通话。电话接通了，刚讲了没几句话，突然，2 枚导弹呼啸而至，在他身后传来一阵巨浪，将杜达耶夫的妻子掀翻在地，杜达耶夫本人则被弹片击中，当场毙命。

其实，俄罗斯特别行动小组早就获悉杜达耶夫主要通过一部海事卫星电话与外界联系。这种通信工具的最大弱点是容易被全球定位系统锁定，从而暴露位置。然而，俄军战斗机如果从最近的空军基地飞抵杜达耶夫经常出没的地区，至少需要 7~8 分钟，而狡猾的杜达耶夫为了防止目标暴露，通话时间一直不超过 5 分钟，数次“斩首”行动因此失败。4 月 21 日傍晚 6 时左右的这次通话时间比平时至少长出了 3 倍，俄特别行动小组通过卫星定位迅即锁定了他的具体位置，然后将准确无误的数据传给 24 小时枕戈待旦的空军战斗机。据杜达耶夫的遗孀安拉·杜达耶娃回忆，爆炸发生时她就站在离丈夫约 20 米远的位置。随着两声爆炸巨响，橘红色的火光冲天而起。当杜达耶娃试图寻找丈夫时，杜达耶夫的尸体早已飞落至山谷里。[①]

① 谈何易，雷根生，等．现代电磁战 [M]．北京：国防大学出版社，2016：183．

第四节 精确打击——信息化杀伤武器

军事箴言

随着军事技术不断发展，武器因素的重要性在上升，如果武器装备上存在代差，仗就很难打了。

——习近平

信息化杀伤武器主要包括各种精确制导武器以及正在发展中的新概念武器等。

一、精确制导武器

图 5-18 火箭军某旅导弹发射瞬间

精确制导武器，是指采用精确制导技术，直接命中概率在 50% 以上的武器（图 5-18）。精确制导技术是在复杂的战场环境中，利用目标的特征信号，发现、识别和跟踪目标，并将武器直接引导至目标实施有效打击的技术。直接命中是相对于爆炸破片对目标的间接命中而言的，一般是指武器战斗部与目标有效部位的直接接触命中。

精确制导武器，可分为导弹和精确制导弹药两大类。导弹与精确制导弹药的主要区别在于，前者依靠自身的动力系统和导引控制系统飞向目标；后者自身无动力装置，需借助火炮、飞机投掷，也没有全程制导装置，仅有在飞行末段起作用的寻的装置或传感器。

（一）导弹

导弹，是指依靠自身的动力装置推进，由制导系统导引，控制其飞行路线并导向目标的武器。导弹是精确制导武器中研究最早、类别最多、生产和装备量最大的一类。

导弹可从多种角度分类：

按导弹发射点和目标位置，可分为地地导弹、地空导弹、岸舰导弹、潜地导弹、空地导弹、空空导弹和空舰导弹等。

按作战任务，可分为战略导弹和战术导弹。战略导弹是用于完成战略任务的导弹，通常使用核战斗部，由国家最高统帅部直接掌握，用于摧毁敌方纵深重要战略目标；战术导弹是用于完成战术任务的导弹，主要用于打击敌方纵深的战役、战术目标，亦可用于直接支援地面部队作战。

按导弹射程，可分为近程导弹（射程在1000千米以内）、中程导弹（射程在1000~3000千米）、远程导弹（射程在3000~8000千米）及洲际导弹（射程在8000千米以上）。

按导弹的弹道特征，可分为飞航式导弹（如“战斧”巡航导弹）和弹道式导弹。

按攻击的目标，可分为反坦克导弹、反舰导弹、反雷达（反辐射）导弹、反卫星导弹、反导导弹等。但精确制导武器发展趋势之一是通用化、多功能化，因此这种分类方法仍有一定局限性。

（二）精确制导弹药

精确制导弹药也称为灵巧弹药，根据不同的作用原理可分为末制导弹药和末敏弹药两类。

1. 末制导弹药

末制导弹药有寻的器和控制系统，在其弹道末段能根据目标和弹药本身的位置自行修正或改变弹道，直至命中目标。主要有制导炮弹、制导炸弹、制导雷等。

制导炮弹是用地面火炮发射，弹丸带有制导装置的炮弹的总称。它能够在火炮的最大射程内以很高的单发命中概率攻击目标，主要有激光制导炮弹、毫米波制导炮弹和红外寻的制导炮弹等。

制导炸弹也叫灵巧炸弹，是指有制导装置和空气动力操纵面的航空炸弹，主要有激光制导炸弹和电视制导炸弹。制导炸弹是航空炸弹的新发展，通常是在制式航空炸弹上加装制导装置和空气动力装置，靠飞机投弹时给予的初速滑翔飞行，其制导系统同一般空对地导弹的导引头相似，有的甚至就是直接移植而来的。

精确制导技术使航空弹药“长了大脑”，一定程度上已具有“发射后不用管”“同时攻击多个目标”“指哪打哪”和能在数十、数百乃至上千千米之外全天候攻击任何目标的能力。精确制导的航空炸弹圆概率误差为0~3米，命中概率是第二次世界大战时普通航弹的25~50倍，弹药的消耗量降低到原来的1/10~1/50，效费比提高25~50倍。

2. 末敏弹药

末敏弹药不能自动跟踪目标，也不能改变飞行弹道，只能在被撒布的范围内利用其自身的探测器（寻的器）探测和攻击目标。

末敏弹药通常由一些子弹药组成。子弹药被抛撒后，立即用其自身携带的探测器开始在小范围内探测目标，发现目标后，即可沿探测器瞄准的方向发射弹丸，对目标进行攻击，既有较大的毁伤面积，又有较高的命中精度。它是子母弹技术、爆炸成型弹丸技术和先进的传感器技术相结合的产物。末敏弹药探测范围较窄，一般仅为末制导弹药探测范围的1/10左右。

二、新概念武器

新概念武器在基本原理、杀伤破坏机理和作战方式上都与传统武器有本质区别，是尚处于研制或探索之中的一类新型武器。新概念武器的出现和陆续实用化，必将对未来的军事理论、作战方式、军队体制编制等产生一系列革命性的影响。

（一）激光武器

激光武器是利用激光的能量直接摧毁目标或使其失去战斗力的定向能武器。根据激光功率大小和用途的不同，激光武器可分为激光干扰与致盲武器、战术激光武器、战区激光武器和战略激光武器。激光干扰与致盲武器是低能激光武器，在武器装备的分类中属光电对抗装备。后三者为高能激光武器，也就是通常意义上的激光武器。高能激光武器又叫强激光武器或激光炮。高能激光武器的杀伤破坏效应，主要是烧蚀效应、激波效应、辐射效应。

激光干扰与致盲武器采用中、小功率器件，平均功率在万瓦级以下，但脉冲峰值功率可达 10 万至百万瓦级；战术防空激光武器的平均功率须 10 万瓦以上，射程在 10 千米左右；战区防御激光武器的平均功率须百万瓦以上，有效射程大于 100 千米；战略反导激光武器功率须 107 万 ~108 万瓦，射程在数百千米到数千千米之间；战略反卫星激光武器的作用距离一般为 200 千米，最高平均功率须达到几百万瓦。

激光武器具有许多独特的性能：一是反应迅速。光速以近每秒 30 万千米传输，打击战术目标不需要计算射击提前量，瞬发即中。二是可在电子战环境中工作。激光传输不受外界电磁波的干扰，目标难以利用电磁干扰手段避开激光武器的射击。三是转移火力快。激光束发射时无后坐力，可连续射击，能在很短时间内转移射击方向，是拦截多目标的理想武器。四是作战效费比高。化学激光武器仅耗费燃料，每次发射费用为数千美元，远低于防空导弹的费用。

激光武器的研制始于 20 世纪 60 年代末。经过 50 多年的发展，美、俄、英、德、法、以色列等国在激光武器研制方面均已取得长足进步。目前，强激光武器以发展高能氟化尔化学激光武器技术和高能氧碘化学激光武器技术为主，现已形成战术、战区和战略多层次防空、反导及反卫星激光武器技术体系。战术激光武器技术基本成熟，已研制出武器样机。战区防御机载激光武器关键技术已被突破，激光器单模块功率已达 30 万瓦，光束主动跟踪系统已经能锁定住 30~50 千米远处飞行速度为 1000 米 / 秒的助推段导弹。美空军正在大力推进大型机载激光器（ABL）计划，美陆军拟发展小型无人机载固体激光器方案。美国“阿尔法”激光器现已将输出功率提高到 500 万瓦，天基激光武器所需要的所有关键技术都通过了验证，并成功进行兆瓦级高功率激光器与光束控制、瞄准子系统的地面集成综合试验。其他国家也在大力发展强激光武器技术，俄罗斯的战术防空激光武器已具备实现武器化的技术能力，其天基激光武器系统的核心部件也正在接近百万瓦级的武器化技术指标。

当前各国正在发展的第一代强激光武器体积和重量较大，机动性和灵活性比较差。下一代强激光武器技术将向二极管泵浦固体激光武器技术、激光二极管相控阵列技术和自由电子激光武器技术等方向发展，器件将实现小型化，可实现在战斗机等小平台上的应用。

（二）粒子束武器

粒子束武器是以电子、质子、离子或中性粒子为弹丸，通过高能加速器将其加速到接近光速，聚集成密集的束流射向目标，以束流的动能或其他效能杀伤破坏目标的定向能武器。粒子束武器具有快速、高能、灵活、干净、全天候使用等特点。射击不用提前量，千分之一秒就能改变射向，在极短的时间内从容对付多批目标，是打击空间飞行器、洲际导弹和其他高速运动点状目标的理想武器。

高能粒子束主要有三种破坏作用：一是使目标物质结构材料汽化或融化；二是提前引爆目标中的引爆炸药或破坏目标中的热核材料；三是使目标的电路被破坏，电子装置失灵。根据研究结果，粒子束武器在现代战争中的应用主要是识别和拦截洲际导弹。这是因为，洲际导弹在飞行中段除了释放弹头之外，还释放出大量的诱饵——假弹头，只有中性粒子才能有效地对真假弹头进行识别。由此可见，粒子束武器是识别和拦截洲际导弹的最佳选择。

粒子束武器的技术原理，是用高能加速器将粒子加速到接近光速，并用磁场把它们聚集成密集的束流，直接或去掉电荷后射向目标，靠束流的动能或其他效应使目标失效。当然，作为完整的粒子束武器只有粒子加速器是不够的，它还应包括能源、目标识别和跟踪、粒子束瞄准定位、拦截结果鉴定和指挥控制等分系统。尽管粒子束武器的原理并不复杂，但要实现战斗力，它还有一系列关键技术需要解决。

（三）电磁武器

电磁炮是利用运动电荷或载流导体在磁场中切割磁力线产生的电磁力（洛仑兹力）来加速弹丸，是完全依赖电能和电磁力加速弹丸的一种超高速发射装置（图 5-19）。电磁炮主要分为电磁线圈炮、电磁轨道炮两类。电磁线圈炮是利用感应耦合的固定线圈产生的磁场与弹丸线圈上的感应电流相互作用产生的电磁力来推动弹丸加速；电磁轨道炮是利用流经导电轨道和滑动电枢的强电流与其所产生的磁场作用的电磁力来驱动弹

图 5-19　电磁炮将成为 055 大型驱逐舰的标配

丸。目前国外发展的电磁炮主要是轨道炮，其炮口初速远大于其他类型的电磁发射器，理论上可达几十千米 / 秒。

与常规火炮相比，电磁炮炮口初速大、质轻型小、隐蔽性好、射击速率高、可控性好。电磁炮独特的优点，使其在未来战场的广泛领域中拥有重要的应用价值。在防空防天与反导方面，电磁炮可广泛用于反飞机、反巡航导弹、反弹道导弹，甚至反卫星作战。在反装甲方面，电磁炮将成为侵彻各种新型装甲的有效途径，炮口动能 15 兆焦以上的电磁炮可以击毁常规火炮难以击毁的装甲目标。此外，它在反舰、航天发射等方面也具有非常广泛的应用前景。2004 年 7 月，美国成功进行了 1/8 尺寸样炮的海上发射试验，演示验证了电磁发射器以超声速发射炮弹的过程。2006 年 10 月，美国海军水面作战中心达尔格伦分部使用一门炮口动能 8MJ 的电磁轨道炮发射了一枚重达 3.2 千克的炮弹。2008 年 1 月 31 日，美国海军用一门炮口动能 10.64MJ 的电磁轨道炮将炮弹加速到 2520 千米 / 秒的高速。2010 年 12 月 10 日对美国海军而言是具有历史意义的一天，BAE 基于同一设计方案的 33MJ 电磁轨道炮工程样机，在美国海军水面作战中心达尔格伦分部打出了第一发炮弹。这门炮口动能达 33MJ 的大炮可将 3.2 千克重的炮弹加速到 2.4 千米 / 秒（7.5 马赫）的高速，其理论射程可达 110 海里，这门炮被称为“极速杀手”。按照美国的原定目标，他们将在 2016 年进行射程超过 160 千米（约 100 海里）的电磁轨道炮上舰测试。在完成 32MJ 工程样炮全部试验后，下一步就要研制用于“朱姆沃尔特”级驱逐舰（DDG-1000）的电磁炮。这门炮的炮口初速达 2500 米 / 秒，射程超过 400 千米。① 近年来，随着我国科技的突飞猛进，我国的电磁炮技术也得到了快速发展，并且开始进行一系列相关的实验。但到目前为止，碍于技术和成本问题，我国的电磁炮仍然没有达到实用化的水平。

（四）环境武器

环境武器是指通过利用或改变自然环境状态所产生的巨大能量来打击目标的武器。战争总是在一定的环境中进行的，随着科学技术的发展，在未来的战争中，交战军队将有能力借助先进技术更大程度地利用自然环境中潜在的巨大能量呼风唤雨，让人工灾难降临到敌人头上。

目前，环境武器主要分以下三种类型。

（1）气象型。即利用云和大气中微粒的不稳定性，人为地制造出洪爆、干旱、闪电、冰雹和大雾；利用大气中微粒的不稳定性，人工引起飓风、龙卷风以及台风等自然灾害，进而对人和生物等造成危害。

（2）地震作用型。地壳中隐藏的热应力分布不均，具有极强的不稳定性。因此通过人为激发可以诱发“人造地震”。实验证明，当量为 100 万吨 TNT 的核爆炸可能引

① 参见《兵工科技》2018 年第 6 期。

发里氏 6.9 级地震。

（3）生态型。即通过向敌方地区撒播能阻止地球表面热量散发的化学物质，使敌国的大地变成干燥的沙漠，导致生态环境变化；还可以把大量的溴或氯释放到敌方上空，破坏氧气层，使之形成“空洞”，让大量的紫外线辐射到敌国地面。

延展视界

科索沃战争中的精确制导武器

1999 年 3 月 24 日—6 月 10 日，以美国为首的北约，未经联合国授权，利用科索沃的民族问题对南斯拉夫联盟共和国发动战争，最终迫使南联盟屈服。从军事上看，科索沃战争具有典型的空袭战性质，空袭成为最基本的作战方式。进攻一方并无地面作战，仅靠空袭即达到主要战争目的。而北约之所以选择纯空袭作战，主要是因为可充分发挥其巨大的空中作战优势，大大减少人员伤亡；同时又使军事行动具有较强的可控性，可避免因打地面战而陷入游击战泥潭难以抽身。在这场战争中，南联盟 39% 的广播电视传播线路瘫痪，大批工厂、商店、发电厂被毁，300 多所学校遭到破坏，近百万人无家可归，昔日美丽的南斯拉夫变得满目疮痍，直接经济损失达 2000 多亿美元；而北约仅仅损失 2 架飞机，没有人员死亡。显然，现代空中力量已经成为夺取战场优势和恃强凌弱的工具。

在这场战争中，北约动用了 50 余颗卫星，先后投入海军舰艇 55 艘和各型飞机 1150 架，其中美国 731 架。出动飞机 3.7 万余架次，投掷各型精确制导弹药（图 5-20）2.3 万余枚，对 421 个固定目标和 3400 个移动目标进行了连贯猛烈的轰炸。

图 5-20 美军 F-117A 隐形飞机投掷精确制导弹药

美国大量投入使用的以精确打击武器为核心的现代高新空中兵器，具备了“点穴式”精确攻击能力，可对目标实施命中精度达 10 米级甚至米级的精确打击，一定程度上取代地面近战炮火的作用。这些精确制导武器大约可分为以下 4 大类。

（1）巡航导弹。如海基的 BGM-109“战斧”、空基的 AGM-86C 等。AGM-86C 是一种装备常规爆破弹头的空对地攻击导弹。该导弹是专门用来对远距离战略“软”目标进行准确打击的。在科索沃战争期间，常规空射巡航导弹由B-52战略轰炸机投掷。

（2）各种防区外发射导弹，如海军的SLAM、SLAM-ER导弹和HARM（哈姆）反辐射导弹。SLAM-ER导弹是海湾战争中美海军使用的SLAM导弹的改进型，射程明显增大，从100千米增大到高空200千米、低空140千米；具有一定的隐身性能；采用了新型数据链设备，远程控制能力和可靠性大大提高，加装了红外成像图形冻结装置，具有米级精度，战斗部使用“战斧”BLOCK II的技术，可攻击2米厚的混凝土目标。

（3）联合防区外发射武器（JSOW），如AGM-130、AGM-154、AGM-142等。JSOW是由美海军负责研制的三军通用型防区外发射制导武器，是一种较防区外发射导弹更低廉的制导武器，可全天候使用，用以取代美军广泛使用的“小牛”导弹。美军现已投入使用的JSOW射程为80~120千米，飞行员可全程控制，精度达到米级。如AGM-130，战斗部450千克，可贯穿6米厚的混凝土。

（4）联合直接攻击弹药（JDAM）。这是一种全天候制导武器，采用全球定位辅助惯性制导（简称GPS/INS制导）系统，由飞机投放。该型炸弹由美国洛克希德公司和波音公司1995年开始共同研制，1996年进行首次飞行试验。该型炸弹是在现有普通炸弹和钻地炸弹基础上，加装惯性制导+卫星全球定位修正制导系统改进而成的，射程约20千米，其命中精度，采用惯性制导+全球定位制导时为13米，只采用惯性制导时为30米。投放平台有空军的B-1B、B-2、B-52轰炸机，F-15、F-16战斗机，F-117A攻击机，海军的F/A-18战斗攻击机。

此外，北约联军还使用了大量新型精确制导武器。例如，首次使用了JSOW空对地导弹AGM-154，还有刚刚研制成功尚处于试生产阶段的高效能卫星制导联合直接攻击弹药，还使用了CBU-94电子炸弹（这是一种利用装填的“碳—石墨”纤维破坏电力系统的非杀伤性炸弹，被称作电子炸弹，通常也称为“碳—石墨”炸弹，简称石墨炸弹），并首次使用了CBU-97反装甲集束炸弹和“阿巴斯”空射巡航导弹。

以美国为首的北约，使用大量的精确制导武器，对南联盟的各种政治、军事、电力、交通等目标，实施“点穴式”精确打击。其精确制导武器的成功运用，对于加快作战进程，摧毁南联盟作战体系，发挥了十分重要的作用。

据北约统计，整个战争期间，北约使用的精确制导弹药占总数的35%以上，而在战争初期甚至高达98%。科索沃战争表明，未来战争中，空袭不仅是战争初期的首要作战样式，还能贯串战争的全过程，甚至成为一种完全独立的战争模式。时任美国国防部长科恩在战略问题研究所作的《关于科索沃战争初步经验教训》的演讲时，谈到这样一个观点：“……此次战役所取得的胜利表明，军事革命正在彻底改变我们作战的方式。过去，我们需要用多架轰炸机来打击一个目标。而在科索沃战争中，一架轰炸机就可以摧毁多个目标。当年‘沙漠风暴’行动曾因技术上的进步和高技术兵器大显身手而备受赞誉，但那次行动只有少数先进飞机能够携带精确制导弹药，而且那次战争中使用的弹药中仅有9%是精确制导弹药，而在科索沃战争中，我们的战斗机几乎全都能够投掷此类杀伤力巨大的武器，并且正如我所提到的那样，在‘联盟力量’行动打响后的头几天里，美军所使用的弹药百分之百都是精确制导弹药。”

学练合一

1993年，中国一艘名为“银河号”的载货轮船从天津新港启航。由于莫须有的原因，美国擅自运用起军事手段逼停“银河号”，同时还“任性”地切断了“银河号”所在区域的GPS导航服务，导致“银河号”成为大海中的一只无头苍蝇，只好停止航行。次年，中国决心要自己研发一套导航系统。

促使我国加快卫星建设的原因还有一点，那就是在战争层面上。当时的海湾战争，伊拉克的武器水平也还不错，但却被美国碾压式地击溃了。因为美国在信息化领域的能力太强了，不仅拥有link-4和link-11战术数据链，还把GPS系统带到了战争中。不仅可以为导弹、轰炸机赋予精确的打击能力，甚至可以让单个士兵实现精确定位。这对于我们来说，无疑是一个很大的提醒，从而也加速了我国系统工程的建设。

在“北斗一号”之后，中国着手研究的“北斗二号”遇到了瓶颈。2003年开始以“中国提供建设资金、欧洲提供导航技术”的合作方式进行“伽利略计划”。但在美国的不断诱惑下，欧洲把中国这个主要投资方拒在了“伽利略计划”的核心决策机构之外，中国的技术研究人员也没有权利接触相关的核心技术。在这样的“背叛”下，中国决定不再依赖别人，更加坚定了自主研究“北斗”的信心。

2007年4月14日，中国第一颗“实用型”北斗导航卫星升空，不仅比欧洲的“伽利略系统”二号实验卫星要早了一年发射，而且其技术也比较先进，定位的精确度更是达到了0.5米，打了欧洲人一记响亮的耳光。2017年11月5日，中国同时发射了两颗“北斗三号”的组网卫星，标志着“北斗”下饺子式的发射工程正式开始。

2020年7月31日，由中国自主研发、耗时26年、投入超120亿美元、先后发射59颗卫星、基站建设2700多个的“北斗三号”全球卫星导航系统（BDS）正式开通。这标志着中国在继美国的GPS、俄罗斯的GLONASS以及欧盟的GALILEO之后，成为第四个由联合国卫星导航委员会认定的供应商。同时，向世界宣告了中国从此摆脱因为没有自己的卫星导航而带来的屈辱。

目前，在全球公共服务上，我国的“北斗”与美国的GPS相比，定位精准度相差不大，都是2~3米。但在军用领域上，GPS是0.3米，而北斗则可以精确到0.1米。“北斗”技术的应用和物联网、互联网、大数据等技术互相融合，在交通、农业、林业、渔业、水文监测、气象预报、通信、授时、电力调度、制图、救灾减灾等领域得以应用，而且产生非常显著的经济效益和社会效益。未来，“北斗”还会朝着更先进、更完备的体系去发展，用于造福各行各业，造福世界各地人民。

【思考与讨论】

请同学们结合所学知识和网上资料，分组讨论如下主题：

1. 你还知道哪些我国太空领域的发展历程？

2. “北斗”的逆袭带给我们什么启示？

第六章　共同条令教育与训练

——军人本色　令行禁止

本章引言

为了贯彻全面从严治军方针，加强中国人民解放军的各项建设，维护和巩固铁的纪律，确保军队绝对忠诚、绝对纯洁、绝对可靠，保证军队的高度集中统一，加强革命化、现代化、正规化建设，巩固和提高战斗力，根据有关法律的规定，制定中国人民解放军纪律条令、内务条令和队列条令。

第一节 军令如山——共同条令教育

军事箴言

我是中国人民解放军军人，我宣誓：服从中国共产党的领导，全心全意为人民服务，服从命令，忠于职守，严守纪律，保守秘密，英勇顽强，不怕牺牲，苦练杀敌本领，时刻准备战斗，绝不叛离军队，誓死保卫祖国。

——军人誓词

共同条令是《中国人民解放军内务条令（试行）》《中国人民解放军纪律条令（试行）》和《中国人民解放军队列条令（试行）》的总称，是我军建设的基本法规。共同条令就是用法规的形式把统一的、行之有效的管理制度、方法和措施固定下来，作为全军部队和军人的行为准则。

2018 年 5 月 1 日，我军新修订的内务条令、纪律条令和队列条令颁布施行，明确了共同条令的指导思想和原则，坚持政治建军、改革强军、科技兴军、依法治军，聚焦备战打仗，着眼新体制新要求，调整规范军队单位称谓和军人职责，充实日常战备、实战化军事训练管理内容要求。

一、内务条令

图 6-1　优秀的内务

内务条令是为了规范中国人民解放军的内务制度，加强内务建设，根据有关法律和军队建设的实际制定。军队的内务建设是军队进行各项建设的基础，是巩固和提高战斗力的重要保证。其基本任务是，使每个军人明确和认真履行职责，维护军队良好的内外关系，建立正规的战备、训练、工作、生活秩序，培养优良的作风和严格的纪律，保证军队圆满完成任务（图 6-1）。

制定内务条令的主要作用是使全军官兵牢固树立战备观念，养成令行禁止的作风，不断提高战斗力；以军事训练为中心，以正规化建设为重点，以建设一支“听党指挥、能打胜仗、作风优良”为目标统筹安排各项工作，建立良好的战备、训练、工作和生活秩序；加强战备物资和军事管理，保证其经常处于良好的状态。

《中国人民解放军内务条令（试行）》共十五章，三百二十五条，并附录十项。

第一章　总则。本章是该条令的纲。它阐述了我军的宗旨：中国人民解放军是中国共产党缔造和领导的，用马克思列宁主义、毛泽东思想、邓小平理论、“三个代表”重要思想、科学发展观、习近平新时代中国特色社会主义思想武装的人民军队，是中华人民共和国的武装力量，是人民民主专政的坚强柱石。紧紧地和人民站在一起，全心全意地为人民服务。（第四条）这是制定内务条令的基本依据，阐明了我军内务建设必须坚持的指导思想，贯彻新时期军事战略方针和新时代建军总要求，努力建设一支听党指挥、能打胜仗、作风优良的人民军队。总则还规定了我军内务建设所必须遵循的原则和条令的适用范围。

第二章　军人宣誓。中国人民解放军军人，是在中国人民解放军服现役的中华人民共和国公民。（第十二条）军人宣誓，是军人对自己肩负的神圣职责和光荣使命的承诺和保证。本章规定了军人宣誓的内容和基本要求。

第三章　军人职责。本章规定了士兵、军官、首长和各级主管人员的职责。士兵的一般职责：努力学习马克思列宁主义、毛泽东思想、邓小平理论、“三个代表”重要思想、科学发展观、习近平新时代中国特色社会主义思想，贯彻党的路线、方针、政策，遵守国家的法律法规，执行军队的法规制度；服从命令，听从指挥，英勇顽强，不怕牺牲，坚决完成任务；刻苦训练，熟练掌握军事技能，努力提高打仗本领；熟练操作使用和认真维护武器装备，使其经常保持良好状态；严守纪律，服从管理，尊重领导，团结同志，爱护集体荣誉，维护良好形象；艰苦奋斗，厉行节约，爱护公物；积极学习科学技术和文化知识，提高科学文化素养；落实安全要求，严格保守国家和军队的秘密。（第十九条）

第四章　内部关系。本章规定了军人之间、官兵之间、机关之间、部队之间的相互关系。中国人民解放军军人，不论职位高低，在政治上一律平等，相互间是同志关系。军官、士兵依行政职务和军衔，构成首长与部属、上级与下级或者同级关系。

第五章　礼节。礼节体现了军队内部团结友爱和相互尊重。军人敬礼分为举手礼、注目礼和举枪礼。

第六章　军人着装。本章详细规定了军人着装的具体要求。军人应当配套穿着军服，佩带军衔、级别资历章（勋表）等标志服饰，做到着装整洁庄重、军容严整、规范统一。

第七章　军容风纪。本章详细规定了军人仪容仪表的具体要求。军人应当军容严整，遵守相关规定。

第八章　与军外人员的交往。本章规定了军队单位和人员在与军外人员交往中必须遵纪守法，保持良好形象，坚决维护国家和军队的利益。

第九章　作息。本章规定了一日时间分配，连队一日生活和机关一日生活的具体制度。

第十章　日常制度。主要内容有值班、警卫、行政会议、请示报告、内务设置、登记统计、请假销假、查铺查哨、留营住宿、点验、交接、接待、证件和印章管理及保密制度。

第十一至十四章主要规定了日常战备、紧急集合、节日战备、军事训练管理、野营管理、零散人员管理、军人健康保护、财务和伙食管理、车辆使用管理、装备管理、移动电话和国际互联网的使用管理、营区管理、安全管理以及国旗、军旗、军徽的使用管理和国歌、军歌的奏唱等有关事项。

第十五章　附则（略）。

二、纪律条令

纪律条令是用简明条文规定的、通过命令颁布的关于军队纪律及奖惩的法规。它既是维护和巩固纪律的准则，又是部队实施奖惩的基本依据。

现行的纪律条令继承了我军维护和巩固纪律的优良传统，贯彻了依法从严治军的思想，体现了党在新时期的路线、方针、政策和宪法精神，反映了我军现阶段的特点和广大指挥员的要求。纪律条令的主要作用在于通过实施奖惩来保障其他军事法规的各项规定得以落实，各种军事活动得以正常运转（图 6-2）。

图 6-2　纪律严明的中国军人

《中国人民解放军纪律条令（试行）》共十章，二百六十二条，并附录八项。

第一章　总则。本章指出：中国人民解放军的纪律，是建立在政治自觉基础上的严格的纪律，是军队战斗力的重要因素，是保持人民军队性质、宗旨、本色，团结自己、战胜敌人和完成一切任务的保证。（第三条）军人在任何情况下都必须严格遵守和自觉维护纪律，不允许有任何违反纪律的现象存在。

中国人民解放军的纪律，要求每个军人必须把革命的坚定性、政治的自觉性、纪律的严肃性结合起来，统一意志、统一指挥、统一行动，有令必行、有禁必止、严格执行党的路线、方针、政策，遵守国家的宪法、法律、法规，执行军队的法规制度，执行上级的命令和指示，执行三大纪律、八项注意（三大纪律：一切行动听指挥，不拿群众一针一线，一切缴获要归公；八项注意：说话和气，买卖公平，借东西要还，损坏东西要赔，不打人骂人，不损坏庄稼，不调戏妇女，不虐待俘虏），用铁的纪律凝聚铁的意志、锤炼铁的作用、锻造铁的队伍，任何时候任何情况下都一切行动听指挥、步调一致前进。

中国人民解放军的纪律要求每个军人必须做到：①听从指挥，令行禁止；②严守岗位，履行职责；③尊干爱兵，团结友爱；④军容严整，举止端正；⑤提高警惕，保守秘密；⑥爱护武器装备和公物；⑦廉洁奉公，不谋私利；⑧拥政爱民，保护群众利益；⑨遵守社会公德，讲究文明礼貌；⑩缴获归公，不虐待俘虏。

第二章 纪律的主要内容。本章明确了纪律条令的主要内容。

中国人民解放军军人要“遵守政治纪律，对党忠诚，立场坚定。坚定不移贯彻执行党的路线、方针、政策，坚持党对军队绝对领导的根本原则和制度，牢固树立政治意识、大局意识、核心意识、看齐意识，坚决维护权威、维护核心、维护和贯彻军委主席负责制，自觉在思想上政治上行动上同党中央、中央军委保持高度一致，在重大政治斗争中立场坚定，在重大原则问题上旗帜鲜明”。（第十一条）

第三章 奖励。本章明确了奖励的目的和原则、项目、条件，以及奖励的权限和实施奖励的要求、程序和形式等。

“奖励的目的在于鼓励先进，维护纪律，调动官兵的积极性、创造性，发扬爱国主义、共产主义和革命英雄主义精神，保证作战、训练和其他各项任务的完成。（第二十一条）奖励以精神奖励为主，物质奖励为辅。个人的奖励项目由低到高依次为嘉奖、三等功、二等功、一等功、荣誉称号、八一勋章。

第四章 表彰。本章明确了表彰的对象、范围、项目等。

第五章 纪念章。本章介绍了纪念章的制作及发放标准。

国防服役纪念章颁发给服现役满 8 年以上的人员，其中，服现役满 8 年以上、不满 16 年的，授予铜质纪念章；服现役满 16 年以上、不满 30 年的，授予银质纪念章；服现役满 30 年以上的，授予金质纪念章。（第一百零三条）

第六章 处分。本章明确了处分的目的和原则、项目、条件，处分的权限和实施处分的具体程序、要求和方法等。

对士兵的处分由低到高依次为警告、严重警告、记过、记大过、降职或者撤职、降衔、开除军籍。此外，还有对军官和文职干部的处分项目。处分的目的在于严明纪律，教育违纪者和部队，加强集中统一，巩固和提高部队战斗力。处分坚持惩前毖后、治病救人等原则。

第七章 特殊措施。本章规定了各种特殊情况发生的处理原则、方法以及所负责任。

第八章 控告和申诉。本章明确了控告和申诉的目的，控告、申诉的程序和形式，保证控告、申诉权的要求，以及控告军外人员的注意事项。实施控告和申诉是军人的民主权利，要求“控告和申诉应当忠于事实”。

第九章 首长责任和纪律监察（略）。

第十章 附则（略）。

三、队列条令

队列条令是规定军队队列动作、队列队形与指挥的法规和准则，是军队队列训练和队列生活的依据。

图 6-3 队列训练

现行队列条令继承了我军“严格要求，严格训练”的传统，使我军队列动作、队列生活得以进一步规范，对培养军人良好的姿态、严整的军容、优良的作风，提高部队的组织纪律性，增强我军的战斗力发挥了重要的作用（图 6-3）。

《中国人民解放军队列条令（试行）》共十章，八十九条，并附录四项。

第一章 总则。本章阐述了队列训练的意义、目的以及队列训练的作用。

第二章 队列指挥。本章规定了指挥员队列指挥位置、方法和要求。

第三章 队列队形。本章规定了班、排、连、营、团和军兵种分队、部队的基本队形以及军旗位置。

第四章 单个军人的队列动作。本章规定了单个军人的队列动作。

第五章 分队、部队的队列动作。本章明确了分队和部队集合、离散、整齐、报数、出列、入列、行进、停止、方向变换等动作要求。

第六章 分队乘坐交通工具。本章规定了分队乘坐交通工具的组织程序、实施方法和要求，明确了注意事项和具体规定。

第七章 国旗的掌持、升降和军旗的掌持、授予与迎送。本章规定了国旗的掌持、升降和军旗的掌持、授予与迎送的程序、方法、要求、要领以及队形和队列动作。

第八章 阅兵。本章明确了阅兵的时机、权限和形式，规定了阅兵式、分列式的组织程序和分队的动作要领。

第九章 仪式。本章明确了各个场合的相关规范和要求。

第十章 附则（略）。

延展视界

中国人民解放军三军仪仗队

中国人民解放军陆海空三军仪仗队（图 6-4）隶属于北京卫戍部 担负迎送外国国家元首、政府首脑、军队高级将领及纪念、庆典等重大国事 仪仗司礼任务。编制 700 人。它与中国人民解放军军乐团、中国人民武装警察部 炮队等共同承担不同规格的司礼任务。

第一种规格：由 151 人组成，用来迎接外国首脑。

第二种规格：由 127 人组成的陆海空三军仪仗队，用来迎接外国军队的高级将领。

第三种规格：由 101 人组成的单军种仪仗队，用来迎接外国军队的单军种司令。

此外，仪仗队还担负着外国领导人向天安门广场人民英雄纪念碑献花圈，以及重大活动升旗的仪仗任务。

1952年至今，三军仪仗队共圆满执行3179次仪仗司礼任务，包括迎接外国元首、香港澳门回归、北京奥运会、国庆70年大阅兵等重大活动，一名仪仗兵一年的训练行程超过8000千米。

经党中央批准，自2018年1月1日起，由人民解放军担负天安门国旗护卫和礼炮鸣放任务。

图6-4　中国人民解放军三军仪仗队

第二节　整齐划一——队列动作训练

军事箴言

一致是强有力的，而纷争易于被征服。

——伊索

一、单个军人队列动作

（一）立正、稍息

立正是军人的基本姿势，是队列动作的基础。军人在宣誓、接受命令、进见首长和向首长报告、回答首长问话、升降国旗和军旗、奏国歌和军歌等严肃庄重的时机和场合，均应当自行立正。跨立主要用于军体操、执勤和舰艇上分区列队等场合，可与立正互换。

1. 立正

口令：立正。

要领：两脚跟靠拢并齐，两脚尖向外分开约60度；两腿挺直；小腹微收，自然挺胸；上体正直，微向前倾；两肩要平，稍向后张；两臂下垂，自然伸直，手指并拢自然弯曲，拇指尖贴于食指的第二节，中指贴于裤缝；头要正，颈要直，口要闭，下颌微收，两眼向前平视（图6-5）。

持半自动步枪时，右臂自然下垂，右手拇指向内，余指并拢在外将枪握住，托底钣在右脚外侧全部着地，枪托后踵同脚尖齐。其余同立正。

要领：左脚顺脚尖方向伸出约全脚的 2/3，两腿自然伸直，上体保持立正姿势，身体重心大部落于右脚。携枪（筒、炮），携带的方法不变，其余动作同徒手。稍息过久，可自行换脚。

图 6-5　徒手立正姿势

2. 稍息

要领：左脚向左跨出约一脚之长，两腿挺直，上体保持立正姿势，身体重心落于两脚之间。两手后背，左手握右手腕，拇指根部与外腰带下沿（内腰带上沿）同高；右手手指并拢自然弯曲，手心向后。携枪时不背手。通常在立正的基础上进行。

口令：整理着装。

要领：双手从帽子开始，自上而下，将着装整理好。必要时可以互相整理。整理完毕，自行稍息。听到“停”的口令，恢复立正姿势。

（二）停止间转法

停止间转法是停止间变化方向的方法，分为向右转、向左转、向后转，需要时也可半面向右（左）转。

1. 向右（左）转

口令：向右（左）——转。

要领：以右（左）脚跟为轴，右（左）脚跟和左（右）脚掌前部同时用力，使身体协调一致向右（左）转 90 度，体重落在右（左）脚，左（右）脚取捷径迅速靠拢右（左）脚，成立正姿势。转动和靠脚时，两腿挺直，上体保持立正姿势。

半面向右（左）转，按照向右（左）转的要领转 45 度。

2. 向后转

口令：向后——转。

要领：按向右转的要领向后转 180 度。

持枪（炮）转动时，除按徒手动作要领外，听到预令，将枪（炮）稍提起（60 迫击炮手，右手移握架头），拇指贴于右胯，枪（炮）随身体平稳转向新方向，枪底钣（座钣）轻轻着地，成持枪（炮）立正姿势。

（三）行进与立定

1. 行进

基本步法分为齐步、正步和跑步，辅助步法分为便步、踏步和移步。

（1）齐步。齐步是军人行进的常用步法。

口令：齐步——走。

要领：左脚向正前方迈出约 75 厘米，按照先脚跟后脚掌的顺序着地，同时身体重心前移，右脚照此法动作；上体正直，微向前倾；手指轻轻握拢，拇指贴于食指第二节；两臂前后自然摆动，向前摆臂时，肘部弯曲，小臂自然向里合，手心向内稍向下，拇指根部对正衣扣线，并与最下方衣扣同高，离身体约 25 厘米；向后摆臂时，手臂自然伸直，手腕前侧距裤缝线约 30 厘米，行进速度为每分钟 116~122 步（图 6-6）。

图 6-6 齐步与正步

（2）正步。主要用于分列式和其他礼节性场合。

口令：正步——走。

要领：左脚向正前方踢出约 75 厘米（腿要绷直，脚尖下压，脚掌与地面平行，离地面约 25 厘米），适当用力使全脚掌着地，同时身体重心前移，右脚照此法动作；上体正直，微向前倾；手指轻轻握拢，拇指伸直贴于食指第二节；向前摆臂时，肘部弯曲，小臂略成水平，手心向内稍向下，手腕下沿摆到高于最下方衣扣约 10 厘米处，离身体约 10 厘米；向后摆臂时（左手心向右，右手心向左），手腕前侧距裤缝线约 30 厘米。行进速度为每分钟 110~116 步。

（3）跑步。主要用于快速行进。

口令：跑步——走。

要领：听到预令，两手迅速握拳（四指蜷握，拇指贴于食指第一关节和中指第二节），提到腰际，约与腰带同高，拳心向内，肘部稍向里合，听到动令，上体稍向前倾，两腿微弯，同时左脚利用右脚掌的蹬力跃出约 85 厘米，前脚掌先着地，身体重心前移，右脚照此法动作；两臂前后自然摆动，向前摆臂时，大臂略直，肘部贴于腰际，小臂略平，稍向里合，两拳内侧各距衣扣线约 5 厘米；向后摆臂时，拳贴于腰际。行进速度为每分钟 170~180 步（图 6-7）。

（4）便步。用于行军、操练后恢复体力及其他场合。

口令：便步——走。

要领：用适当的步速、步幅行进，两臂自然摆动，上体保持良好姿势。

（5）踏步。用于调整步伐和整齐。

停止间口令：踏步——走。

行进间口令：踏步。

要领：两脚在原地上下起落（抬起时，脚尖自然下垂，离地面约 15 厘米；落下时，前脚掌先着地），上体保持正直，两臂按照齐步或者跑步的要领摆动。踏步时，听到“前进”的口令，继续踏两步，再换齐步或跑步行进（图 6-8）。

图 6-7　跑步

图 6-8　踏步

（6）移步（5 步以内）。用于调整队列位置。

①右（左）跨步。

口令：右（左）跨 × 步——走。

要领：上体保持正直，每跨 1 步并脚一次，其步幅约为肩宽，跨到指定步数停止。

②向前或后退。

口令：向前 × 步——走；后退 × 步——走。

要领：向前移步时，应按照单数步要领进行（双数步变为单数步）。向前 1 步时，用正步，不摆臂；向前 3、5 步时，按照齐步走的要领进行。向后退时，从左脚步开始，每退 1 步靠脚一次，不摆臂，退到指定步数停止。

2. 立定

口令：立——定。

要领：齐步和正步时，听到口令，左脚再向前大半步着地（脚尖向外约 30 度），两腿挺直，右脚取捷径迅速靠拢左脚，成立正姿势。跑步时，听到口令，再跑两步，然后左脚向前大半步（两拳收于腰际，停止摆动）着地，右脚靠拢左脚，同时将手放下，成立正姿势。踏步时，听到口令，左脚踏 1 步，右脚靠拢左脚，原地成立正姿势（跑步的踏步，听到口令，继续踏两步，再按照上述要领进行）。

（四）步法变换

步法变换，均从左脚开始。

齐步、正步互换，听到口令，右脚继续走 1 步，即换正步或者齐步行进。

齐步换跑步，听到预令，两手迅速握拳提到腰际，两臂前后自然摆动；听到动令即换跑步行进。

齐步换踏步，听到口令，即换踏步。

跑步换齐步，听到口令，继续跑两步，然后换齐步行进。

跑步换踏步，听到口令，继续跑两步，然后换踏步。

踏步换齐步或跑步，听到“前进”的口令，继续踏两步，再换齐步或跑步前进。

（五）行进间转法

1. 齐步、跑步向右（左）转

口令：向右（左）转——走。

要领：左（右）脚向前半步（跑步时，继续跑两步，再向前半步），脚尖向右（左）约 45 度，身体向右（左）90 度时，左（右）脚不转动，同时出右（左）脚按照原步法向新方向行进。

半面向右（左）转走，按照向右（左）转走的要领转 45 度。

2. 齐步、跑步向后转

口令：向后转——走。

要领：左脚向右脚前迈出约半步（跑步时，继续跑两步，再向前迈半），脚尖向右约 45 度，以两脚的前脚掌为轴，向后转 180 度，出左脚按照原步法向新方向行进。

转动时，保持行进时的节奏，两臂自然摆动，不得外张；两腿自然挺直，上体保持正直。

（六）坐下、蹲下、起立

1. 坐下

口令：坐下。

要领：左小腿在右小脚后交叉，迅速坐下（坐凳子时，听到口令，左脚向左分开约一脚之长），手指自然并拢放在两膝上，上体保持正直。

口令：枪靠右肩——坐下。

要领：携枪坐下时，枪靠右肩（枪面向右）右手自然扶贴护木，左手手指自然并拢，放在左膝上。

2. 蹲下

口令：蹲下。

要领：右脚后退半步，前脚掌着地，臀部坐在右脚跟上（膝盖不着地），两腿分开约 60 度，手指自然并拢放在两膝上。蹲下过久，可自行换脚。

3. 起立

口令：起立。

要领：全身协力迅速起立，成立正姿势或者成持枪立正姿势。

（七）敬礼

1. 敬礼、礼毕

敬礼分为举手礼、注目礼和举枪礼。

敬礼口令：敬礼。

举手礼要领：上体正直，右手取捷径迅速抬起，五指并拢自然伸直，中指微接帽檐右角前约 2 厘米处，手心向下，微向外张（约 20 度），手腕不得弯曲，右大臂略平，与两肩略成一线，同时注视受礼者。

注目礼要领：面向受礼者成立正姿势，同时注视受礼者，并目迎目送（右、左转头角度不超过 45 度）。

举枪礼要领：右手将枪提到胸前，枪身垂直并对正衣扣线，枪面向后，离身体约 10 厘米，准星护圈与眼同高，大臂轻贴右肋；同时左手接握表尺上方（持半自动步枪时，虎口对准枪面并与表尺上沿取齐），小臂略平，大臂轻贴左肋，同时转头向右注视受礼者，并目迎目送（右、左转头角度不超过 45 度）(图 6-9)。

礼毕口令：礼毕。

要领：行举手礼者，将手放下；行注目礼者，将头转正；行举枪礼者，将头转正，右手将枪放下，使枪底钣轻轻着地，同时左手放下，成持枪立正姿势。

图 6-9　举枪礼姿势

2. 单个军人敬礼

要领：距受礼者 5~7 步处，行举手礼或注目礼。

徒手或背枪时，停止间应面向受礼者立正，行举手礼待受礼者还礼后礼毕；行进间（跑步时换齐步），转头向受礼者行举手礼（手不随头转动），并继续行进，左臂仍自然摆动，待受礼者还礼后礼毕（图 6-10）。

携带武器（除背枪）等不便行礼时，不论停止间或行进间，均行注目礼，待受礼者还礼后礼毕。

图 6-10　停止间徒手敬礼（左）和行进间徒手敬礼（右）

（八）半自动步枪的操枪

1. 托枪、枪放下

口令：托枪。

要领：右手将枪提到右肩前，枪身垂直，离身体约 15 厘米，枪面向右，手约同肩高，大臂轻贴右肋，同时左手握表尺上方；左手将枪上提，同时右手拇指贴于枪后踵，余指并拢握枪底钣；两手协力将枪送上右肩（弹仓与肩同高），左手迅速放下；枪身要正，枪后踵与衣扣线齐；右大臂轻贴右肋，小臂略平，成托枪立正姿势。

口令：枪放下。

要领：右手下压枪托，右臂伸直，使枪离肩，同时左手接握表尺上方，枪身垂直，枪面向右；左手将枪稍向下移，同时右手移握上背带环下方；左手放下的同时，右手将枪放下，使枪底钣轻轻着地，成持枪立正姿势。

2. 肩枪、枪放下

口令：肩枪。

要领：右手将枪提到右肩前，枪身垂直，离身体约 25 厘米，枪面向右，上背带环与锁骨同高，大臂轻贴右肋，同时左手握标尺上方，右手移握背带（拇指由内顶住）向左后拉平；用左手的推力和右手腕的旋转力迅速将枪送上右肩，右大臂轻贴右肋，枪身垂直，左手放下，成肩枪立正姿势。

口令：枪放下。

要领：用右手腕的旋转力，迅速将枪转向右肩前，离身体约 25 厘米，同时左手接握表尺上方，枪面稍向右后；右手移握上背带环下方，枪身垂直，左手放下的同时，右手将枪放下，使枪底钣轻轻着地，成持枪立正姿势。

3. 背枪、枪放下

口令：背枪。

要领：右手将枪提到右胸前，左手将背带环向左拉平；两手将枪挂在颈上，右手移握下背带环；两手协力将枪转到背后，同时右臂由枪和背带之间伸出，两手放下，成背枪立正姿势。

口令：枪放下。

要领：右手握下背带环，左手在左胸前握背带，两手协力将枪转到身体的前方，同时右臂由枪和背带之间脱出，右手移握上背带环下方；两手将枪从颈上取下，左手放下的同时，右手将枪放下，使枪底钣轻轻着地，成持枪立正姿势。

4. 托枪、端枪互换

①托枪换端枪。

口令：端枪。

要领：行进时听到“端枪”口令，继续向前 3 步，于左脚着地时，右手下压枪托，使枪离肩，同时左手接握护木；右脚再向前一步，右手移握枪颈，并使枪面转向后；于左脚着地的同时，两手将枪导向前，枪面向上，左手掌心转向右，枪颈紧贴右胯，右肘与两肩成一线，枪刺尖约与眼同齐，并在右肩的正前方。

②端枪换托枪。

口令：托枪。

要领：听到“托枪”口令，继续向前 3 步，于左脚着地时左手收至右胸前，右手向下方推枪；右脚再向前一步，左手将枪稍向上提，右手移握托底钣，同时枪面转向右，于左脚着地时，将枪送至右肩。左手放下。

二、分队队列动作

队列的基本队形为横队、纵队、并列纵队。需要时可调整为其他队形。队列人员之间的间隔（两肘之间）约 10 厘米，距离（前一名脚跟至后一名脚尖）约 75 厘米。需要时，可调整队列人员之间的间隔和距离。

（一）班的队形

班的基本队形，分为横队和纵队。需要时，可成二列横队或二路纵队。步兵班通常按班长、正副机枪射手、步枪手或冲锋枪手、正副火箭筒射手、副班长的顺序列队。必要时可按身高列队。

（二）排的队形

排的基本队形分为横队和纵队。排横队，由各班的班横队依次向后排列组成。排纵队，由各班的班纵队依次向右并列组成。横队时，排长在第一列基准兵右侧；纵队时，排长在队列前中央。

（三）连的队形

连的基本队形，分为横队、纵队和并列纵队。连横队，由各排的排横队依次向左并列组成。连纵队，由各排的排纵队依次向后排列组成。连并列纵队，由各排的排纵队依次向左并列组成。连部和炊事班组成相应的队行，位于本连队队尾。

（四）集合、离散

1. 集合

集合是使单个军人、分队、部队按照规范队形聚集起来的一种队列动作。

集合时，指挥员应当先发出预告或者信号，如“全连（或 × 排）注意”，然后，站在预定队形的中央前，面向预定队形成立正姿势，下达“成 × × 队——集合”的口令。

所属人员听到预告或信号，原地面向指挥员成立正姿势；听到口令，跑步到指定位置面向指挥员集合（在指挥员后侧的人员，应当从指挥员右侧绕过），自行对正、看齐，成立正姿势。

（1）班集合。

口令：成班横队（二列横队）——集合。

要领：基准兵迅速跑到班长左前方适当位置，成立正姿势；其他士兵以基准兵为准，依次向左排列，自行看齐。

成班二列横队时，单数士兵在前，双数士兵在后。

口令：成班纵队（二路纵队）——集合。

要领：基准兵迅速到班长前适当位置，成立正姿势；其他士兵以基准兵为准，依次向后排列，自行对正。

成二路纵队时，单数士兵在左，双数士兵在右。

（2）排集合。

口令：成排横队——集合。

要领：基准班在指挥员前方适当位置，成班横队迅速站好；其他班成班横队，以基准班为准，依次向后排列，自行对正、看齐。

口令：成排纵队——集合。

要领：基准班在指挥员右前方适当位置，成班纵队迅速站好；其他班成班纵队，以基准班为准，依次向右排列，自行对正、看齐。

（3）连集合。

口令：成连横队——集合。

要领：队列内的连指挥员或者基准排，在指挥员左前方适当位置，成横队迅速站好；各排和连部成横队，以连指挥员或者基准排为准，依次向左排列，自行对正、看齐。

口令：成连纵队——集合。

要领：队列内的连指挥员或者基准排，在指挥员前方适当位置，成纵队迅速站好；各排和连部成纵队，以连指挥员或者基准排为准，依次向后排列，自行对正、看齐。

口令：成连并列纵队——集合。

要领：队列内的连指挥员或者基准排，在指挥员左前方适当位置，成纵队迅速站好；各排和连部成纵队，以连指挥员或者基准排为准，依次向左排列，自行对正、看齐。

2. 离散

离散是使队列的单个军人、分队、部队各自离开原队列位置的一种队列动作。

离开。口令：各营（连、排、班）带开（回）。

要领：队列中的各营（连、排、班）指挥员带领本队迅速离开原来队列位置。

解散。口令：解散。

要领：队列人员迅速离开原队列位置。

（五）整齐、报数

1. 整齐

整齐是使列队人员按照规定的间隔、距离，保持行、列齐整的一种队列动作。整齐分为向右（左）看齐和向中看齐。

口令：向右（左）——看齐。

要领：基准兵不动，其他士兵向右（左）转头（持枪、炮时，听到预令，迅速将枪、炮稍提起，看齐后自行放下），眼睛看右（左）邻士兵腮部，前 4 名能通视基准兵，自第五名起，以能通视到本人以右（左）第三人为度。后列人员，先向前对正，后向右（左）看齐。听到“向前看”的口令，迅速将头转正，恢复立正姿势。

口令：以 ××× 同志为准，向中——看齐。

要领：当指挥员指定以 ××× 同志为准（或以第 × 名同志为准）时，基准兵答“到”同时左手握拳高举，大臂前伸与肩略平，小臂垂直举起。听到“向中看——齐”的口令后，其他士兵按照向右（左）看齐的要领实施。听到“向前看”的口令后，基准兵迅速将手放下，其他士兵迅速将头转正，恢复立正姿势。

一路纵队看齐时，可以下达“向前——对正”的口令。

2. 报数

口令：报数。

要领：横队从右至左（纵队由前向后）依次以短促洪亮的声音转头（纵队向左转头）报数，最后一名不转头。数列横队时，后列最后一名报“满伍”或“缺 × 名”。连集合时，由指挥员下达“各排报数”的口令，各排长在队列内向指挥员报告人数，如“第 × 排到齐”或“第 × 排实到 ×× 名”。必要时也可以统一报数。

连实施统一报数时各排不留间隔，要补齐，成临时编组的横队队形。

（六）出列、入列

单个军人或分队出、入列通常用跑步（5 步以内用齐步，1 步用止步），或按照指挥员指定的步法执行；然后，进到指挥员右前侧适当位置或者指定位置，面向指挥员成立正姿势。

1. 单个军人出、入列

①出列。

口令：×××（或第 × 名），出列。

要领：出列军人听到呼点自己的姓名或序号应当答“到”，听到“出列”的口令后，应当答“是”。

位于第一列（左路）的军人，按照本条上述规定，取捷径出列。

位于中列（路）的军人，向后（左）转，待后列（左路）同序号的军人向右后退 1 步（左后退 1 步）让出缺口后，按照本条的上述规定从队尾（纵队时从左侧）出列；位于“缺口”位置的军人，待出列军人出列后，即复原位。

位于最后一列（右路）的军人出列，先退 1 步（右跨 1 步），然后，按照本条有关规定从队尾出列。

②入列。

口令：入列。

要领：听到“入列”口令后，应答“是”然后按照出列的相反程序入列。

2. 班、排出列、入列

口令：第 × 班（排），出列（入列）。

要领：听到“第 × 班（排），出列（入列）”的口令后，由出（入）列班（排）的指挥员答“到”或“是”，并用口令指挥本班（排）按有关规定，以纵队形式从队尾出（入）列。

（七）行进、停止

横队和并列纵队行进以右翼为基准，纵队行进时以左翼为基准（一路纵队时以先头为基准）。

1. 行进

口令：× 步——走。

要领：听到口令，基准兵向正前方前进，其他士兵向基准翼标齐，保持规定的间隔、距离行进。纵队行进时，排、连通常成三路纵队，也可以成一、二路纵队。行进中，可用“一二一”“一二三四”或唱队列歌曲，以保持步伐整齐和振奋士气。

2. 停止

口令：立——定。

要领：听到口令，按立定的要领实施，分队的动作要整齐一致。停止后，听到“稍息”的口令后，先自行对正、看齐，再稍息。

（八）队形变换

队形变换是一种队形变为另一种队形的队列动作。

1. 横队和纵队的互换

横队变纵队。

停止间口令：向右——转。

行进间口令：向右转——走。

纵队变横队。

停止间口令：向左——转。

行进间口令：向左转——走。

要领：停止间，按照单个军人向右（左）转的要领实施。行进间，按照单个军人向右（左）转走的要领实施。分队动作要整齐一致。队形变换后，排以上指挥员应当进到规定的队列位置。

2. 停止间的班横队和班二列横队、班纵队和班二路纵队互换

（1）班横队变班二列横队。

口令：成班二列横队——走。

要领：变换前，先报数。听到口令，双数士兵左脚后退一步，右脚（不靠拢左脚）向右跨 1 步，左脚向右脚靠拢，站到单数士兵之后，自行对正、看齐。

（2）班二列横队变班横队。

口令：间隔 1 步，向左离开。成班横队——走。

要领：听到“间隔 1 步，向左离开”的口令，取好间距，听到“成班横队——走”的口令，双数的士兵左脚左跨 1 步，右脚（不靠拢左脚）向前 1 步，左脚向右脚靠拢，站到单数士兵左侧，自行看齐。

（3）班纵队变班二路纵队。

口令：成班二路纵队——走。

要领：变换前，先报数。听到口令，双数士兵右脚右跨 1 步，左脚（不靠拢右脚）向前 1 步，右脚向左脚靠拢，站到单数士兵右侧，自行对正、看齐。

（4）班二路纵队变班纵队。

口令：距离两步，向后离开。成班纵队——走。

要领：听到“距离两步，向后离开”的口令，取好距离，听到“成班纵队——走”的口令，双数士兵右脚后退 1 步，左脚（不靠拢右脚）站到单数士兵之后，自行对正。

3. 连纵队和连并列纵队的互换

（1）连纵队变连并列纵队。

停止间口令：成连并列纵队，齐步——走。

行进间口令：成连并列纵队——走。

要领：连指挥员或基准排踏步，其他排和连部逐次进到连指挥员或基准排左侧踏步并取齐，然后听口令前进或停止。

（2）连并列纵队变纵队。

停止间口令：成连纵队——齐步走。

行进间口令：成连纵队——走。

要领：连指挥员或基准排照直前进，其他排和连部停止间和行进间均踏步，待连指挥员或基准排离开原位后，各排按排长、连部和炊事班按司务长的口令依次前进。

（九）方向变换

方向变换是改变队列面对的方向的一种队列动作。

1. 横队和并列纵队的方向变换

停止间口令：左（右）转弯，齐（跑）步——走，或左（右）后转弯，齐步——走。

行进间口令：左（右）转弯——走，或左（右）后转弯——走。

要领：一列横队方向变换时，轴翼士兵踏步，并逐步向左（右）转动；外翼第一名士兵用大步行进并同相邻士兵动作协调，逐步变换方向，越接近轴翼者，其步幅越小，其他士兵用眼睛的余光向外翼取齐，并保持规定的间隔和排面整齐，转到 90 度或 180 度时踏步并取齐，听口令前进或者停止。

数列横队和并列纵队方向变换时，第一列轴翼士兵停止间用踏步，行进间用小步，外翼士兵用大步行进，保持排面整齐，边行进边变换方向，转到 90 度或者 180 度后，听口令前进或停止。后继各列按上述要领，保持间隔、距离，取捷径进到前一列转弯处，转向新方向前进。

2. 纵队方向变换

停止间口令：左（右）转弯，齐（跑）步——走，或左（右）后转弯，齐（跑）步——走。向后——转，齐（跑）步——走（按照横队和并列纵队向后转走的方法实施）。

行进间口令：左（右）转弯——走，或左（右）后转弯——走。

要领：一路纵队方向变换时，基准兵在左（右）转时，按单个军人行进间转法（停止间，左转弯时，左脚先向前一步）要领实施，在左（右）后转弯时，用小步边行进边变换方向，转到 90 度或 180 度后，照直前进；其他士兵逐次进行到基准兵的转弯处，转向新方向跟进。

数路纵队方向变换时，按照数列横队和并列纵队方向变换的要领实施。

延展视界

卡塔尔阅兵采用中国式操典

2017 年 12 月 18 日，卡塔尔首都多哈举行盛大阅兵式，庆祝卡塔尔国庆节。此次阅兵式除了规模比往年宏大外，还有一点不同，那就是阅兵式中的 14 个徒步方队，全部以中国式队列和中国式正步来接受检阅。

当天的阅兵式在多哈海滨大道举行。卡塔尔埃米尔塔米姆等国家政要、各国驻卡塔尔外交使节、当地民众和外国友人等共同出席了仪式。

随着18声礼炮鸣响，阅兵式正式开始。卡塔尔副首相兼国防事务国务大臣哈立德·阿提亚首先致辞。随后，卡塔尔陆海空三军、埃米尔卫队以及防空兵、通信兵、特种部队、军乐团等方阵依次入场接受检阅。军队方阵之后，卡塔尔内政部和民防部下属的武装警察部队、公安、消防等方阵，以及当地青少年组成的方阵也依次亮相。最后，卡塔尔空军以伞兵空降的方式，结束了为时一个多小时的阅兵式。

当天阅兵式上，卡塔尔军方14个徒步方队的5000余名官兵，全部是以中国式队列和中国式正步接受检阅。在阅兵式开始之前，他们接受了来自中国人民解放军三军仪仗队教官团的队列集训。由于历史原因，卡塔尔在国庆阅兵式中曾长期使用英式操典。

当天的阅兵式圆满成功，中国式阅兵队列和整齐划一的中国式正步得到了卡塔尔各方的赞许。阅兵式结束后，卡塔尔副首相兼国防事务国务大臣哈立德·阿提亚接见了来自中国人民解放军三军仪仗队的教官团，高度赞扬了他们的工作成绩和训练成果，并表示，卡塔尔愿继续加深同中国的合作。

第三节　身临其境——现地教学

军事箴言

纸上得来终觉浅，绝知此事要躬行。

——（宋）陆游

现地教学，是指在课堂教学之外，根据教学内容需要，在现地结合自然实景、实情、实物等进行的教学。大学生军训期间的现地教学，除了指在训练场上进行的各种科目的军事技能训练之外，还指有组织、有计划地进行的走进军营参观、走进爱国主义教育基地学习参观、学唱军营歌曲等活动。这些现地教学，是大学生军训期间促进军事技能训练、提升训练激情和增强爱国爱军情怀的有益形式。

一、走进军营

向本国民众开放一般性军事活动早已成为国际惯例，是开展全民国防教育的重要方式。像俄罗斯、以色列、法国、荷兰、韩国、新加坡、马来西亚等国都设有军事机关、院校和基地的“开放日”，美国五角大楼常年对外开放，每年参观者达到10万人次。这种开放有时还扩大到军事表演和演习项目。如日本陆上自卫队每年最大规模的实弹射击演习“富士综合火力演习”和海上保安厅举行的海空阅兵及综合演练都向社会开放，现场观众经常达到两万余人。2017 年 10 月 12 日，经中央军委批准，中央军委办公厅印发了《中国人民解放军军营开放办法》（以下简称《办法》），这是新形势下发挥军队资源优势，推动全民国防教育普及深入的重要举措，为各部队规范有序组织军营向社会开放提供了基本遵循。该《办法》对于依法推进军营向社会开放工作，充分展示人民军队强军兴军新面貌和新一代革命军人良好形象，进一步增进人民群众对人民军队的热爱，在全社会营造关心国防、热爱军队、尊重军人的浓厚氛围，激发广大官兵投身强军兴军伟大实践的政治热情，具有重要意义和作用。大学生在军训期间和整个在校学习期间，都应当充分利用军营开放日开展走进军营参观的现地教学活动，激发热爱国防、热爱军队的情怀（图 6-11）。

图 6-11　香港市民参观驻港部队

军营开放单位应当在国庆节、建军节、国际劳动节、全民国防教育日、全民国家安全教育日、抗日战争胜利纪念日、中国烈士纪念日、中国各军兵种成立纪念日期间组织向社会开放（图 6-12），也可以根据驻地国防教育工作需要组织向社会开放。军营开放单位向社会开放，主要包括军史馆、荣誉室等场所，部队可以公开的军事训练课目和武器装备，基层官兵学习、生活、文化活动等设施。开展军营开放活动，部队应当严密做好保密工作，事先拟订保密方案，开展必要的防护伪装，采取针对性技术管控措施，加强对参观人员的保密教育提醒，参观活动结束进行必要的安全检查，严防失泄密问题发生。学校组织学生走进军营参观学习，应事先加强纪律教育、保密知识和意识教育，做好充分的组织计划与协调工作，着眼培育大学生的家国情怀和爱军尚武精神，让大学生零距离感受我军优良传统和作风，感受国防和军队改革发展的巨大成就，感受官兵聚力强军、聚焦打赢的昂扬战斗精神，进一步增强大学生对国防和军队建设的信心，增进对人民子弟兵的感情，强化大学生国家安全意识和国防观念。

图 6-12　武汉首届“军营开放日”

二、走进爱国主义教育基地

加强爱国主义教育，继承和发扬爱国主义传统，对于振奋民族精神，增强民族凝聚力，具有重要的现实意义。强化大学生的爱国主义精神，必须充分发挥爱国主义教育基地的作用，经常组织大学生走进爱国主义教育基地接受爱国主义教育。

1994 年 8 月 23 日，中宣部颁布了《爱国主义教育实施纲要》。纲要论述了进行爱国主义教育极为重要的意义，提出了教育的基本原则、主要内容、重点对象以及一系列具体措施。纲要拓宽了进行爱国主义教育的渠道，强调通过群众丰富多彩的实践活动取得教育成果，并着眼于建立长远的教育机制，体现了精神文明重在建设的方针。自 1997 年 7 月，中宣部向社会公布了首批百个爱国主义教育示范基地，并以此影响和带动全国爱国主义教育基地的建设（图 6-13）。此次公布的 100 个示范基地中，反映中华民族悠久历史文化内容的有 19 个，反映近代中国遭受帝国主义侵略和我国人民反抗侵略、英勇斗争内容的有 9 个，反映现代我国人民革命斗争和社会主义建设时期内容的有 75 个。2001 年 6 月 11 日，中宣部公布了以反映党的光辉历史为主要内容的第二批百个爱国主义教育示范基地。2005 年 11 月 20 日，中宣部公布了第三批 66 个全国爱国主义教育示范基地。2009 年 5 月，中宣部公布了第四批 87 个全国爱国主义教育示范基地，旨在进一步推动爱国主义教育基地建设，更好地发挥爱国主义教育基地作用，更加深入地开展群众性爱国主义教育活动，激发爱国热情、凝聚人民力量、培育民族精神。截至 2017 年 3 月，全国爱国主义教育示范基地总数达到 428 个，基本覆盖了从中国共产党成立到解放战争胜利各个历史时期的重大历史事件、重要人物和重要革命纪念地。

图 6-13 南京大屠杀遇难同胞纪念馆

高校应当经常组织大学生集体走进爱国主义教育基地进行学习参观活动，大学生也应当自觉走进爱国主义教育基地接受爱国主义教育。南京大学结合军事理论课教学，让大学生自发参观侵华日军南京大屠杀遇难同胞纪念馆、参观雨花台烈士陵园，并要求每个学生撰写参观学习体会，作为军事理论教学考试成绩重要的评定依据，不但丰富了学校国防教育形式，而且提升了学生的爱国主义精神。

三、学唱军营歌曲

军营歌曲，即军歌，是反映部队官兵战争时期的战斗生活、和平时期的训练生活，反映官兵精神面貌、激发战斗精神的军队生活歌曲或队列歌曲。我军军歌诞生于战争时期，丰富发展于和平建设时期，承载和反映了我军辉煌的革命历史、光荣的优良传统和优秀的军事文化，不但为广大官兵所喜爱，也受到全国人民的喜爱。

军训是大学新生的第一课，是落实立德树人根本任务和提高大学生综合素质的重要途径。在大学生军训期间，组织大学生学唱军歌，不但能够激发训练热情，而且有益于大学生受到军事文化的熏陶。

延展视界

《中国人民解放军军营开放办法》(节选)

第一条　为了规范军营向社会开放工作，利用军营文化开展全民国防教育，根据《中华人民共和国国防教育法》和有关法规，制定本办法。

第二条　军营开放工作坚持统一领导、严密组织、注重实效、确保安全的原则。

第三条　中央军委国防动员部负责承办全军军营开放工作，军委机关有关部门按照职责分工负责有关工作。

战区级以下单位政治工作部门负责承办本单位军营开放工作，其他部门按照职责分工负责有关工作。

省军区系统配合做好驻本地区部队军营开放的协调服务保障工作。

第四条　军营开放单位通常在驻城镇市区或者郊区的师、旅、团级单位中选定；视情从驻城镇市区或者郊区、具有独立营区的建制营、连级单位中选定。选定军营开放单位应当征求军级以上单位保密、保卫部门意见。

第五条　中央军委国防动员部负责拟制全军军营开放单位选定计划，报中央军委批准后下发各大单位。

选定师、旅、团级单位作为军营开放单位的，军兵种、军事科学院、国防大学、国防科技大学按照军营开放单位选定计划提出本单位拟开放的师、旅、团级单位建议方案，报中央军委国防动员部，中央军委国防动员部审核汇总并征求军委机关有关部门和有关战区意见后，报中央军委审批。

按照军营开放单位选定计划，选定营、连级单位作为军营开放单位的，由军兵种、军事科学院、国防大学、国防科技大学审批，并报中央军委国防动员部备案。

军营开放单位的调整，按照本条规定的权限和程序审批（图 6-14）。

图 6-14　驻澳门部队第十五次军营开放

第七章　射击与战术

——克敌制胜　百步穿杨

本章引言

战争的首要目的是保存自己，消灭敌人。要想赢得战争的胜利，必须苦练杀敌本领，熟练运用手中武器。在这里我们将学到射击的基本原理、轻武器的战斗性能，了解班组攻防的基本动作和战术原则，以培养自己良好的战斗素养。

第一节 百发百中——轻武器射击

军事箴言

保存自己，消灭敌人。

——毛泽东

凡重量轻、能由单兵或班组操作使用的战斗武器，都属于轻武器。其主要包括各种枪械、点毁伤武器和面毁伤武器、便携式反坦克武器和单兵防空导弹等。轻武器按口径分，可分为大口径（12 毫米以上）武器和小口径（6 毫米以下）武器；按自动方式分，可分为半自动武器和全自动武器；按用途分，可分为手枪、冲锋枪、步枪、轻机枪、重机枪和火箭筒等。本章重点介绍 56 式半自动步枪和 95 式自动步枪。

一、轻武器常识

（一）56 式半自动步枪

1. 战斗性能

56 式半自动步枪是我国按照苏联 7.62 毫米 CKC 半自动卡宾枪改制而成的，并于 1956 年定型生产。该枪在 400 米内对单个目标射击效果最好，集中火力可射击 500 米内敌人的飞机、伞兵和杀伤 800 米内的集团目标。弹头飞行到 1500 米仍有杀伤力，战斗射速 35~40 发 / 分。该枪使用 7.62 毫米普通弹，在 100 米距离上能射穿 6 毫米厚的钢板、15 厘米厚的砖墙、30 厘米厚的土层和 40 厘米厚的木板。

2. 主要机件名称与用途

56 式半自动步枪（图 7-1）由枪刺（刺刀）、枪管、瞄准具、活塞及推杆、机匣、枪机、复进机、击发机、弹仓、木托十大部件组成，另有一套附品。

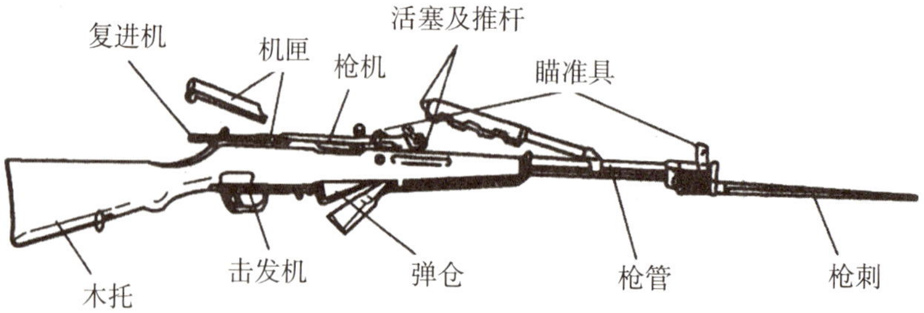

图 7-1 56 式半自动步枪的十大部件

（1）枪刺（刺刀）。枪刺用以刺杀敌人。枪刺上有枪刺管、枪刺管簧和连接环。根据需要，枪刺可打开或折叠。

（2）枪管。枪管用以赋予弹头的飞行方向。枪管内是枪膛，枪膛分为弹膛和线膛。弹膛用以容纳子弹；线膛能使弹头在前进时旋转运动，以保持飞行的稳定性。线膛有四条右旋膛线（阴膛线），两条膛线间的凸起部分叫阳膛线，两条相对的阳膛线间的距离是枪的口径。枪管外有导气箍，用以引导火药气体冲击活塞，枪管外还有枪座、通条头槽。

（3）瞄准具。瞄准具由表尺和准星组成，用以瞄准。表尺板上有缺口和游标，并刻有 1~10 条分划，每一分划相应为 100 米；“Ⅱ”“D”或“3”是常用表尺分划，与表尺 3 相同。缺口用以通视准星向目标瞄准；游标用以装定需要的表尺分划。表尺座上有固定栓和固定栓扳手，用以固定活塞筒和推杆。准星可拧高、拧低，准星移动座可左右移动；准星座上还有准星护圈。

（4）活塞及推杆。活塞装在活塞筒内用以传导火药气体压力，推压推杆向后。活塞筒上有上护木，推杆和推杆簧装在表尺座内。推杆能将活塞的推力传送到机栓上，推杆簧能使推杆和活塞回到前方位置。

（5）机匣。机匣用以容纳枪机和复进机，固定击发机和弹仓。机匣外有机匣盖和连接销，机匣内有枪机阻铁、闭锁卡槽和拨壳凸笋等。

（6）枪机。枪机由机栓和机体组成，用以送弹、闭锁、击发和退壳，并能使击锤向后成待发状态。机栓上有挂钩、闭锁凸出部、机柄、复进机巢和弹夹槽；机体上有击针、抓弹钩和挂钩。

（7）复进机。复进机由复进簧、导管、导杆和支撑环组成，用以使枪机回到前方位置。

（8）击发机。击发机用以与枪机相互作用，形成待发和击发。击发机上有击发控制杆，能在枪机闭锁枪膛前，防止击锤松回。保险机可使扳机向后，保险机扳到前方为保险。击发机上还有击锤、击锤簧、击发阻铁、弹仓盖卡笋和扳机等。

（9）弹仓。弹仓由弹仓体、弹仓盖、托弹板和托弹杆等组成，用以容纳和托送子弹，可装 10 发子弹。

（10）木托。木托上有下护木、枪颈、枪托、托底板和附品筒巢，便于操作。附品用以分解结合、擦拭上油、携带和排除故障。附品主要包括擦拭杆、鬃刷、铳子、附品筒、通条、油壶、背带和子弹袋等。

3. 半自动原理

扣扳机后，击锤打击击针，撞击子弹底火，点燃发射药，产生火药气体，推送弹头沿膛线向前运动，弹头经过导气孔，部分火药气体就通过导气孔涌入导气箍，冲击活塞，推动推杆，使枪机向后，压缩复进簧，完成开锁、抛壳，并使击锤成待发状态；

枪机退到后方时，由于复进簧的伸张，使枪机向前运动，推送下一发子弹入膛，闭锁。此时，由于击锤已被击发阻铁卡住，不能向前打击击针，若要再次射击，必须松开扳机，然后再扣动扳机。

4. 分解结合

分解结合是为了擦拭、上油、检查和排除故障。分解前必须验枪，分解结合时应按顺序和要领进行，严禁强敲硬卸。分解下来的机件应按次序放在干净的物体上。除所讲的分解内容外，未经许可，不准分解其他机件。结合后应拉送枪机数次，检查机件结合是否正确。

（1）分解的要领：①拔出通条和取出附品筒。左手握护木，右手向下向外拉开枪刺约成45度，拔出通条，折回枪刺，然后用食指顶开附品筒巢盖，取出附品筒，并从附品筒内取出附品。②卸下机匣盖。左手握枪颈，拇指抵住机匣盖后端，右手扳连接销扳手向上成垂直状态，再向右拉到定位，向后卸下机匣盖。③抽出复进机。右手向后抽出复进机。④取下枪机。左手握下护木，使枪面稍向右，右手拉枪机向后取出，然后将机栓和机体分开。⑤卸下活塞筒。左手握下护木，右手扳固定栓扳手向上，使固定栓平面垂直，向上卸下活塞筒（将固定栓扳手扳回或保持不动，以防推杆弹出），然后从筒内取出活塞。

（2）结合的要领：结合按分解的相反顺序进行。结合后，打开弹仓盖，拉送枪机数次，检查机件结合是否正确，然后关上弹仓盖，打开保险。扣扳机，关保险。

（二）95式自动步枪

95式5.8毫米班用枪族是我军装备的新一代枪族化武器，是我国自行设计、制造的单兵使用的小口径战斗武器，首装于驻港部队，并在50周年国庆阅兵中充分展示了我国威、军威。

1. 基本性能

（1）战斗性能。95式5.8毫米自动步枪与95式班用轻机枪组成班用枪族，活动机件和弹匣、弹鼓可以互换，并能用实弹直接从枪管发射40毫米枪榴弹，使射手具有全面杀伤和反装甲的能力，是近战中消灭敌人有生力量的自动武器和步兵分队反装甲目标的辅助武器。对单个目标在400米内射击效果最好，集中火力可射击500米内的敌人飞机、伞兵以及集团目标。

供弹方式：弹匣供弹，每支枪配有5个弹匣，必要时也可使用弹鼓供弹。

射击方法：可实施短点射（2~5发），还可实施长点射（6~10发）和单发射。

战斗射速：点射每分钟100发，单发射每分钟40发。

枪管寿命：1万发。

（2）主要诸元：口径5.8毫米，初速920米/秒，有效射程400米，表尺射程500

米，瞄准基线长 325 毫米，枪全重（含一个弹匣）3.5 千克，枪全长（不装刺刀）764 毫米，刺刀长（不含刀鞘）320 毫米，刺刀宽 35 毫米，刺刀重（不含刀鞘）360 克，弹匣容弹量 30 发。

2. 各部机件的名称与用途

95 式自动步枪（图 7-2）由刺刀（匕首）、枪管、导气装置、瞄准装置、护盖、枪机、复进簧、击发机、机匣、枪托和弹匣 11 大部件组成，另有一套附品。

（1）刺刀（匕首）。刺刀（匕首）用以刺杀敌人，也可作为格斗匕首和野战工作用刀。多功能刺刀由刺刀和刀鞘组成，刺刀上有剪刀部位、剪刀轴孔、锉削部位、刀环、刀柄座、砍削部位和锯割部位；刀鞘上有挂带、带扣、磨刀石、平口起子、剪板座和轴。

将刺刀装在枪上的动作要领：将刀环套入枪的膛口装置前端，刀柄座的“T”形槽对准枪上刺刀座的“T”形凸榫，向后拉到定位。卸下刺刀时，左手握护盖，右手用力按压刀柄上左右凸起榫（刻有直纹处），然后将刺刀向枪口方向抽出，并装入刀鞘内，挂在腰带上。

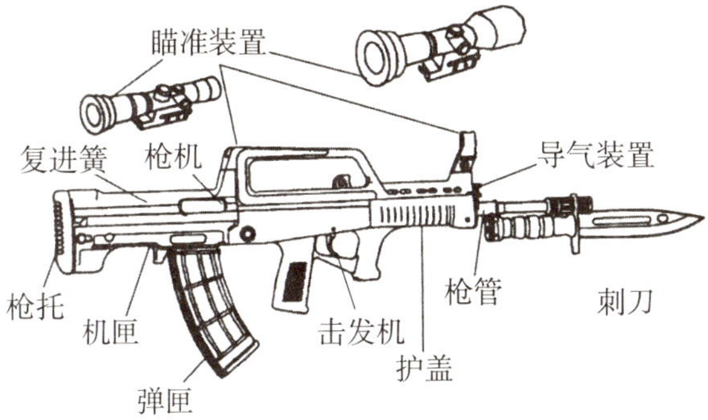

图 7-2 95 式自动步枪 11 大部件

（2）枪管。枪管用以赋予弹头及枪榴弹的飞行方向。枪管内是枪膛，枪膛分为弹膛和线膛。弹膛用以容纳子弹，线膛能使弹头在前进时旋转运动，以保持飞行的稳定性。枪口装置用来减小发射时枪口的跳动和火焰，并与后定位器配合，作为榴弹发射器及刺刀连接座使用。

（3）导气装置。导气装置由气体调节器、活塞及活塞簧组成。气体调节器用以调节火药气体的大小，标有“0”“1”“2”的数字，分别表示闭气、小孔和大孔位置。普通射击时通常装定在“1”上，当武器过脏来不及擦拭或在严寒条件下射击时装定在“2”上。发射枪榴弹时，必须将调节器转动到“0”的位置，以防损坏活动机件。活塞用以承受火药气体的压力，推动枪机向后；活塞簧用以使活塞回到原来位置。

（4）瞄准装置。瞄准装置由机械瞄准具及白光、微光瞄准镜组成，用于对目标进行瞄准。表尺上有觇孔，标有“1”“3”“5”三个字样，分别表示 100 米、300 米和 500

米，表尺“0”上荧光点与准星两侧的荧光点组成准星。

准星由准星座、准星连接座、准星护圈和准星4部分组成。准星可拧高、拧低，准星移动座可以左右移动，准星移动座和准星座上各刻有一条刻线，用以检查准星位置是否正确。瞄准镜座用以安装白光、微光瞄准镜。

（5）护盖。护盖由上护盖与下护盖组成。上护盖有提把，用以提枪前进。下护盖有握把、扳机护圈、小握把、护盖锁孔、挂合杆，主要用以操持武器和射击。握把内为附品筒巢，前端小握把有通气孔，用以及时散热冷却枪管。

（6）枪机。枪机由机体和机头组成，用以送弹、闭锁、击发和退壳，并能使击锤向后成待发状态。机体上有圆孔和导榫槽，用以容纳机头，并引导机头旋转形成闭锁、开锁，机体上还有解脱凸榫、机柄和复进簧巢。机头上有击针，用以撞击子弹底火；抓弹钩用以从膛内抓出弹壳（子弹）；机头上还有导榫、送弹凸榫、开闭锁凸榫、导槽和弹底巢。

（7）复进簧。复进簧的作用是储存枪机，枪机框的部分后坐能量以便赋予枪机、枪机框向前复进及完成推弹、抓弹、闭锁、解除不到位保险等所必需的能量。

（8）击发机。击发机由扳机、扳机拉杆、阻铁杠杆、击发阻铁、单发阻铁、不到位保险机、解脱杠杆、快慢机、击锤、击锤簧、击锤簧导杆、顶头及击发机座组成，用以控制待发、操纵击发及保险。快慢机上的“0”“1”“2”数字分别为保险、单发射和连发位置。

（9）机匣。机匣用以容纳枪机、固定快慢机和弹匣。机匣外有弹匣卡榫和弹匣结合口，用以结合弹匣或弹鼓。机匣内有闭锁卡槽，用以保证枪机闭锁枪膛；拔弹凸榫用以拔出弹壳（子弹）。

（10）枪托。枪托用以保证机匣内部免沾污垢和便于操作。枪托右侧有抛弹壳（子弹）口，枪托内有杠杆式缓冲器和后端的变刚度托板组成双缓冲机构，可降低活动机件后坐时的撞击。

（11）弹匣。弹匣由弹匣体、托弹板、托弹板簧、卡板、弹匣盖组成，用以容纳和托送子弹。弹匣体的后端有三个观察孔，分别对正第10发、20发和30发子弹的底缘，用以观察子弹的余量。

（12）附品。附品用于分解结合、擦拭上油、携带和排除故障。附品有通条头、通条连接杆（7根）、铳子、铳杆、准星扳手、油刷、油壶、背带和弹匣袋。使用时，将通条连接杆与通条头或油刷拧结在一起，用以清除枪管内脏物及涂油；铳子用于拆卸击针销、拉壳钩轴等；准星扳手用以校枪时调节准星高低；镜子用以清除枪管导气孔的火药残渣。

3. 自动原理

自动原理是扣扳机后，扳机拉杆拉下击发阻铁，击锤平移向前打击击针，击针撞击子弹底火，点燃发射药，产生火药气体，推送弹头沿膛线向前运动；当弹头经过导气孔时，部分火药气体通过导气孔，涌入导气箍，冲击活塞，推动枪机向后，压缩复进簧，完成开锁、抛壳，并使击锤向后成待发状态；当枪机退到最后方时，由于复进簧的伸张，枪机向前运动，推动次一发子弹入膛、闭锁。此时，如快慢机定在连发位置，扳机未松开，击发阻铁不能卡住击锤，击锤再次打击击针，形成连发；如快慢机定在单发位置，击锤被单发阻铁卡住不能向前，若再次发射，必须松开扳机再扣；如快慢机定在保险“0”的位置，快慢机轴阻挡击发阻铁使其不能回转，成保险状态。当击锤位于后方（即待发状态）保险时，扣不动扳机，不能击发；当击锤位于前方（即击发状态）保险时，活动机件不能压击锤向后成待发，枪机不能推弹进膛。

4. 分解组合

（1）分解的要领：①取出附品筒。打开握把盖，取出附品筒，打开附品筒盖，取出附品。②卸弹匣。左手掌心向上握下护盖前端，使枪面稍向左，右手握弹匣，拇指按压弹匣卡榫（也可右手掌心向上握弹匣，以手掌肉厚部分推压卡榫），前推使弹匣凹槽脱离弹匣卡榫，再向后下方取下弹匣。③卸枪托。右手握枪托底下部，拇指用力压住枪托底中部偏下部位，左手拇指从左向右将枪托销顶出；左手将枪托销向右拉到尽头。然后，左手托握机匣，右手握枪托并且向后拉，取下枪托。④取出击锤、枪机及复进簧。右手向后拉动击锤取下，抽出复进簧，再向后拉出枪机。⑤取下机头。左手向左旋转机头，待机头开闭锁凸榫对准机体上的让位槽时，向前拉出机头。⑥卸上护盖。左手握机匣尾部，右手先将上护盖向后移动 5~8 毫米，然后向上提起上护盖后部，让过瞄准镜座，继续向后上提拉取下上护盖。⑦卸气体调节器。按压调节器卡榫，使其退出定位槽，然后转动气体调节器，当其向上两平面处于水平位置时，向外抽拉卸下气体调节器。⑧取出活塞及活塞簧。用手捏住活塞向前推动，当活塞头部露出导气箍时，取出活塞及活塞簧。

（2）结合的要领：结合按分解的相反顺序进行。结合后，打开弹仓盖，拉送枪机数次，检查机件结合是否正确，然后关上弹仓盖，打开保险。扣扳机，关保险。

（三）子弹

1. 子弹的各部名称和用途

子弹由弹头、弹壳、底火和发射药组成。弹头用以杀伤敌人的有生力量；弹壳用以容纳发射药，安装弹头和底火；底火用以点燃发射药；发射药用以燃烧后产生火药气体，推送弹头前进。

2. 子弹的种类

（1）普通弹。普通弹是用以杀伤敌人的有生力量。

（2）曳光弹（弹头头部绿色）。曳光弹用以试射、指示目标和做信号，命中干草能起火，曳光距离可达 800 米。

（3）燃烧弹（弹头头部红色）。燃烧弹主要用以引燃易燃物体。

（4）穿甲燃烧弹（弹头头部黑色并有一道红圈）。穿甲燃烧弹主要用以射击飞机和装甲目标（在 200 米距离内穿甲厚度为 7 毫米），并能在穿透装甲后引燃汽油。

另外，还有空包弹、教练弹等辅助弹。

二、简易射击学理

（一）发射与后坐

1. 发射及其过程

火药气体压力将弹头从膛内推送出去的现象称为发射。发射过程是扣压扳机后，击针撞击子弹底火，使起爆药发火。火焰通过导火孔引燃发射药，产生大量的火药气体，在膛内形成很大的压力，迫使弹头脱离弹壳，沿膛线旋转加速前进，直至推出枪口。

发射的整个过程可分为准备阶段、基本阶段、气体膨胀阶段、火药气体作用的最后阶段（图 7-3）。

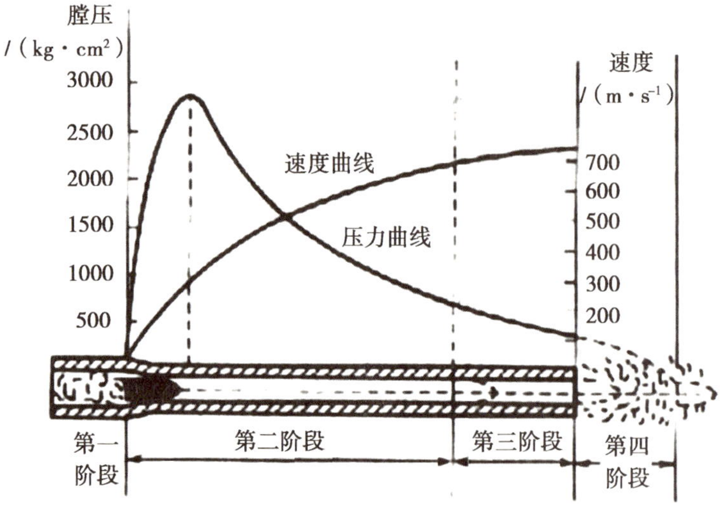

图 7-3　发射的四阶段

（1）准备阶段。自发射药开始燃烧至弹头开始运动时止。在此阶段，发射药在密闭的固定容积内（弹壳内）燃烧并产生气体，气体逐渐增加，从而使压力逐渐增大，当气体压力足以克服弹头运动阻力（弹壳口对弹头的摩擦力及阻止弹头嵌入膛线的抗力）时，弹头即从静到动，脱离弹壳，嵌入膛线。弹头完全嵌入膛线所需要的气体压力称为起动压力，各种枪的起动压力为 250~500 千克 / 平方厘米。

（2）基本阶段。自弹头开始运动到发射药燃烧完为止。在此阶段，发射药在迅速变化的容积内燃烧，膛内压力随气体的增加迅速加大，弹头运动速度也随之加快。当弹头在膛内前进 6~8 厘米时，膛内的压力最大，此压力称为最大膛压。各种枪的最大膛压为 2500~4000 千克 / 平方厘米。由于弹头加速前进，使弹头后面的空间迅速扩大，扩大的速度超过气体增加的速度，因此，压力开始下降。但当发射药燃烧完时，火药气体仍保持一定的压力，使弹头继续加速前进。

（3）气体膨胀阶段。自发射药燃烧完到弹头底部脱离枪口前切面时止。在此阶段，弹头是在高压灼热气体膨胀作用下运动的，虽然没有新的火药气体产生，但原有的气体仍储有大量的能量，继续做功使弹头加速运动，直至脱离枪口。弹头脱离枪口瞬间的气体压力称为枪口压力，各种枪的枪口压力为 200~600 千克 / 平方厘米。

（4）火药气体作用的最后阶段。自弹头底部脱离枪口前切面时起至火药气体对弹头停止作用时止。弹头飞出枪口时，火药气体从膛内喷出的速度为 1275~1300 米 / 秒，比弹头速度快得多。因此，在距枪口一定距离内（各种枪为 5~50 厘米），火药气体仍继续对弹头底部施加压力，使弹头加速运动，直到对弹头失去直接作用时为止。此时，弹头飞行的速度最大。

2. 枪管的堪抗力和寿命

（1）枪管的堪抗力。膛壁承受膛内一定火药气体压力而不变形的能力，称为枪管的堪抗力。枪管的堪抗力取决于膛壁厚度和枪管所用材料的质量。射击时，枪管内如有杂物（如布条、沙子、泥土、弹头等），弹头沿枪膛运动时遇到这些物体，就会突然降低运动速度，而膛内的火药气体还在迅速增加，使压力骤然上升，当压力超过堪抗力时，就会使枪管膨胀或炸裂。

（2）枪管的寿命。枪管能正常发射一定数量子弹的能力，称为枪管的寿命。超过此数量，枪膛就逐渐会被磨大而使初速度减小、散布增大，致使弹头飞行不稳定。各种枪的枪管寿命约为 56 式半自动步枪 6000 发、56 式冲锋枪 1.5 万发。为了延长枪管的寿命，使用前必须认真检查枪膛内有无杂物，射击后应及时将枪膛擦拭干净。

3. 后坐

（1）后坐及其形成。发射时，武器向后运动的现象称为后坐。发射药燃烧时，产生的火药气体压力同时作用于各个方向，作用于枪膛壁周围的压力被膛壁抵消；向前的压力推送弹头前进；向后的压力挤压弹壳底部，经过枪机传给整个武器，使武器向后运动形成后坐。武器的后坐和弹头的运动是同时开始的，在弹头脱离枪口的瞬间，大量的火药气体随弹头后部从膛内向外喷出，形成反作用力，使武器后坐更加明显。

（2）后坐对命中的影响。后坐对单发（连发的首发）射击的命中影响极小。因为弹头在膛内的运动时间极短（冲锋枪约为 1‰ 秒，半自动步枪约为 1.3‰ 秒），射手感觉到的后坐主要是弹头在脱离枪口的瞬间，火药气体猛烈向枪口外喷出形成的反作用力造成的。此时，弹头已脱离枪口。

后坐对连发射击的命中有一定的影响。因为连发射击时，第一发子弹发射后，由于枪的明显后坐变动了原来的瞄准线，所以对第二发以后的射弹命中有一定的影响。但只要射手持枪的要领正确，适应连发武器射击时的后坐规律，就能减少后坐对连发命中的影响，提高射击精度。

（二）弹道形状及其实用意义

1. 弹道

（1）弹道及其形成。弹头（火箭弹、炮弹）运动中，其重心所经过的路线称为弹道。弹头脱离枪口在空气中飞行时，由于同时受到地心引力和空气阻力的作用，弹道不能成为一条直线，形成一条不均等的弧线，升弧较长较直，降弧较短较弯曲。

（2）弹道的要素（图 7-4）。

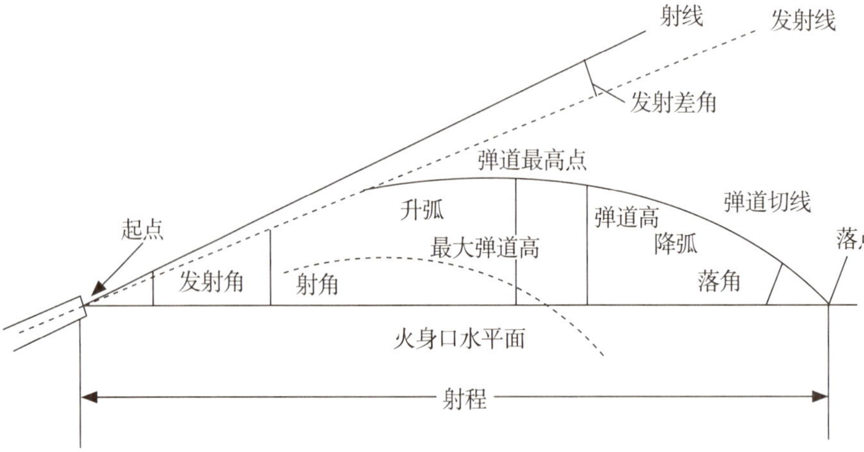

图 7-4 弹道要素

2. 直射

（1）直射和直射距离。瞄准线上的弹道高，在整个表尺距离上不超过目标高的射击称为直射。其表尺距离叫直射距离。直射距离的大小取决于目标高低和弹道的低伸程度。目标越高，弹道越低伸，直射距离就越大；目标越低，弹道越弯曲，直射距离就越小。

（2）直射的实用意义。①对在直射距离内的目标射击时，瞄准目标下沿可以不变更表尺分划即可连续射击，以增加战斗射速、提高射击效果。②可以弥补测量距离的误差对命中的影响。例如，距离人胸目标 250 米，而射手误测为 300 米，装表尺“3”射击，在 250 米处的弹道高为 0.21 米，弹道高没有超过目标高，目标仍能被杀伤。

3. 危险界、遮蔽界和死角

（1）危险界。瞄准线上的弹道高没有超过目标高的部分称为表尺危险界。在实际地形上，弹道高没有超过目标高的一段距离称为实地危险界。实地危险界的大小取决于弹道的低伸程度、目标高低和目标所在位置的地貌。

（2）遮蔽界和死角。从弹头不能射穿的遮蔽物顶端到弹着点的一段距离称为遮蔽界。目标在遮蔽界内不会被杀伤的一段距离称为死角。遮蔽界内包括死角和危险界，遮蔽界和死角的大小是由遮蔽物的高低和落角的大小决定的，死角的大小还决定于目标的高低。

了解危险界、遮蔽界和死角的实用意义，是为了在战斗中更好地隐蔽身体，发扬火力，灵活地利用地形地物，隐蔽地运动、集结和转移，以避开或尽量减少敌火力的杀伤。这样，在组织火力配系时就能正确地选择射击位置和组织火力，力求增大危险界和减少射击地带内的遮蔽界及死角，并善于运用弯曲弹道和各种武器的侧射、斜射火力，消灭隐蔽在遮蔽界和死角内的敌人。

（三）选定表尺分划和瞄准点

1. 瞄准具的作用

由于弹头在飞行中受到空气阻力和地心引力的作用，弹头会越飞越慢，逐渐下降，如用枪管直接瞄向目标射击，射弹就会打低打近。为使射弹命中目标，必须抬高枪口，使射线与瞄准线之间形成一定的角度，即瞄准角。瞄准角的大小是根据弹头在不同距离上的降落量来确定的。因此，射击某一距离上的目标时，必须选取一定的瞄准角。瞄准具就是根据上述原理来设计的，用瞄准具瞄准时，就抬高了枪口，使枪身轴线与瞄准线之间构成了一定的瞄准角。表尺位置高，瞄准角就大，相应的射击距离就远；表尺位置低，瞄准角就小，相应的射击距离就近。各种枪的表尺上都刻有不同的表尺（距离）分划，装定表尺（距离）分划就是改变表尺的高低位置，实际上也就是装定瞄准角。由此可见，瞄准具的作用就是对一定距离上的目标射击时赋予武器相应的瞄准角和射向。射击时，只要按照目标的距离装（选）定相应的表尺分划瞄准射击，就能命中目标。

2. 选定表尺分划和瞄准点

为使射弹准确地命中目标，射击时，射手应根据目标的距离、武器的弹道高和外界条件对射击的影响，正确地选定表尺分划和瞄准点。

（1）选择实距离表尺。目标距离为 100 米（轻机枪 50 米）整数时，可根据目标的距离装定相应的表尺分划，瞄准点选在目标中央。

（2）选择大于实距离表尺。目标距离不是 100 米（轻机枪 50 米）整数时，通常选定大于实距离的表尺分划。根据武器在该距离上的弹道高，相应降低瞄准点射击。也可选定小于实距离的表尺分划。根据武器在该距离上的负弹道高，相应提高瞄准点射击。

（3）选择常用表尺。对300米距离以内的目标射击时，通常选定常用表尺（表尺“3”）分划，小目标瞄下沿，大目标瞄中央射击（图7-5）。

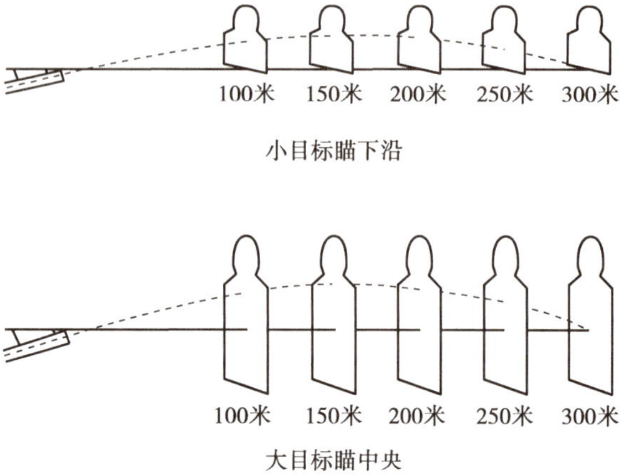

图7-5 选定常用表尺对300米以内目标射击景况

（四）外界条件对射击的影响及修正

1. 风对射弹的影响及修正

风是一种具有速度和方向的气流，它能改变射弹的飞行方向和距离。在各种外界条件中，风对射弹的飞行影响最大。因此，必须准确地判定风向和风力，并正确地进行修正，以保证射弹命中目标。

（1）风向和风力的判定。

①风向的判定。按风吹的方向和射击方向所形成的角度可分为：横风，即从左或右与射向成90度角吹的风；斜风，即与射向成锐角（小于90度）吹的风；纵风，即从后或前与射向平行吹的风，顺射向吹的风为顺风，逆射向吹的风为逆风。

②风力的判定。风力按其大小分为强风、和风和弱风。风力的大小可用测风仪等器材测出，也可以根据人的感觉和常见物体被风吹动的情况来判定。

为了便于记忆和运用，将风力判定归纳成如下口诀：风力有大小，和风做比较，迎风能睁眼，耳听呼声响，炊烟成斜角，草弯树枝摇，海面起轻浪，满帆倾一方，强风比它大，弱风比它小。

（2）风对射弹的影响及修正。

①横（斜）风对射弹的影响及修正。横（斜）风能对弹头的侧面施以压力，使射弹偏向一侧，产生方向偏差。风力越大、距离越远，偏差就越大。风从左吹来，射弹偏右；风从右吹来，射弹偏左。因此，横风对射弹的影响最大，必须修正。射击时，为使射弹准确地命中目标，必须根据射弹受风影响的偏差量，将瞄准点或横表尺向风吹

来的方向修正。修正时以横方向的人体修正量为准，强风加一倍，弱风减一半。斜方向的强（或弱）风，应按横方向的强（或弱）风的修正量减一半。修正量从预期命中点算起，偏差多少，就修正多少。

②纵风对射弹的影响及修正。纵风能影响射弹的飞行距离。顺风时，空气阻力减小，使射弹打远（高）；逆风时，空气阻力增大，使射弹打近（低）。但在近距离内，当风速为 10 米 / 秒时，纵风对射弹的影响很小，如半自动步枪和冲锋枪在 400 米距离上的距离修正量为 3 米、高低修正量为 2 厘米。因此，在 400 米内，当风速小于 10 米 / 秒时，可不修正；如对远距离目标射击时，应适当降低或提高瞄准点。

2. 阳光对瞄准的影响及克服方法

（1）阳光对瞄准的影响。

在阳光下瞄准时，由于受到阳光的照射，缺口部分产生虚光，会形成三层缺口：虚光部分、真实缺口、黑实部分（图 7-6）。如果不注意辨清缺口的真实位置，就容易产生误差，使射弹产生偏差。第一，若用虚光瞄准，射弹就偏向阳光照来的方向。如阳光从右上方照来时，缺口左边和上沿产生虚光，用虚光部分瞄准，准星实际上偏右高，而射弹就偏右上。第二，若用黑实部分瞄准，射弹就偏向阳光照来的相反方向。如阳光从右上方照来时，用黑实部分瞄准，准星实际上偏左低，而射弹就偏左下；如阳光从左上方照来，射弹则偏右下。第三，在阳光照射下，缺口和准星尖同时产生虚光时，射手若用虚光部分瞄准，射弹偏低；若用黑实部分瞄准，射弹则偏高。

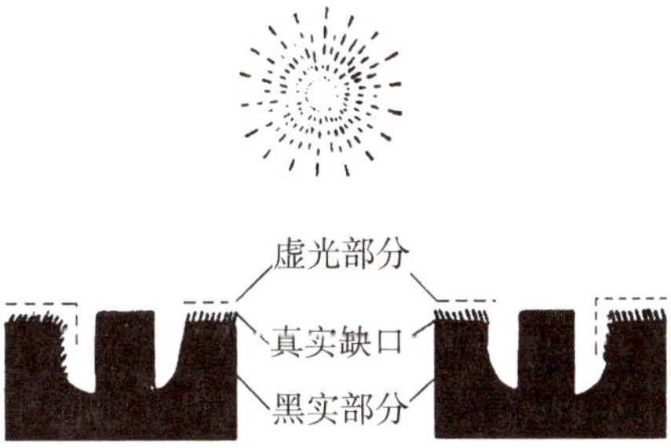

图 7-6　缺口部分产生虚光形成三个缺口

（2）克服的方法。

①在不同方向的阳光照射下练习瞄准，采取遮光瞄准、不遮光检查，或不遮光瞄准、遮光检查的方法，反复练习，确实辨清真实缺口的位置和正确瞄准的景况。

②辨别真实缺口的简易方法是不用黑，不用白，真实缺口是灰白。

3. 气温对射弹的影响及修正

气温变化时，空气密度也会随着改变，对射弹的阻力也就不同。因此，气温升高时，射弹打得远（高），应降低瞄准点或减小表尺分划；气温降低时，射弹就打得近

（低），应提高瞄准点或增加表尺分划。

三、射击动作

（一）半自动步枪验枪、装退子弹及定复表尺

1. 验枪

验枪是一项保证安全的重要措施。使用武器前后时均应验枪，认真检查弹膛和教练弹中有无实弹。验枪时，严禁枪口对人。

动作要领：听到“验枪”口令后，右手将枪提起，以右脚掌为轴，身体半面向右转，左脚顺势向前迈出一步（两脚约与肩同宽），同时右手将枪向前送出，左手接握下护木，左大臂紧靠左肋，枪托贴于胯骨。枪刺尖略与眼同高，右手打开弹仓盖，移握机柄。

当指挥员检查时，拉枪机向后。验过后，自行送回枪机，关上弹仓盖，打开保险，扣扳机，关保险，移握枪颈。听到“验枪完毕”口令后，右手移握上护木，身体半面向左转，在右脚靠拢左脚的同时，恢复持枪姿势。

2. 卧姿装退子弹及定复表尺

动作要领：听到“卧姿——装子弹”口令后，右手将枪提起稍向前倾，左脚向脚尖前迈出一大步（也可右脚顺脚尖方向迈出一大步），左手在左（右）脚尖前支地，顺势卧倒，以身体左侧、左肘支持全身，右手将枪向目标方向送出。左手接握表尺下方，枪托着地，右手拉枪机到定位。解开弹袋扣，取出子弹，插入弹夹槽，以食指或拇指将子弹压入弹仓（单发装填时，不应将第一发子弹压在右侧），取出弹夹，送弹上膛，将弹夹装入弹袋并扣好。右手拇指和食指捏压游标卡尺，移动游标，使游标前切面对正所需的表尺分划。然后，右手移握枪颈，全身伏地，两脚分开约与肩同宽，身体与射向约成 30 度，枪刺离地，目视前方，准备射击（图 7-7）。

图 7-7　卧姿装退子弹

听到“退子弹——起立”口令后，稍向左侧身，右手解开弹袋扣，打开弹仓盖，食指和中指夹住从膛内退出的子弹，送出枪机，将子弹装入弹袋并扣好，关上弹仓盖，打开保险，扣扳机，关保险，复表尺，移握上护木，将枪收回，同时左小臂向里合，屈左腿于右腿下。以左手和两脚撑起身体，右脚向前一大步，左脚再向前一步，在右

脚靠拢左脚的同时，恢复持枪姿势。

（二）95 式自动步枪装退子弹及定复表尺

1. 验枪

动作要领：有时是在肩枪的情况下验枪的，在迈步的同时右手需移握上护木；需卸下弹匣，指挥员检查后需装上弹匣，其他动作均与半自动步枪相同。

2. 装退子弹及定复表尺

动作要领：一是实弹匣与空弹匣互换；二是肩枪与卧姿持枪互换；三是根据需要进行单发或连发，其他动作均与半自动步枪相同。

（三）有依托持枪、瞄准、击发

持枪、瞄准、击发是相互联系和相互影响的动作。稳固持久的持枪、正确一致的瞄准、均匀正直的击发三者正确地结合是准确射击的关键，因此必须刻苦练习，熟练掌握。

1. 卧姿有依托持枪、瞄准、击发

为了获得更好的射击效果，依托物的高度应按射手的身体而定，一般为 25~30 厘米，依托物内侧应陡些。在紧急情况下，还应善于利用不同高度的依托物进行射击（图 7-8）。

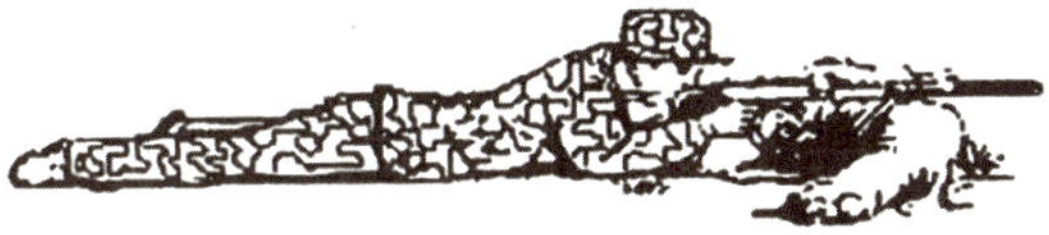

图 7-8　卧姿有依托持枪

（1）持枪。下护木放在依托物上，左手托握表尺下方，手背紧靠依托物，也可将手垫在依托物上，左肘向里合。右手握枪颈，食指第一关节靠在扳机上，大臂略成垂直。两手协同将枪托抵于肩窝，头稍前倾，自然贴腮。

（2）瞄准。首先使瞄准线自然指向目标。若未指向目标，必须调整姿势，不可迁就而强扭枪身。需要修正方向时，可左右移动身体或两肘；需要修正高低时，可前后移动整个身体或两肘里合、外张，也可适当调整依托物。

（3）击发。用右手食指第一关节均匀、正直地向后扣压扳机（食指内侧与枪应有不大的空隙），其余指力量不变。当瞄准线接近瞄准点时，开始预压扳机，并减缓呼吸；当瞄准线指向瞄准点时，应停止呼吸，继续增加对扳机的压力。若瞄准线偏离瞄准点或不能继续停止呼吸时，应既不增加也不放松对扳机的压力，待修正或换气后，再继续扣压扳机。

2. 持枪、瞄准、击发常犯的毛病及克服的方法

初学者在射击中常犯有抵肩位置不正确、两手用力不当、击发时机掌握不好、停止呼吸过早、耸肩、眨眼、猛扣扳机、枪面倾斜等毛病。克服的方法是掌握要领、反复体会、刻苦训练。

（四）实弹射击的有关规定

1. 实弹射击的规则

（1）实弹射击时，射手必须使用手中武器，如不能使用手中武器射击，须经营首长批准（学生军训使用校正合格的武器射击）。

（2）自动武器规定实施点射时，每出现一次单发，算一次点射。每超过一次点射，降低成绩一等。

（3）射击中如发生故障，射手应自行排除，继续射击。如果武器、子弹不良发生故障，可重新射击。

（4）对环靶射击时，命中环线算内环。跳弹命中靶子不算成绩。

（5）打错靶算脱靶。被打错者，如无法判明错弹时，可重新射击。

（6）不及格者可补射一次。补射成绩不算单位成绩。

2. 个人实弹射击成绩的评定

胸环靶距离 100 米，卧姿有依托，使用弹数 5 发。成绩评定：命中 45 环以上为优等，命中 40 环以上为良好，命中 30 环以上为及格。

3. 单位实弹射击成绩的评定

优秀：及格率 90% 以上，其中优良率不少于 40%；良好：及格率 80% 以上，其中优良率不少于 40%；及格：及格率 70% 以上。

4. 射击场的有关规定和安全措施

（1）射击场的有关规定。

凡有时间限制的练习，规定的时间一到，指挥员应下达“停止射击”的口令，射手应立即停止射击。射击中发生故障，如属射手操作的原因，应自行排除后继续射击。如属武器、弹药或靶子等原因，应扣除排除故障的时间，补发弹药后继续射击。射手打错靶算脱靶，被打错者如系环靶，扣除环数最少的弹着。对环靶射击时，命中环线算内环，跳弹命中靶子不算成绩。不及格者可以补射一次，算个人成绩，不算单位成绩。

（2）射击场的安全。

①实弹射击前，必须仔细搜索靶场警戒区，派出警戒，设置警戒旗。必要时，应预先将射击开始和结束的时间、危险区域及射击场有关信号通知当地有关单位。

②射击前后必须验枪。无论枪内有无子弹，射手都不能将枪口对人。严禁将装有实弹的武器随意放置或交给他人，不准将实弹和教练弹混放在一起。没有指挥员的口令，射手不准装子弹。

③报靶时，严禁在射击地线摆弄武器或向靶区瞄准。射击前，应向全体人员讲明规定的各种信号，如开始射击、停止射击、报靶和射击终止等信号。

④射击场应标出出发地线和射击地线，无关人员不得越过出发地线。发出准备射击信号后，示靶人员应迅速隐蔽并竖起红旗，未经射击场指挥员许可，不得外出。射击场指挥员若未接到靶壕内发出的可以射击的信号，不得下令射击。靶壕内若发生特殊情况，需立即停止射击时，应出示白旗或用其他规定的方法向射击场指挥员报告。射手看到白旗或听到“停止射击”的口令后应立即停止射击。

（3）射击场组织人员及分工。

①射击场指挥员负责设置场地、派遣勤务、组织指挥射击、监督全体人员遵守射击场的各种规定和安全规则及处理有关问题。

②地段指挥员在射击场指挥员的领导下，负责本地段的射击指挥。

③警戒人员负责全场的警戒，严禁任何人员和牲畜进入警戒区，发现险情，应立即发出信号并向射击场指挥员报告。

④信号（观察）员根据射击场指挥员的命令发出各种信号，负责警戒区内的情况，发现险情，立即报告。

⑤示靶员负责设靶、示靶和报靶等工作。

⑥发弹员根据射击场指挥员的命令，按规定的弹种、弹数发给射手，并及时回收剩余弹药，射击终止时负责清查弹药和收缴弹壳。

⑦记录员负责记录射手的成绩和统计单位的成绩。

⑧医务人员负责安全保障。

延展视界

实弹射击

一、实弹射击前的准备工作

实弹射击前的准备工作主要包括：制定实弹射击方案，确定实弹射击时间、地点、日程、靶场规定、纪律等；检查射击场地设施，射击场必须具备可靠的靶档和确保安全的靶壕及隐蔽部；准备武器、弹药、靶板、靶纸、报靶杆、靶位号牌和射击位置号牌，各种旗帜、通信、信号器材、秒表、成绩登记表等；挑选、培训示靶员；组织召开协调会议，传达射击方案，熟悉有关规定和信（记）号等；根据参加实弹射击人数、靶位数编组。实弹射击前的准备工作要做到扎实、细致、周密、安全，措施要具体明确。

二、实弹射击的组织与实施

（一）组织实弹射击的主要人员

包括射击场指挥员、地段指挥员、靶壕指挥员和警戒、信号（观察）、示靶、发弹、记录、修械、医务人员等。

（二）射击场的组织和主要人员职责

射击指挥员，负责组织设置场地，派遣勤务，监督全体人员遵守射击场的各项规定和安全措施，指挥射击。

地段指挥员，在射击指挥员的领导下，负责本地段的射击指挥。

警戒人员，负责全场的警戒任务，严禁任何人员和牲畜进入警戒区。发现险情，应立即发出信号，并向射击场指挥员报告。

信号（观察）员，根据射击指挥员的指示发出各种信号，负责警戒区内的观察，发现险情立即报告。

示靶人员，负责设靶、示靶和报靶等工作。

发弹员，根据射击指挥员的指示，按规定弹种、弹数发给射手子弹，射击终止后，负责清查弹药和收回剩余子弹。

记录员，负责记录射手的成绩和统计单位成绩。

医务人员，负责实弹射击过程中的医务保障。

（三）射击开始前的组织工作

组织实弹射击时，指挥员首先应组织勤务人员按射击的需要设置好靶场；检查武器、器材的准备情况；宣布射击条件，明确有关规定、各种信号及注意事项；派出警戒，严密搜索警戒区；视情况发出准备射击信号，各勤务人员迅速就位，并严格履行职责。

（四）实施方法与具体要求

射击人员到达靶场后，到指定地域待命，做到一切行动听从指挥，不随意进入射击场地。

示靶组设置和校正靶位，做好准备，发出可以射击的信号。指挥员发出“准备射击”的信号，第一组进入出发地线，领取子弹，按指挥员的命令进入各自射击位置，做好射击准备。听到“开始射击”口令时，射手即可射击；听到“停止射击”口令时，射手应立即停止射击，关上保险，并按指挥员的口令退子弹并起立。

指挥员下达“验枪”的口令，射手逐个验枪，地段指挥员应严格检查。验枪后，指挥员下达“以第 × 名射手为准靠拢”的口令，射手跑步靠拢。组长按规定路线带出射击场外，到指定地点休息。

指挥员发信号或用电话通知示靶组报靶、检靶、贴靶，登记射击成绩。

（五）射击完毕后的工作

组织验枪、验弹、收交剩余子弹；检查武器装具，清理现场，整理器材，清查人员。

三、实弹射击评定标准

（一）单个人员射击成绩评定标准（表 7-1）

表 7-1 实弹射击评定标准

项目	固定目标射击（第一练习）		
枪种	半自动步枪	81-1 自动步枪	五四式手枪
目的	检验射手精度、射击技能		
目标距离	胸环靶 100 米		胸环靶 25 米
姿势	卧姿有依托		立姿无依托
使用弹数	5 发		
评定标准	优秀：命中 45 环以上 良好：命中 35 环以上 及格：命中 30 环以上		优秀：命中 40 环以上 良好：命中 30 环以上 及格：命中 25 环以上
实施方法	1. 自下达装子弹的口令起，5 分钟内射击完毕 2. 每发射一次后报靶，并指示弹着点		

（二）单位实弹射击成绩评定标准

优秀：90% 以上射手的成绩在及格以上，并有 40% 以上射手的成绩为优秀。

良好：80% 以上射手的成绩在及格以上，并有 40% 以上射手的成绩为良好或优秀。

及格，70% 以上射手的成绩在及格以上。

四、报靶的方法

用报靶杆报靶。报靶杆圆头（直径 15~20 厘米，一面红，一面白）放在靶板（靶子）的不同位置表示环数。

右中间为 5 环，左上角为 6 环，正上方为 7 环，右上角为 8 环，在靶板（靶子）中央上下移动为 9 环，在靶板（靶子）中央左右摆动为 10 环，围绕靶子画圆圈为脱靶。

为了报出弹着点的偏差，报出环数后，将报靶杆圆头放在靶子中央（白面朝外），再慢慢向偏差方向移出靶板（靶子）2 次。

五、基本射击场设置（图 7-9）

准备射击：哨音一长声。

开始射击：哨音连续短声。

暂停射击（检靶）：哨音一长一短。

要求停止射击：白旗高举不动或对讲机呼叫。

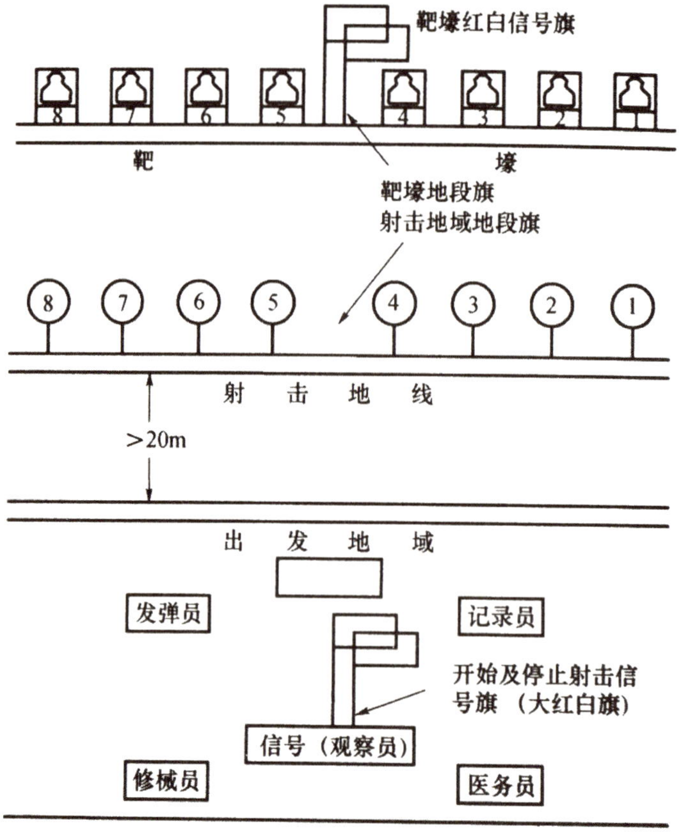

图 7-9 基本射击场设置示意图

第二节 灵活运用——战术基础

军事箴言

战略上藐视敌人，战术上重视敌人。

——毛泽东

一、战术基础动作

（一）卧倒、起立

1. 卧倒

口令："卧倒"。

要领：左脚向右脚尖前迈出一大步，左腿弯曲，上体前倾，两眼注视前方，左手顺左脚方向伸出，掌心向下，手指稍向右，以左膝、左手、左肘的顺序着地，迅速卧倒，左小臂横贴地面，右手腕压在左手腕上；两手握拢，手心向下，两腿伸直，两脚分开与肩同宽，脚尖向外。也可以右脚向前一大步，左手撑地迅速卧倒。

携枪卧倒时，右手提枪并握背带，其余要领同徒手；卧倒后，右手将枪轻贴身体右侧，枪面向右，枪管放在左手臂上。

2. 起立

口令："起立"。

要领：转身向右，两眼注视前方，左腿自然微弯，左小臂稍向里合，以左手、左膝、左脚的支撑力，将身体支起，同时右脚向前迈出一大步，左脚再迈出一步，右脚靠拢左脚，成立正姿势。

（二）直身前进、屈身前进

1. 直身前进

直身前进是在距敌较远，地形隐蔽，敌观察、射击不到时采用的运动方法。

口令："向 ××——直身前进"。

要领：目视前方，右手持枪，大步或快步前进。

2. 屈身前进

屈身前进是在遮蔽物略低于人体时采用的运动方法。

口令："向 ××——屈身前进"。

要领：目视前方，右手持枪，上体前倾，头部不要高出遮蔽物，两腿弯曲（屈身程度视遮蔽物高低而定），大步或快步前进。

（三）跃进、滚进、匍匐前进

1. 跃进

跃进是在敌火力下迅速通过开阔地时采用的运动方法。跃进时，要做到跃起快、前进快、卧倒快。跃进前，应先视察前方地形，选择好前进路线和暂停位置，而后迅速突然地前进。

口令："向 ××——跃进"。

要领：如卧姿跃起时，可先向左（右）移（滚）动，以迷惑敌人，在收枪的同时屈左腿于右腿下，右手提枪，以左手、左膝、左脚的支撑力将身体支起，同时出右脚前进。前进时，右手持枪，目视敌方，屈身快跑。跃进的距离和速度应根据敌火力和地形而定，通常每次跃进的距离为15~30米。当进到暂停位置或遭敌猛烈射击时，应迅速隐蔽或卧倒。

2. 滚进

滚进是在卧姿时，为避开敌人观察、射击而左右移动，或通过棱线时采用的运动方法。

口令："滚进"。

要领：将枪关上保险，左手握枪标尺上方，右手握枪颈附近或两手上握护木，枪面向右，顺置于胸腹前抱紧，两臂尽量里合，两脚腕交叉或紧紧并拢，全身用力滚向移动方向。

3. 匍匐前进

图 7-10 解放军战士进行战术训练

匍匐前进（图 7-10）是在通过敌步兵火力封锁较短的地段或利用较低的遮蔽物前进时采用的运动方法。根据遮蔽物的高低分为低姿匍匐、高姿匍匐、侧身匍匐和高姿侧身匍匐4种。

（1）低姿匍匐。低姿匍匐是在遮蔽物高约40厘米时采用的运动方法。

口令："向 ××——低姿匍匐前进"。

要领：腹部贴于地面，屈回右腿，伸出左手，用右脚内侧的蹬力和左手的扒力使身体前移。在移动的同时，屈回左腿，伸出右手，用同样的方法交替使身体前进。携枪时，右手掌心向上，枪面向右，虎口卡住机柄，并握住背带，枪身紧靠右臂内侧。也可虎口向上，握枪的上背带环处，食指卡住枪管，将枪置于右小臂上。

（2）高姿匍匐。高姿匍匐是在遮蔽物高约60厘米时所采用的运动方法。

口令："向 ××——高姿匍匐前进"。

要领：用两小臂和两膝支撑身体前进。携枪方法同低姿匍匐。

（3）侧身匍匐。侧身匍匐是在遮蔽物高约60厘米时所采用的运动方法。

口令："向 ××——侧身匍匐前进"。

要领：身体左侧及左小臂着地，左小臂向前倾斜支撑上体，左腿弯曲，右腿收回，右腿靠近臀部着地，右手握枪，靠左臂的支撑力和右脚跟的蹬力使身体前移。

（4）高姿侧身匍匐。高姿侧身匍匐是在遮蔽物高 80~100 厘米时所采用的运动方法。

口令：“向 ××——高姿侧身匍匐前进”。

要领：左手和左小腿外侧着地，右手提枪，以左手的支撑力和右脚的蹬力使身体前移。

二、地形的利用

利用地形是战士的基本战斗动作，是单兵战术的基础，是保存自己、消灭敌人的最直接的行为。在利用地形时，应该做到“三便于、三不要、一避开”，即便于观察、射击和隐蔽身体，便于接近、利用与离开，便于防敌地面和空中火力的杀伤；不要妨碍班（组）长指挥邻兵的动作和火器射击，不要几个人拥挤在一起，以免增大伤亡，不要在一地停留过久；尽量避开独立、明显、易燃、易塌的物体和难于通行的地段。利用地形地物的方法如下。

（1）堤坎、田埂的利用。横向的利用背敌斜面或残缺部位；纵向的通常利用弯曲部或顶端一侧，依其高度取适当姿势。堤坎高于人时，应挖踏脚孔或阶梯。

（2）土（弹）坑、沟渠的利用。通常利用其前沿，纵向沟渠利用弯曲部。应根据敌情和坑的大小、深度，以跳、滚、匍匐等方法进入，并取得适当姿势。

（3）土堆（坟包）的利用。通常利用独立土堆（坟包）的右侧，若视界、射击受限或右侧有敌火力威胁时，也可利用其左侧或顶端；双土堆（坟包）通常利用其鞍部。

（4）树木的利用。通常利用其右后侧，根据树木的粗细取适当的姿势。树干粗（直径 50 厘米以上），可取各种姿势，树干细，通常采取卧姿。若取立姿时，应尽量将身体左侧、左大臂（或左小臂）、左膝紧靠树木，右脚稍向后蹬。

（5）墙壁、墙脚、门、窗的利用。按其高度取适当姿势。矮墙可利用顶端或残缺部，墙高于人体时，可将脚垫高或挖射孔。墙角通常利用右侧，左小臂紧靠墙角，取适当姿势。门通常利用左侧。窗可利用左（右）下角。

三、敌火力下运动

在敌火力下运动时，应按班（组）长的口令，充分利用我军火力掩护和烟雾迷茫的效果，乘敌火力减弱、中断、转移等有利时机，采取不同的姿势和方法，迅速隐蔽地运动。运动前，应根据敌情、任务和地形，选择好前进路线和暂停位置；运动中，应不断观察敌情、地形和班（组）长的指挥，灵活地变换运动姿势，保持前进方向和与友邻战友及支援火器的协同动作。发现目标时，应按照班（组）长的口令或自行射击，将其消灭。要做到运动、火力、防护三者紧密结合，尽量减少或避免横向运动。通过各种地形的动作如下。

（1）通过开阔地。距敌较远时，通常应持枪快速通过。距敌较近，敌火封锁较严时，应乘敌火中断、减弱、转移和我火力压制等有利时机跃进通过。

（2）通过道路。通常应选择拐弯处、涵洞、行树等隐蔽地点迅速通过。若敌火力威胁不大，可不停顿地快跑通过；敌火力封锁较严时，应先隐蔽接近，周密观察道路的情况和敌火力射击规律，而后突然跃起，快速通过。

（3）通过隘路、山垭口。若敌火力威胁不大，可快步通过；敌火力封锁较严时，应隐蔽观察敌人射击规律，趁敌火间隙或沿隐蔽的一侧快步跑或跃进通过，尽量减少停留时间。

（4）通过冲沟。较大的纵向冲沟应沿一侧的斜坡前进，尽量不要走沟底，以便观察和处置情况；横向的冲沟应尽快通过。若遭敌火封锁时，应利用冲沟两侧的沟岔、弹坑等跃进通过。

（5）通过乱石地、灌木林、沼泽地等复杂地形。应周密观察，保持前进方向，并与友邻战友协调配合，做好对突然出现之敌迅速射击的准备。

（6）通过高地。应利用高地两侧运动，尽量避免从顶端通过。

（7）通过街道。应沿街道两侧隐蔽地逐段前进，接近拐弯处之前，应先察看对面街区，再迅速进入拐弯处，观察好下一段的情况后再继续前进。如果需要横穿街道，应先观察左右和对面街区的情况，然后迅速通过。

（8）遭敌机轰炸、扫射时的动作。当敌机轰炸时，应按照上级命令就地卧倒或快速前进，同时利用地形隐蔽，待炸弹爆炸后继续前进，也可利用敌机投弹间隙迅速前进。

图 7-11 通过染毒地带

（9）遭敌核、化学、生物武器袭击时的动作。接到敌核武器袭击警报时，应根据命令，迅速隐蔽或继续快速前进，随时做好防护准备；当发现核爆炸闪光时，应迅速防护，待冲击波一过，视情况穿戴防护器材，迅速前进；当接到化学袭击警报或遭敌化学袭击时，应立即穿戴防护器材或利用就便器材进行防护；当敌施放生物战剂气溶胶时，应戴简单防护口罩和自制防护眼镜、风镜等，做好对呼吸道、面部和眼睛的保护（图 7-11）。

（10）炮火袭击时的动作。当遭敌零星炮火袭击时，注意听、看，快速前进；当遭敌猛烈炮火袭击时，趁炮弹爆炸的间隙，利用弹坑和有利地形逐次跃进；当通过敌炮火封锁区时，应按炮火封锁规律，利用敌射击间隙快跑通过。

（11）遭敌步、机枪火力封锁时的动作。当遭敌步、机枪火力封锁时，应利用地形隐蔽，抓住敌火中断、减弱、转移等有利时机迅速前进；也可采用迷惑、欺骗和不规律的行动，转移敌方视线，突然隐蔽地前进，或以火力消灭敌人后再前进。

延展视界

解放军经典的“三三制”战术

“三三制”战术（图 7-12）最早起源于抗日战争期间，成熟于解放战争，大量运用于抗美援朝战争，是我军步兵训练大纲中的一种步兵“班组突击”战术。

它以班为单位，分成三个战斗小组，每个战斗小组三人，为了便于相互接应，一般排成三个梯队。

三人战斗小组呈三角进攻队形，每名士兵分工明确，进攻—掩护—支援。班长、副班长、组长，各带一个战斗小组行动。

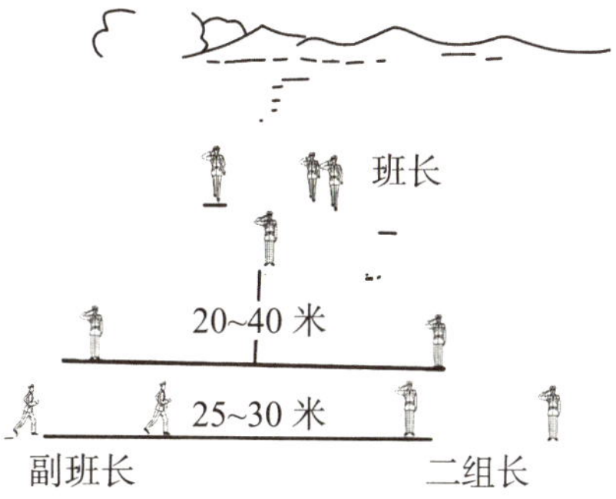

图 7-12　“三三制”战术队形示意图

战斗小组进攻时，两名士兵在前，组长在后，呈三角阵形，三个战斗小组组成一个战斗班，三个战斗班组成一个战斗群，进攻时呈“散兵线”队形展开。

战斗班展开时士兵根据组长或班长指令随时变换战斗队形，战斗群展开后用“口语”“手语”“军号”或“无线电”来传达战术指令，一个总数 27 人的战斗群完全展开可以覆盖 800 米宽的战线。

“三三制”战术不仅在抗日战争、解放战争中发挥重要作用，新中国成立后，我军逐步推进正规化，这个战争年代的法宝并没有丢，而是在抗美援朝以及随后的对印自卫反击战中继续发挥强大生命力、战斗力，并创造出堪称巅峰之作的佳绩，涌现出一支被命名为“庞国兴战斗小组”的优秀典范。

1962 年 10 月 20 日，对印反击战爆发，我军分成东西两线，对侵犯的印军进行猛烈反击。东线的西山口、申隔宗方向，55 师 163 团担负直插西山口，而后协同友军歼火西山口及其南北地区印军的任务。

图 7-13　左起冉福林、庞国兴、王世军

庞国兴是 163 团 3 营“尖刀连”9 连的一名战士。11 月 18 日凌晨，在激烈的追歼战斗中，庞国兴发现一股逃窜的敌军，径直追击了上去，从而与部队失散。

独自摸索前进中，庞国兴又遇到同样与部队失散的 6 班战士冉福林、王世军（图 7-13），8 班副班长周文轩。几人一合计，决心重新组成一个战斗小组，继续与敌人战斗，庞国兴被选为组长。4 名战士毫不畏惧敌众我寡的不利态势，决定继续向敌人纵深挺进。

他们沿着公路前进，这时庞国兴发现西山口阵地还有印军在射击。1 名印军军官站在一旁指手画脚。作为连队出名的神枪手，庞国兴瞄准后，一枪就把他击毙，吓得其余印军士兵逃散开来，庞国兴小组趁势追击。

拐过一个山坳，他们发现一个印军炮兵阵地在向我军方向开炮。庞国兴 4 人立即向他们发起进攻。这些印军毫无戒备，冷不丁杀出一支中国军队，当即被击毙一人，剩下的印度兵扔下大炮一哄而散，庞国兴小组一下缴获 3 门英制 87.6 毫米加榴炮。

庞国兴小组要继续追击，就不可能带走这些大家伙。他们卸下大炮瞄准镜，这样大炮就无法正常使用。随后，他们又继续前进。

没多久，他们看到一股印军准备搭乘 2 辆吉普车逃跑，一辆车熄了火，一群印度士兵正在推车发动。庞国兴小组朝他们开火攻击，印军士兵一下子吓蒙了，从车上扔下许多装备，一溜烟跑了。庞国兴小组捡了些地图、望远镜和弹药补充自己，继续追击。

他们爬过一个高坡，居然又发现一个印军炮兵阵地。庞国兴小组分做两路包抄上去，枪声一响，这伙印军以为遭到大部队突袭，也是撂下 4 门大炮逃之夭夭。

庞国兴小组随后又发现印军一个几百人的指挥所，他们没有放弃战斗，而是大胆对这股敌人进行袭扰。打乱敌人之后，他们将敌人引入密林，试图在游击周旋中给敌人更大杀伤。

战斗中，周文轩走丢了，庞国兴三人也在密林里迷了路。他们已经很久没有吃东西，便用林中的积雪苔藓充饥，虽然弹药也不多了，但继续与敌人战斗的意志丝毫不减。

终于，他们走出了森林，在寻找大部队的途中又发现一个印军宿营地，便再次勇敢地发起攻击，击毙了 3 名印军。

这时，他们听到我军大部队与印军交火的枪炮声，顺着声音靠拢过去。不料，他们正好摸到了印军的背后！

庞国兴三人立即向印军猛烈开火，当即击毙 2 名印军指挥官和机枪手，印军士兵不知道庞国兴那边有多少人，以为被我军包围了，顿时作鸟兽散。失散多时的庞国兴小组终于与大部队胜利会合。

据战后统计，庞国兴小组在极其不利的条件下，深入印军纵深达 8000 米之远。在此过程中与印军作战 5 次，摧毁 2 个炮兵阵地，击毙准尉以下印军官兵 7 人，缴获火炮 7 门，以及多种军用物资一批。

庞国兴荣立了一等战功，被国防部授予“战斗英雄”荣誉称号，其他 3 名战士也分别荣立二等功，4 人成为全军学习的榜样。

第八章 防卫与救护

——生存之道 自救秘诀

本章引言

尽管现代战争是高技术信息化战争，但格斗仍然有自卫和制敌的重要作用。同时，练习格斗对培养军人的心理素质和敢打敢拼、坚忍不拔、勇敢顽强的战斗作风，具有重要意义。此外，随着同学们走出课堂、走出校园，开展形式多样的活动，意外事故时有发生，如不及时救护，有时甚至可能危及生命。这时如果具备一些简单实用的救护知识和技能，就可以挽救生命、减轻伤害。本章主要介绍的就是格斗基础、战场医疗救护以及核生化防护等基本知识。

第一节 一招制敌——格斗基础

军事箴言

醉里挑灯看剑，梦回吹角连营。八百里分麾下炙，五十弦翻塞外声，沙场秋点兵。

——辛弃疾

格斗是由几十个拳打、脚踢、摔打、夺刀等格斗、散打基本动作组成的，简单、实用，易于开展。它的一招一式，攻防分明，单个动作练习，能体现出较强的实用价值；整套练习，能体现出我军格斗特色。练习格斗时，全身各部位均能得到比较全面的活动，能较好地发展上下肢肌肉的爆发力，提高身体各关节的灵活性和柔韧性，能有效地锻炼人的快速反应能力。此外，由于格斗主要是针对近身搏斗中常出现的情况，以及不同的攻防实用特点和攻防规律而编，有自卫和制敌作用，因此，练习格斗对培养军人的心理素质和敢打敢拼、坚忍不拔、勇敢顽强的战斗作风，具有重要意义。

一、格斗预备姿势

在立正基础上，身体侧向右的同时左脚向前上一步，脚尖微向里，全脚掌着地，微屈膝；右脚尖稍向外，前脚掌蹬地，微屈膝。左臂前伸微屈肘大于 90 度，拳与鼻同高，拳心斜向下；右臂屈肘约 90 度，右拳置于左胸前，拳心斜向下，右肘自然下垂，微收腹，上体稍前倾，重心在两腿之间。头要正，闭嘴，下颌微收，目视前方，余光环视对方全身（图 8-1）。

图 8-1　格斗预备姿势

二、格斗步法

（1）前进步：在预备姿势基础上，左脚向前上步，右脚前掌蹬地随即跟上一步，还原预备姿势（图 8-2）。

要求：左脚上步时不要离地过高；右脚蹬地要有力，迅速跟上。

（2）后退步：在预备姿势基础上，右脚向后退一步，左脚前置地随即后退步，还原预备姿势（图 8-2）。

要求：退右脚和退左脚要连贯、迅速，离地不要过高。

图 8-2　前进步与后退步

（3）左跨步：在预备姿势基础上，左脚向左跨一步，紧接右脚左跨步，还原预备姿势（图 8-3）。

要求：跨步时要连贯、迅速，脚离地不要过高。

（4）右跨步：在预备姿势基础上，右脚向右跨一步，紧接左脚向右跨步，还原预备姿势（图 8-3）。

要求：跨步时要连贯、迅速，离地不要过高。

图 8-3　左跨步与右跨步

（5）前蹬步：在预备姿势基础上，左大腿抬平屈膝、勾脚尖。伸小腿，脚跟用力前蹬，随后左脚向前落地，右脚迅速向前跟上，还原预备姿势（图 8-4）。

要求：前蹬时，着力点为脚跟，支撑腿可屈膝，保持平衡。

（6）后跃步：在预备姿势基础上，两脚用力前蹬地后，起左脚接着起右脚腾空，然后左脚向后落地，紧接右脚落地，还原预备姿势（图 8-4）。

要求：腾空高度要适宜，左、右脚落地要连续，重心要稳。

（7）应用步：在预备姿势基础上，根据进攻或防守的需要，灵活变动，寻找与对方最合适的距离，使自己处于最有利的位置，维持身体平衡，始终保持预备姿势。

要求：动作迅速、灵活、自如。

图 8-4 前蹬步与后跃步

三、格斗拳法

（1）探拳：在预备姿势基础上，左小臂略内旋稍前伸约 10 厘米，拳心向下，并迅速回收，还原预备姿势。

要求：动作自然、协调、迅速。

用途：诱骗对方暴露空门，扰乱对方视线，使对方心理紧张，创造有利条件，出其不意而攻之。

（2）左直拳：在预备姿势基础上，左脚稍向前移的同时，左臂内旋左拳用力前冲，掌心向下。右拳在原位置，上体微右转，目视前方。击拳后还原预备姿势（图 8-5）。

要求：出左拳比上左脚稍前，冲拳要突然有力。

用途：主要击面或胸部。

图 8-5 左直拳

（3）右直拳：在预备姿势基础上，上左脚，紧接右脚跟上的同时身体稍左转，右臂内旋猛力向前冲出，拳心向下，左拳自然收于胸前。两腿微屈，重心稍前移，目视前方。击拳后还原预备姿势。

要求：冲拳时重心要稳，头和上体不要偏斜。右直拳是重拳，力量大，一般配合探拳或直拳使用。

用途：同左直拳。

（4）左摆拳：在预备姿势基础上，大小臂抬平，微屈肘，左拳内旋，拳眼向下，借助身体扭动力量，由左向右弧形摆击，力达拳面。右拳护于胸前，目视前方。摆击后还原预备姿势（图 8-6）。

要求：摆拳的弧度不宜过大，拳击的部位不要超过自身头部正中线，身体扭动与摆击要协调，重心要稳。

用途：主要击打太阳穴。

（5）右摆拳：在预备姿势基础上，右拳内旋，拳眼向下，随上体稍向左转，右拳借助身体扭动力量，由右向左弧形摆击，力达拳面；大小臂抬平，肘关节外展，收左拳护于胸前，目视前方。摆击后还原预备姿势（图 8-6）。

要求：摆拳可与前进步结合，拳走动中上左脚，摆拳弧度不要过大，拳击的部位不要超过自身头部正中线，重心要稳。

用途：同左摆拳。

图 8-6　左摆拳与右摆拳

（6）左下勾拳：在预备姿势基础上，左脚稍前移的同时左拳外旋，拳心向内上，肘关节向下稍回收，屈肘，上体稍右转的同时左拳由下向前上击出，力达拳面，拳与胸同高。右拳护于胸前，目视前方。击拳后还原预备姿势（图 8-7）。

（7）右下勾拳：在预备姿势基础上，左脚前移，右脚后蹬的同时石拳外旋，拳心向内上，肘关节向下稍回收，屈肘，上体左转的同时右拳由下向前上击出，力达拳面，拳与胸同高。左拳护于右胸前，目视前方。击拳后还原预备姿势（图 8-7）。

图 8-7 左下勾拳与右下勾拳

（8）左平勾拳：在预备姿势基础上，左臂肘关节外展，大、小臂与肩同高，屈肘约 90 度，拳心向下，上体右转，同时左拳由左向右击出，力达拳面。右拳护于胸前，目视前方。击拳后还原预备姿势（图 8-8）。

要求：勾拳弧形不要太大，击拳的部位不要超过自身头部的正中线。充分利用腰腿的力量。

用途：击头部或太阳穴。

（9）右平勾拳：在预备姿势的基础上，右臂肘关节外展，大、小臂约与肩高，屈肘约 90 度，拳心向下，上体左转，同时右拳由右向左击出，力达拳面。左拳护于胸前，目视前方。击拳后还原预备姿势（图 8-8）。

要求、用途：与左平勾拳相同。

图 8-8 左平勾拳与右平勾拳

四、格斗腿法

（1）弹腿：在预备姿势的基础上，左大腿抬平屈膝，脚尖向下绷直，随即向正前方弹出，力达脚面，上体姿势基本不变。弹踢后迅速还原预备姿势。弹右腿要领与弹左腿一致（图 8-9）。

要求：弹腿要快速有力，上体不要后仰。

用途：弹踢对方裆部。

（2）侧踹腿：在预备姿势基础上，右脚尖向右，上体右转。左腿抬平屈膝，膝向右侧，勾脚尖里扣，左腿向前或前下猛踏并迅速回收，力达脚跟，目视对方。踹腿时两臂护身，踹腿后左脚落地，还原预备姿势。踹右腿时，左脚尖向外，上体左转，右腿动作同左踹腿（图 8-9）。

要求：踹腿时上体可自然侧倾，重心要稳，猛踹快收。

用途：主要攻击对方肋部。

图 8-9　弹腿与侧踹腿

（3）左勾踢腿：在预备姿势基础上，右脚尖向外，上体右转，抬左腿屈膝，脚尖内勾，由后向右前猛力勾踢，力达脚腕内侧，目视前方。勾踢后左脚回收，还原预备姿势（图 8-10）。

要求：重心要稳，两臂护于胸前。

用途：勾踢对方脚跟或小腿。

（4）右勾踢腿：在预备姿势基础上，左脚尖向外，上体左转，抬右腿屈膝，脚尖内勾，由后向左前猛力勾踢，力达脚腕内侧，目视前方。勾踢后右脚收回，还原预备姿势（图 8-10）。

要求、用途：同左勾踢腿。

图 8-10　左勾踢腿与右勾踢腿

（5）正蹬腿：在预备姿势基础上，重心后移，右（左）腿支撑体重，左（右）腿抬平屈膝，勾脚尖向前蹬出，力达脚跟，目视前方。蹬腿后还原预备姿势（图 8-11）。

要求：猛蹬快收，重心要稳。

用途：蹬腹部。

（6）侧蹬腿：在预备姿势基础上，右（左）脚尖向外，右（左）腿支撑体重。上体稍向右（左）倾斜，左（右）大小腿抬平屈膝，膝盖向前，勾脚尖向左（右）蹬出，力达脚跟，目视左（右）方。蹬腿后还原预备姿势（图 8-11）。

要求：同正蹬腿。

用途：蹬肋部、腹部。

图 8-11　正蹬腿和侧蹬腿

五、格斗防法

（1）左拨防：在预备姿势的基础上，左拳变掌，由左前向右侧前下拨击，手的部位不要超过自身头部正中线，力达手掌，目视对方。拨击后还原预备姿势（图 8-12）。

要求：快速、准确。

用途：主要防对方右直拳、右摆拳。

（2）右拨防：在预备姿势基础上，右拳变掌，由右前向左侧前下拨击，手的部位不要超过头部正中线，力达手掌，目视对方。拨击后还原预备姿势（图 8-12）。

要求：同左拨防。

用途：主要防对方左直拳、左摆拳。

图 8-12 左拨防与右拨防

（3）左格挡防：在预备姿势基础上，左小臂向前上格挡，肘尖向左前，拳心向前下，目视前方。格挡后还原预备姿势（图 8-13）。

要求：格挡时小臂略高于头。

用途：主要防直拳。

（4）右格挡防：在预备姿势基础上，右小臂向前上格挡，肘尖向右前，拳心向前下，目视前方。格挡后还原预备姿势（图 8-13）。

要求、用途：同左格挡防。

图 8-13 左格挡防与右格挡防

（5）左格防：在预备姿势基础上，左小臂内旋向左前格，肘尖向左下，拳心向前下，目视前方。格挡后还原预备姿势（图 8-14）。

要求：左格不要过大。

用途：主要防对方摆拳、平勾拳。

（6）右格防：在预备姿势基础上，右小臂内旋向右前格，肘尖向右下，拳心向前下，目视前方。格挡后还原预备姿势（图 8-14）。

要求、用途：同左格防。

图 8-14　左格防与右格防

（7）左下格防：在预备姿势基础上，左小臂用力向下稍向左格，力达左小臂内侧，拳心向内下，目视前方。下格后还原预备姿势（图 8-15）。

要求：下格要快速、有力。

用途：防对方右下勾拳。

（8）右下格防：在预备姿势基础上，右小臂用力向下稍向右格，力达右小臂内侧，拳心向内下，目视前方。下格后还原预备姿势（图 8-15）。

要求：同左下格防。

用途：防对方左下勾拳。

图 8-15　左下格防与右下格防

（9）左闪身防：在预备姿势基础上，左脚向左稍前上步，半屈膝，上体左下闪。右小臂向右前上格挡，左拳击对方腰或腹部，目视对方。闪身后还原预备姿势。

要求：闪身与格挡要协调一致（图 8-16）。

用途：防对方直拳或右摆拳。

（10）右闪身防：在预备姿势基础上，右脚向右稍前上步，半屈膝，上体右下闪，左小臂向左前上格挡，右拳击对方腰或腹部，目视对方。闪身后还原预备姿势（图 8-16）。

要求：同左闪身防。

用途：防对方直拳或左摆拳。

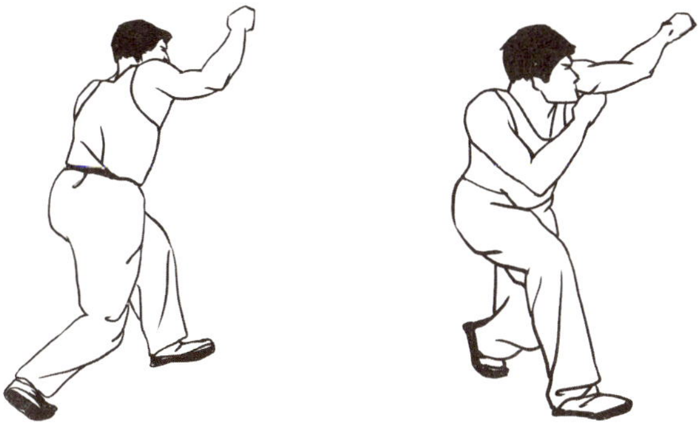

图 8-16　左闪身防与右闪身防

（11）左晃头防：在预备姿势基础上，头向左晃动，目视对方。晃头后还原预备姿势（图 8-17）。

要求：判断准确，晃动不要过大，身体保持平衡。

用途：防直拳。

（12）右晃头防：在预备姿势基础上，头向右晃动，目视对方。晃动后还原预备姿势（图 8-17）。

要求、用途：同左晃头防。

图 8-17　左晃头防与右晃头防

延展视界

志愿军经典捕俘行动

捕俘是战斗中经常采用的侦察方式之一，也是志愿军获得敌情的重要手段。战斗中要抓个活人可不是一件容易的事，怎么才能抓到俘虏呢？我们来看看志愿军第 67 军的一次经典捕俘行动。

1952 年 12 月，据守在直木洞地区的韩国军第 37 团准备南调，敌军部署将有新的调整。为查明敌情，志愿军第 67 军第 597 团侦察排奉命在月初必须捕捉到敌军的俘虏。597 团侦察排在分析研究敌情、查摸地形的基础上，决定采取直插入直木洞南山摸哨的策略，并据此制订了行动方案。

12 月 6 日 19 时，侦察参谋周斌率一个加强班（共 13 人，事先划分好捕俘、支援、掩护三个小组）自阵地出发，以前三角队形，乘夜暗渡金城川。山陡雪滑，乱草枯树纠缠成一团，很难行走。侦察班的战士一面小心翼翼地开路前进，一面仔细观察周围的情况。刚过河百余米，摸到山梁时，忽然听到有咳嗽声，便判断距离敌人已经不远了，大家更加小心紧密地搜索观察。这时，侦察员隐约看到山梁上有似人似树的一个黑影，正摇摇晃晃，判断是敌哨兵后，遂利用炮弹炸裂时的声音作掩护，快步不断跃进，直至距离七八米时，发现果然是一个韩国伪军，正缩首弓腰站在那里。捕俘组组长李舒奇猛扑上去，将敌按倒。敌哨兵极力挣扎并喊叫，横卧不走，后面的两个侦察员迅即上前，将其连扛带拖拉至 20 米以外，并不断用朝语说“缴枪不杀”“优待俘虏”，敌哨兵后来好像是听懂了，乖乖跟着侦察班撤回志愿军阵地（图 8-18）。

图 8-18　被志愿军俘虏的美军士兵

13 日，我军从观察中判断敌军确已换防，但其番号及部署不详，于是要求该侦察排继续捕捉俘虏，进一步了解情况。这次侦察排总结了前次的经验，由侦察股长刘兼桐带第 8、第 10 两个班再度插入直木洞南山袭击，决心当夜抓到俘虏。经过充分准备、严格伪装，侦查员们于 21 时出发，8、10 两个班分路前进，8 班由西侧山梁摸上去，任务是断敌后路并钳制敌人，10 班则负责正面捕俘。当 8 班过铁路百余米后，被敌人发觉，向他们打了 4 枪。8 班很沉着，就地卧倒隐蔽，直到一个小时后，估计敌人不再注意这个方向了，才继续前进，一直摸到敌人哨兵西侧二三十米处打响。敌哨兵慌张注视 8 班方向，而此时 10 班趁机从正面狭窄的山梁爬上去，迅速通过 10 余米的山脊，来到敌哨兵之前，小组长黄岘池跃上抱住一名敌哨兵，夺下其卡宾枪。另一名哨兵企图逃窜，被当场击毙。侦察员随即迅速押解俘虏撤回。

一周之内，597 团侦察排两次摸敌哨，毙敌 1 名，俘敌两名，缴获半自动枪 3 支，我无一伤亡。这一成功的捕俘战例主要经验在于：一是看准敌人的弱点，掌握敌人的活动规律。敌每连每夜派出一个班兵力在阵地前铁丝网外 50~80 米处警戒，夜间本来敌人就胆怯，又脱离了阵地，棉衣单薄、冻得发抖，只要看准位置，大胆接近，捕俘就能成功。二是指挥灵活、决心坚定。一周内虽在原地捕俘两次，但侦查员们灵活地变换了方法、兵力、时间，第二次先以一个班插敌后路，进行钳制、迷惑，为捕俘组创造了有利机会，也使敌人摸不清我袭击规律。三是动作肃静迅速。两次摸哨中，捕俘组都是一枪未放，迅速捕俘到手，直到撤回阵地半小时后，敌人才开始发炮射击，主要是因为动作迅速。

第二节 救死扶伤——战场医疗救护

军事箴言

碾碎泪水，击溃放弃——这是人类唯一所被允许的行走方式。

——〔英〕弗罗伦斯·南丁格尔

战场医疗救护，是战时减少伤亡，迅速恢复战斗力，以保持战争实力而必须采取的一项重要措施。

一、救护基本知识

实施战场医疗救护，要尽量地减少伤员的痛苦，降低致残率，减少死亡率，为后送抢救打下良好的基础。

（一）战场救护的基本原则

战场救护应当遵循六条基本原则，即先复苏后固定、先止血后包扎、先重伤后轻伤、先救治后运送、急救与呼救并重、搬运与医护同步。

1. 先复苏后固定

对有心跳、呼吸骤停又有骨折的伤员，应用口对口呼吸、胸外按压等技术使心肺复苏，直至心跳、呼吸恢复后，再进行骨折固定。

2. 先止血后包扎

对大出血又有创口的伤员，应立即用指压、止血带或药物等方法止血，再进行创口消毒、包扎。

3. 先重伤后轻伤

对垂危的和较轻的伤员，应优先抢救危重伤员，后抢救较轻的伤员。

4. 先救治后运送

对各类伤员，要按战伤救治原则分类处理，待伤情稳定后才能运送。

5. 急救与呼救并重

对成批的伤员，又有多人在现场的情况下，救护者应当分工合作，实施急救与呼救同时进行，以较快地争取到急救外援。

6. 搬运与医护同步

搬运与医护应当协调配合、同步一致，要做到任务要求一致、协调步调一致、完成任务的指标一致。运送途中，要减少颠簸，注意保暖，尽量减少伤员的痛苦，减少死亡率，安全到达目的地。

（二）战场救护的基本要求

救护伤员时，不准用手和脏物触摸伤口，不准用水冲洗伤口（化学伤除外），不准轻易取出伤口内的异物，不准送回脱出体腔的内脏，不准用消毒剂或消毒粉处理伤口。

1. 救护头面部伤

伤员头面部受伤时，应保证其呼吸道畅通，清除口中异物，将伤员衣领解开，采取侧卧或俯卧姿势，防止吸入呕吐物，并妥善包扎伤口和止血。

2. 救护胸（背）部伤

伤员胸（背）部受伤时，出现胸（背）部伤往往伴有多根肋骨骨折，除用敷料包扎外，还应用绷带环绕胸背部包扎固定。

3. 救护腰（腹）部伤

伤员腹（腰）部受伤时，腹壁伤要立即用大块敷料和三角巾包扎。伴有内脏伤时，不能喝水、吃东西、吃药，尽快运送。

4. 救护四肢伤

伤员四肢受伤时，除了手指或脚趾伤必须包扎外，包扎其他四肢伤时，要把手指或脚趾露出，以便随时观察血液循环情况，采取相应措施。

二、个人卫生

个人卫生是集体卫生的基础。讲究个人卫生可以防止疾病传播，提高士兵的健康水平。为圆满完成战备训练、施工生产等各项任务，适应未来复杂、艰苦的战争环境，要求军人必须注重健康，养成良好的卫生习惯。

（一）个人卫生的总要求

军人这一特殊职业要求士兵必须有强健的体魄。为此，军队内务条令对个人卫生提出了总的要求：饭前便后洗手，不吃（喝）不洁净的食物（水），不暴饮暴食；勤洗澡，勤理发，勤剪指甲，勤洗晒衣服被褥；不随地吐痰和便溺，不乱扔果皮、烟头、纸屑等废弃物；保持室内和公共场所的清洁卫生。提倡戒烟。

（二）个人卫生的内容

1. 皮肤的卫生

皮肤是人体的最大器官之一，直接与外界接触，许多物理、化学和生物性的因素都可以给皮肤造成程度不等的损害。军人要完成各类训练和施工任务，皮肤会大量出汗。因此要经常洗澡（提倡淋浴和冷水擦浴）保持皮肤清洁，讲究皮肤卫生。

2. 头发的卫生

头发过长，既不卫生，又不利于战场行动，受伤后容易感染。因此要保持头发整洁，定期理发，不蓄胡子。梳子和刮胡刀不与他人共用。头发应经常梳理，梳头能刺激头皮血液循环，也可除去灰尘、头皮屑。

3. 手和脚的卫生

养成饭前便后洗手的习惯，经常修剪指甲和保持干净。不要用牙咬指甲。要穿透气性强的鞋袜，保持脚的清洁和干燥，尽可能每天洗脚换袜子。要穿大小合适的鞋子。

4. 口腔和脸部的卫生

经常刷牙、漱口，保持口腔卫生。特别强调晚间睡前刷牙，因睡后口腔内唾液分泌少，口腔内自洁作用差，如有食物残渣储留，口腔内微生物更易滋生繁殖。要养成经常洗脸的习惯，以保持脸部卫生。洗脸时不要把肥皂涂满脸后用毛巾搓，这样对面部皮肤有害。洗漱用具不与他人共用。冬天提倡用冷水洗脸，干毛巾擦脸，以提高御寒能力。

5. 眼、耳、鼻的卫生

擦眼、鼻时要用干净的手帕，不要用手抠鼻子。擦鼻涕时要左右鼻孔交替进行，并注意不要用力过猛。清洁外耳道时，不要用树枝和火柴等尖、硬物，可用手帕的一角捻起来清理。避免长时间接触高分贝噪声。经常按摩耳朵。不在强烈的或太暗的光线下看书、写字。不躺着看书，乘车走路时不看书。执行任务遇有风沙时，可戴风镜。

6. 饮食的卫生

搞好饮食卫生是防止病从口入的关键。平时要养成饭前洗手的习惯，不喝生水，不吃变质食物；就餐时，不暴饮暴食，要保持食量的基本平衡，减少胃肠负担；各类瓜果要洗净后再食用，积极预防各种消化疾病和传染疾病的发生；搞好饮用水消毒，需要饮用地表水（江水、河水、溪水等）时，应进行净化处理后再饮用。

7. 衣服和卧具的清洁

衣服和卧具脏了要换洗。若不能换洗，则应定期地打开抖一抖，并在阳光下暴晒一会儿，这样可以大大减少衣服和卧具上的细菌。

三、意外伤的救护

（一）常见训练伤的种类及防治

1. 挫伤

挫伤是外力直接作用身体所致的闭合性损伤。其症状特征是：皮肤无裂口，局部青紫、皮下淤血、肿胀、压痛，以四肢多见。轻度挫伤一般不做特殊处理，伤后早期予以冷敷，两天后可做热敷。重度挫伤应做冰敷并注意休息。

2. 扭伤

扭伤是外力使关节活动超出正常范围，造成的关节附近韧带部分纤维断裂。扭伤多发生于踝、腕、腰和膝等部位，受伤部分常呈现肿胀、瘀斑、功能障碍、压痛等症状。早期应冷敷治疗，局部可做理疗或者热敷。为预防和避免肌肉扭伤的发生，训练前可以进行合理有效的热身活动，包括慢跑、四肢伸展运动、四肢关节的活动等。

3. 擦伤

擦伤是指皮肤的表皮擦伤。其症状特征是：皮肤有裂口；裂口处出血、渗液；裂口周围红肿、压痛，以四肢多见。轻者只涂少量红药水即可。如果伤口出现流黄水，可涂紫药水。擦伤创面较重时，应由医生处理。

4. 刺伤

刺伤是指长而尖的器物刺入人体引起的损伤。伤口多为小而深。损伤器物较小、刺伤不靠近主要器官时，可立即拔出异物，用碘酒或酒精消毒后，用纱布包扎好伤口；如果无把握判断是否刺伤主要器官，或者刺入物较大，一般不要立即拔除，应到医院处理，以免发生危险。锈蚀钉子的刺伤，处理伤口后，应注意注射破伤风抗毒素。

5. 肌肉拉伤

肌肉拉伤通常是肌肉过度拉紧导致肌纤维撕裂而引起。伤后局部肿胀、疼痛、肌肉紧张或痉挛、活动受限。拉伤早期，可用冷敷、抬高伤肢等方法处置。疼痛较重者可进行理疗、按摩，4 天后可进行适当的功能锻炼。

6. 脱臼

脱臼是指关节脱位。受伤部位会出现关节周围肿胀、剧烈疼痛、关节变形、功能障碍。不论何处关节脱臼，均应保持固定，不可活动和揉搓，并急送医疗单位处理。

7. 骨折

骨折有两种，一种是闭合性骨折，特点是皮肤没有伤口，断骨不与外界相通；另一种是开放性骨折，特点是骨头的断端穿出皮肤，有伤口。对骨折伤员，应当及时予以正确的固定，减少因疼痛而引起的休克，尽量不影响伤肢功能的恢复。

8. 中暑

中暑是指人们在高温或烈日下，由于体温调节功能障碍，致使热能累积引起的以高热、无汗及中枢神经系统为主要表现的综合症状。研究表明，当日气温高于31℃时，便可能发生中暑。根据病情表现，中暑分为先兆中暑、轻度中暑、重度中暑。野外现场发现中暑患者，要做到就地降温，就地抢救。为防止和避免中暑的发生，平时要注意进行耐热锻炼，以适应炎热环境；炎热条件下军事训练要合理安排，正确补水、补盐，并备足药品。

9. 冻伤

冻伤是指低温寒冷作用于人体引起的全身或者局部组织的损伤。冻伤可分为局部冻伤和全身冻伤（又称冻僵）。局部冻伤多发于手指、手背、耳廓、鼻尖、趾端、面颊等部位，而且容易在同一部位复发。气候因素、机体抵抗力降低均是导致冻伤发生的直接因素。冻伤发生后，治疗比较困难，应以预防为主。

为防止和避免冻伤的发生，要积极开展耐寒锻炼，提高耐寒能力。寒冷条件下进行军事训练、施工、生产和执勤时，要备足药品；保持着装干燥，不要穿潮湿过小的鞋袜；勤活动手脚和揉搓面、耳、鼻；不要长时间静止不动；不要在无防冻准备时单独外出行动。

（二）预防训练损伤的一般措施

1. 遵守训练纪律

要按照规定动作要领和操作规范进行训练，既要有勇猛顽强的作风，又要有扎实细致的态度，做到动作快捷而准确，还要注意遵守训练纪律，保证训练场秩序。

2. 遵循训练规律

要按照自身的接受和训练程度参加训练，克服争强好胜或信心不足等不良心理，既不急于求成，又不畏首畏脚，按照循序渐进的原则确定训练强度和难度。

3. 做好准备活动

训练前的身体准备活动要充分并具有针对性，一般不少于10分钟，切不可走过场，不然就会因肌肉僵硬、身体的灵活性和协调性差而造成训练损伤。训练结束后应做好整理活动。

4. 掌握保护方法

要学会自我保护和互相保护的方法，特别是在一些难度高、危险性大，作用复杂、不易掌握的训练科目中，更要注意做好保护，以防意外事故发生。

5. 坚持训前检查

训练前，要主动认真地检查器械、设备有无损坏，安装是否稳固。训练场地内如有石块、砖瓦等容易造成人员损伤的物体，要及时予以清除。

四、心肺复苏

伤员的呼吸道梗塞、气道阻塞，会出现呼吸、心跳骤停，在数分钟内便会因窒息而死亡，抢救时必须分秒必争，进行心肺复苏，尽力挽救伤员的生命。

（一）人工呼吸

气与血是生命之本，抢救重伤员时应首先查明其是否有呼吸。可通过观察胸部是否有起伏或将棉絮贴于鼻孔，看是否有摆动。如呼吸已停止，必须迅速采取口对口方式进行人工呼吸。

要领：使伤员仰卧，先清理口中堵塞物，以保持呼吸道通畅，然后托起伤员下颌，使头部后仰，将口腔打开；一手捏住伤员鼻孔，另一手放在颌下并上托；深吸一口气，对准伤员口用力吹入，然后迅速抬头，同时松开双手；听有无回气声响，如有则表示呼吸道通畅。如此反复进行，每分钟 16~20 次。如心跳停止，应与心脏按压同时进行，每按压心脏 4~5 次后吹气一口，吹气应在放松按压的间歇进行。

（二）胸外心脏按压

当发现伤员失去知觉时，要立即检查其心脏是否跳动。用手指在喉结两侧接触颈动脉，看有无搏动。如无搏动应采取胸外心脏按压法抢救（图 8-19、8-20）。

要领：先使伤员仰卧在地上或硬木床上，找准按压部分，将左手掌根部放在伤员胸骨下 1/3 处，右手压在左手背上，然后用力向下按压，使胸骨下陷 3~4 厘米，再放开。如此反复进行，每分钟 60~80 次，进行胸外按压的同时，必须进行口对口人工呼吸。如急救时只有一个人，可先向伤员口中吹气 4 次，然后每按压 15 次后，迅速吹气两次。如此反复进行。

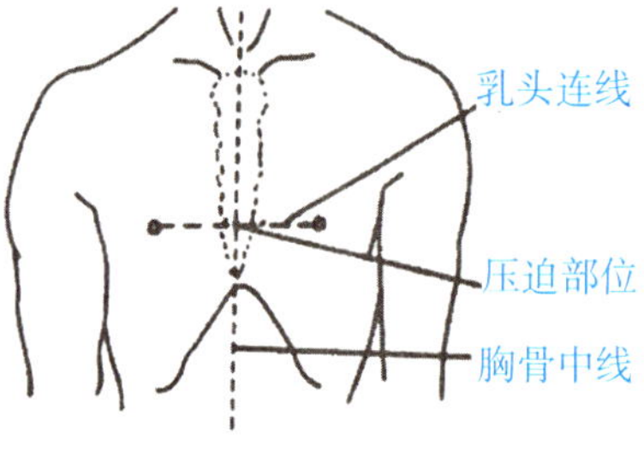

图 8-19 胸外按压部位及方法

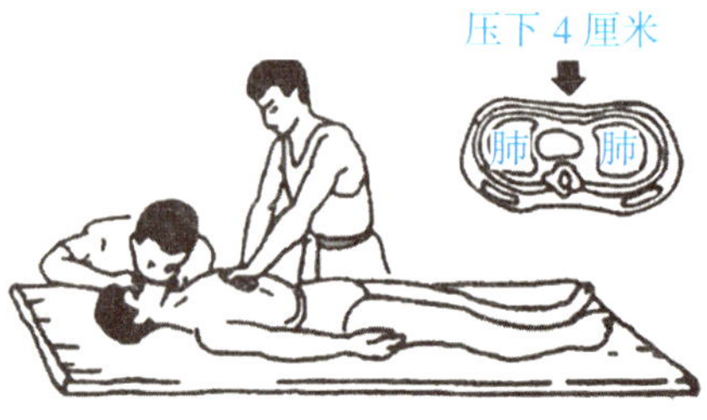

图 8-20 胸外按压和人工呼吸

五、战场自救互救

（一）止血

1. 判断出血的性质

判断出血的性质，是正确实施止血的首要工作，基本方法是根据出血的特征加以判断。

（1）动脉出血：颜色鲜红，呈喷射状，有搏动，出血快且量多。

（2）静脉出血：颜色暗红，呈涌出状或徐徐外流，出血量较多，出血量不如动脉出血快。

（3）毛细血管出血：血色鲜红，呈点状或片状，从伤口向外渗出，出血点不容易判明。

2. 止血方法

（1）加压包扎止血法：先将敷料覆盖在伤口上，再用绷带或三角巾以适当压力包扎，其松紧度以能达到止血目的为宜。必要时可将手掌放在敷料上均匀加压，一般 20 分钟即可止血。加压包扎止血法适当用于小动脉，中、小静脉或毛细血管出血。

（2）指压止血法：用手指、手掌或拳头压迫伤口近心端的动脉，将动脉压向深部的骨上，阻断血液流通，达到临时止血的目的。指压止血法适用于中等或较大的动脉出血。

头顶部出血：压迫同侧耳屏前方颧弓根部的搏动点（颞浅动脉）止血（图 8-21）。

颜面部出血：压迫同侧下颌骨下缘、咬肌前缘的搏动点（面动脉）止血。若伤在颊部、唇部，可将拇指伸入病人口内，其余四指紧贴面颊外部，内外用力，压迫伤口下缘的动脉。

颈部、面深部、头皮部出血：可用拇指或其他四指压迫同侧气管外侧与胸锁乳突肌前缘中点之间的强搏动点（颈总动脉），用力向后压，可将之压向第六颈椎横突上，达到止血目的（图 8-22）。

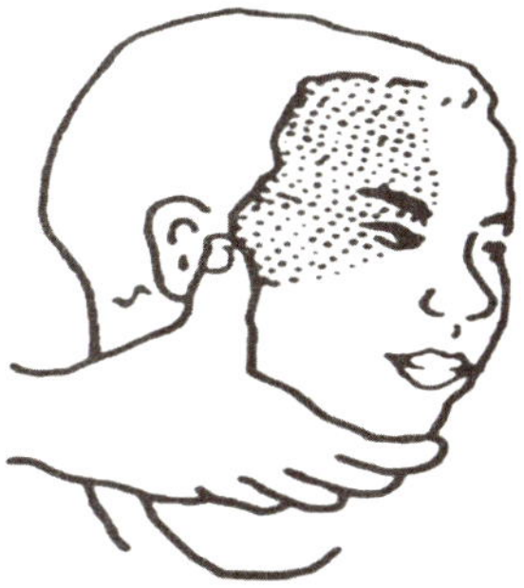

图 8-21　颞浅动脉指压法

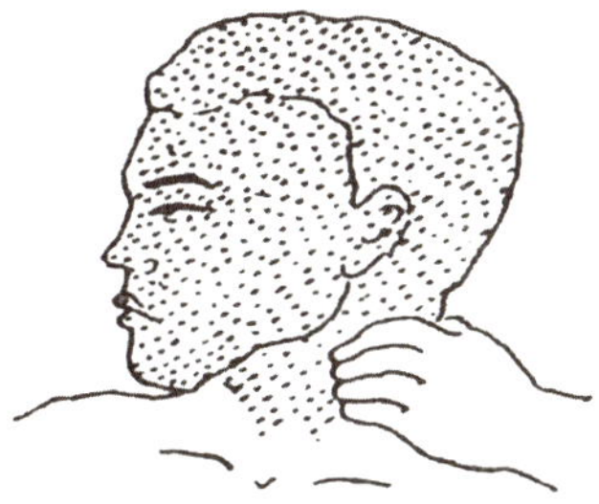

图 8-22　颈总动脉指压法

颈总动脉分支的颈内动脉为脑的重要供血动脉，所以对颈动脉的压迫止血取慎重态度，并绝对禁止同时压迫双侧颈总动脉。

头后部出血：可用指压迫同侧耳后乳突下稍往后的搏动点（枕动脉）止血。

肩部、腋部、上臂出血：压迫同侧锁骨上窝中部的搏动点（锁骨下动脉），将动脉压向第一根肋骨（图 8-23）。

手掌、手背出血：压迫手腕横纹稍上处的内、外侧搏动点（尺、桡动脉）止血（图 8-24）。

大腿出血：大腿及其以下动脉出血，可用双手拇指重叠用力压迫大腿根部腹股沟中点稍下的强搏动点（股动脉）止血（图 8-25）。

图 8-23　锁骨下动脉指压法

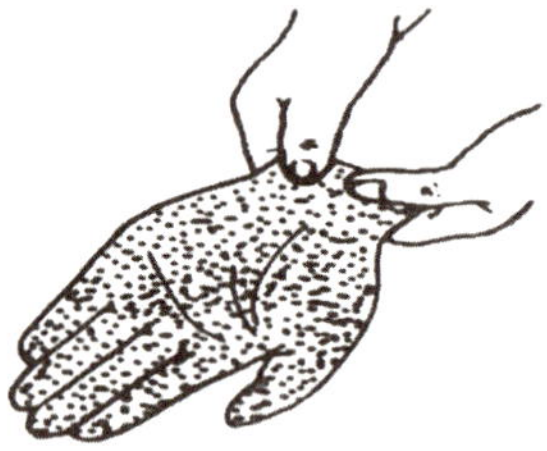

图 8-24　尺、桡动脉指压法

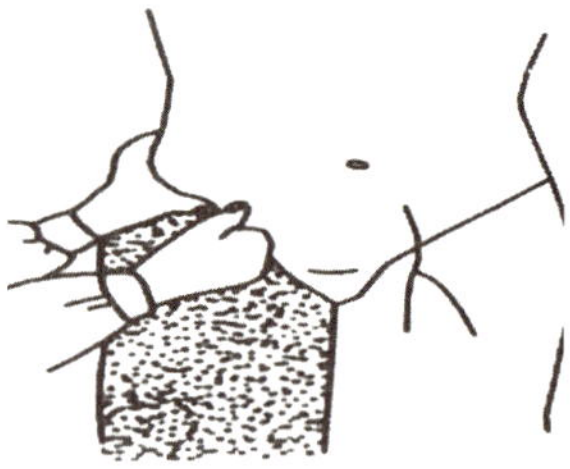

图 8-25　股动脉指压法

（3）止血带止血法：一般只适用于四肢大动脉出血，或采用加压包扎后不能有效控制大出血时选用。该法使用不当会造成更严重的出血或肢体缺血坏死。专用的止血带有充气止血带和橡皮止血带两种，充气止血带效果更好，在紧急情况下也可用绷带、布带等代替。止血带下一定要用衬垫保护局部软组织（图 8-26）。

图 8-26　止血带止血法

（二）包扎

包扎的目的在于压迫止血，保护伤部，防止污染，固定敷料，以利于伤口愈合。

包扎的材料主要有三角巾、绷带、四头带，并配有敷料（用以清洁或保护伤口的纱布、纱布条、棉花球和棉垫等统称敷料），经消毒灭菌后密封于包内。包扎时把急救包沿箭头指向撕开，将敷料盖在伤口上，然后进行包扎。

包扎的基本要求：要做到“快”“准”“轻”“牢”。“快”就是发现、暴露伤口快，包扎动作迅速敏捷。“准”就是包扎部位要准确。“轻”就是包扎动作要轻，不要碰触伤口，以免增加伤口的疼痛和流血。“牢”就是包扎牢靠，松紧适宜，不可过紧以免妨碍血液循环，不可过松以免脱落或者移动。打结时避开伤口和不宜压迫的部位。

（三）固定

固定的目的在于限制受伤部位的活动度，从而减轻疼痛，避免骨折断端等因摩擦而损伤血管、神经乃至重要脏器。固定也利于防治休克，便于伤员的搬运。骨折固定的原则如下。

（1）凡疑有骨折的伤员，都应按骨折处理。

（2）除有生命危险，如面临爆炸、起火、有毒气体等，均应就地抢救。

（3）有大出血时，应先止血、包扎，然后固定骨折部位。

（4）发现伤员休克或昏迷时，应先抢救生命，然后再处理骨折。

（5）骨折固定时，不要盲目复位，以免加重损伤程度。

（6）严禁将露在伤口外面的骨折断端送回到伤口内。

（7）包扎松紧要适当，以既不影响正常的血液循环，又能起到固定作用为宜。四肢骨折固定时，要露出手指或脚趾，以便于观察伤肢血液循环情况。

（8）用来固定骨折的夹板不可与皮肤直接接触，要用纱布、棉花等柔软物品垫在夹板与皮肤之间，在夹板两端及骨骼突起部位也应加软垫。

（9）固定骨折所需夹板的长度与宽度要与骨折肢体相适合，长度一般需超过上下两个关节。

固定器材最理想的是夹板。常见的有木质或金属夹板，还有可塑性或冲气式塑料夹板。紧急情况时可因地制宜，就地取材，选用竹板、树枝、木棍、镐把、枪托等代替。必要时可直接借助病人的健侧肢体或躯干进行临时固定。

（四）搬运

搬运伤员的基本原则是及时、迅速、安全地将伤员搬至安全地带，防止再次负伤。搬运的基本要求如下。

（1）搬运前必须做好伤员的全面检查，并做急救处理。

（2）按受伤情况和环境条件选用最恰当的搬运方法。

（3）搬运动作要准确，并做到轻、稳、快，避免震动伤员。

（4）在搬运过程中，应经常观察受伤部位和伤员的病情变化，并将变化情况和进行的各种处理，及时、准确地告诉接收伤员的医务人员，如途中有无昏迷、呕吐、出血以及止血带的使用情况等。

常用的搬运伤员的方法有以下几种。

1. 担架搬运法

这是最常用的搬运方法，它对于路途较长、病情较重的伤员最为合适。由 3~4 人合成一组，将伤员移上担架，头部向后，足部向前，这样后面抬担架的人可以随时观察伤员的变化；抬担架的人脚步行动要一致，前面的开左脚，后面的开右脚，平稳前进；向高处抬时（如过台阶、过桥、上桥），前面的人要放低，后面的人要抬高，以使伤员保持水平状态，下台阶时则相反。

2. 单人搬运法

（1）侧身匍匐搬运法：根据伤员受伤部位决定采用左或右的侧身匍匐前进，搬运者侧身紧靠伤员，将伤员腰部搬放到搬运者的大腿上，注意使受伤部位朝上，伤员头部和上肢不要着地。

（2）匍匐背驮搬运法：救护者先使伤员两腿靠拢，以跪姿或更低姿势躺在伤员一侧，将伤员的右上臂夹在自己的右侧腋下，再把伤员的两腿夹在自己的腿中间，用左手将伤员的左臂拉到自己的左肩上，右手抓住伤员两手，再以左手抓住伤员右侧臂部的衣服，用力翻转身体，将伤员翻在背上，匍匐前进。此法只适用于头、背部伤的伤员。

（3）抱持法：伤员如能站立，救护者站于伤员一侧，一手托其背部，一手托其大腿，将其抱起，伤员若有知觉，可让其一手抱住救护者的颈部。

3. 双人搬运法

（1）椅托式：一人以右膝、另一人以左膝跪地，各以一手伸入伤员大腿之下互相紧握，另一手彼此交替支持患者背部。

（2）拉车式：一人站在伤员头部，两手插到腋前，将其抱在怀内，一人站在其足部，跨在伤员两腿中间，两人步调一致将伤员慢慢抬起，卧式前进。

4. 特殊伤员的搬运方法

（1）昏迷伤员：使伤员侧卧或俯卧于担架上，头偏向一侧，以利于呼吸道分泌物引流（图 8-27）。

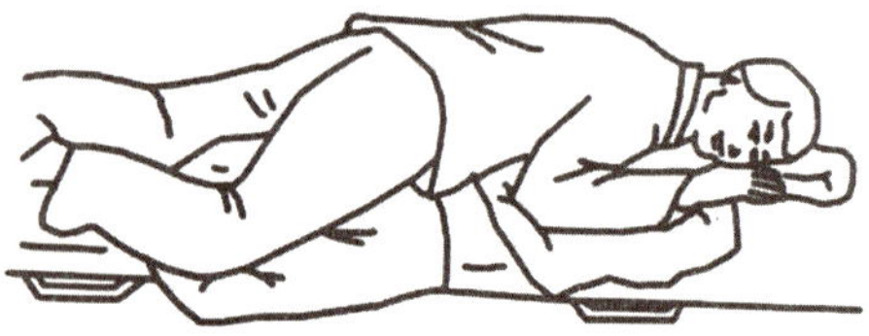

图 8-27　昏迷伤员的搬运

（2）脊柱损伤的伤员：搬运时，应严防颈部和躯干前屈或扭转，应使脊柱保持伸直。颈椎受伤的伤员，应有 3~4 人一起搬动，1 人专管头部的牵引固定，保持头部与躯干部成直线，其余 3 人蹲在伤员同一侧，2 人托躯干，1 人托住下肢，一齐起立，将伤员放在硬质担架上，然后将伤员的头部两侧用沙袋固定。搬运胸、腰椎受伤的伤员时，3 人同在伤员右侧，1 人托住肩背部，1 人托住腰臀部，1 人抱持住伤员的双下肢，同时起立，将伤员放到硬质担架上。

（3）身体带有刺入物的伤员：先包扎好伤口，固定好刺入物，方可搬运。应避免挤压、碰撞。刺入物外露部分较长时，要有专人负责保护刺入物。途中严禁震动，防止刺入物脱出或深入。

延展视界

国际共产主义战士——白求恩

图 8-28　白求恩

亨利·诺尔曼·白求恩（1890—1939），医学博士，加拿大医师、医疗创新者、人道主义者（图 8-28）。他的胸外科医术在加拿大、英国和美国医学界享有盛名。1938 年 3 月 31 日，白求恩率领一个由加拿大人和美国人组成的医疗队来到中国。白求恩到达延安见到毛泽东以后，他的第一件事就是郑重地递交党证，然后详细说明了自己的工作计划，请求派他到前线去。他说：“我不是为生活享受而来的！需要照顾的是伤员，不是我自己！”在晋察冀边区抗日前线，他同八路军士兵、乡村老百姓一样，穿草鞋和粗布衣裳，吃玉米棒子和山药蛋。有个翻译劝他说：“你是军区卫生顾问，贡献比我们大得多，吃好点，保证身体健康，也不算特殊。”白求恩却说：“贡献也不是银行里的存折，贡献大就应当向人民伸手要更多的利息。我是个共产主义战士，怎能向党、向人民要求特殊呢？”白求恩本着“一切为伤员着想”的原则，废寝忘食地工作，从不顾及个人安危。为了能及时抢救伤员，他总是把救护所设在离前线较近的地方。在战斗中，白求恩常常连续为伤员动手术，几十个小时不能合眼。在河间齐会战斗中，白求恩的手术室就设在离前线几里地的一座小庙里。日寇的炸弹落在小庙后院，炸塌了庙墙，但白求恩岿然不动，连续工作了 69 个小时，直到为 115 名伤员施行手术后才转移。为了挽救伤员的生命，白求恩曾几次献血。1939 年 10 月下旬，白求恩在涞源县抢救伤员时左手中指被手术刀割破，后给一个外科传染病伤员做手术时受感染，但仍不顾伤痛，坚决要求去战地救护。他说：

"你们不要拿我当古董，要拿我当一挺机关枪使用。"随即，他便跟医疗队到了前线，最终因伤势恶化逝世。

第三节 终极防护——核化生防护

军事箴言

核武器使战争手段发展到极致，也导致爆发世界性核大战不会有赢家。即使有少量幸存者，人类几千年创造的物质精神文明成果也将毁灭殆尽，还要回到石器时代再进化一遍。

——爱因斯坦

当今世界，虽然有些武器杀伤威力空前增大，但从整体上看仍然无法与核化生武器相提并论，军事强国仍然将核化生武器威胁与实战作为其军事战略的支柱，特别是美国将核武器视为全球战略的基石和推行强权政治的工具。

一、核化生武器威胁客观存在

（一）核武器达到超饱和状态

目前，世界上公认美国、俄罗斯、英国、法国、中国、印度和巴基斯坦等国家拥有核武器，核弹约有 3.5 万枚，总爆炸量以亿吨计，可摧毁地球上所有目标 25 次，美、俄两国核武器占世界核武器总量的 95% 以上（图 8-29）。

图 8-29 核爆炸

1991 年，美俄《第一阶段削减战略武器条约》（STARTI）的实施，使美、俄部署的核弹头数量减少到 6000~7000 枚；2002 年 5 月，美俄《战略进攻性武器削减条约》签订，要求至 2012 年两国部署的核弹头数为 1700~2200 枚。但实际上，由于这些条约没有关于削减、销毁核弹头的条款，只不过是把处于作战状态的核弹头转换到其他状态，而双方核武库中的核武器总数基本上保持不变。2002—2012 年期间，美国核武库中核弹头总数始终保持在 1 万枚左右。美、俄在很大程度上是在搞更新换代。

（二）数万吨化学武器难以销毁

美国宣布有化学武器 3 万多吨，俄罗斯宣布有 4 万多吨，严重地威胁着世界安全。1997 年 4 月生效的联合国《禁止化学武器公约》中规定，缔约国应当在公约生效后 15 年内销毁这些化学武器。但美、俄销毁化学武器各需要 150 亿 ~200 亿美元，俄罗斯表示没有能力销毁其化学武器。据《真理报》报道："即使总统和议会批准全面禁止化学武器公约，仍难预料俄完成销毁化学武器将会拖至何年何月。"美、俄还储备有大量的二元化学武器，而这些武器并不在销毁之列。因此，美、俄在相当长的时间内仍保留大量的化学武器，对国际社会仍然构成严重威胁。

（三）致病微生物列为标准生物战剂

美、俄等国军队把致病微生物列为标准生物战剂，同时改进了生物战剂施放技术，大大增强了生物武器的攻击作用。近年来，由于微载体、中空纤维等哺乳动物细胞大量培养技术的成功以及各种浓集和提纯技术的进步，病毒能够大量培养。而且，对人畜致病的新病毒常有发现，其中有些可能成为新的生物战剂。美、俄从非洲等地搜集的埃博拉病毒、马尔堡病毒等，均有可能作为新的生物战剂。另外，多种生物病毒和一些人工合成的生物活性肽也有可能成为新的生物战剂。

（四）国际社会难以制止使用或威胁使用核化生武器

近百年来，国际上签署了几十个禁止核化生武器的条约，然而，核化生武器威胁却一直没有停止。

1. 美俄曾多次威胁使用核武器

自从美国在日本广岛和长崎使用核武器以后，在有美国参与的 200 多次军事事件和局部战争中，美曾 30 多次威胁使用核武器，对我国比较严重的威胁就有 3 次。苏联也曾对我国威胁使用核武器。至今，核战争虽然未爆发，但来自霸权主义的核威胁始终存在，企图使用核武器的幽灵一直在徘徊。

2. 化学武器使用不断

第二次世界大战后，世界上被指控使用化学武器的战争达 50 多次。在朝鲜战争中，美军使用化学武器达 200 多次。越南战争中，美军把越南作为化学武器的试验场，使用毒剂 7000 吨、植物杀伤剂 12 万吨，造成越南 153.6 万人中毒，约 2.5 万平方公里的森林遭到了污染，约有 1.3 万平方公里的农作物被破坏。美军在阿富汗战争中，除使用大量先进武器外，还对坑道内的塔利班军队使用化学武器。

3. 美军多次使用生物武器

美、俄现行武器系统中都装备有生物武器，它们声称，生物战准备是防护的需要。朝鲜战争中美军大量使用生物武器。1950 年 12 月向南撤退时，在黄海道等地布洒天花病毒（图 8-30）。1951 年又在中朝军队被俘人员中秘密进行细菌性能试验。1952 年 1 月，美军在进行“绞杀战”的同时，又以制造疫区、削弱有生力量为目的，秘密地实施了大规模的细菌战，企图在朝鲜战场上变相地制造“无人区”。美军的细菌战，使朝鲜历史上早已绝迹的鼠疫、霍乱等烈性传染病重新发生，一度造成部分军民的紧张心理。

图 8-30　美军飞机在越南喷洒有毒橙剂

4. 被用于恐怖袭击的可能性增大

现代恐怖主义已成为国际安全的重大威胁。随着世界核化生科学技术的不断进步和广泛应用，世界核化生恐怖活动的现实威胁正日益增大，这对我国安全形成重大影响。核恐怖，是指恐怖势力以获得武器级核材料、使用放射性散布装置、粗糙核装置或攻击核设施等手段，造成人员、财产巨大灾难或社会恐慌，破坏社会安全和稳定的严重犯罪活动。据不完全统计，1993—2004 年，发生在国外的核恐怖事件就有 625 起。化学、生物恐怖，是指恐怖势力使用化学毒物或致病微生物体对人、农作物、环境等进行破坏，造成死亡或非致死伤害的犯罪活动。据统计，1960—2001 年，世界发生化学、生物恐怖事件有 1300 多起。如 1995 年 3 月 20 日，日本东京地铁遭受奥姆真理教沙林毒剂袭击，造成 11 人死亡，5500 人中毒，引起日本全国上下谈毒色变。2001 年，美国以“炭疽芽孢邮件”为标志的“生物恐怖袭击”，震惊了全世界，迫使世人关注生物防御体系的构建和人为蓄意使用微生物的危害。

（五）工业核化设施易造成次生核化危害

次生核化危害，就是以常规武器对工业核化设施进行摧毁和破坏，造成放射性和有毒物质泄漏所形成污染的危害（图 8-31）。这种危害不仅能破坏国家的战争潜力，而且核化武器使用后的某些杀伤因素效应会形成战场的特殊核化环境。海湾战争中，伊拉克的化学工业设施始终是被打击的重点目标，11 个化学工业生产厂全部被摧毁破坏。科索沃战争中，北约从发动空袭第三天开始，就全面对南联盟的贝尔格莱德、诺维萨德、卢查尼、潘切沃和普里什蒂纳等 20 多个城市的近 30 个化工厂、炼油厂和油库进行了频繁轰炸。居民被迫撤离，整个潘切沃成为一座空城。据国外评论说，北约“打了一场没有使用化学武器的化学战”。

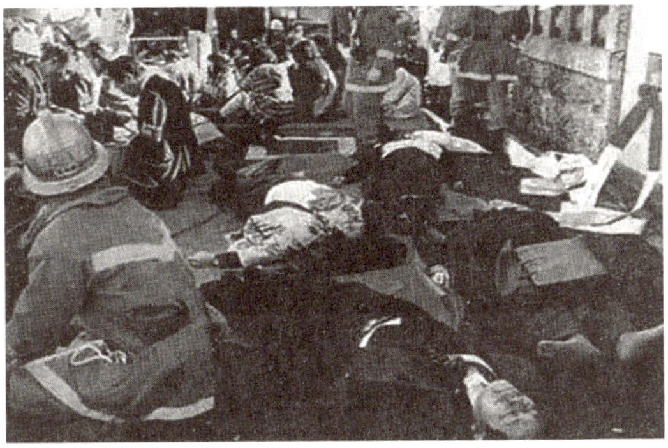

图 8-31 东京地铁遭受沙林毒剂袭击现场

二、应对核化生威胁的主要对策

核化生武器虽然具有较大杀伤破坏性，但它也是可防的。1945 年 8 月 6 日，日本广岛突然遭到美国原子弹袭击，损失惨重。人们发现，靠近爆心投影点的地面建筑物全部倒塌，而防空洞却完好无损，一个日本少女从防空洞中出来安然无恙。可见，只要采取有效的防护措施，就能减轻或避免伤害。

(一) 强化防护准备

1. 思想准备

叶剑英元帅早就指出：“人们如果对原子武器不了解，就可能引起慌张，要教育部队和人民群众，了解这种武器，掌握它的规律。”要教育军民正确认识核化生武器的作用，既要看到核化生武器具有巨大杀伤破坏性，又要看到核化生武器具有局限性和可防性。只有充分认识到这一点，才能消除恐惧心理，克服和平麻痹思想，增强敢打必胜的信心。

2. 物质准备

防化装备器材和防化物资储备是作战物资储备的重要方面，但核化生武器的非常规性和长期慎用的现实，造成防化装备和物资储备的不确定性，平时准备往往与战时要求相去甚远。因此，在克服麻痹思想加紧平时准备的同时，必须在发生战争前夕采取紧急措施，筹划建立各级的防化物资储备（图 8-32）。如 1990 年的海湾战争，美军在战前即从其部署在世界各战区的物资储备中抽调了 2.5 亿美元的防化装备，包括从英国采购 S10

图 8-32 穿戴防护服

防毒面具 7.2 万具，从各战区调来防护服 110 万套、赶制 20 万套，化学监测器 1300 部，以及 XM-21 报警器、狐式侦察车等。

3. 组织准备

建立健全各种群防组织，开展群众性的自侦、自防、自消和自救活动。战时，武装部、街道组织建立“三防”小组，区（县）以上单位应建立抢救抢修队。“三防”小组一般由单位受过防化训练的 3~5 人组成，配有专门的仪器，主要负责本部门的观察、报警和指导全体人员的防护。抢救抢修队是由防化、工程、通信、修理、卫生和运输等专业人员组成的。

4. 训练准备

实施严格的“三防”防护训练是提高人民群众整体防护素质的有效途径。既要重视平时训练，又要强化临战训练；不仅要使所有参战人员掌握防护技能，还要根据核化生武器威胁情况，结合地区地形、气象特点进行针对性的演练，提高指挥员的组织指挥能力，以及部队和人民群众的适应能力。

（二）建立防护体系

1. 建立查明敌核化生武器情报系统

及时查明敌人企图和准备使用核化生武器的征候，是组织防护的先决条件。必须建立健全查明敌核化生武器情报系统，掌握敌人核化生武器的编制装备、配置地域和发射阵地，以及使用的企图和可能袭击的目标、方式和规模等情况。

2. 建立核化生观测、监测和报知系统

建立严密的核化生观察报知系统，及时发现敌人核化生武器袭击的征候和情况，为组织军民防护、尽快估算出敌人核化生武器的杀伤破坏情况提供依据。它是在被动中争取主动的重要措施。因此，必须利用军地一切观测力量，统一组织，形成上下结合、群专结合、军民结合的观察、监测和报知网。

3. 建立疏散、隐蔽、伪装和机动防护系统

疏散是指前后方军民在常规疏散的基础上，将密集的人员、大型兵器和物资器材按照防核化生武器袭击的要求，进一步疏散，减少兵力兵器的密度，避免遭敌核化生武器袭击。伪装是为了隐真示假。在使用核化生武器条件下作战，伪装可以起到隐蔽自己，免受核化生武器袭击，提高生存能力的作用。机动能使部队躲避敌核化生武器袭击和减轻毁伤。利用有利的气候条件迅速隐蔽的机动，可使敌难以捕捉目标实施有效的核化生袭击；向敌靠拢的机动，可使敌顾虑殃及己方，不敢轻易实施核化生袭击。

4. 构筑工事，完善“三防”设施系统

坚固的工事、完善的“三防”设施系统，不仅可以提供有效的防护条件，还可为指战员提供在核化生环境下指挥、作战、通信、医疗和生活等场所。只要有可能，军地各部门应力求增强工事抗力，完善工事的“三防”设施。

5. 组织药物预防系统

药物预防是根据敌人核化生武器袭击的情况，预先适时组织军民服用相应的预防药物或进行预防注射和接种，这是人员提高防护能力的重要措施。如果获知敌有可能实施生物武器袭击时，还必须与卫生防疫的各项措施结合起来，如保持个人和环境卫生，防止饮食和饮水污染，消毒、封锁或控制疫区等。

（三）提高防护保障能力

保障是在敌核化生武器袭击条件下，为减少军民伤害，由防化（民兵）分队组织与实施的专业行动。

1. 组织核化生观（监）测

观测分队对敌核化生武器袭击时的观测和监测，能够及时发现敌核化生武器袭击的地点、时间、当量（规模）和爆炸方式，以及放射性烟云（毒剂、生物战剂云团）的飘移方向，为指挥员和部队及时组织防护提供可靠的依据。

2. 组织辐射、化学和生物侦察

在核化生条件下，及时掌握地域和道路的受染情况，是军民采取防护措施的重要依据。组织防化（民兵）侦察分队实施化学、生物、辐射侦察，沾染检查、剂量监督和标志染毒区、污染区和沾染区的边界侦察，能够迅速确定毒剂、生物战剂种类，判定染毒（污染、沾染）程度及对部队所造成的影响，以指导部队和人民群众采取相应的防护措施，避免和减轻核化生武器的伤害。

3. 组织剂量监督

剂量监督是指对人员受核辐射损伤情况的检查和控制，它是保障人员在核条件下作战，减少或免受核辐射的一项重要措施。剂量监督以个人照射剂量为主要依据。组织剂量监督时，应根据作战需要和人员已受照射情况，规定其控制量。通常人员一次（4 天）全身照射剂量为 50 伦，全年累积照射剂量为 150 伦；终身累积照射剂量为 250 伦。如果一次照射剂量达到 50 伦，在受照射后的一个月内，一般不应再受照射。但是，当作战情况紧迫时，应首先服从作战需要，并对可能发生的放射性疾病采取积极的预防和治疗措施。

4. 组织洗消

洗消是消除放射性沾染和对毒剂、生物战剂消毒的总称，即组织防化洗消分队对武器装备和人员实施消毒和消除，对重要目标实施消毒，以及对人员进行消毒灭菌后的卫生处理等行动（图 8-33）。

图 8-33　核生化洗消作业

5. 组织抢救和抢修

抢救、抢修是在核化生条件下作战的一项重要措施。团以上单位（武装部）应建立抢救、抢修队。抢救队通常军民结合，以卫生人员为骨干，加强工兵、防化、运输等专业力量，并配以适量的民工编成。抢修队（组）可在战前组建或临时组建。抢修是在遭敌核袭击后，武器装备、车辆、道路和工事等遭破坏严重时的抢修，各个不同类型的抢修按专业归口，由有关部门分别组织实施，各抢修队（组）以现场、阵地抢修为主，抢修时应分清主次和缓急。

延展视界

震惊世界的切尔诺贝利核事故①

切尔诺贝利核电站（图 8-34），位于乌克兰首府基辅市北郊 130 千米处，是一个著名的大型民用能源工业工厂。该电站已建成和在建的共有 6 个反应堆，每个反应堆的装机容量均为 100 万千瓦。发生爆炸的是 4 号反应堆，该堆是“压力管式石墨沸水堆”（RBMK-1000），于 1983 年投入使用，计划于 1986 年 4 月 26 日停机检修，并进行涡轮发电机组运行试验。

1986 年 4 月 26 日凌晨，切尔诺贝利核电站像往常一样，灯火通明，各部门正常运转。凌晨 1 点整，根据切尔诺贝利核电站站长布留哈诺夫的指示，工作人员开始准备在第 4 号发电机组上进行低功率运行状态下特殊的电力试验。实验人员使反应堆维持

① 王洪光. 经典战例评析 [M]. 北京：军事科学出版社，2010.

图 8-34 彻底被摧毁的切尔诺贝利核电站

在200兆瓦功率的状态下运行。在1时3分、7分，加上运行中的6台（每条环路各3台）主循环泵，各环路又启动了1台泵。结果堆芯的空穴率减少，为了维持功率，自动控制棒提升到了上限位置。而且，运行人员必须手动提升控制棒，以调整功率。1时23分4秒，运行人员在这种状态下关闭了8号汽轮发电机的蒸汽停止调节阀，开始了试验。由此，汽轮发电机开始惰行（惯性旋转力减少），堆芯流量开始减少，结果是随着堆芯空穴率的增加，功率开始缓慢上升。1时23分44秒，运行人员见此按下了紧急停堆按钮，但未抑制住功率的上升，出现了失控的局面（也有运行人员说，因试验完成了，故冷静地按下了该按钮）。由于控制棒插入是手工完成的（插入机制由18~20秒的慢速完成），棒的空心部分和冷却剂的临时移位导致反应率增加。增加的能量导致了控制棒管道的变形。棒在被插入以后被卡着，只能进入管道的1/3，因此无法停止反应。在1时23分47秒，反应堆能量急升至大约30吉瓦特，10倍于正常操作值。结果导致多数连接钴燃料孔道和冷却水进口钢管的接头损坏，一回路里的高压冷却水大量泄漏，并立即变成蒸汽，发生蒸汽爆炸。这时堆芯完全失水，反应性以极快的速度提升，使燃料组件中部的燃料蒸发，燃料蒸汽的快速膨胀导致大爆炸，引起石墨燃烧，堆芯溶解。在爆炸中，1000吨重的堆顶盖被掀起，堆内所有管道断裂，反应堆厂房倒塌，装卸料机及吊车砸向堆芯，导致堆芯进一步破坏，反应堆燃起熊熊大火。当时，火焰从炸飞的建筑物顶部窜出，高达30余米，黑夜被照得如同白昼，核燃料碎块、高放射性石墨块被抛出，散落在堆体四周。2000摄氏度的高温和高达1万伦琴/每小时的放射剂量吞噬了现场的一切，翻滚的浓烟从反应堆中涌出，笼罩了整个电站，并向四面八方蔓延。

切尔诺贝利核电站泄漏带来了非常严重的环境污染，对辐射区人畜造成了极大损害。直接导致急性致死30人，其中2人分别死于爆炸和心脏病，其余28人死于治疗中心，死亡人员均为电厂工作人员和消防人员。现场的几百人在当天接受了急性放射性照射后的治疗和住院观察，其中237人有急性放射性病状，最终确诊134人为急性放射性病患者。污染了白俄罗斯23%的领土、乌克兰5%的领土以及俄罗斯1.5%的领土，产生了跨越欧洲的放射性云，320多万人遭受核辐射的侵害。乌克兰卫生部2003年公布，在乌全国4800万人口中，共有包括47.34万儿童在内的250万核辐射受害者处于医疗监督之下。事故发生后，共有12万多人迁出受灾区，约11.6万人立即从反应堆周围地区撤离，1986年后还有约22万人从受影响地区迁走。为清理切尔诺贝利事故核污染，苏联政府先后动员了60余万人参加事故的清理工作。

截至2010年，清理人员中，俄罗斯人死亡人数超过了1万，残疾者达到27%。事故清理者和污染地区居民发病率超过全国平均水平，呼吸道疾病增加21.1%，血管疾病增加12.1%，感官疾病增加11%，甲状腺癌的发病率倍增，清理者自杀现象增多。大量放射尘埃还污染到北欧、东西欧的瑞典、丹麦、芬兰以及欧洲共同体国家。切尔诺贝利核事故造成的直接经济损失达20亿卢布，如果把苏联在旅游、外贸和农业方面的损失合在一起，可能达到数千亿卢布。

第九章　战备基础与应用训练

——枕戈待旦　千锤百炼

本章引言

战备是武装力量为及时应对可能发生的战争或突发事件而在平时进行准备和戒备的活动。士兵作为部队的主体，担负着作战和应付突发事件的各项任务，必须牢固树立战备观念，了解战备常识，搞好战备的各项训练，以保证一旦遇有紧急情况能在最短的时间内准备好，能以最快的速度投入战斗，并能圆满地完成任务。行军拉练是军队沿指定路线进行的有组织的移动。行军时，必须保持充分的战斗准备，迅速、隐蔽地按时到达指定地域。

第一节 枕戈待旦——战备规定与紧急集合

军事箴言

用兵之法，无恃其不来，恃吾有以待也；无恃其不攻，恃吾有所不可攻也。

——《孙子兵法》

战备是武装力量为及时应对可能发生的战争或突发事件而在平时进行准备和戒备的活动。士兵作为部队的主体，担负着作战和应付突发事件的各项任务，必须牢固树立战备观念，了解战备常识，搞好战备的各项训练，以保证一旦遇有紧急情况能在最短的时间内准备好，能以最快的速度投入战斗，并能圆满地完成任务。

一、战备规定

战备工作是军队全局性、综合性、经常性的工作。做好战备工作、提高战备水平，是有效应对多种安全威胁、完成多样化军事任务的重要保证。战备规定的内容主要有日常战备、等级战备、战场建设等。

士兵要重点掌握日常战备和等级战备中的相关内容。

（一）日常战备

图 9-1　部队进行战备拉练

日常战备的内容较多，重点是战备教育、节日战备和“三分四定”三项内容（图 9-1）。

1. 战备教育

各部队通常要结合形势和任务对所属人员进行经常性的战备教育。战备教育由政治机关组织，通常每季度进行一次。节日、特殊时期和部队执行任务前一般也要进行针对性战备教育。战备教育通常包括以下三项内容。

（1）进行马克思主义战争观、军队根本职能和新世纪新阶段军队历史使命教育。大力培育当代革命军人核心价值观，使全体人员牢固树立时刻准备打仗、时刻准备执行非战争军事行动任务的思想。

（2）进行形势、任务教育和反渗透、反心战、反策反、反窃密教育，以及战备工作法规制度教育。克服麻痹思想，增强战备意识，保持常备不懈。

（3）进行爱国主义、革命英雄主义教育。强化战斗精神，培养英勇顽强的战斗意志和战斗作风，坚定敢打必胜的信心。

2. 节日战备

各部队在元旦、春节、国庆节等节日时要组织节日战备。

节日战备前，通常组织战备教育和战备检查，制订战备计划，调整加强值班兵力，完善应急行动方案，及时上报战备安排。

节日战备期间，要按规定保持人员在位率和装备完好率，加强战备值班、执勤、巡逻警戒和对重要目标的防护。当士兵担负战备值班任务时，要做好随时出动执行任务的准备。

节日战备结束后，要及时向上级上报节日战备情况。

3. “三分四定”

“三分四定”是陆军地面部队、海军陆战队、空降兵部队对战术储备物资存放与管理的基本要求。其他部队的战术储备物资要根据自身特点，按照便于储备和使用的要求进行存放与管理。

“三分”指战备物资按规定分为携行、运行和后留三类。携行物资就是紧急情况时自己随身带的必备物资；运行物资就是有些物资个人很需要，但自己携带不了，需要上级单位帮助运走的物资；后留物资就是不需要带走的个人物资（自己买的，不是部队配发的东西），留在营房里，由上级统一保管。

“四定”指战备物资在存放、保管和运输中做到定人、定物、定车、定位。定人，就是将携行、运行和后留物资明确到具体的个人并以标签进行标识；定物，就是将个人储备物资按照携行、运行和后留进行区分，明确各自的种类和数量；定车，就是明确个人携行和运行物资放置的具体车辆（几号车）；定位，就是明确个人携行和运行物资设置在车辆上，后留物资放置在库室内的具体位置。

“三分四定”是战备工作的重要内容，每一个士兵平时要严格按规定做好各项工作，保证一旦有紧急情况就可立即出动。

（二）等级战备

等级战备是部队为准备执行作战任务，或者情况需要时，根据上级命令进入的高度戒备状态。等级战备按照戒备程度由低级到高级分为三级战备、二级战备、一级战备。

三级战备，是部队现有人员、装备、物资等完成行动准备的戒备状态。此时，停止所属人员探亲、休假、疗养、退役，召回在外人员；检修装备和器材；组织战备教育和训练；加强战备值班；展开阵地准备和有关保障等。

二级战备，是部队按照编制达到齐装、满员，完成行动准备的戒备状态。此时，要收拢部队，补齐人员、装备；发放战略物资，落实后勤、装备等各项保障；进行战备动员和临战训练；加强战备值班；完善行动方案；做好进入预定疏散地域或者战时位置的准备。

一级战备，是部队完成一切临战准备的最高戒备状态。此时，要按命令进行应急扩编和临战动员，严密掌握敌情和有关情况，部队进入疏散地域或者战时位置，做好遂行各项作战任务的部队进入等级战备，通常逐级进入三级战备、二级战备、一级战备；必要时，可以越级直接进入二级战备、一级战备，或者由三级战备越级进入一级战备。

士兵按命令进入等级战备后，应按照规定保持装备完好和人员在位，保证随时遂行各种任务。部队一旦进入战备等级状态，要求每一名士兵必须做到：

严格遵守保密规定，不泄露部队行动的秘密；

外出探亲人员，接到上级的通知后要迅速归队；

服从命令，听从指挥，按上级的命令完成各项工作；

提高警惕，坚持在岗在位，保持良好的战备状态；

进一步落实战备计划，随时做好出动准备。

二、紧急集合

紧急集合（图 9-2），就是部队或分队在紧急情况下，迅速聚集人员并按规定携带装备物资的应急行动。例如，发现和遭到敌人的突然袭击时；受到火灾、水灾、地震、台风等自然灾害威胁时；上级赋予紧急任务或发生重大意外情况时，等等。

士兵一般是根据上级的紧急战备号令实施紧急集合。士兵一旦接到紧急集合的信号或命令时，应立即按规定着装，携带齐武器装备和器材，迅速到规定地点集合。

紧急集合分为全副武装紧急集合和轻装紧急集合两种。全副武装紧急集合根据当时部队所处的战备等级状态而定。此时，人员的负荷量、携行的装备和器材均按战备方案和上级的规定执行。轻装紧急集合是在执行临时性的紧急任务时所采取的一种方式。着装时，为减轻士兵的负荷量，通常不背背包（或携带单兵生活携行具），以提高部队的快速机动能力。紧急集合的程序分四步：着装、整理携行生活器材、装具携带和集合。

图 9-2　紧急集合

（一）着装

通常着作训服。昼间实施紧急集合时，一般按当时的训练着装进行。如果上级重新规定着装，士兵应立即换装。夜间实施紧急集合时，士兵应迅速起床，按照帽子、上衣、裤子、袜子、鞋子（双层床上层的士兵打完背包再穿鞋子）的顺序进行穿戴。

（二）整理携行生活器材

没有装备生活携行具时，应打背包。背包宽 30~35 厘米，竖捆两道，横压三道。米袋捆于背包上端或两侧；雨衣、大衣通常捆于背包上端，大衣袖子捆于背包两侧；鞋子横插在背包背面中央或竖插两侧；锹（镐）竖插在背包背面中央，头朝上。

装备有生活携行具时，应按以下顺序进行。

迅速结合背架；

按规定将物品分别装入主囊、侧囊和睡袋携行袋；

组合背架和军需装备携行具。

（三）装具携带

全副武装：背挎包，右肩左胁；背水壶，右肩左胁；背防毒面具，左肩右胁；扎腰带（机枪手先背弹鼓）；披弹袋；背背囊（背包，火箭筒副射手背背具）；取枪（筒）和爆破器材（图 9-3）。

轻装：只是不背背囊（背包），将锹（镐）头朝下背于右肩，系绳绕腰间与背绳系紧；米袋，右肩左胁；雨衣（冬季带大衣时，将大衣袖子留在外面卷紧捆好，再将袖口对接扎紧）左肩右胁，其他装具携带同全副武装（图 9-4）。

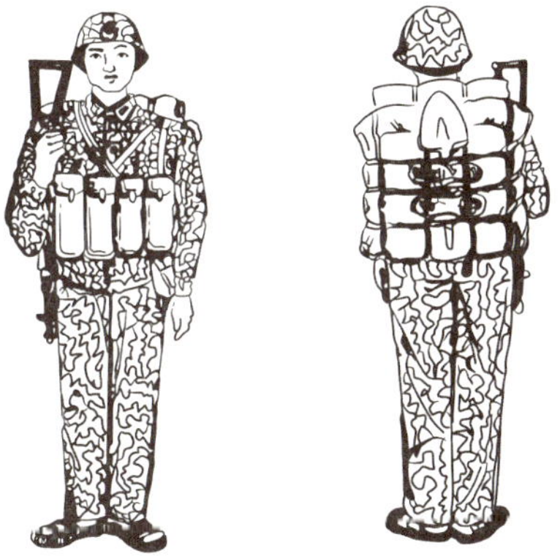

图 9-3　全副武装

图 9-4　着轻装

（四）集合

士兵披装完毕后，迅速跑步到班集合地点，向班长报告。全班到齐后，班长带领全班迅速赶到排集合场，并向排长报告。士兵在紧急集合时要做到：迅速、肃静、确实、完整、安全、便于行动。这就要求每名士兵在平时应按规定放置武器、弹药、装具和衣物，这样在紧急集合时就便于拿取和穿着，行动才不会慌乱。①

① 中国人民解放军新兵训练教材 [M]. 北京：解放军出版社，2013：183.

延展视界

云中哨所——西藏詹娘舍

图 9-5 云中哨所——詹娘舍

詹娘舍（图 9-5、9-6），是西藏军区一个边防哨所，在喜马拉雅山南麓亚东县境内。从 20 世纪 60 年代起，这里就驻守着中国西藏日喀则军分区某边防团五连八班。

詹娘舍之名从藏语音译而来，即“雪山孤岛”的意思。詹娘舍哨所海拔 4620 米，因独兀山尖、云遮雾绕，又被称为云中哨所。詹娘舍哨所四周全是 85 度坡度的悬崖峭壁。在半空中用钢筋水泥撑起的高脚屋上，一间宿舍 10 平方米；一间储藏室兼厨房不足 10 平方米，周围是一圈起保护作用的铁栅栏。哨所风大，官兵站岗只能腰拴背包绳，防止被狂风卷下山崖。哨所位于北印度洋暖湿气流与喜马拉雅山寒流交汇处，是世界闻名的雷区。这里山石含铁量高，年雷电期近 9 个月，雷电击在山崖上像滚火球，发电机、电视机也时常被击坏。为躲避雷击，战士们每见乌云袭来，就立即坐到木床上。

图 9-6 哨所活动

詹娘舍哨所是全军唯一不通公路的哨所，所有物资都需要前往 8 千米之外的则里拉哨所背运，最后一段峭壁没有台阶，是两根钢索架起的攀登索道，战士们需要攀爬到哨所。由于每年 10 月左右大雪封山，战士们需要从 8 月开始就冬屯粮食、蔬菜、罐头、柴火等生活物资。这些生活必需品一直要持续使用到来年 6 月冰雪融化。大雪封山后，战士们只能背雪化水生活，曾有三名战友在背雪途中遭遇雪崩而牺牲。

2007 年 7 月，上级为改变詹娘舍哨所官兵艰苦的戍边条件，在陡峭的山崖上开山劈坡，新建营房，扩建道路。2010 年，修通了前往哨所的公路。不仅拓宽了道路，还在陡峭路段安上了稳固结实的钢管防护栏。

2013 年，作家易白在西藏采风时专门写下诗篇——《云中哨所》：

云里雾里
头顶哨楼楼顶旗
谁在那里
挑战艰险和孤寂

生命禁区
不见花开鹰不来
谁在那里
守望祖国的命脉
楼外迷离
谁在将心比天地
默默诠释
五星红旗的含义

第二节 磨炼意志——行军拉练

军事箴言

天将降大任于是人也，必先苦其心志，劳其筋骨，饿其体肤，空乏其身，行拂乱其所为，所以动心忍性，增益其所不能。

——《孟子》

行军拉练（图 9-7）是军队沿指定路线进行的有组织的移动。行军时，必须保持充分的战斗准备，迅速、隐蔽地按时到达指定地域。行军分为常行军和强行军。常行军，按正常的每日行程和时速实施。徒步行军，每日行程 30 千米~40 千米，时速 4 千米~5 千米。强行军以加快行进速度和延长行军时间的方法实施，通常徒步每小时 7 千米左右。

图 9-7 行军拉练途中

一、行军拉练的组织准备

（一）研究情况，拟订计划

指挥员应根据受领的行军命令，在地图上研究敌情、任务和行军路线，确定行军序列，指定观察员和值班火器，制定防护措施和各种情况的处置方案。

（二）做好思想动员

行军前，指挥员应根据本分队所担负的任务，结合分队的思想情况，进行深入的思想动员。要教育战士遵守行军纪律、服从命令听指挥、不得擅自离队、不得丢失装备和食物、不喝生水、不违反群众纪律等，保障分队顺利完成行军任务。

（三）下达行军命令

下达行军命令时，应着重明确本部队的任务、敌情、行军路线、里程、着装规定以及起床、开饭、完成行军准备的时间与集合的时间，到达指定地区的时间以及行军序列、休息的地点等。

（四）组织战斗保障

一是指定观察员，负责对地、对空观察；指定值班分队及火器负责对空防御。二是规定遭敌核化生武器袭击时各分队行动方法。三是规定在敌人航空兵或炮火袭击时的行军方法。四是规定伪装方法及伪装纪律。

（五）做好物资装具准备

为了顺利完成行军任务、保持分队的战斗力，行军前，指挥员必须检查携带的给养和饮水、武器和弹药等情况，检查着装情况，妥善安置伤病员，并根据季节，进行防暑、防冻教育和物品的准备。

二、行军的管理与指挥

（1）出发时，应按上级的命令，准时加入上级行军序列。在有可能发生遭遇战斗的情况下行军时，各排长应随连长在先头行进，以便及时受领任务。在公路或乡村路行军时，应沿道路的一侧或两侧行进，乘车时，沿道路的右侧行进。

（2）行进中听从指挥，应注意保持行进速度和规定的距离，未经上级允许，不得超越前面的分队。通过交叉路口时，要看清路标，防止走错路。经过渡口、桥梁等难以通行的地段时，应严密组织、迅速通过，不准停留。徒步行军的分队应主动给车辆、执行特别任务的分队、人员让路。机械化行军时，应保持规定的车速、车距，不得随意超车和停车，主动给指挥车和特种车让路。如车辆发生故障，应靠道路右侧停车抢修，修好后，根据上级指示归队。夜间行军要严格灯火管制。

（3）按上级的指示组织休息。小休息应靠路边，保持原来队形，并督促战士整理鞋袜、物备等。大休息应离开道路，进入指定地区，并派出警戒，必要时，可占领附近有利地空观察，保持战斗准备。夜间休息时，人员不准随意离队，武器、装备要随身携带。出发前，应清点人数，检查装备，补充饮用水。在严寒地带行军时的小休息时间不要太长，并禁止躺卧，以免冻伤。在炎热季节行军时，应尽量利用早、晚时间实施。

（4）行军中，各连应指定一名军官，带领卫生员和若干体力较好的战士组成收容组，在连队的后尾跟进，负责收容伤病员，组织掉队的人员跟进。

（5）遇敌空袭时，应指挥分队迅速向道路的一侧或两侧疏散隐蔽（乘车时要下车），并指定火器射击低飞敌机。如空袭情况不严重或行军任务紧迫，分队则应散开队形，增大距离，加快速度前进。

三、越野行进

越野行进路线尽可能选择在方位物较多的地形上，特别是转弯点及其附近，应有明显方位物，以利于对照，保持正确的行进方向。

（一）山林地行进

山林地行进（图 9-8）的特点是地形起伏大，山脊重叠，纵横交错，林木丛生，道路少，障碍多，通视不良，缺少明显方位物，通行极为困难。行进时应注意下列几点。

图 9-8　山林地行军拉练

（1）图上选择行进路线时，应按照“有路不越野，走脊不走沟”的原则选定，特别要认真选择转弯点和方位物，并尽可能选择有明显特征的地形、点与点之间的距离，一般 1000 米左右，复杂地形可缩短到几百米。

（2）量测方位角和准确计算行进时间。一般须预先量出各段磁方位角，特别是越野地段，同时要判明出发点到目的地的总方向，以便行进中对要去的方向心中有数。因山林地行进困难，计算行进时间要考虑影响行进速度的各种因素，通常要比一般地形上行进慢 1%~3%。

（3）行进中，要随时掌握好行进方向，这是山林地行进的关键。每段行进前，在确定站立点后，要认真明确下段路线行进方向，并在行进方向上及其翼侧选择几个方位物。行进中边走边观察，并记忆现地路线的方向变化，利用远方方位物结合地形特征保持行进方向。行进中尽可能沿山背、山脊、鞍部等明显地形行进，不要横越山背（谷），并尽可能避开悬崖、峭壁和陡石山地段。

（4）发现走错路或迷路时，应冷静回忆走过的地形，细致观察对照，远近结合，判定出站立点；若一时判别不出来站立点，应按原路返回到开始发生错误的地方再走，一般不要取捷径斜插，以免造成大错。如错迷路较大，经过多种方法判定还是找不出站立点，又不能返回原路，应尽力判定现地方位，按原定总方向插向目的地。

（二）热带丛林地行进

部队在热带丛林地中行进，为防止蚊虫、扁虱、蚂蟥、毒蛇的叮咬，应穿靴子，并要扎紧裤腿和袖口，最好将裤腿塞进靴子里面，有条件还应戴手套。在鞋面上涂驱避剂或肥皂，可防止蚂蟥上爬。为了防止毒蛇的袭击，行进中可用木棍“打草惊蛇”，同时，亦应注意树上有无毒蛇。休息时，要仔细看后再坐。

（三）沼泽地行进

遇到沼泽地，最好避开，因为通过沼泽地不仅困难，而且危险。如果沼泽地无法绕行，应手持一根木杖探寻坚实的地面或泥水较浅的地点通过。通过沼泽地，不要踏着别人的脚印走，因为漂浮层强度有限，若重复踩一个地方，就有可能陷落。如果必须走一条线路时，应彼此间保持一定距离，避免重力过于集中。如遇到有鲜绿色植物的地方，应避开绕行，这种地方不是湿度大，就是漂浮层很薄，下面很可能是泥潭。

（四）河流的涉渡

遇到河流不要草率入水，要仔细观察之后再定渡河的地点和方法。山区河流通常水流湍急，水温低，河床坎坷不平。涉渡时，为了保持身体的平衡，应当用一根竿子支撑在水的上游方向。在集体涉渡急流时，应当三人或四人一排，彼此环抱肩部，身体最强壮的应处在上游方向。在涉渡石底河时，应当穿鞋，以免尖石划破脚，同时也可以更好地保持平衡。倘若山间急流水深过腰，则绝不可冒险涉渡。涉渡冰源河时，最好早上通过，因为那时河水最浅。遇到较大的河流，可就地取材制作浮渡工具。用雨衣包裹稻草或芦苇的浮包负重量较大。1000 克稻草或芦苇在水中有 3000 克的负重量。若有较多的武器装具，可用竹子、芭蕉秆、束柴或圆木等，结扎成三角形或长方形的浮渡筏，人伏其上，用蛙泳泅渡前进。

（五）沙漠戈壁行进

在沙漠、戈壁地越野时，地形虽平坦开阔，但人烟稀少，行进时要集中精力、注意用地图与现地对照，抓那些明显而特殊的地形，如小块灌木丛、芦苇地、沙垄和沙丘、龟裂地以及独立石土堆、干床等作为对照的目标。在沙漠戈壁中行进，最好是保持体力，夜行晓宿。白天要防止身体在太阳下暴晒，尽可能利用阴影遮蔽。衣服颜色最好是白色或浅色，白衣服可反射太阳辐射 50%。头部应避免太阳暴晒，除了戴帽子外，可用毛巾、衬衫、伞布遮盖头部。

（六）高寒地区行进

攀登冰川和雪坡要特别谨慎。冰川上裂隙很多，对人威胁最大的是冰瀑区的边缘裂隙，特别是被积雪掩盖的隐裂隙最危险。通过裂隙时，应数人结组行动，彼此用绳子连接，相邻两人之间距离 10~20 米。在前面开路的人，要经常探测虚实。后面的人一定要踩着前面人的脚印走，这样比较安全。通过裂隙的冰桥或雪桥时，要匍匐前进。攀登坡度很大的雪坡时，一定要两脚站稳后再移动。向前跨步时要用脚前掌踏雪，踩成台阶再移动后脚。如果不慎滑倒，要立即俯卧，防止下滑。在山谷行走，应靠近山谷中心线，以避免山坡滚石。不要接近雪檐，更不要在雪檐下行走，以免触发雪崩（图 9-9）。

图 9-9　雪地行军拉练

延展视界

志愿军 38 军长途奔袭三所里

朝鲜战争第二次战役，美军受到志愿军的迎头痛击后迅速南撤，三所里及龙源里是美军主力的唯一退路，38 军 113 师强行军 14 小时疾进 72.5 公里穿插到三所里，同时师长江潮命 337 团抢占龙源里，切断美第 9 军的退路（图 9-10）。

图 9-10　三所里阻击战

1950 年 11 月 27 日晚，第 38 军从德川向西、西南方向攻击前进，实施战役迂回。一路为该军主力两个师由北路向军隅里推进；一路为该军第 113 师由南路向价川以南约 13 公里的三所里前进，切断美军第 9 军向南撤退路线，配合志愿军正面部队围歼价川、清川江以北的“联合国军”。

第 113 师从德川以南沿安山里、船街里、龙召里开进，忍受极度疲劳 14 小时急进 72.5 公里，于 28 日 8 时许进至三所里。接着又派出部分兵力主动抢占三所里以西龙源里。至此，美第 9 军南退两条道路均被截断，美第 25、第 2 师和土耳其旅全部，美骑兵第 1 师、韩国军第 1 师各一部陷于困境。“联合国军”整个战役布势彻底动摇，由北进变成南退。

“联合国军”急调位于顺川地区的美骑兵第 1 师另一部、平壤地区的英第 29 旅一部向北增援接应，猛攻第 113 师三所里、龙源里阵地。第 38 军主力也迅速向第 113 师靠拢。

激战中，美军向南突围的与向北增援的部队，只相隔 1 公里。第 113 师在中间死死卡住美军，使其未能沟通。第 38 军主力一部及时抵至龙源里以北松骨峰，投入战斗。战至 12 月 1 日，美军被迫放弃 100 余辆坦克、1000 余辆汽车，于 8 时许改向西往安州方向退去，至 19 时战斗结束。

此战，第 38 军共毙伤俘“联合国军”8000 余人，第 113 师圆满达成切断美军退路和阻其援兵的目的。此战第 38 军由打得不好，到打得非常好，奠定了“万岁军”的美名。

第三节 熟知地形——野外生存与识图用图

军事箴言

夫地形者，兵之助也。料敌制胜，计险阨远近，上将之道也。知此而用战者必胜，不知此而用战者必败。

——孙武

一、野外生存

野外生存是指在食宿没有保障的特殊环境中生存与自救的活动。组织野外生存训练时，应做好充分的准备。

（一）寻找水源

获取饮用水的途径通常有两条：一条是挖掘地下水；另一条是净化地面水。这里只介绍从地表水获取饮用水的一些方法。

寻找水源的首选之地是山谷底部地区，要注意绿色植物的分布带。在干涸河床或沟渠下面很可能会发现泉眼，尤其是沙石地带。在高山地区寻水应沿着岩石裂缝去找。在海岸边，应在最高流水线以上挖坑，尤其是在沙丘地带，很可能会有一层厚约 5 厘米的沉滤淡水，浮在密度较大的海水层上。这层水可能会稍有盐味，但可以饮用。注意：无任何绿色植物在周围环境中生长的池塘或者周围出现动物残骨的地方，对其水源要保持警惕，水源可能已被化学物质污染。富含矿物之处的水常会是碱性的。池塘里的水要煮沸才能饮用。沙漠地区一些无源头的死湖会逐渐形成盐湖，这里的水只有经过蒸馏才能饮用。

（二）生火取火

首先是要寻找到易燃的引火物，如枯草、干树叶、桦树皮、松针、松脂、细树枝、纸、棉花等。其次是捡拾干柴，干柴要选择干燥、未腐朽的树干或枝条，要尽可能选择松树、栎树、柞树、桦树、槐树、山樱桃、山杏之类的硬木，它们燃烧时间长，火势大，木炭多。不要捡拾贴近地面的木柴，贴近地面的木柴湿度大，不易燃烧，且烟多熏人。接下来要清理出一块避风、平坦、远离枯草和干柴的空地，将引火物放置中间，上面轻轻放上细松枝、细干柴等，再架起较大较长的木柴，然后点燃引火物。火堆的设置要因地制宜，可设计成锥形、星形、“井”字形、并排形、屋顶形、牧场形等，也可利用石块支起干柴或在岩石壁下面，把干柴斜靠在岩壁上，在下面放置引火物后点燃即可。一般情况下，在避风处挖一个直径 1 米左右，深约 30 厘米的坑。如果地面坚硬无法挖坑，也可找些石块垒成一个圆圈，圆圈的大小根据火堆的大小而定。然后将引火物放在圆圈中间，上面架些干柴后，点燃引火物引燃干柴即成篝火。如果引火物将要燃尽时干柴还未燃起，则应从干柴的缝隙中继续添入引火物，直到把干柴燃烧起来为止，而不要重新架柴点火。最后，点篝火最好选在近水处，或在篝火旁预备些泥土、沙石、青苔等用于及时灭火。还有下面一些常用方法：一是将子弹头拔下，塞入干苔藓或布条，对干草堆射击，点燃后要小心地吹并加柴，把火烧大。二是找软芯木棍一枝、木板一块、干苔一堆，用刀将木板一边挖出凹处，反卡地上，凹处填干苔，软芯木棍中心掏空，尖端削尖，在干苔藓正上方木板上钻，当钻透时，软木尖端也着了，正好把火传给干苔，再用软芯木棍当吹管小心吹着。三是用木棍和绳做一弓形，像木工钻孔一样，拉动木棍在木板上钻木取火，比用手快得多。四是用放大镜。五是在冬天取冰块，用工具修成放大镜状，用手摩挲，融化表面，使之光滑，做成临时放大镜。六是取燧石在干苔堆中敲打。七是用白磷放在引火物中。

（三）获取食物

目前，世界上人们可食用的昆虫有蜗牛、蚯蚓、蚂蚁、蝉、蝗虫、蚱蜢、湖蝇、蜘蛛、螳螂等。而且这些昆虫的生命力和气候环境适应能力通常都比人类要强很多。人们虽然不习惯吃昆虫，甚至感到极其厌恶，但在万不得已的情况下，为维持生命也不妨一试。但是应注意，一定要煮熟或烤透，以免昆虫体内的寄生虫进入人体，导致中毒或生病。常见的可食昆虫有蝗虫，煮、烤或炒都可以；螳螂去翅后烤或炒、煮也可以；蜻蜓干炸后可食；蝉生吃或干炸，幼虫也可食；蜈蚣干炸，但味道不佳；天牛幼虫可生食或烤；蚂蚁炒食味道好；蜘蛛除去脚烤食；白蚁可生食或炒食；松毛虫烤食。可食野生植物包括可食的野果、野菜、藻类、地衣、蘑菇等。我国地域广大，适合各种植物生长，其中能食用的就有 2000 种左右。我国常见的可食野果有山葡萄、笃斯、黑瞎子果、茅莓、沙棘、火把果、桃金娘、胡颓子、乌饭树、余甘子等，特别是野栗子、椰子、木瓜更容易识别，是应急求生的上好食物。常见的野菜有苦菜、蒲公英、鱼腥草、马齿苋、刺儿草、野苋菜、扫帚菜、芦苇、青苔等。野菜可生食、炒食、煮食或通过煮浸食用。但是，一般人需要在专家指导下经过一定时间的训练才能掌握这些知识，这里介绍一种最简单的鉴别野生植物是否有毒的方法，供紧急情况下使用。通常将采集到的植物割开一个小口子，放进一小撮盐，然后仔细观察植物是否改变原来的颜色，通常变色的植物不能食用。但要注意不可长期依赖某单一植物种类作为唯一的食物来源，要给自己的肠胃以适应新食物的机会。

（四）辨别草药

在野外生存过程中，无法避免的是各种意外紧急情况，如突发疾病、跌打损伤等。如果在没有随身携带药物或对症药物的情况下，我们只能求助于大自然的馈赠——野生草药。下面介绍一下中医总结的普遍的中草药辨认方法与自救术。

歌诀：中空草木可治风，叶枝相对治见红，叶边有刺皆消肿，叶中有浆可拔毒，毒蛇咬伤就地医，内血面白必戒酒，忍气吞声验内伤。歌诀解释，草木中空可治风：一般草木中间见空心的都可以治疗风湿骨痛，如治疗风寒腰腿痛可加一些酒行气活血，一般不认识的药尽量只外用勿内服；叶枝相对治见红：一般草木叶与枝都是同向对生的即可以外用止血；叶边有刺皆消肿：一般叶边有毛有刺的即可治疗肌肉红肿疼痛等；叶中有浆可拔毒：一般叶子经一搓即有黏滑浆液的即可治疗无名肿毒或蛇、蝎、蜂、蜈蚣咬伤等；毒蛇咬伤就地医：凡毒蛇咬伤切勿惊慌失措，拔足狂奔，应冷静地挤或吸出毒汁，然后在原地 10 米范围内尽量找到解药；内血面白必戒酒：凡内伤出血的病人必面白口渴，此时不论服用何药物切忌与酒同服；忍气吞声验内伤：跌打损伤，外伤为轻，内伤为重，那么如何辨别内伤呢？令伤者深吸一口气如吞东西一样吞落咽喉，然后闭住呼吸到确实憋不住时再呼出，在憋气过程中如自觉伤处犹如针扎样刺痛或刀割样痛，重者则不敢憋气，此为内伤之症，然后辨伤在何脏进行治疗。

二、识图用图

识图用图是借助地图和指北针按规定方向运动的一项军事体育活动。参加这项活动，不仅可以锻炼身体，培养积极上进、坚忍不拔的顽强精神，还可以增长（地理、地图、自然）知识，启发智力，培养独立思考、快速反应、果断处世的能力。这里主要介绍识图用图的基本技能。

识图用图技能是指参赛者在出发区领取地图后，到跑完整个参赛全程的过程中所必须掌握的基本技术。它分为出发点的动作、运动中的动作、检查点上的动作和终点的动作四个部分。

（一）出发点的动作

1. 浏览全图明走向

得到比赛地图后，首先要浏览全图，根据图上标绘的比赛路线，弄清其基本走向；同时还要明确出发点与终点的关系。两点在同一地域相距很近时，应在实地观察一下终点设置、终点与附近地形的相互关系，便于终点冲刺。

2. 图上分析选准线

根据赛图上标明的出发点和第 1 号检查点的位置，进行图上分析，选择从出发点到第 1 号检查点的具体运动路线，即选出最佳运动路线。选择的基本原则（同样适用于其他各段）有以下几点。

（1）利用道路，坚持“有路不越野”的原则。比赛地图现势性强，道路标识较详细。利用道路有利于运动中图地对照，有利于运动中随时明确站立点的图上位置，不易迷失方向，同时还可以省力节时。当然，利用道路要考虑运动距离的远近，综合选择最佳路线。

（2）起伏不大、树林稀疏可跑的地段，坚持“选近不选远”的原则。

（3）起伏较大、树林密集、障碍大的地段，坚持“统观全局提前绕”的原则。

如图 9-11 所示，从第 2 号检查点到第 3 号检查点，既无道路可利用，又因途中有陡坎、大水塘以及难攀登的高地，也不能采用直线越野运动。要分析整个地形，在避开这些不能通过地段的基础上，选择适当的运动路线。最佳路线为图中标示的路线。

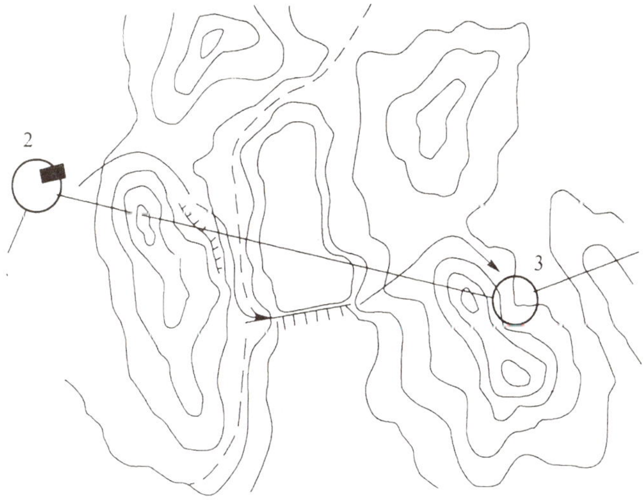

图 9-11 坚持“统观全局提前绕”的原则

以上原则要综合利用，选好最佳运动路线后，要在地图上熟悉路线两侧的主要地形，并要记牢。

3. 标定地图定好向

为准确、迅速起见，在出发区一般利用指北针标定地图。地图标定后，通过地图上出发点与第 1 号检查点的延伸方向就是实地运动的方向。

4. 对照地形选准路

根据确定的运动方向，迅速进行地图与实地对照，依据实地的地形条件，在能通视的地段内，选择好具体的运动路线，与此同时在通视地段的尽头适当位置选择好辅助目标，并确定该目标的图上位置。

通过上述 4 个步骤，力争做到图上明、方向明、路线明。如还有剩余时间，可在地图上分析、确定其后各检查点之间的最佳运动路线，也可活动身体，准备出发，当听到出发口令或哨音后，立即出发。

（二）运动中的动作

运动中，因参赛者的水平不一，可采用的方法也不尽相同，但都必须注意两个基本动作：一是随时标定地图。为了节约时间，在奔跑过程中标定地图，最理想的方法是依明显的地物地貌标定。二是随时明确站立点在地图上的位置，做到“人在实地走，心在图中移”。

1. 基本方法

（1）分段运动法。分段运动法是比赛中最理想的运动方法。如图 9-12 所示，参赛者在第 3 号检查点上，根据图上标明的第 3 号与第 4 号检查点的位置，在图上选择最佳运动路线后，通过对照地形，首先在能通视的地段，选择鞍部作为第一个辅助目标。在向鞍部运动前，由于通过对照地形，对鞍部的图上位置以及向鞍部运动的实地路线都已明确，因此，向鞍部运动的途中就不必再对照地形了。当运动到鞍部后，再通过对照地形，选择山背西北侧独立房作为第二个辅助目标，同时向独立房运动。到达独立房后，继续选择小高地作为第三个辅助目标，直到找到第 4 号检查点。这种方法对于初学者来说，有助于正确把握运动方向，能随时明确站立点的图上位置，并能减少看图时间，提高运动速度。

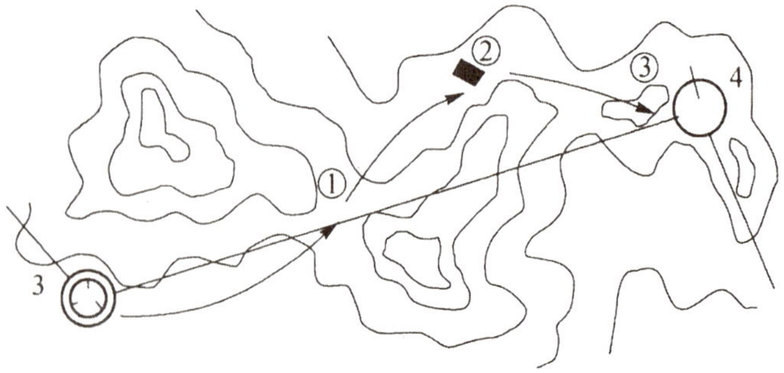

图 9-12　分段运动法

（2）连续运动法。有一定基础的参赛者可以采用连续运动法。采用分段运动必须在各点作短暂停留。而采用连续运动时，可以把在各辅助目标要做的工作提前，即从第 3 号检查点出发，未到达第一个辅助目标（鞍部）之前，在奔跑过程中边跑边进行图上分析，分析下一段能通视地域内的地形，并在图上选择好下一个辅助目标（独立房）以及向独立房运动的具体路线。到达鞍部后，如果观察到的地形同地图上的地形一致，即可不在鞍部停留而作连续运动。如此类推，直到检查点。

（3）一次记忆运动法。技术全面、经验丰富的参赛者，可以采用一次记忆运动法。这种方法是：在出发点，把在地图上选择的从出发点到第 1 号检查点的最佳运动路线一次性记在脑子里，运动中按记忆的路线进行。未到达第 1 号检查点之前，在地图上选择从第 1 号检查点到第 2 号检查点的最佳运动路线，再一次性地记在脑子里，这样在检查点“作记”后，可立即离开检查点连续运动。

（4）依线运动法。“线”是指道路、沟渠、高压线、通信线等。如图 9-13 所示，从第 4 号检查点出发，先沿小径运动，看到高压线向右再沿高压线越野（地形条件允许时）运动。依线运动是用“线”控制运动方向。

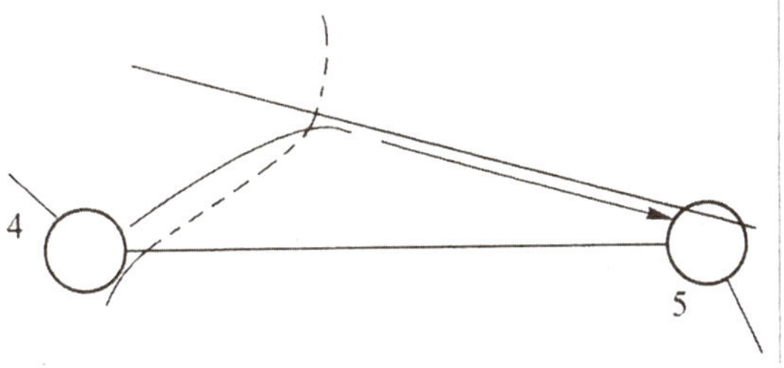

图 9-13 依线运动法

（5）依点运动法。“点”是指明显的地物、地貌点。具体方法与分段运动法和连续运动法相同，即用“点”来控制运动方向。

（6）提前绕行法。提前绕行法是在检查点之间有大的障碍时采用的。遇到这种情况，要结合检查点的位置，提前选择好最佳迂回运动路线，不要等抵近障碍再作折线绕行。

（7）指北针定向法。在起伏不大、无道路、有一定植被覆盖、观察不便的地域运动时，需要采用这种方法。首先在地图上测出站立点到检查点（或目标点）的磁方位角，量算出两点之间的实地距离并换算成复步数。出发时，平持指北针，旋转身体，使磁针北端和定向箭头重合，此时前进方向箭头所指的方向就是实际运动方向；并在实地运动方向线前方选好辅助目标，一边朝辅助目标运动，一边记下复步数。当运动到辅助目标还需要继续向前运动时，可按同样方法继续选辅助目标运动至检查点。

2. 注意事项

（1）尽量按选择的最佳运动路线运动。

（2）有路不越野。

（3）宁慢少停。

（4）迷失方向时，要冷静分析，尽快确立站立点。

（三）检查点上的动作

1. 检查点的“捕捉”

参赛者快接近检查点时，要对检查点的实地准确位置做到心中明确，力争一次“捕捉”成功，然后迅速利用点签打孔（或用印章盖印）作记，以证明到达该点。为了提高“捕捉”检查点的准确度与速度，可采用以下几种方法。

（1）定点攻击法。当检查点设在较明显的高大的地物、地貌点上或一侧时，可采用这种方法。选择最佳运动路线时，以这些明显地物、地貌点为攻击点（目标点）。运动时，先找到这些明显点的实地位置，然后根据检查点与明显地物、地貌点的相应方位、距离寻找检查点。

（2）有意偏激法。当检查点设在线状地物上或一侧时，并且运动方向与线状地物的交角较适宜时，可采用这种方法寻找检查点，即根据地形条件选择最佳的运动路线，有意向左（或向右）偏离检查点，运动时以该线状地物为攻击目标，当运动到该地物时，再向右（或向左）沿线状地物寻找检查点。

（3）地貌分析法。在地貌有一定起伏的地域内，检查点设在低小地物附近时，采用地貌分析法寻找检查点比较理想。采用这种方法时，主要是根据地图上检查点与地貌的关系位置，分析出实地两者相对应的关系位置，并根据这种关系位置来寻找检查点。

（4）距离定点法。在地势较平坦、无道路、植被较多、观察不便的地域内寻找检查点时，一般采用距离定点法。具体方法同指北针定向法。

2. 注意事项

（1）接近检查点之前，要在地图上分析，确定下一段最佳运动路线两侧的主要地形。目的是减少在检查点停留的时间，保证自己能做连续运动。

（2）当发现一个检查点后，不要盲目作记，而要看清该点标上的代号是否与检查点说明卡上注明的代号相符。

（3）一次“捕捉”检查点不成功时，应选择合适的位置确定站立点，分析自己是否偏离了运动方向。当确认偏离时，应按运动迷失方向的方法处理；应在明确站立点之后，再次“捕捉”检查点；找到检查点之后，做标记要快，离开要快，避免为他人指示目标。

（四）终点的动作

当找到最后一个检查点后，应依据已选择的最佳路线并结合自己的体力，加快速度向终点运动，接近终点时要做最后冲刺。

到达终点后，立即将检查卡交给收卡员，如果规定要收缴地图和检查点说明卡，应连同检查卡一同交给收卡员，并迅速离开终点区。

延展视界

校园识图用图竞赛活动方案

识图用图运动是一项适合学生的体育项目，是智力与体力并重的运动。它不仅能强健体魄，而且能培养人独立思考、分析、解决问题的能力，良好的逻辑思维能力，团队合作能力，以及在体力和智力受到压力下做出迅速反应果断决定的能力。本次举办××大学第×届校内识图用图比赛是为了检验学生军训成果，更好地丰富同学们的课外活动，锻炼每一位参与者的思维敏捷和活跃，培养队员之间的凝聚力。

一、活动组织机构

××大学军事教研室

二、活动对象

××大学全体师生

学生队伍：每个专业3支队伍，2支男队，1支女队，每队3人

教师队伍：3支男队，3支女队，每队3人（可代表所在系）

职工队伍：2支男队，2支女队，每队3人（可代表所在单位）

三、活动时间地点

时间：××年××月

地点：××大学校区

四、活动流程

（一）前期准备

1. 准备活动所需的策划书、宣传物及比赛的奖品。绘制比赛地图，准备点标旗、打卡器、打卡纸、计时器、号码布、音响。

2. 根据需要购买活动所需的奖品和活动中所需的用品道具，并将活动的材料与整体方案整理出来。在比赛的前一个月将邀请函发送至××大学××学院各专业负责人，并将活动的宣传海报在学校各个宣传栏贴出，并及时统计参与队伍的名单（姓名、专业、队伍名称）。

3. 在活动前准备好活动预演。考虑到很多人对定向越野的不熟悉，体育部将在11月底将报名的所有人员集中进行定向越野的培训，以让活动能够顺利、完美地进行。

4. 在活动开始前一个月将活动报名的海报在学校各宣传栏张贴出来，以让更多的师生了解本次活动。在活动正式举行前一星期将活动开始的时间、地点等以海报的形式张贴出来。

5. 在活动中安排好摄像器材，在活动时留下更多精彩的瞬间，让参与者看到其成功的瞬间，留下成功、喜悦的回忆。

6. 在活动前，体育部将对裁判组和工作组进行环境及流程等方面的培训。

7. 所有报名的队伍必须有统一的衣服，每组队伍的服装不能一样，以便在活动时能够区别。

（二）比赛规则

有下列行为之一者即为犯规，应取消比赛资格。

1. 有意妨碍他人比赛（包括犯有同一性质的其他任何不良言行）者；
2. 蓄意损坏点标、点签和其他比赛设施者；
3. 比赛中搭乘交通工具行进者；
4. 未通过全部检查点，而又伪造点签图案者。

违例：

有下列行为之一者被视为违例，应给予警告。裁判人员将根据违例的性质和程度，采取从降低成绩直至取消比赛资格的处罚。

1. 在出发区越位（提前）取图和抢先出发者；
2. 接受别人的帮助，如指路、寻找点标、使用点签者；
3. 为别人提供帮助，如指路、寻找点标、使用点签者；
4. 为从对手的技术中获利，故意在比赛中与对手同路或跟进者；
5. 故意不按比赛规定顺序行进者；
6. 不按规定位置佩戴号码布者；
7. 有其他违反比赛规则行为者。

成绩无效：

下列情况之一者，比赛成绩将被判为无效。

1. 有证据表明在比赛前勘察过路线者；
2. 未通过全部检查点，即检查卡片上点签图案不全者；
3. 点签图案模糊不清，确实无法辨认者；
4. 在检查卡片上不按规定位置使用点签者；
5. 在比赛结束（指终点关闭）前不交回检查卡片者；
6. 超过比赛规定的终点关闭时间（检查点一般也在同一时间撤收）而尚未返回会

场者（如确系迷失方向，应向附近任意一条大路或原检查点位置靠拢，等候工作人员的处置）；

7. 有意无意地造成国家或他人的重大经济损失和破坏校园环境，由此带来的一切后果，责任由肇事人承担。

特殊情况的处置办法——仲裁方法参考：

在比赛中，某些特殊的情况是可能出现的，例如：

——检查点被无关人员拿走或遭自然破坏；

——检查点的位置与图上的位置不符；

——比赛中出现个人或团体的成绩完全相等。

对于这类问题，通常应在比赛前的准备阶段由筹备组长领导各委员仔细地研究、确定处置办法，形成文字，由技术委员在制定《比赛规程》时列入。如果这些问题是出现在比赛的过程中，则应由裁判长决定处置办法。当某个领导小组成员对裁判长的决定有异议时，应经比赛领导小组组长同意，召集全体成员，以举手表决的方式另行选择处置办法，但必须获得四分之三以上的多数通过。对于在比赛后提交到领导小组的诉讼，原则上也应按此办法处理。

（三）识图用图竞赛内容

1. 以 ×× 大学 ×× 校区为藏宝地点，在各个活动地点拟定好 30 个藏宝范围，每个藏宝范围设定一个带有不定数不定图形的针夹。藏匿的地方以有掩盖物多或者难以让人想到为上。

2. 绘制原 ×× 大学 ×× 校区的平面 CAD 图，每张图上标出 10~15 个点的大概范围，并以①→②→③等标出。地图分为 3 种，在比赛之前让每支参赛队伍派出一名代表进行抽签，在比赛前 5 分钟在裁判处换取对应的比赛地图。

3. 所有工作人员提前 3 个小时到场，布置活动中心点，设点（设定点标）。参赛者必须提前 30 分钟到场，进行抽签，并准备比赛。

4. 参与活动人员分之以组，每组 3 名组员，2 名男生、1 名女生。在比赛时用抽签换取的标号的 CAD 图，5 分钟一组出发。

5. 活动时定好三个点：出发点和终点（出发点和终点为同一点）、接力点 1 以及接力点 2。出发点为 ×× 大学 ×× 场主席台前。

6. 准备几个秒表，在登记表上记下每组的出发时间和到达终点的时间，时间用得最短的组加 10 分，其次为 9 分，一直到 1 分为止，找对一个点且针点图形正确的加 1 分，算出总分。排在前面的 10 支队伍，前三名发给奖状及奖品，四到十名发给奖状以资鼓励。

预计工作人员安排：（由 ×× 大学学生干部或军事爱好者组成）

点标处：30 个点每点 1 人，共计 30 人；

接力中转站：2 个站每站 10 人，共计 20 人；

出发、终点站：1 个站 20 人，共计 20 人；

巡逻队：20 人；

医疗队：10 人；

机动后备队：20 人；

工作人员总计：120 人。

（四）活动后期

1. 做好活动总结，为下次活动积累经验。

2. 对本次活动进行总结性宣传，以进一步扩大影响力。

3. 结束后将活动中的精彩细节以多样的形式展出，使这个活动举办得更完美。

五、注意事项

1. 参赛人员必须端正自己的比赛心态（运动安全第一）。

2. 比赛前，比赛地图将只有裁判长一个人知道，并由裁判长保管，裁判长不得泄露任何与比赛有关的信息给任何人。

3. 裁判保证比赛的公平性、公正性。

4. 工作人员维持好现场秩序。

5. 如遇天气原因不能进行比赛时及时通知各队队长。

6. 由于定向越野活动专业性比较强，请各队队长务必参加赛前的活动培训，并将培训内容准确传达给自己的队员。

六、可行性分析

1. 活动选在课余时间举行，不仅不会耽误同学们的学习，反而丰富了同学们的课余生活。

2. 识图用图在智育与体育上都会让同学们有所锻炼，而且这种形式的活动更具吸引力，影响更大。

3. 开展这种活动既不失学习性，又富于娱乐性，可以让同学们在紧张的学习氛围中得到适当的放松。

4. 场地选在同学们熟悉的校区内部，只需稍加以比赛规则的介绍，同学们就会立即明白。既保证了比赛的安全性，又保证了比赛的可行性。

5. 活动在校区开展，有利于活动影响力的提高。

6. 活动新奇，对师生的吸引力大；参与度高，活动影响力大。

第四节　无声对抗——电磁频谱管控

军事箴言

如果你想知道宇宙的秘密，就用能量、频率与振动来思考。

——〔美〕尼古拉·特斯拉

电磁频谱，是指按电磁波波长（或频率）连续排列的电磁波族。在军事上，电磁频谱既是传递信息的一种载体，又是侦察敌情的重要手段，因此成为交战双方争夺的制高点之一。电磁频谱管控是无线电通信的基础，是电子系统发挥最大效能的关键，是信息畅通的重要保证。当今世界处在信息大爆炸的时代，电磁频谱管控则是信息高速公路上的“交通警察”。随着频谱在各个领域的广泛应用，频谱的管控已越来越引起各国的高度重视。它正在从传统的保障“配角”，变成为现代信息化作战的“主角”，并已从战争舞台的后台大步走向前台。这里主要介绍无线电测向。

一、无线电测向的概念

无线电测向是人们根据无线电波在均匀介质（如空气）中沿直线传播的特点，利用特制无线电接收设备（测向机或测向仪）测定远方隐蔽电台（无线电发射机或信号源）的方向、距离、坐标和具体位置的一项先进的科学技术，也是现代物理学的一个专业学科。地面无线电测向、雷达探测、卫星定位都属于无线电测向的技术领域。无线电测向也是现代信息战的重要组成部分。20 世纪初，无线电测向开始应用于航海。大海中的轮船根据收测到的无线电波确定轮船自身在大海中精确的位置，决定正确的航线和 SOS 紧急救援。从古代的冷兵器战争到后来的热兵器战争，战争形态发展到现代的立体化战争时，无线电测向被成功应用于现代的军事信息战。许多国家的军队中都设有专门的无线电测向部队。德国在第二次世界大战中研制成功小型测向仪装上飞机，利用伦敦广播电台的广播做目标导航，完成了对伦敦的轰炸。第二次世界大战末期，美国也开始组织一个大范围的无线电测向网，监测德军的潜艇，指引反潜机对其轰炸，取得了较大的战果。无线电测向部队不但在作战上可完成对敌方单兵、间谍、小股部队的歼灭，还可以根据无线电测向确定的敌方重大目标，完成对敌方的战略打击。例如，对敌方太空间谍卫星测定予以捕获或者摧毁，就等于挖掉了敌方的眼睛；提前测定敌方军事指挥中心、重要军事基地、核目标予以斩首打击，就会使己方掌握战略主动权。因此，无线电测向在军事上有非常重要的地位。

二、无线电测向的基本原理

无线电测向机或无线电测向仪基本由测向天线、无线电信号放大器和指示器三部分组成。我国 80 米波段无线电测向机采用了 2 种天线，一种是磁性天线（图 9-14、图 9-15），另一种是直立天线（图 9-16）。

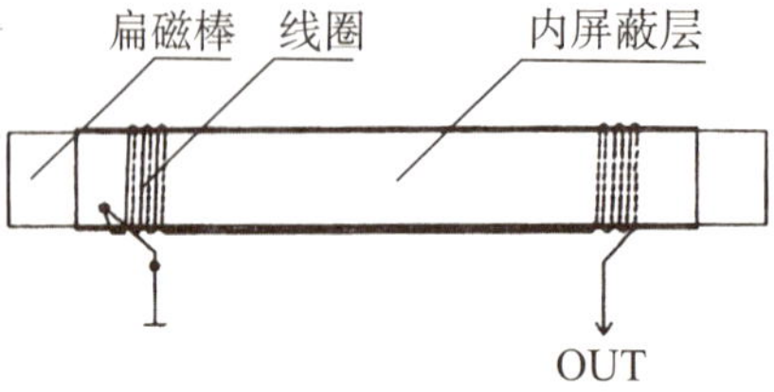

图 9-14　磁性天线外形

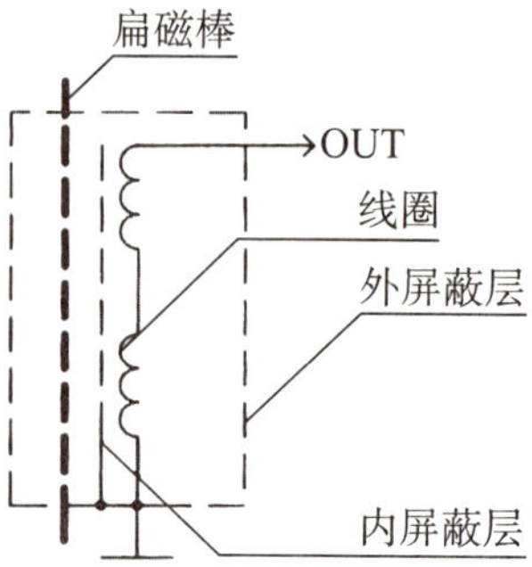

图 9-15　磁性天线结构示意

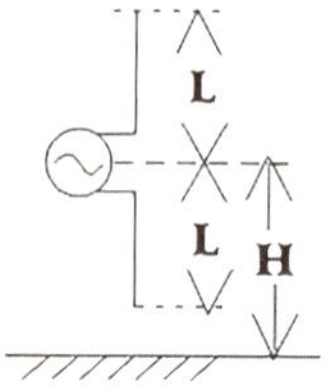

（a）对称直立天线

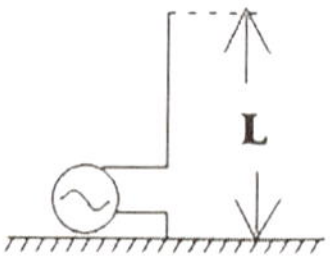

（b）不对称直立天线

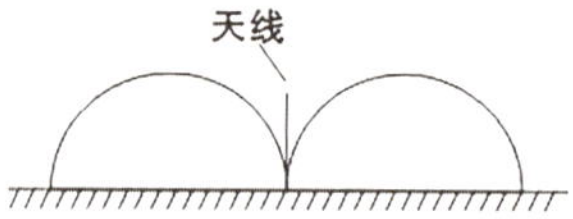

（c）垂直平面方向图

（d）水平平面方向图

图 9-16　直立天线及方向图

磁性天线具有很强大的聚集磁力线的物理能力，通过绕在磁棒上的线圈感应出电信号，经过放大器和耳机听到电台发射来的电波声音信号。但是磁性天线对来自不同方向的电磁波，其感应电势的变化却非常大。当磁性天线水平放置，磁性天线的垂直正面或负面对着电台时接收能力最强（图 9-17），测向机发出的声音最响，即收到信号的正值幅度和负值幅度是相同的，叫作两个大音面，但是相位则相反。当磁性天线的轴线两端对准电台时，耳机声音最小，甚至完全没有声音，叫作哑点。由于测向时哑点的指向精度很高，我们通常采用哑点的指向判定方向线，这就是哑点测向。利用磁性天线可以确定电台所在的直线，可见磁性天线转动一周得到了一个“8”字形方向图

（图 9-18），但是不能确定电台在直线的哪一边，这叫作测“双向”。说明磁性天线具有双值性（两个大音面和两个哑点）。仅有双值性的接收机是不能用来测向的。

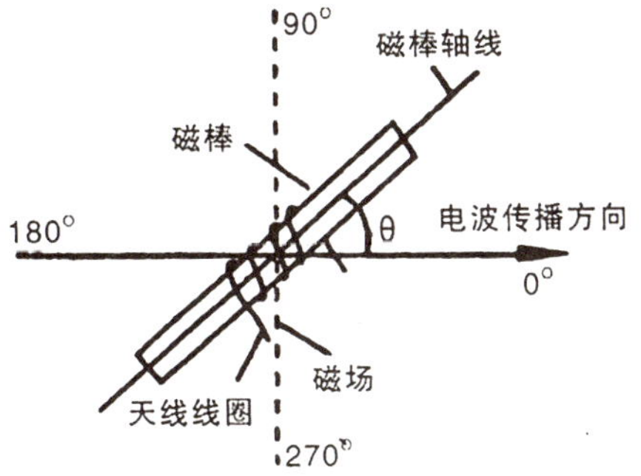

图 9-17　磁性天线与电波传播方向的关系

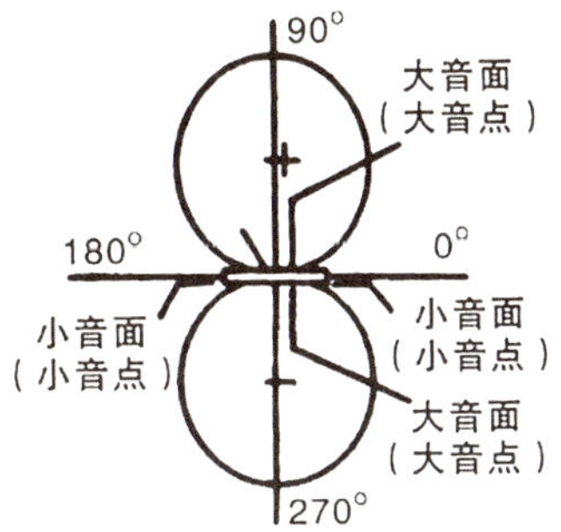

图 9-18　磁性天线方向图

直立天线则完全没有方向性，当使用与地面垂直的直立天线作接收天线时，无论如何转动天线，它从四面八方接收无线电信号的能力都是一样的。因此，单独使用直立天线也是不能测定接收方向的。

当磁性天线和直立天线组成复合天线，并且磁性天线的最大方向感应电势为正值 1，直立天线感应电势也为 1 时，将两天线方向图叠加可以得到一个复合天线合成电势，获得一个心脏型方向图（图 9-19）。

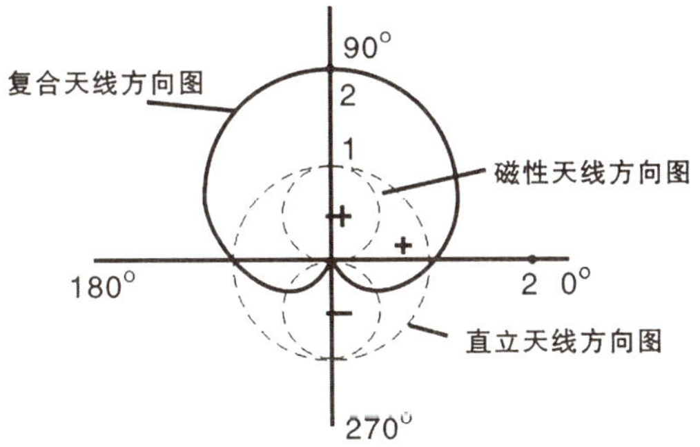

图 9-19　复合天线心脏形方向图

这时天线一边的“两”电势极性相同，振幅则为两电势之和，理论上音量是原来的 2 倍。而天线另一面的电势是负值，与直立天线的电势极性相反，两个电势相互抵消，理论上音量输出为 0。结论是复合天线转动一周只有一个方向信号最强，克服了磁性天线的双值性，获得了单值性的单方向性能。我们把信号强的这个面叫作单向大音面，简称大音面。应用大音面就可以确定电台在直线的哪一边了，这叫作定边。不过在测向中，大音面角度范围很宽，方向指示不明显，只作为单向识别用。因此确定电台的单向后，必须去掉直立天线电势（松开单向开关按钮），再用磁性天线的哑点来测定隐蔽电台的方向线。

无线电波在空间传播的能量是有限的，传播距离越远扩散面积越大、损耗也越大，信号强度也越弱。无线电测向机对于电磁波的接收能力同样有局限性，距离电台越近接收到的无线电信号越强，距离电台越远接收到的无线电信号越弱。距离与反映在测向机耳机中的声音大小有很重要的关系。

学习和掌握无线电测向原理不但可以测出准确的电台方向线，还可以判断电台的远近距离和具体坐标位置，完成无线电测向的考核任务。

阅读卡片

中国成功发射“墨子号”量子卫星

2016 年 8 月 16 日 1 时 40 分，中国在酒泉卫星发射中心用长征二号丁运载火箭成功将世界首颗量子通信卫星发射升空。“墨子号”的成功发射，将使我国在世界上首次实现卫星和地面之间的量子通信，构建天地一体化的量子保密通信与科学实验体系。中国量子卫星首席科学家潘建伟院士介绍，如果说地面量子通信构建了一张连接每个城市、每个信息传输点的“网”，那么量子科学实验卫星就像一杆将这张网射向太空的“标枪”。当这张纵横寰宇的量子通信“天地网”织就，海量信息将在其中来去如影，并且“无条件”安全。2017 年 1 月 18 日，中国发射的世界首颗量子科学实验卫星“墨子号”圆满完成了 4 个月的在轨测试任务，正式交付用户单位使用。

量子卫星的成功发射和在轨运行，将有助于我国在量子通信技术实用化整体水平上保持国际领先地位，扩大领先优势，实现国家信息安全和信息技术水平跨越式提升，有望推动我国科学家在量子科学前沿领域取得重大突破，对于推动我国空间科学卫星系列可持续发展具有重大意义。

三、80 米波段无线电测向设备的操作和使用方法

无线电测向是一项技术性较强的活动，熟练操作无线电测向器材在训练和考核中具有至关重要的地位。在此，我们对 80 米波段无线电测向中的主要设备和器材的性能参数及操作使用技术进行重点讲解。

（一）80 米波段无线电测向机

用于军事体育比赛中的 80 米波段无线电测向机品种主要有简易直放式 PJ-80 和改进型的 PJ80-A；超外差式长方块型的 RF80-E 和立式的 RF80-C、RF80-G，手枪型的 RF80-F 和频率合成数字显示的 RF80-H 等。但目前具有代表性、适合军训的机型是 RF80-C，该机体积很小，重量不足 200 克。RF80-H 测向仪性能最好，但是价格昂贵。

（二）RF80-C 型 80 米波段无线电测向机

RF80-C 经国内和美国、俄罗斯、德国、保加利亚等无线电测向技术发达国家和国内外大型比赛测试应用，无论在灵敏度、方向性、选择性、单向大音面、增益控制、坚固抗摔、音质、外观、手感、体积、重量等各方面指标都超过了老牌的环形天线测向机，得到多方面的肯定和赞扬。整机示意图如图 9-20 所示。

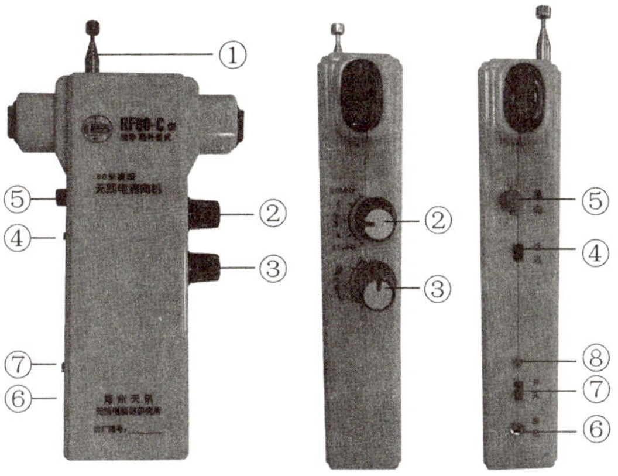

①拉杆天线 ②频率调谐旋钮 ③音量控制旋钮 ④远近开关
⑤单、双向按钮 ⑥耳机插孔 ⑦电源开关 ⑧电源指示灯

图 9-20　RF80-C 型测向机整机示意图（以实物为准）

1. RF80-C 型测向机主要技术指标

（1）频率范围：不窄于 3.500~3.600MHz，天线回路和高放级采用双调谐回路进行参差调谐，高放增益均匀；频率范围内无辐射。

（2）灵敏度：不劣于 1μV；可收测距离：使用 TX80-D 短距离信号源，收测距离不小于 4 公里；标准距离大于 6 公里；频段内无辐射；有衰减开关，动态范围非常宽广。

（3）信噪比：>3。

（4）中频频率：455KHz。

（5）方向性：磁性天线为 5 × 12 × 100mm 扁形磁棒，线圈为双段对称绕制，采用大面积内屏蔽层和紧贴型外屏蔽，指向精确度高；直立天线为直径 6mm、6 节、长 51cm 的不锈钢拉杆天线；距离信号源天线 0.3m 能明显、准确分辨双向，单向可听辨距离 <2m。

（6）电压：7.4V，使用 2 节 14500 型 3.7V 可充锂电池，一次充电可连续工作大于 10 小时；可反复拆卸充电，能量大、节能环保。

（7）整机耗电：静态≤ 20mA，动态≥ 65mA。

（8）输出功率：负载阻抗为 8Ω，最大输出功率 ≥ 150mW，音质清晰、优美，声音洪亮。

2. RF80–C 型测向机使用方法和注意事项

（1）本机电池仓在测向机的下部，打开后盖装上 2 节 14500 型 3.7V 可充锂电池。严禁使用其他类型的电池，以确保测向机的正常工作。

（2）打开电源开关红色指示灯亮，测向机即可正常工作。由于 3.5MHz 无线电测向信号源发射的是垂直极化波，手持测向机时，必须使测向机的直立天线与地面保持垂直，同时磁性天线与地面保持水平，才能测出准确的方向线。

（3）RF80-C 型测向机的侧面板上有两个旋钮，上面的是频率旋钮，用于收测隐蔽电台信号；下面的是音量旋钮，用于调节音量大小和控制测向机的增益。

（4）本机的单、双向开关设在测向机的右侧面上方。测单向时按下红色按钮开关即可，测双向时则必须松开红色按钮。

（5）本机衰减开关为二挡，设在测向机左侧面上方，由食指操作。开关置于下边“远”位置时，测向机灵敏度最高；开关打向上边“近”位置时，衰减很重，在近台区使用。学员可根据感知和需要，合理操作衰减开关和音量旋钮的位置，用来大致判断测向机与隐蔽电台之间的距离。

（6）本机型灵敏度、动态范围非常强大，经测定，在近台区最高声响可达 119 分贝。请务必以适当音量进行测向，以免损伤听觉。

（三）80 米波段无线电测向信号源（隐蔽电台）

80 米波段无线电测向信号源有短距离、快速测向和标准距离三种型号，学生军训采用单频道 TX80-D 和全 11 频道的 TX80-B 型连续发信信号源。下面重点介绍一下全 11 频道 80 米波段信号源 TX80-B。

TX80-B 有 11 个电台频道和相应呼号。内置 3 块锂电池做源，面板上设有充电插座，功能齐全、工作可靠、操作简便。该机附有照明电路，有利于在夜间和光线暗弱的环境下保证将机器调谐在最佳工作状态。信号源附件配有 3 米软天线和全自动充电器，性能优良，使用方便，符合学生军训考核的要求。

1. 主要技术指标

（1）发射频率：3.500MHz~3.600MHz 之间共 11 个频道，由晶体确定，可以连续拍发相应 11 种单台呼号。频道和相应的呼号可以由面板上的组合台号开关设定。

（2）频率稳定度：优于 10—7。

（3）输出功率：0.5~1W。

（4）工作方式：自动连续拍发 A1A 等幅电报。

（5）各台呼号为：

0 号台：0 （— — — — —）	3.500MHz
1 号台：MOE（— — — — — — ·）	3.510MHz

2 号台：MOI（——————· ·）　　3.520MHz
3 号台：MOS（——————· · ·）　　3.530MHz
4 号台：MOH（——————· · · ·）　　3.540MHz
5 号台：M05（——————· · · · ·）　　3.550MHz
6 号台：6 （—· · · ·）　　3.560MHz
7 号台：7 （——· · ·）　　3.570MHz
8 号台：8 （———· ·）　　3.580MHz
9 号台：9 （————·）　　3.590MHz
信标台：MO（—————）　　3.600MHz

（6）电源：内置 3 节大容量 3.7V 锂电池，标称电压 12V，保护电压 11.1V。

2. 使用方法

本机使用应首先按规则要求架设好天线，并将天线插头与信号源插座牢固连接。使用前务必充足电能。充电器为全自动型，红灯亮时表示电已充满。充足电后，信号源可连续工作 12 小时以上。台号设置：

（1）将表头下边的开关扳向右侧，两个台号开关都拨至 M 位，发信标台信号。

（2）将表头下边的开关扳向左侧，并将右边的台号开关拨至 M 位，由左侧拨动开关，选择 1~5 号台。

（3）将表头下边的开关扳向左侧，并将左边的台号开关拨至 M 位，由右侧拨动开关，选择 6~0 号台。

（4）按下电源开关按钮和调谐按钮，旋转调谐旋钮，使“调谐指示”的表头指针指示在相对最大处，然后将调谐按钮按起，信号源调谐完毕，即可进入正常自动发报工作状态。

3. 注意事项

天线电路处于谐振状态（调谐指示最大处）对于保证输出功率、减小电池耗电是非常重要的，因此要特别注意以下几点。

（1）开机后应尽快调谐，减少信号源在失谐状态下工作的时间，严禁用失谐方法减小发射功率。

（2）调谐时人体请不要接触机壳、天线、面板等部位，若人手离开机器时调谐指示变小，需要重新调谐，确保天线处于谐振状态。

（3）信号源应在实际隐蔽工作状态下调谐，当信号源位置变动或天线移动时应重新调谐。

（4）调谐指示仅表示相对发射信号值的大小，不表示输出功率。

（5）开设电台时要先架设好天线，牢固插接好天线插口方可打开电源开关；撤收电台时要先关闭电源再撤收天线。

延展视界

制电磁权，未来战争入场券？①

纵观世界电子战发展史，第二次世界大战以后，美军一直是电子战潮流的引领者。海湾战争后随着信息战兴起，美军将电子战归入信息战大范畴。直至2010年后，美军开始重新认识和定位电子战，相继推出“电磁频谱战”“赛博电磁行动”“电磁机动战”等新概念，呈现逐步将电子战从信息战范畴中脱离出来的趋势。专家普遍认为，电磁频谱战是电子战的延续和发展，电磁频谱或将被美国防部列为独立战域。美军对电子战认识的变化反映出其对电磁域以及电磁斗争的认识在不断深入，这种认识变化正在催生作战方式的全新改变，对此应引起世人高度关注。

21世纪仍是频谱战的时代，正在发展的无人化、智能化战争也是以电磁频谱的自由利用为前提，电磁斗争将是未来军事竞争战略制高点。

（一）网电一体作战是必然趋势

电磁斗争是在电磁空间进行的攻防博弈，对电磁斗争本质属性的揭示涉及对电磁斗争的物质基础、战场空间、行为主体等认识，主要包含以下内容：电磁频谱仍是信息化战场上无可替代的战略资源，现代武器系统、作战体系对电磁频谱的依赖程度有增无减；战场信息对抗的实质是制电磁权归属的争夺，换言之，制电磁权等于战场制信息权；电子对抗是电磁空间斗争以及夺取制电磁权的核心力量，正由初期的支援、保障行动上升为重要作战行动乃至联合作战的主要作战样式之一；电磁空间和网络空间同属信息空间，网络空间不能包含电磁空间；电子对抗与网络对抗融合而成的网电一体作战是必然趋势。随着信息技术特别是物联网、数据链等技术的迅猛发展，网与电的关系越来越紧密，电子信息设备（系统）的“网络化”和网络传输的“无线化”为网电一体作战提供了可能。电子对抗与网络对抗的协同运用、优势互补，可大力推进新质战斗力生成，快速提升信息化作战水平。

（二）电磁斗争是制胜信息化战争的基础

电磁斗争具有“侦、攻、防、控”四位一体的作用，是制胜信息化战争的利器，具体用途包括以下内容：①电子侦察。在平时，电子侦察用于全面获取敌方电子信息设备（系统）的战术技术情报，更新电子目标数据库，评估敌方电子信息设备（系统）发展现状和趋势等。在战时，电子侦察用于获取当面之敌实时电子信息设备（系统）的战术技术参数，为威胁告警、电子进攻、电子防御、规避机动以及引导火力打击提供所需情报，是生成战场电磁态势的主要信源。②电子进攻。根据毁伤性质的不同，可

① 朱玉萍，路征，王海．制电磁权，未来战争入场券？[N]．解放军报，2019-01-29.

分为电子干扰（软杀伤）和电子摧毁（硬摧毁）。电子干扰主要施效于敌方电子信息设备（系统），电子摧毁直接毁伤敌方电子信息设备（系统）、网络及相关武器系统或人员，控制电磁频谱，甚至达成火力战的效果。电子进攻已成为信息化战场上“破网断链”、肢解敌作战体系的利器。③电子防御。根据敌方电子进攻手段的不同，可分反电子侦察、反电子干扰、反目标隐身和抗电子摧毁，保护己方电子信息设备（系统）、网络及相关武器系统或人员有效使用电磁频谱，正常发挥作战效能，从而发挥保护高价值平台和武器系统的无形“盾牌”作用。④电磁频谱管控。电磁频谱管控是电磁斗争的重要内容，也是电子对抗的前提条件，旨在使己方实时掌握战场电磁频谱使用情况，有效监督和纠正己方频谱使用不当行为，确保己方对电磁频谱的合理有序使用，实现己方作战体系的正常运转。

（三）准确把握电磁斗争的运用方式

电磁斗争范围非常广泛，电子对抗是电磁斗争的主要形式。和平时期，电子对抗主要发挥战略侦察和战略威慑的作用；在战时，电子对抗主要通过三种作战形式运用于战场：①支援其他作战行动。电子对抗在支援其他作战行动时，以被支援作战行动的目的为目的，电子对抗行动完全融入被支援作战行动中一体运用，通过夺取局部制电磁权为被支援作战行动提供保障。②武器平台自卫。舰载、机载自卫电子对抗系统对保护作战平台安全发挥着不可替代的作用，是电子对抗的运用方式之一。③独立运用。电子对抗独立运用适用于两种情况：一种是在低强度军事冲突中，运用电子对抗夺取制电磁权，直接为达成作战目的服务；另一种是在相对独立的战役阶段，运用电子对抗夺取此阶段制电磁权，直接为达成此阶段的作战目的服务，并为后续作战行动的实施创造有利条件。两种情况都是以电子对抗为主要作战手段，并通过夺取制电磁权达成作战目的或特定战役阶段目的。

参考文献

[1] 徐焰 . 中国国防导论 [M]. 北京：国防大学出版社，2006.

[2] 张兴业 . 国防精神 [M]. 北京：军事科学出版社，2003.

[3] 谢国良 . 中国古代军事思想概论 [M]. 北京：解放军出版社，1994.

[4] 陈宇 . 毛泽东军事战略 [M]. 北京：解放军出版社，2015.

[5] 宋效军 . 核生化武器 [M]. 北京：军事谊文出版社，2000.

[6] 黄宏 . 世界新军事变革报告 [M]. 北京：人民出版社，2004.

[7] 王中兴 . 国防历史 [M]. 北京：军事科学出版社，2002.

[8] 高俊敏 . 野外生存与防身自救 [M]. 北京：军事谊文出版社，2000.

[9] 张正明 . 军事理论教程 [M]. 西安：西安交通大学出版社，2017.

[10] 李莉 . 现代战争方程式 [M]. 北京：人民出版社，2016.

[11] 张洁 . 构建新型大国关系与塑造和平的周边环境 [M]. 北京：社会科学文献出版社，2014.

[12] 宋华文 . 信息化武器装备及其运用 [M]. 北京：国防工业出版社，2010.

[13] 中共中央党史和文献研究院 . 习近平关于总体国家安全观论述摘编 [M]. 北京：中央文献出版社，2018.

[14]《总体国家安全观干部读本》编委会 . 总体国家安全观干部读本 [M]. 北京：人民出版社，2017.

[15] 程永生 . 军事高技术与信息化武器装备 [M]. 北京：国防工业出版社，2009.

[16] 禚法宝，张蜀平，王祖文，等 . 新概念武器与信息化战争 [M]. 北京：国防工业出版社，2008.

[17] 袁军堂，张相炎 . 武器装备概论 [M]. 北京：国防工业出版社，2011.

[18] 蔺玄晋 . 军事科技进步与战争形态演变 [M]. 北京：兵器工业出版社，2017.

[19] 王洪光 . 经典战例评析（上卷）[M]. 北京：军事科学出版社，2009.

[20] 况腊生 . 叙利亚战争沉思录 [M]. 北京：人民出版社，2018.